Treasures for Scholars Worldwide

蛾術叢書

四庫全書總目

〔清〕永瑢等撰　〔清〕紀昀等纂

經部　三

广西师范大学出版社
GUANGXI NORMAL UNIVERSITY PRESS
·桂林·

欽定四庫全書總目卷三十二

經部三十二

孝經類

蔡邕明堂論引魏文侯孝經傳，呂覽審微篇亦引孝經諸侯章，則其來古矣。然授受無緒，故陳騤、汪應辰皆疑其僞。今觀其文，去二戴所録爲近，要爲七十子徒之遺書。使河間獻王採入一百三十一篇中，則亦禮記之一篇，與儒行、緇衣轉從其類。惟其各出別行，稱孔子所作，傳録者又分章標目，自名一經。後儒遂以不類繫辭、論語繩之，亦有由矣。中間孔、鄭兩本，互相勝負。始以開元御注用今文，遵制者從鄭；後以朱子刊誤用古文，講學者又轉而從孔。要其文句小異，義理不殊，當以黄震之言爲定論。語見黄氏日鈔。故今之所録，惟取其詞達理明，有裨來學；不復以今文、古文區分門户，徒釀水火之爭。蓋注經者明道之事，非分朋角勝之事也。

古文孝經孔氏傳一卷附宋本古文孝經一卷 光禄寺卿陸錫熊家藏本

舊本題漢孔安國傳，日本信陽太宰純音。據卷末乾隆丙申歙縣鮑廷博新刊跋，稱其友汪翼滄附市舶至日本，得於彼國之長崎澳。核其紀歲干支，乃康熙十一年所刊。前有太宰純序，稱：「古書亡於中夏、存於日本者頗多。昔僧奝然適宋，獻鄭注孝經一本。今去其世七百餘年，古書之散逸者亦不少，而孔傳古文孝經全然尚存。惟是經國人相傳之久，不知歷幾人書寫，是以文字譌謬，魚魯不辨。純既以數本校讎，且旁採他書所引，苟有足徵者，莫不參考。十更裘葛，乃成定本。其經文與宋人所謂『古文』者亦不全同，今不敢從彼改此。傳中間有不成語，雖疑其有誤，然諸本皆同，無所取正，故姑傳疑，以俟君子。今文唐陸元朗嘗音之，古文則否。今因依陸氏音例，竝音經傳，庶乎令讀者不誤其音。」云云。考世傳海外之本，別有所謂七經孟子考文者，亦日本人所刊，稱：「西條掌書記山井鼎輯，東都講官物觀補遺。」中有古文孝經一卷，亦云：「古文孔傳，中華所不傳，而其邦獨存。」又云：「其真僞不可辨，末學微淺，不敢輒議。」云云。則日本相傳，原有是書，非鮑氏新刊贋造。此本核其文句，與山井鼎等所考大抵相應。惟山井鼎等稱每章題下有「劉炫直解」，其字極細寫之，與注文麤細弗類；又有引及邢昺正義者，爲後人附録。此本無之，爲少異耳。其傳文雖證以論衡、經典釋文、唐會要所引，亦頗相合。然淺陋冗漫，不類漢儒釋經之體，并不類唐、宋、元以前人語。殆市舶流通，頗得中國書籍，有桀黠知文義者摭諸書所引孔傳，影附爲之，以自誇圖籍之富歟？考元王惲中堂事紀有曰：「中統二年，高麗世子植來朝，宴於中書省。問曰：『傳聞汝邦有古文尚書及海外異書？』答曰：『與中國書不殊。』」高麗、日本比鄰相接，海東經典大概可知。使果有之，何以奝然不與鄭注竝獻，至今日而乃出？足徵彼國之本出自宋、元以後。觀山井鼎亦疑之，則其事固可知矣。特以海外祕文，人所樂觀。使不實見其書，終不知所謂古文孝經孔傳不過如此，轉爲好古者之所惜，故特録存之，而具列其始末如右。

孝經正義三卷　内府藏本

唐玄宗明皇帝御注，宋邢昺疏。案唐會要：「開元十年六月，上注孝經，頒天下及國子學。天寶二年五月，上重注，亦頒天下。」舊唐書經籍志「孝經一卷，玄宗注。」唐書藝文志「今上孝經制旨一卷」，注曰「玄宗」。其稱「制旨」者，猶梁武帝中庸義之稱「制旨」，實一書也。趙明誠金石録載明皇注孝經四卷。陳振孫書録解題亦稱：「家有此刻，爲四大軸。」蓋天寶四載九月，以御注刻石於太學，謂之石臺孝經。今尚在西安府學中，爲碑凡四，故拓本稱四卷耳。玄宗御製序末稱：「一章之中凡有數句，一句之内義有兼明，具載則文繁，略之則義闕。今存於疏，用廣發揮。」唐書元行沖傳稱：「玄宗自注孝經，詔行沖爲疏，立於學官。」唐會要又載：「天寶五載詔：孝經書疏雖麤發明，未能該備，今更敷暢，以廣闕文，令集賢院寫頒中外。」是注凡再修，疏亦再修。其疏唐志作二卷，宋志則作三卷，殆續增一卷歟？宋咸平中，邢昺所修之疏即據行沖書爲藍本。然孰爲舊文，孰爲新説，今已不可辨别矣。孝經有今文、古文二本。今文稱鄭玄注，其説傳自荀昶，而鄭志不載其名。古文稱孔安國注，其書出自劉炫，而隋書已言其僞。至唐開元七年三月，詔令羣儒質定。右庶子劉知幾主古文，立十二驗以駁鄭；國子祭酒司馬貞主今文，摘閨門章文句凡鄙，庶人章割裂舊文、妄加「子曰」字，及注中「脱衣就功」諸語以駁孔。其文具載唐會要中。厥後今文行而古文廢。元熊禾作董鼎孝經大義序，遂謂貞去閨門一章，卒啓玄宗無禮無度之禍。明孫本作孝經辨疑，併謂唐宮闈不肅，貞削閨門一章乃爲國諱。夫削閨門一章，遂啓幸蜀之衅，使當時行用古文，果無天寶之亂乎？唐宮闈不肅誠有之，至於閨門章二十四字，則絶與武、韋不相涉。指爲避諱，不知所避何諱也？況知幾與貞兩議並上，會要載當時之詔，乃鄭依舊行用，孔注傳習者稀，亦存繼絶之典。是未因知幾而廢鄭，亦未因貞而廢孔。迨時閱三年，乃有御注太學刻石，署名者三十六人，貞不預列。御注既行，孔、鄭兩家遂併廢，亦未聞貞更建議廢孔也。禾等徒以朱子刊誤偶用古文，遂以不用古文爲大罪。又不能知唐時典故，徒聞中興書目有「議者排毀，古文遂廢」之語，遂沿其誤説，憒憒然歸罪於貞。不知以注而論，則孔佚鄭亦佚。孔佚罪貞，鄭佚又罪誰乎？以經而論，則鄭存孔亦存，古文並未因貞一議亡也，貞又何罪焉？今詳考源流，明今文之立，自玄宗此注始；玄宗此注之立，自宋詔邢昺等修此疏始。衆説喧呶，皆揣摩影響之談，置之不論不議可矣。

古文孝經指解一卷

内府藏本

不著編輯者名氏。以宋司馬光、范祖禹之説合爲一書。案宋中興藝文志曰：「自唐明皇時議者排毀古文，以閨門一章爲鄙俗，而古文遂廢。案：此説舛誤，辨已見孝經正義條下。至司馬光始取古文爲指解。」又范祖禹進孝經説劄子曰：「仁宗朝司馬光在館閣，爲古文指解表上之。臣妄以所見，又爲之説。」書録解題載光書、祖禹書各一卷。此本殆以二書相因而作，故合編也。王應麟玉海載光書進於至和元年，時爲殿中丞、直祕閣，與祖禹説小異。然光集所載進表稱：「嘗撰古文孝經指解，皇祐中獻於仁宗皇帝。竊慮歲久不存，今繕寫爲一卷上進。」云云，則祖禹所説者初進之本，應麟所説者重進之本耳。孝經今文、古文，自隋志所載王劭、劉炫以來，即紛紛聚訟。至唐而劉知幾主古文，司馬貞主今文。其彼此駁議，唐會要具載其詞。至今説經之家亦多遞相左右，然所爭者不過字句之間。觀光從古文，而句下乃備載唐玄宗今文之注，使二本南轅北轍，可移今文之注以注古文乎？宋黄震日鈔有曰：「案孝經一爾，古文、今文特所傳微有不同。如首章今文云：『仲尼居，曾子侍。』古文則云：『仲尼閒居，曾子侍坐。』今文云：『子曰先王有至德要道。』古文則曰：『子曰參先王有至德要道。』今文云：『夫孝，德之本也，教之所由生也。』古文則曰：『夫孝，德之本，教之所由生。』文之或增或減，不過如此，於大義固無不同。至於分章之多寡，今文三才章『其政不嚴而治』與『先王見教之可以化民』通爲一章，古文則分爲二章；今文聖治章第九『其所因者本也』與『父子之道天性』通爲一章，古文則分爲二章；『不愛其親而愛他人者』，古文又分爲一章。章句之分合，率不過如此，於大義亦無不同。古文又云：『閨門之内，具禮矣乎，嚴父嚴兄，妻子臣妾，猶百姓徒役也。』此二十二字，今文全無之，而古文自爲一章，與前之分章者三，共增爲二十二。所異者又不過如是。非今文與古文各爲一書也。」其説可爲持平。光所解及祖禹所説，讀者觀其宏旨，以求天經地義之原足矣。其今文、古文之爭，直謂賢者之過可也。胡爌拾遺録嘗譏祖禹所説以光注「言之不通也」句誤爲經文。今證以朱子刊誤，爌説信然。然亦非大義所係，今姑仍原本録之，而附存熿説，以糾其失焉。

案注孝經者駁今文而遵古文，自此書始；五六百年門户相持，則自朱子用此本作刊誤始，皆逐其末而遺其本也。今特全録黄震之言，發其大凡，以著詬爭之無謂。餘一切紛紜之説，後不復載，亦不復辨焉。

孝經刊誤一卷　通行本

宋朱子撰。書成於淳熙十三年，朱子年五十七，主管華州雲臺觀時作也。取古文孝經分爲經一章、傳十四章，删舊文二百二十三字。後有自記曰：「熹舊見衡山胡侍郎論語説，案：胡宏高宗時爲禮部侍郎，居衡州，故曰衡山，所著有五峰論語指南一卷。疑孝經引詩，非經本文。初甚駭焉，徐而察之，始悟胡公之言爲信，而孝經之可疑者不但此也。因以書質之沙隨程可久丈。案：可久，程迥之字也。程答書曰：『頃見玉山汪端明，案：汪應辰，孝宗時爲端明殿學士。亦以此書多出後人附會。』於是乃知前輩讀書精審，其論固已及此。竊幸有所因述，而得免於鑿空妄言之罪」云云。今以朱子語録考之，黄螢記云：「孝經除了後人所添前面『子曰』及後面引詩，便有首尾。」又云：「『以順則逆，民無則焉』，是季文子之詞；『言斯可道，行斯可樂』一段，是北宫文子論令尹之威儀，在左傳中自有首尾。載入孝經，都不接續，全無意思。」又葉賀孫記云：「古文孝經有不似今文順者。如『父母生之，續莫大焉』，又著一個『子曰』字。方説『不愛其親而愛他人者，謂之悖德』，此本是一段。以『子曰』

分爲二，恐不是。」又輔廣記云：「『孝莫大於嚴父，嚴父莫大於配天』，豈不害理？如此則須是如武王、周公方能盡孝道，尋常人都無分，豈不啓人僭亂之心？」是朱子詆毀此書，已非一日，特不欲自居於改經，故託之胡宏、汪應辰耳。歐陽脩詩本義曰：「删詩云者，非止全篇删去也，或篇删其章，或章删其句，或句删其字。」引唐棣、君子偕老、節南山三詩爲證。朱子蓋陰用是例也。陳振孫書録解題載此書，注其下曰：「抱遺經於千載之後，而能卓然悟疑辨惑，非豪傑特起獨立之士，何以及此？此後學所不敢仿效，而亦不敢擬議也。」斯言允矣。南宋以後，作注者多用此本。故今特著於録，見諸儒淵源之所自與門户之所以分焉。

孝經大義一卷

兩江總督採進本

元董鼎撰。鼎有尚書輯録纂注，已著録。初，朱子作孝經刊誤，但爲釐定經傳，删削字句，而未及爲之訓釋。鼎乃因朱子改本，爲之詮解。凡改本圈記之字，悉爲芟除；改本辨正之語，仍存於各章之末。所謂「右傳之幾章釋某義」者，一一順文衍出，無所出入；第十三章、十四章所謂「不解經而別發一義」者，亦即以經外之義説之，無所辨詰。惟增注今文異同爲鼎所加耳。其注稍參以方言，如云：「今有一個道理。」又云：「至此方言出一『孝』字」之類，略如語録之例。其敷衍語氣，則全爲口義之體。雖遺詞未免稍冗，而發揮明暢，頗能反覆以盡其意，於初學亦不爲無益也。前有熊禾序，蓋大德九年鼎子真卿從胡一桂訪禾於雲谷山中，以此書質禾，禾因屬其族兄熊敬刊行，而自序其首。序稱朱子爲「桓桓文公」。案書曰：「勖哉夫子，尚桓桓。」孔傳曰：「桓桓，武貌。」爾雅曰：「桓桓、烈烈，威也。」均與著書明道之旨無關，頗爲杜撰。又「文公」字跳行示敬，而「孔子」「曾子」字乃均不跳行，亦殊顛倒。以原本所有，姑仍其舊録之焉。

孝經定本一卷

兩江總督採進本

元吴澄撰。澄有易纂言，已著録。此書以今文孝經爲本，仍從朱子刊誤之例，分列經傳。其經則合今文六章爲一章。其傳則依今文爲十二章，而改易其次序。至朱子所删一百七十二字，案：朱子刊誤凡删二百二十三字，中有句删其字者。此惟載所删之句，故止一百七十二字。與古文閨門章二十四字，竝附録於後。後有大德癸卯澄門人河南張恒跋，稱澄「觀邢疏而知古文之僞，觀朱子所論知今文亦有可疑。因整齊諸説，附入己見，爲家塾課子之書。不欲傳之，未嘗示人」云云。蓋心亦有所不安也。其謂漢初諸儒始見此書，蓋未考魏文侯嘗爲作傳，見於蔡邕明堂論中。至其據許氏説文所引古文孝經「仲尼居」無「閒」字，知古文之「仲尼閒居」爲劉炫所妄增；又據桓譚新論稱古文千八百七十二字，與今文異者四百餘字。今劉炫本止有千八百七十字，多於今文八字，除增閨門一章二十四字外，與今文異字僅二十餘字。則較司馬貞之攻古文，但泛稱文句鄙俗者，特有根據。所定篇第雖多分裂舊文，而詮解簡明，亦秩然成理。朱子刊誤既不可廢，則澄此書亦不能不存。蓋至是而孝經有二改本矣。

孝經述注一卷　永樂大典本

明項霦撰。霦始末無可考。惟江西志載：「項霦，浙江臨海人。洪武間爲按察司僉事。」與黄昭原序所言合，當即其人也。是編用古文孝經本。其所詮釋，不務爲深奥之論，而循文衍義，案章標旨，詞意頗爲簡明，猶説經家之不支蔓者。明史藝文志不著録，朱彝尊經義考亦不載其名，惟永樂大典僅存此本。然編次佚脱，以第七章注文入第六章經文下，遂使六章無注，七章無經。今以所佚經文案古文原本補入。所佚注文，則世無别本，無從葺完矣。以其沈埋蠹簡之内三百餘年，世無能舉其名者，今幸際昌期，發其光耀，亦萬世一時之遭際。故特採掇出之，俾聞於後，不以殘闕而廢焉。

孝經集傳四卷　福建巡撫採進本

明黄道周撰。道周有易象正，已著録。是書作於廷杖下獄之時。其作書之旨，見於門人所筆記者，曰：「孝經有五大義。本性立教，因心爲治，令人知非孝無教，非性無道，爲聖賢學問根本，一也。約教於禮，約禮於敬，敬以致中，孝以導和，爲帝王致治淵源，二也。則天因地，常以地道自處，履順行讓，使天下銷其戾心，覺五刑、五兵無得力處，爲古今治亂淵源，三也。反文尚質，以夏、商之道救周，四也。闢楊誅墨，使佛、老之道不得亂常，五也。」以是五者，别其章分，然後以禮記諸篇條貫麗之。其自序中所謂「五微義」「十二著義」者，不出於此，實其著書之綱領也。然其初説以引詩數處各屬下章，如中庸尚絅章例，今則仍附於各章之後，蓋亦自知其説之不安。又其初欲先明篇章，次論孝敬淵源，三論反文歸質，似欲自立名目，如大學衍義之體。今本則仍依經文次第，而雜引經記以證之，亦與初例不同。昔朱子作刊誤後序曰：「欲掇取他書之言可發此經之旨者別爲外傳，顧未敢耳。」道周此書，蓋與之闇合。其推闡頗爲詳洽，蓋起草於崇禎戊寅，卒業於癸未，屢變其例而後成，故較所注禮記五篇成於一歲之中者爲精密云。

御注孝經一卷

順治十三年世祖章皇帝御撰。孝經詞近而旨遠，等而次之，自天子以至於庶人；推而廣之，自閨門可放諸四海；專而致之，即愚夫、愚婦可通於神明。故語其平易，則人人可知可行；語其精微，則聖人亦覃思於闡繹。是編御注約一萬餘言，用石臺本，不用孔安國本，息今文、古文門户之爭也；亦不用朱子刊誤本，杜改經之漸也。義必精粹，而詞無深隱，期家喻户曉也。考歷代帝王注是經者，晉元帝有孝經傳，晉孝武帝有總明館孝經講義，梁武帝有孝經義疏，今皆不存。惟唐玄宗御注列十三經注疏中，流傳於世。司馬光、范祖禹以下悉不能出其範圍。今更得聖製表章，使孔、曾遺訓，無一義之不彰，無一人之不喻。回視玄宗所注，度而越之，又不啻萬倍矣。

御纂孝經集注一卷

雍正五年世宗憲皇帝御定。孝經書止一卷，而虞淳熙稱，作傳注者自魏文侯而下至唐、宋，有名可紀者，凡九十九部，二百二卷，元、明兩代不預焉。其書雖歲久多佚，近時曹庭棟孝經通釋所引，尚於唐得五家，宋得十七家，元得四家，明得二十六家，國朝得十家。然宋以前遺文緒論，傳者寥寥。宋以後之所說，大抵執古文以攻今文，又執朱子刊誤以攻古文，於孔、曾大義微言，反視爲餘事，注愈多而去經愈遠。世宗憲皇帝以諸注或病庸膚，或傷蕪雜，不足闡天經地義之理。爰指授儒臣，精爲簡汰，刊其糟粕，存其菁華，仿朱子論語、孟子集注之體，纂輯此編。凡斧藻羣言，皆親爲鑒定，與世祖章皇帝御注竝發明聖教，齊曜儀璘。蓋我世祖章皇帝四海會同，道光纘緒。我世宗憲皇帝九重問視，禮備承顏，孝治覃敷，臚驩萬國。以聖契聖，實深造至德要道之原。故能衡鑒衆論，得所折衷，於以建皇極而立人紀，固非儒生義疏所能比擬萬一矣。

孝經問一卷　浙江巡撫採進本

國朝毛奇齡撰。奇齡有仲氏易，已著録。是編皆駁詰朱子孝經刊誤及吴澄孝經定本二書。設爲門人張燧問而奇齡答，凡十條。一曰孝經非僞書，二曰今文、古文無二本，三曰劉炫無僞造孝經事，四曰孝經分章所始，五曰朱氏分合經、傳無據，六曰經不宜删，七曰孝經言孝不是效，八曰朱氏、吴氏删經無優劣，九曰閒居侍坐，十曰朱氏極論改文之弊。然其第十條乃論明人敢詬劉炫，不敢詬朱、吴，附及朱子之尊二程過於孔子，與所標之目不相應。蓋目爲門人所加，非奇齡所自定，故或失其本旨也。漢儒説經以師傳，師所不言，則一字不敢更；宋儒説經以理斷，理有可據，則六經亦可改。然守師傳者其弊不過失之拘，憑理斷者其弊或至於橫決而不可制。王柏諸人點竄尚書，删削二南，悍然欲出孔子上，其所由來者漸矣。奇齡此書負氣叫囂，誠不免失之過當。而意主謹守舊文，不欲啓變亂古經之習，其持論則不能謂之不正也。

右孝經類。十一部，十七卷。皆文淵閣著録。

案孝經文義顯明，篇帙簡少，注釋者最易成書。然陳陳相因，亦由於此。今擇其稍有精義者，略録數家，以見梗概，故所存獨少。

孝經類存目

孝經句解一卷　内府藏本

元朱申撰。申有周禮句解，已著録。是編注釋極淺陋。如「仲尼閒居」句下注曰：「孔子名某，字仲尼。閒居謂閒暇居處之時。」「曾子侍」句下注曰：「曾子，孔子弟子，名參，字子輿。侍孔子坐。」「子曰」句下注曰「孔子言曰」。「參」字下注曰：「呼其名而告之。」蓋鄉塾課蒙之本，不足以言詁經者也。卷首題晦菴先生所定古文孝經句解，而書中以今文章次標列其間，其字句又不從朱子刊誤本，亦殊糅雜無緒。通志堂經解刻之，蓋姑以備數而已。

孝經正誤一卷附録一卷　兩江總督採進本

明潘府撰。府字孔修，上虞人。成化丁未進士，官至太常寺卿。事蹟具明史儒林傳。府以孝經皆孔子語，不應强分經、傳。因舊本而校正之，或數章而合爲一章，或一章而分作數章，一節之内前後互移，數節之中上下變置，定爲一十三章。其注則兼采諸儒之説。附録曾子孝實一卷。卷首有府自序，并載總説六條，自謂「幸復聖經之舊」，然亦孰見聖經之舊本而證其能復否乎？

孝經宗旨一卷 通行本

明羅汝芳撰。汝芳字維德，南城人。嘉靖癸丑進士，官至布政使參政。明史儒林傳附見王畿傳中。此書皆發明孝經之大旨，用問答以暢己説，與依文詮釋者不同。汝芳講良知之學，書中專明此旨，故以「宗旨」二字標題。朱彝尊經義考以爲「未見」，而陳繼儒祕笈中實有此本，彝尊殆偶然失考。黄虞稷千頃堂書目又别引一説，以爲羅洪先撰，亦非也。

孝經疑問一卷 浙江巡撫採進本

明姚舜牧撰。舜牧有易經疑問，已著録。是書以孝經語意聯貫，不應分章，尤不宜立章名。如首章之開宗明義、七章之三才、十七章之事君，無所取義，因悉爲删去。其所詮釋，則皆老生常談也。又謂經文多出漢儒附會。如「則天之經，因地之利，以順天下」等語，似類漢儒之言，「父子之道天性也」以下，義不接續，竝宜删去。又病其各章皆引詩、書爲結，與韓詩外傳、天禄閣外史相類。夫孝經今文、古文雖至今聚訟，然自漢以來即分章，無合爲一篇者也。其字句異同，雖以朱子之學，因古文而作刊誤，終不能厭儒者之心也。舜牧何人，乃更變亂古籍乎？况惟聖人能知聖人，舜牧何所依據，而能一一分別此爲孔子之語，此非孔子之語，若親見聖人之原本耶？

孝經集講一卷　浙江范懋柱家天一閣藏本

原本首題「直隸揚州府泰州端本社學教讀後學草茅臣熊兆集講」，又有「直隸揚州府知府巡按直隸監察御史再呈看過收受」字。蓋鄉曲陋儒投獻干進之書也。其訓釋皆詞旨鄙陋，一無可觀。前列一圖，以圈内爲五品人倫之正，圈外爲萬物之偏邪。又以元爲天、父、君，亨爲長男、中男、少男，利爲長女、中女、少女，貞爲地、母、后。又演爲天經地義人行之圖、修學致用推孝爲忠之圖，皆迂謬穿鑿，毫無義理。蓋無知妄作之尤者也。

孝經注義一卷　直隸總督採進本

國朝魏裔介撰。裔介字石生，號貞菴，柏鄉人。順治丙戌進士，官至保和殿大學士。乾隆元年追謚文毅。是書以孝經分章詮釋。其訓詁字義者，標題曰「注」；其敷衍語意者，標題曰「義」。詞旨淺近，蓋課蒙之作也。

孝經集解一卷　江蘇巡撫採進本

國朝蔣永修撰。永修字慎齋，宜興人。順治丁亥進士，官至平越府知府。是編順文詮釋，以訓童蒙，乃其官給事中督學湖廣時所作。本與小學合刊，名曰孝經小學集解大全。以宋儒雜纂之本與聖經併爲一編，擬不於倫，難於著録。今分爲二書，各存其目焉。

讀孝經四卷 江西巡撫採進本

國朝應是撰。是字敬非，號敬齋，宜黄人。康熙己酉舉人。是書以唐、宋注疏爲主，參以陳選集注及各家之説。其自爲之注者，稱「愚案」。多循文摘句，無所發明。

孝經類解十八卷 安徽巡撫採進本

國朝吴之騄撰。之騄字耳公，歙縣人。康熙壬子舉人，官績溪縣教諭，遷鎮江府教授。是書多引經史子集以證經文。然釋經在發揮微意，不當旁引後代故實，牽合比附。若釋「中於事君」句，所引之經，則曲禮「四十曰强而仕，五十曰服官政」等語；所引之史，則文天祥起兵入衛等事。是每句之下皆可成類書一門。典籍浩博，豈復勝載乎？

孝經正文一卷内傳一卷外傳三卷 湖北巡撫採進本

國朝李之素撰。之素字定菴，麻城人。是書成於康熙丙辰。以朱子古文孝經刊誤爲本。首爲正文一卷，經文每章之後，綴以注釋數語，詞旨頗爲淺略。次爲内傳一卷，雜引經史子集之言與孝經相證佐者。次爲外傳三卷，則大舜以下迄於明末孝子行實也。

孝經詳説二卷 河南巡撫採進本

國朝冉覲祖撰。覲祖有易經詳説，已著録。是書遵用今文，全載唐玄宗之注，節録邢昺之疏，兼採元董鼎、明瞿罕、陳士賢諸家之説，末附以朱子刊誤。而大旨則在辨定吕維祺所著孝經本義、大全、或問三書。所附呂氏或問摘録一篇，既逐條闡發其義，復附敘義一篇，以糾其誤。蓋維祺之學兼入陸、王，覲祖則恪守程、朱，故所論有合有不合也。顧所載維祺表章孝經疏後，附録擬題數目，有單句題，雙句題，連句題，摘段題，搭截題，全章、合章、搭章題諸名，非詁經之體，亦非講學之道。覲祖顧深取之，何耶？

孝經一卷 江西巡撫採進本

國朝朱軾注。軾有周易傳義合訂，已著録。是編用吴澄考定之本，而略爲推衍其義。凡不題姓名者，皆澄原文。凡稱「軾案」者，皆所加也。前有自序，又有梁份、殷元福二序。份序稱：「其書不標目第，自稱曰朱某學。公，大儒也，大臣也，而撝謙若是。」云云。案漢儒傳經如梁丘氏易、夏侯氏尚書之類，多不立名目，軾蓋從此例。又何休注公羊傳，稱「何休學」，亦非軾所自刱也。

孝經三本管窺一卷 江西巡撫採進本

國朝吴隆元撰。隆元有易宫，已著録。是編首爲孝經今古文考，次爲古文本，次爲今文本，次爲朱子刊誤本。其大旨以古文爲是，蓋以朱子刊誤用古文本云。

孝經集解一卷 福建巡撫採進本

國朝張星徽撰。星徽號北山，永城人。自朱子作孝經刊誤，始删削字句，分别經傳，定爲經一章，傳十四章，後儒已不能無疑。至國朝蔡衍鎤，又合爲經一章，傳十章，以合於朱子更定大學之本。

夫聖經賢傳，其垂訓之意竝同，而文章體例則非有一定。今大學一經十傳，孝經亦必一經十傳以相配合，是孔、曾著作竟如時文程式，必限以八比矣。有如是之聖賢乎？衍鋭所見殊誤，星徽乃遵而用之，即所解可知矣。

孝經章句一卷 江蘇巡撫採進本

國朝任啓運撰。啓運有周易洗心，已著録。是書一遵朱子刊誤本，而於傳之十章增「君子無不敬也」云云一百一十二字。其文與禮記小有異同，而今本孝經皆無之。啓運自序稱得之山西佛寺中，疑爲熊安生所傳之本。又云：「王肅於家語言本文有見戴記者，後人輒於家語除其文。此章之闕，亦必因本文見戴記，而後人於此除其文也。」案熊安生爲北齊人，其傳本安得至今猶在？其説無徵。且馬昭以家語爲王肅僞作，其説今載禮記疏中，言之鑿鑿。啓運乃又引以爲證，恐此章亦王肅家語之類矣。

孝經通義一卷 兩江總督採進本

國朝華玉淳撰。玉淳有禹貢約義，已著録。是書成於雍正甲寅。大旨謂孝經一篇，首尾通貫，不必分經與傳。其間字句删削，則從朱子刊誤。簡文錯誤，則從吴澄所考定。蓋孝經至玉淳而又變一本矣。

孝經本義一卷 浙江巡撫採進本

國朝姜兆錫撰。兆錫有周易本義述蘊，已著録。是書隨文詮釋，别無考訂，僅塾師課蒙之本。

孝經通釋十卷　浙江巡撫採進本

國朝曹庭棟撰。庭棟有易準，已著録。此書力主古文，而以今文附載於下。其輯注則徵引頗備，所録凡唐五家、宋十七家、元四家、明二十六家、國朝十家，旁證諸説者又十有二家。然孝經詞義顯明，不比他經之深隱，諸説大同小異，特多出名氏而已。

右孝經類。十八部，五十三卷。皆附存目。

案虞淳熙孝經集靈，舊列經部。然侈陳神怪，更緯書之不若，今退列於小説家。黄榦孝經本旨、江直方孝經外傳、李長桂孝經綱目、朱鴻經書孝語，絶不箋釋經文，今別列於儒家。若李之素孝經内外傳猶列孝經正文後，則姑附存焉。

欽定四庫全書總目卷三十三

經部三十三

五經總義類

漢代經師如韓嬰，治詩兼治易者，其訓故皆各自爲書。宣帝時，始有石渠五經雜義十八篇。漢志無類可隸，遂雜置之孝經中。隋志録許慎五經異義以下諸家，亦附論語之末。舊唐書志始別名「經解」，諸家著録因之，然不見兼括諸經之義。朱彝尊作經義考，別目曰「羣經」，蓋覺其未安而採劉勰正緯之語以改之，又不見爲訓詁之文。徐乾學刻九經解，顧湄兼採總集經解之義，名曰「總經解」，何焯復斥其不通。語見沈廷芳所刻何焯點校經解目録中。蓋正名若是之難也。考隋志於統説諸經者雖不別爲部分，然論語類末稱：「孔叢、家語、爾雅諸書，併五經總義附於此篇。」則固稱「五經總義」矣。今準以立名，庶猶近古。論語、孝經、孟子雖自爲書，實均五經之流別，亦足以統該之矣。其校正文字及傳經諸圖併約略附焉，從其類也。

駁五經異義一卷補遺一卷 山西巡撫採進本

漢鄭玄所駁許慎五經異義之文也。考後漢書許慎傳稱：「慎以五經傳説臧否不同，於是撰爲五經異義，傳於世。」鄭玄傳載玄所著百餘萬言，亦有駁許慎五經異義之名。隋書經籍志有五經異義十卷，後漢太尉祭酒許慎撰，而不及鄭玄之駁議。舊唐書經籍志：「五經異義十卷，許慎撰，鄭玄駁。」

新唐書藝文志竝同。蓋鄭氏所駮之文，即附見於許氏原本之内，非别爲一書，故史志所載亦互有詳略。至宋史藝文志，遂無此書之名，則自唐以來失傳久矣。學者所見異義，僅出於初學記、通典、太平御覽諸書所引。而鄭氏駮義則自三禮正義而外，所存亦復寥寥。此本從諸書採綴而成，或題宋王應麟編，然無確據。其間有單詞隻句，駮存而義闕者。原本錯雜相參，頗失條理。今詳加釐正，以義、駮兩全者彙列於前。其僅存駮義者，則附録以備參考。又近時朱彝尊經義考内亦嘗旁引鄭駮數條，而長洲惠氏所輯則蒐羅益爲廣備，往往多此本所未及。今以二家所採，參互考證，除其重複，定著五十七條，别爲補遺一卷，附之於後。其間有異義而鄭無駮者，則鄭與許同者也。兩漢經學，號爲極盛，若許若鄭，尤皆一代通儒，大敵相當，輸攻墨守，非後來一知半解所可望其津涯。此編雖散佚之餘，十不存一，而引經據古，猶見典型。殘章斷簡，固遠勝於後儒之累牘連篇矣。

鄭志三卷補遺一卷

兩江總督採進本

案隋書經籍志：「鄭志十一卷，魏侍中鄭小同撰。鄭記六卷，鄭玄弟子撰。」後漢書鄭玄本傳則稱：「門生相與撰玄答弟子，依論語作鄭志八篇。」劉知幾史通亦稱：「鄭弟子追論師説及應答，謂之鄭志。分授門徒，各述師言，更不問答，謂之鄭記。」案：通典及初學記所引鄭記，均有王贊答詞，與知幾所云「更不問答」者不合。考孝經疏引此文作「各述師言，更爲問答」，知「不」字乃「爲」字之譌。王應麟玉海、朱彝尊經義考竝沿用誤本，殊失訂正。又通典所引鄭志，皆玄與門人問答之詞，所引鄭記，皆其門人互相問答之詞，知志之與記，其別在此。曲禮正義引鄭志，有崇精之問、焦氏之答；月令正義引鄭志，有王權之問、焦喬之答，焦氏之問、張逸之答。疑本鄭記之文，校刊者惟據史通「更不問答」之說，改爲鄭志也。其說不同。然范蔚宗去漢未遠，其說當必有徵。隋志根據七録，亦阮孝緒等所考定，非唐、宋諸志動輒疎舛者比，斷無移甲入乙之事。疑追録之者諸弟子，編次成帙者則小同。後漢書原其始，隋書要其終。觀八篇分爲十一卷，知非諸弟子之舊本也。新、舊唐書載鄭記六卷，尚與隋志相同。而此書則作九卷，已佚二卷。至崇文總目始不著録，則全佚於北宋初矣。此本三卷，莫考其出自誰氏。觀書中禮運注「澄酒」一條答趙商之問者，前後兩見，而詳略小異；又陳鑠之名前後兩見，而後一條注「一作鏗」。知爲好鄭氏之學者惜其散佚，於諸經正義裒輯而成。然如所載「弼成五服」答趙商問一條，不稱益稷而稱臯陶謨，則正合孔疏所云鄭氏之本。又卷首冷剛問大畜「童牛之牿」一條，今周易正義中不見，而周禮正義引之，較此少「冷剛問云」以下六十餘字；周禮正義引「答孫皓問」一條，較此少「夏二月仲春，太簇用事，陽氣出，地始温，故禮應開冰，先薦寢廟」五句。其臯陶謨注與經典釋文及正義所引，亦互有詳略，而堯典注一條乃不載正義中。則亦博採諸書，有今日所不盡見者，非僅剽剟正義。又玉海十八卷引定之方中詩，張逸問：「仲梁子何時人？」答曰：「先師魯人。」此本「先師」之下多一「云」字，方知先師非指仲梁子。如此之類，亦較他書所載爲長。足證爲舊人所輯，非近時所新編也。間有蒐採未盡者，諸經正義及魏書禮志、南齊書禮志、續漢書郡國志注、藝文類聚諸書所引尚有三十六條。

又鄭記一書，亦久散佚。今可以考見者，尚有初學記、通典、太平御覽所引三條。併附録之，以存鄭學之梗概。併以見漢代經師專門授受，師弟子反覆研求，而後筆之爲傳注，其既詳且慎至於如此。昔朱子與胡紘爭寧宗持禫之禮，反覆辨難，終無據以折之。後讀禮記喪服小記疏所引鄭志一條，方得明白證驗。因自書於本議之後，記其始末，有「向使無鄭康成，則此事終未有所斷決」語。是朱子議禮，未嘗不折服於玄矣。後之臆斷談經而動輒排斥鄭學者，亦多見其不知量也。

經典釋文三十卷

内府藏本

唐陸元朗撰。元朗字德明，以字行，吴人。貞觀中官國子博士，兼太子中允。事蹟具唐書本傳。此書前有自序云：「癸卯之歲，承乏上庠，因撰集五典、孝經、論語及老、莊、爾雅等音。古今竝録，經注畢詳，訓義兼辯，示傳一家之學。」考癸卯爲陳後主至德元年，豈德明年甫弱冠，即能如是淹博耶？或積久成書之後，追紀其草創之始也。首爲序録一卷，次周易一卷、古文尚書二卷、毛詩三卷、周禮二卷、儀禮一卷、禮記四卷、春秋左氏六卷、公羊一卷、穀梁一卷、孝經一卷、論語一卷、老子一卷、莊子三卷、爾雅二卷。其列老、莊於經典而不取孟子，頗不可解。蓋北宋以前，孟子不列於經，而老、莊則自西晉以來爲士大夫所推尚。德明生於陳季，猶沿六代之餘波也。其例，諸經皆摘字爲音，惟孝經以童蒙始學，老子以衆本多乖，各摘全句。原本音經者用墨書，音注者用朱書，以示分别。今本則經、注通爲一例。蓋刊版不能備朱墨，又文句繁夥，不能如本草之作陰陽字，自宋以來已混而併之矣。所採漢、魏六朝音切凡二百三十餘家，又兼載諸儒之訓詁，證各本之異同。後來得以考見古義者，注疏以外，惟賴此書之存。真所謂殘膏賸馥，沾溉無窮者也。自宋代監本注疏，即析附諸經之末。故文獻通考分見各門後。又散附注疏之中，往往與注相淆，不可辨別。此爲通志堂刻本，猶其原帙。何焯點校經解目録，頗嗤顧湄校勘之疏。然字句偶譌，規模自在，研經之士終以是爲考證之根柢焉。

七經小傳三卷

兩江總督採進本

宋劉敞撰。敞有春秋傳，已著録。是編乃其雜論經義之語。其曰「七經」者，一尚書，二毛詩，三周禮，四儀禮，五禮記，六公羊傳，七論語也。然公羊傳僅一條，又皆校正傳文衍字，於傳義無所辨正，後又有左傳一條、國語一條，亦不應獨以公羊標目。蓋敞本欲作七經傳，惟春秋先成。凡所劄記，已編入春秋傳、意林、權衡、文權、説例五書中。此三條一校衍字，一論都城百雉，一論禘郊祖宗報，於經文無所附麗，故其文仍在此書中。其標題當爲春秋，故得兼及外傳。傳寫者見第一條爲公羊，第二條末亦有「公羊」字，遂題曰公羊而注曰「國語附」，失其旨矣。論語諸條，有與諸經一例者，又有直書經文而夾注句下如注疏體者，亦注論語而未成，以所注雜録其中也。吴曾能改齋漫録曰：「慶曆以前，多尊章句注疏之學。至劉原甫爲七經小傳，始異諸儒之説。王荆公修經義，蓋本於原甫。」案：讀書志亦載此文，以爲元祐史官之説。晁公武讀書志亦證以所説「湯伐桀升自陑」之類，與新經義同，爲王安石剿取敞説之證。大旨均不滿於敞。朱子語類乃云「七經小傳甚好」，其説不同。今觀其書，如謂尚書「愿而恭」當作「愿而荼」，「此厥不聽」當作「此厥不德」；謂毛詩「烝也無戎」當作「烝也無戍」；謂周禮「誅以馭其過」當作「誅以馭其禍」，「士田賈田」當作「工田賈田」，九簭「五曰巫易」當作「巫陽」；謂禮記「諸侯以貍首爲節」當作「以鵲巢爲節」，皆改易經字以就己説。至禮記「若夫坐如尸」一節則疑有脱簡，「人喜則斯陶」九句則疑有遺文，「禮不王不禘」及「庶子王亦如之」則疑有倒句。而尚書武成一篇考定先後，移其次序，實在蔡沈之前。蓋好以己意改經，變先儒淳實之風者，實自敞始。又如解尚書「鳥獸蹌蹌」，謂古者制樂，或法於鳥，或法於獸；解毛詩「葛之覃兮」，謂葛之茂盛，則有人就而刈之，以爲絺綌，如后妃在家，德美充茂，則王者就而聘之，以爲后妃；解論語「乘桴浮於海」，謂夫子周流列國，如桴之在海，流轉不定。其説亦往往穿鑿，與安石相同。故流俗傳聞，致遭斯謗。然考所著弟子記，排斥安石，不一而足，實與新學介然異趣。且安石剛愎，亦非肯步趨於敞者。謂敞之説經，開南宋臆斷之弊，敞不得辭。謂安石之學由於敞，則竊鈇之疑矣。且略其卮詞，採其粹語，疏通剔抉，精鑿者多。又何可以末流之失，併廢敞書歟？

程氏經説七卷　通行本

不著編輯者名氏。皆伊川程子解經語也。書録解題謂之河南經説，稱繫辭一，書一，詩二，春秋一，論語一，改定大學一。又稱程氏之學，易傳爲全書，餘經具此。其門目卷帙，與此本皆合，則猶宋人舊本也。其中若詩、書解，論語説，本出一時雜論，非專著之書。春秋傳則專著而未成，觀崇寧二年自序可見。至繫辭説一卷，文獻通考併於易傳，共爲十卷。宋志則於易傳九卷之外，别著録一卷。然程子易傳實無繫辭，故吕祖謙集十四家之説爲繫辭精義以補之。此卷疑或後人掇拾成帙，以補其闕也。改定大學兼載明道之本，或以兄弟之説，互相參考歟？明徐必達編二程全書，併詩解二卷爲一卷，而别增孟子解一卷、中庸解一卷，共爲八卷。然經義考引康紹宗之言，謂孟子解乃後人纂集遺書、外書而成，非程子手著。至中庸解之出吕大臨，朱子辨證甚明，亦不得竄入程氏經説，增此一種。故今所録，仍用宋本之舊焉。

六經圖六卷　通行本

宋楊甲撰，毛邦翰補，甲字鼎卿，昌州人。乾道二年進士。成都文類載其數詩，而不詳其仕履。其書成於紹興中。邦翰不知何許人，嘗官撫州教援。其書成於乾道中。據王象之輿地記勝碑目，甲圖嘗勒碑昌州郡學。今未見拓本，無由考其原目。陳振孫書録解題引館閣書目載邦翰所補之本，易七十圖，書五十有五圖，詩四十有七圖，周禮六十有五圖，禮記四十有三圖，春秋二十有九圖，合爲三百有九圖。此本惟易、書二經圖與館閣書目數相合。詩則四十有五，禮記四十有一，皆較原數少二。周禮六十有八，較原數多三。春秋四十有三，較原數多十四。不知何人所更定。考書録解題載有東嘉葉仲堪字思文重編毛氏之書，定爲易圖一百三十，書圖六十三，周禮圖六十一，禮記圖六十三，春秋圖七十二，惟詩圖無所增損。其卷則增爲七，亦與此本不符，然則亦非仲堪書。蓋明人刊刻舊本，無不臆爲竄亂者。其損益之源委，無從究詰。以其本出楊、毛二家，姑從始事之例，題甲及邦翰名云爾。

六經正誤六卷　兩淮馬裕家藏本

宋毛居正撰。居正字誼父，或曰義甫。義、誼，父、甫，古字通也。衢州人。免解進士晃之子。晃嘗著增注禮部韻略及禹貢指南，居正承其家學，研究六書。嘉定十六年，詔國子監刊正經籍，當事者聘居正司校讎。已釐定四經，會居正目疾罷歸，其禮記及春秋三傳遂未就。然所校四經，亦以工人憚煩，詭竄墨本以紿有司，版之誤字未改者猶十之二三。居正乃裒所校正之字，補成此編。楊萬里爲作序，述其始末甚詳。陳振孫書録解題謂其惟講偏旁之疑似。今觀是書，校勘異同，訂正譌謬，殊有補於經學。其中辨論既多，不免疏舛者。如「勑」古文作「敕」，隸變作「勑」。居正乃因高宗御書石經誤寫作「勑」，遂謂「來」字中從兩「入」，不從兩「人」。「享」字古文作「亯」，隸變作「享」，或省作「亨」。居正乃謂「享」字訓「祭」，「亨」字訓「通」，兩不相溷。「坤」古從「土」從「申」，隸别爲「巛」。居正乃謂「巛」是古字，乾、离、坎等俱有古文，如卦畫之形。「遲」「遅」古文本一字，説文以爲「遲，籒文作遅」者是也。居正乃謂兩字是非相半，不敢擅改。「賴」字古從「貝」從「剌」，俗誤書作「頼」。居正乃謂「賴」從「束」從「負」。其於六書皆未確。又禮大行人「立當前疾」，「疾」乃「矦」字之誤。「矦」在車轅前，鄭康成所謂「車轅前胡，下垂拄地」者是也。居正乃以爲應作「軏」。「軏」，前揜版，實與「矦」不相涉。如此類者，於經義亦不合。然許氏説文解字、陸德明經典釋文亦不免小有出入，爲後人所摭拾，在居正又烏能求備？論其大致，則審定字畫之功，固有不可泯没者矣。

刊正九經三傳沿革例一卷 兩江總督採進本

宋岳珂撰。珂字肅之，號倦翁，湯陰人，居於嘉興。鄂忠武王飛之孫，敷文閣待制霖之子也。官至户部侍郎、淮東總領制置使。宋時九經刊版，以建安余氏、興國于氏二本爲善。廖剛又釐訂重刻，當時稱爲精審。珂復取廖本九經，增以公、穀二傳及春秋年表、春秋名號歸一圖二書，校刊於相臺書塾。竝述校刊之意，作總例一卷。余仁仲左傳字辨嘗論其誤，以杜注「不皆與今説詩者同」倒寫爲「皆不與今説詩者同」，則尚見原刻。今則諸經印本率已罕傳，僅王弼易注有翻刻之本，已失其真。春秋年表及名號歸一圖有重刻之本，亦頗非其舊。惟此總例一卷，尚行於世。其目一曰書本，二曰字畫，三曰注文，四曰音釋，五曰句讀，六曰脱簡，七曰考異。皆參訂同異，考證精博，釐舛辨疑，使讀者有所據依，實爲有功於經學。其論字畫一條，酌古準今，尤屬通人之論也。

融堂四書管見十三卷　浙江吴玉墀家藏本

宋錢時撰。時有融堂書解，已著録。此編凡論語十卷，孝經一卷，大學一卷，中庸一卷，即嘉熙二年喬行簡奏下嚴州取時所著書之一也。俱先列經文，略加音訓，而詮釋其大旨於後。孝經用古文。大學但析爲六章，不分經、傳。蓋時之學出於楊簡，簡之學出於陸九淵，門户迥殊，故不用程、朱之本。其解論語「崇德辨惑」章，謂「誠不以富，亦衹以異」二句乃證愛欲其生、惡欲其死者之爲異。「齊景公有馬千駟」節，合上文爲一章，謂「其斯之謂與」句乃指夷、齊，便是求志達道而言。又大學「此謂知本，此謂知之至也」二句，仍附第一章末，謂是聖人承上厚本薄末，反覆曉人之意。亦俱根據舊文，不肯信爲錯簡。朱子與陸九淵書所謂「各尊其所聞，各行其所知」也。然金谿之學，惟憑心悟，或至於恍惚窈冥。時則以篤實爲宗，故其詮發義理，類多平正簡樸，不爲離析支蔓之言，又敖繼公儀禮集説後序所謂「以魯男子之不可學柳下惠之可」者矣。卷首有紹興己丑時自序，末有景定辛酉天台錢可則刊書跋。宋史藝文志、馬端臨經籍考皆不著録，獨張萱内閣書目有之。雖以「四書」爲名，所解不及孟子，與朱子所稱四書者異。故附列於「五經總義」類焉。

四如講稾六卷　福建巡撫採進本

宋黄仲元撰。仲元字善甫，號四如，莆田人。咸淳七年進士，授國子監簿，不赴。宋亡，更名淵，字天叟，號韻鄉老人。教授鄉里以終。考福建通志暨莆田縣志，皆載仲元有四書講稾。今觀是書所講，實兼及諸經，不止四書。其説多述朱子之緒論，然亦時出新義，發前儒所未發。如「行夏之時」，則據禮運「孔子得夏時於杞」注，謂夏四時之書，而不取三正之説。周官井田，則謂周時皆用井田，而不取鄭氏畿内用貢、都鄙用助之説。伯魚爲周南、召南，則據詩鼓鐘及内傳「季札觀樂」，謂「南」即是「樂」。又謂周、召爲二公采邑，非因二公得名。雖按之經義，不必一一脗合，要爲好學深思，能自抒所見者也。此本出其裔孫文炳家藏，已有殘闕。嘉靖丙午始雕版印行。朱彝尊經義考但載其所著經史辨疑，而不及是書。當由刊在家塾，閩中僻遠，偶然未見傳本歟？

六經奥論六卷

浙閩總督採進本

舊本題宋鄭樵撰。朱彝尊曝書亭集有是書跋，曰：「成化中盱江危邦輔藏本，黎温序而行之，云是鄭漁仲所著。荆川唐氏輯稗編從之。」今觀其書，議論與通志略不合。樵嘗上書自述其著作，臚列名目甚悉，而是書曾未之及，非樵所著審矣。後崑山徐氏刻九經解，仍題樵名。今檢書中論詩，皆主毛、鄭，已與所著詩辨妄相反。又「天文辨」一條引及樵説，稱夾漈先生，足證不出樵手。又論詩一條引晦菴説詩。考宋史樵本傳，卒於紹興三十二年。朱子詩傳之成在淳熙四年，而晦菴之號則始於淳熙二年，皆與樵不相及。論書一條併引朱子語録，且稱朱子之謚。則爲宋末人所作，具有明驗。不知顧湄校九經解時，何未一檢也。第相傳既久，所論亦頗有可採。故仍録存之，綴諸宋人之末，而樵之名則從删焉。

明本排字九經直音二卷　江蘇巡撫採進本

不著撰人名氏。書中春秋傳「素王」二字下引真宗宣聖讚，但標真宗，不稱宋，又稱御製，則爲宋人所著可知。卷首題曰「明本」者，宋時刊版多舉其地之首一字，如建本、杭本之類。此蓋明州所刊本，即今寧波府也。末題「歲次丁亥梅隱書堂新刊」，不著年號。考丁亥爲元世祖至元二十四年，是元初刊本矣。其書不用反切而用直音，頗染鄉塾陋習。然所音俱根據經典釋文，猶爲近古。釋文一字數音者皆竝存之。如金縢「辟」字下云：「孔音闢，法也。説文音必，鄭音避。」大誥「賁」字下云：「音墳。王讀爲賁卦之賁。」禮内則「接以太牢」，「接」字下云：「鄭音捷。王、杜竝以爲接待。」祭法「相近於坎壇」，「坎」字下云：「注作禳祈。孔叢子以爲祖迎。」祭義「爓」字下云：「徐廉反。古音燖。」周禮太宰「圃」字下云：「布古反，又音布。」「牧」字下云：「徐音目，劉音茂。」「頒」字下云：「鄭音班，徐音墳。」籩人「茆」字下云：「茆音卯，又音柳。」遺人下云：「遺音位。劉音遂，乃與卷首序『遺人』音推異。」如此者不可枚舉。固非後來坊本直音，以意屬讀，惟趨便捷者比也。惟禮記：「敖不可長。」釋文：「敖，依注五報反，慢也。王肅五高反，遨遊也。長，竹丈反。盧植、馬融、王肅竝直亡反。」此書云：「敖，王音平。」則釋文所云「王，五高反」也。而於「長」字下又注云：「長，張上，又平」，則又兼用鄭注「竹丈反」。一句之内，於鄭注半從半違，遂使「敖」字、「長」字音義兩不相應。又周禮太宰「斿貢」下云：「斿音留，燕游也。」今考鄭注，「斿」讀如「燕游」之「游」。此書既用鄭義，則「斿」當作「以周反」。其作「良周反」音「留」者，乃春秋傳「鞶厲游纓」之「游」。更自相矛盾。又月令「審端徑術」下云：「術，注作遂。方曰：『徑，道之小。術，道之末。』則如字是。」今考學記：「術有序。」注：「術當爲遂。」水經注引學記「術有序」作「遂有序」。春秋文公十二年：「秦伯使術來聘」，公羊傳、漢書五行志「術」竝作「遂」。是古字「術」「遂」本通。此書反信方氏之曲說，殊爲未協。又中庸「壹戎衣」下云：「書武成作『如字』者是，注讀爲『殷』者無據。」今考古「衣」字作「㐆」，从反身，「殷」字从此。故讀「殷」爲「㐆」，音與「衣」同。白虎通曰：「衣之爲言隱也，所以隱身也。」則「衣」「隱」音近。楚詞「新浴必振衣」，與「汶」「塵」合韻，則「衣」「殷」二字音通。是書以爲無據，亦爲失考。然核其大致，則多能決擇是非。如於三禮雖多守方慤注，然如祭法「幽宗」，注「讀如『禜』」，方慤「宗」作「如字」，則兼存鄭義。又書武成「識」字下云：「陸無音，漢翟酺疏引此作『恭』。」則補苴闕遺，亦頗能有所考據。又檀弓「卜人師扶右」下云：「卜讀爲如字者非。」考鄭注：「卜當爲僕，聲之誤也。」「僕人、射人，皆平生時贊正君服位者」，若卜人則於義無取，此書不用釋文所載前儒之説最當。又周禮醢人「箈」字下云：「音治，又音代。」今考釋文云：「又丈之反。未知所出。」不知説文「菭，水衣。本作『菭』，从草，治聲。」水衣之「菭」既以「治」爲聲，則「丈之反」乃爲「箈」之古音矣。故「菭蘠」草名，作「澄之切」，可以相證。是書用「丈之切」爲本音，而以「代」爲又音。較之釋文以「丈之切」爲無出，考核尤精。且釋文所載皆唐以前音，而此書則兼取宋儒。如於詩、中庸、論語、孟子則多採朱子，於易則兼採程、朱，於禮則多採方慤，其他經引胡瑗、司馬光音讀尤多，與陸氏之書尤足相續。在宋人經書音釋中，最爲妥善。若九經前後失次，則當爲坊刻之誤。既無關大旨，固無庸深論矣。

五經說七卷　江蘇巡撫採進本

元熊朋來撰。朋來字與可，南昌人。登宋咸淳十年進士，仕元爲福清縣判官。事蹟具元史儒林傳。朋來之學恪守宋人，故易亦言先天、後天、河圖、洛書，書亦言洪範錯簡，詩亦不主小序，春秋亦不主三傳。蓋當時老師宿儒，相傳如是，門户所限，弗敢尺寸踰也。惠棟九經古義詆其論大學「親民」一條，不知親、新通用；本馬、鄭之解金縢爲夏蟲之見；又詆其論「言乃讙」一條，不考史記魯世家所引無逸及裴駰集解所引鄭注；論周禮樂師「皋」字與大祝「皋」字，不考皋、告、皡三字相同，乃謂鄭氏先後異讀，均爲妄下雌黄。蓋於古義、古音亦多所出入。然其書發明義理，論頗醇正，於禮經尤疏證明白。在宋學之中，亦可謂切實不支矣。寸有所長，固無妨録備一家也。

十一經問對五卷　兩江總督採進本

舊本題何異孫撰，不著時代。考其第二卷中論孟子徹法、助法，稱「大元官制承宋職田」，則當爲元人。第一卷中論論語「暮春」者，稱「王稼村先生於杭州府學講此一章」。稼村爲王義山之號。義山，宋景定中進士，入元官江西儒學提舉。異孫及見其講經，則當在元初。故論孟子「恒心恒産」一條，謂老儒猶讀「恒」爲「常」，避宋真宗諱，今當讀「胡登反」。是宋亡未久之證也。所説凡論語、孝經、孟子、大學、中庸、詩、書、周禮、儀禮、春秋三傳、禮記十一經。其敘次先後頗無倫理，又以大學、中庸各爲一經，亦爲杜撰，皆頗不可解。其書皆仿朱子或問之體，設爲問答。大學、中庸、論語、孟子大致用章句集注，而小有異同。如「君子居之，何陋之有」，則以爲箕子曾居其地，至今禮義教化與中州同，不可謂之爲陋。案：鄭汝諧論語意原已先有此説，異孫蓋與之闇合。至於「日至之時皆熟矣」，則以爲夏至；「君子不亮，惡乎執」，以「惡」字讀去聲，皆不爲無理。至於「菉竹猗猗」，因毛傳「緑，木賊」之説，遂以「切磋琢磨」爲用此艸以治物；「父母惟其疾之憂」，謂孟武伯爲人多憂，夫子寬以他事不必憂，惟當憂父母之疾；「雍也可使南面」，謂孔子之言爲礙理；「人皆謂我毁明堂」，謂當時七國皆僭造明堂，則未免横生異説。他若以汲冢紀年爲淳于髡所作，謂孝經十八章次序爲唐玄宗所定，尤鑿空無據矣。其餘説詩多據鄭玄譜，説書多據蔡沈傳，説三禮、三傳多撮舉注疏。然其間隨文生義，觸類旁通，用以資幼學之記誦，亦不爲無益。其論趙岐注孟子曰：「六經、論語、孟子，前後凡經幾手訓解，宋儒不過集衆説以求一是之歸。如説易便駡王弼，講周禮便責鄭康成、賈公彦，解尚書便駁孔安國，傷乎已甚。畢竟漢儒亦有多少好處。趙岐在夾柱中三年，注一部孟子，也合諒他勤苦。」云云，尤平心之論也。

五經蠡測六卷

兩江總督採進本

明蔣悌生撰。悌生字叔仁，福寧州人。洪武初，以明經官訓導。是書乃其元季避兵藍田谷中所作。嘉靖戊戌，案：原序不題年號，但稱戊戌。以序中「一百六十餘年」語推之，知爲嘉靖十七年。浮梁閔文振纂修州志，始得稾於其裔孫宗雨，序而刻之。前有洪武庚戌悌生自序。凡易一卷，書一卷，詩三卷，春秋一卷。後有文振附記，曰「右五經，詩說獨多，易、書次之，春秋爲少，禮記亡闕。今猶題曰五經蠡測，仍其舊也」云云。今觀其書，或載經文，或但標章句之目，所說或大書，或夾注，體例絕不畫一，蓋猶未成之草稾。又尚書太甲篇首有曰：「詩、書小序，前已詳言之矣。」然以前絕未論詩、書序，則不但禮記散佚，併尚書亦有佚脱也。其說易，多斟酌程傳、本義之異同。如解頤卦「虎視眈眈，其欲逐逐」，謂大臣之求賢爲助，如虎之求肉爲食，穿鑿太甚。如解「龍戰于野」，謂坤象不得稱龍，龍即乾卦六爻之龍。陰盛而與之戰，嫌於无陽，故稱龍以明陽未嘗无。則立義特爲正大。其說書，於蔡沈集傳多所訂正。解盤庚，疑有錯簡三章，未免因王柏謬說，又加推廣。至於高宗肜日，謂果爲高宗之事，則當稱王，不當首稱廟號。用鄒氏音釋之說，以爲祖庚祀高宗。亦不爲無見。其說詩，謂小序固有紕繆，而朱子疾之太甚。於諸篇同異，務持兩家之平。在元、明之間，可謂屹然獨立，無依門傍户之私。至其以鳲鳩爲美周公，乃豳風之詩，錯簡入於曹風，則又臆斷之餘習矣。春秋僅說「滕子來朝」「子同生」「夫人姜氏孫于齊」「夫人姜氏會齊侯于禚」「公及夫人會齊侯于陽穀」「齊仲孫來」六條，案：「孫於齊」與「會禚」合爲一條。而「仲孫」一條與「陽穀」一條年月又復顛倒。其説不甚主胡傳。然既曰胡傳不合筆削之初意，又曰聖人復生，亦將有取於胡氏之言，又何必一一盡合於筆削之初意，則於胡傳亦尚在疑信間也。大抵僻處窮山，罕窺古籍，於考據引證，非其所長。而覃精研思，則往往有所心得。名雖不及熊朋來，書則實在朋來上也。

簡端録十二卷 江蘇巡撫採進本

明邵寶撰。寶有左觿，已著録。是編皆其讀書有得即題釋簡端，積久漸多，其門人天台王宗元鈔合成帙，因以「簡端」爲名。凡易三卷，書二卷，春秋三卷，禮記一卷，大學、中庸合一卷，論語、孟子合一卷。前有寶自序。又有雍正壬子華希閔重刊序，稱：「格物一義，頓悟者方欲掃除一切。先生則曰：『格物猶言窮理也，理即物之所以爲物也。不曰窮理而曰物者，要之於其實也。』」云云。蓋時方趨向良知，以爲聖人祕鑰，儒者日就玄虛。寶所學獨篤實不支，故其言如此。全書大旨，不外於斯。雖步步趨趨，尚未爲沈酣經窟。然馬、鄭、孔、賈之學，至明殆絶。研思古義者，二百七十年内，稀若晨星。迨其中葉，狂禪瀾倒，異説飈騰，乃併宋儒義理之學亦失其本旨。寶所劄記，雖皆寥寥數言，而大旨要歸於醇正。亟録存之，亦不得已而思其次也。

五經稽疑六卷 浙江巡撫採進本

明朱睦㮮撰。睦㮮有易學識遺，已著録。據明史睦㮮傳，稱其「萬曆五年舉周藩宗正，領宗學。

約宗生以三、六、九日午前講易、詩、書，午後講春秋、禮記，雖盛寒暑不輟。所撰有五經稽疑六卷。」藝文志載睦㮮五經稽疑六卷外，又載睦㮮春秋諸傳辨疑四卷。其春秋稽疑又有别行之本，析爲四卷，乃與明史所稱春秋經傳辨疑合。考睦㮮自序稱：「少靡所好，游心六經，嘗作春秋稽疑，餘未及爲也。癸未四月，案：明史稱睦㮮以萬曆五年舉宗正，又三年卒，則其卒當在萬曆八年。癸未乃萬曆十一年，與史文不合，疑史誤也。杜門謝客，乃取四經，時披閲焉。或有疑者，參訂諸家而折衷之。且述且作，得若干卷。」云云。據其所言，絶不及春秋經傳辨疑一字。殆初注春秋四卷，名以經傳辨疑，先行於世。後乃足成五經，併爲一帙，統改今名。著録家各據所見之本，遂析而爲二耳。明史睦㮮傳但稱作五經稽疑六卷，不及春秋經傳辨疑，從其最後之定本也。春秋乃其初稾，蓋以全力爲之。大旨取直書其事，美惡自見之義。其中如誤以邾儀父爲邾命卿，蓋沿程端學之曲説。不思及晉處父盟，經自有例。未免傷於武斷。然如「春正月」不書王，「王使榮叔來錫桓公命」不書天，「譚子」不書名，「柯之盟」不書日，「祭叔來聘」不書使之類，以爲傳寫脱誤，非孔子有意筆削。旁引曲證，足破穿鑿附會之論。又謂「穀伯綏來朝」「鄧侯吾離來朝」二「朝」字當作「奔」；「鄭游速帥師滅許」，「滅」當作「入」；又辨左氏以「城小穀」爲「城穀」之非；公羊謂「晦不書事」之誤。則精核者居多。易、書、詩、禮所説殊略。易多誤採郭京之本。書既以古文爲疑，又以大禹謨、皋陶謨篇首之語爲後人所加。又用程子之説，引「文命允迪」之文以駁「放勳」之非號。亦頗涉矛盾。詩多採用小序，亦乏新義。禮則所辨後儒增益之詞，頗爲有見。而末附以所定藩府禮制八條，則亘古説經無此體例矣。以其考證古義，尚時有可取，亦併録之。鈔本不分卷帙，今約其篇頁，以四經各爲一卷，春秋爲兩卷，仍合於明史所載之卷數焉。

經典稽疑二卷　江蘇巡撫採進本

明陳耀文撰。耀文字晦伯，確山人。萬曆庚戌進士，官至按察司副使。此書取漢、唐以來説經之異於宋儒者，分條輯載。上卷爲四書，下卷爲易、書、詩、春秋、禮記、周禮。先儒專門之學，各有師承，非同臆説。耀文欲存諸經古訓，但當採鄭、王、賈、孔遺言，不應雜以明人議論。又如「宰予畫寢」，但取七經小傳「寢爲内寢」之説，而不引資暇集所載「梁武帝繪畫寢室」一條；「竊比老彭」，但取經典釋文所引鄭云「老，老聃。彭，彭祖」之説，而不引禮記疏、文選注所載鄭注「老聃，周之太史。彭，彭咸也」一條；「乾，元亨利貞」，但取子夏傳始通和正之説，而不引義海撮要所載梁武帝「義始爲元，遂爲亨，益爲利，不私爲貞」一條。此類頗多，亦傷漏略。又如周禮備載宋、元諸儒攻駁之語，則徒啓紛紛；孟子備載筆談所紀王聖美因何却見梁惠王之言，則更涉諧謔。蓋耀文因當時帖括之士墨守方隅，稍爲裒集異同，以存古義，而不必一一悉從其朔，故所採亦未盡精純。然嘉、隆之間，心學盛而經學衰，耀文獨能遠討遐搜，潛心訓詁，亦可云空谷之足音矣。

欽定繙譯五經五十八卷四書二十九卷

乾隆二十年初，欽定繙譯四書，續繙譯易、書、詩三經，續又繙譯春秋、禮記二經。至乾隆四十七年，而聖賢典籍釋以國書者，燦然備焉。案鄭樵通志七音略曰：「宣尼之書，自中國而東則朝鮮，西則涼夏，南則交阯，北則朔易，皆吾故封也。故封之外，其書不通。何瞿曇之書能入諸夏，而宣尼之書不能至跋提河？聲音之道有障礙耳。」其説良是，然文字之聲音，越數郡而或不同。文字之義理，則縱而引之，千古上下無所異；横而推之，四海内外無所異。苟能宣其意旨，通以語言，自有契若符節者，又何聲音之能障礙乎哉？考隋書載魏氏遷洛，未達華語。孝文帝命侯伏侯可悉陵以其言譯孝經之旨，教於國人，謂之國語孝經。經籍志載其書作一卷。是古人已有行之者。特其學其識，均未窺六藝之閫奥，故能譯者僅文句淺顯之孝經，而諸經則未之及耳。我國家肇興東土，剏作十二字頭，貫一切音；復御定清文鑒，聯字成語，括一切義。精微巧妙，實小學家所未有。故六書之形聲訓詁，皆可比類以通之。而列聖以來，表章經學，天下從風，莫不研究微言，講求古義，尤非前代之所及。故先譯四書，示初學之津梁。至於五經，易則略象數之迹，示其吉凶；書則疏佶屈之詞，歸於顯易；詩則曲摹其咏嘆，而句外之寄託可想；春秋則細核其異同，而一字之勸懲畢見；禮記則名物度數，考訂必詳，精理名言，推求必當，尤足破講家之聚訟。蓋先儒之詁經，多株守其文，故拘泥而鮮通；此編之詁經，則疏通其意，故明白而無誤。不立箋傳之名，不用注疏之體，而脣吻輕重之間，自然契删述之微旨，厥有由矣。學者守是一編，或因經義以通國書，而同文之聖化被於四方；或因國書以通經義，而明道之遺編彰於萬世。其有裨於文教，均爲至大。雖堯帝之文章，尼山之删定，又何以加於兹哉！

七經孟子考文補遺一百九十九卷

浙江汪啓淑家藏本

原本題西條掌書記山井鼎撰，東都講官物觀校勘。詳其序文，蓋鼎先爲考文，而觀補其遺也。二人皆不知何許人。驗其版式紙色，蓋日本國所刊。凡爲易十卷，書二十卷，附古文考一卷，詩二十卷，左傳六十卷，禮記六十三卷，論語十卷，孝經一卷，孟子十四卷。别孟子於七經之外者，考日本自唐始通中國，殆猶用唐制歟？前有凡例，稱其國足利學有宋版五經正義一通，又有古文周易三通，略例一通，毛詩二通，皇侃論語義疏一通，古文孝經一通，孟子一通。又有足利本禮記一通，周易、論語、孟子各一通。又有正德、嘉靖、萬曆、崇禎十三經注疏本。崇禎本即汲古閣本也。其例首經，次注，次疏，次釋文，專以汲古閣本爲主，而以諸本考其異同。凡有五目：曰考異，曰補闕，曰補脱，曰謹案，曰存舊。按所稱古本爲唐以前博士所傳，足利本乃其國足利學印行活字版。今皆無可考信。書中所稱宋版五經正義，今以毛居正六經正誤及岳珂九經三傳沿革例所引宋本參校，如尚書益稷篇注「粉若粟冰」，六經正誤引紹興本作「粟冰」，監本作「粟水」，興國軍本作「粟米」，今汲古閣本作「粟冰」，而此書不引「粟水」「粟米」二條；毛詩鴟鴞章「予尾翛翛」，經傳沿革例引監本、蜀本、越本作「倐倐」，今汲古閣作「倐倐」，而此書不引「倐倐」一條；生民章箋「訏謂張口嗚呼」，經傳沿革例引余仁仲本「嗚」作「嗚」，今汲古閣本作「嗚」，而是書不引「嗚」字一條；春秋左氏傳隱四年「老夫耄矣」，六經正誤引潭本「耄」作「耄」，今汲古閣本作「耄」，而此書不引「耄」字一條；襄三十一年「天厲不戒」，六經正誤引臨川本「天」作「天」，今汲古閣本作「天」，而此書不引「天」字一條；禮記曲禮「二名不偏諱」，經傳沿革例引蜀大字本、興國本「偏」作「偏」，今汲古閣本作「偏」，而此書不引「偏」字一條。悉與毛、岳兩家所稱宋本不符，不知所據宋本定出誰氏。然如周易小過九四注「不爲責主」，此書引宋版「責」作「貴」，與六經正誤所引善本合；又春秋傳昭十二年「昔我先王熊繹與呂級」，此書引宋永懷堂本「級」作「伋」，與六經正誤所引興國本合；昭二十四年注「不佞獻王」，此書引宋版「王」作「玉」，與六經正誤所引臨川本合；僖三十一年注「濟水滎陽東過魯之西」，此書引宋永懷堂本「滎」作「熒」，與經傳沿革例所據之善本合；僖二十三年「懷其安，實敗名」，此書引宋永懷堂本「其」作「與」，與經傳沿革例所引監本、蜀本及諸善本合；禮記曾子問注「則卒哭而致事」，此書引宋版「則」作「周」，喪服小記「殤無變文不縞」，此書謂「縞」乃「縟」字之誤，皆與經傳沿革例所引興國本合。考經傳沿革例所載宋版二十一種，多不附釋文，其附釋文者獨有建本及蜀中大字本。此書載宋版毛詩、左傳，獨附釋文，則或爲建本及蜀中大字本歟？又鼎稱足利本乃統括古本，而所引古本，如尚書舜典注云：「使各陳進治理之言。古『理』作『禮』。」而六經正誤所引監本亦云「理」作「禮」，則知古本非無稽也。至所正釋文錯誤，多稱「元文」，不知「元文」爲何本。今以通志堂所刊考之，一一皆合。蓋徐本未出以前，其書已傳入彼國矣。歐陽脩作日本刀歌曰：「徐福行時書未焚，遺書百篇今尚存。」今考此書所列尚書，與中國之本無異。又明豐坊僞造諸經，皆稱海外之本。今考此書與坊本亦無一同，是亦足釋千古之疑也。

九經誤字一卷 内府藏本

國朝顧炎武撰。炎武有左傳杜解補正，已著録。是書以明國子監所刊諸經字多譌脱，而坊刻之誤又甚於監本，乃考石經及諸舊刻作爲此書。其中所摘監本、坊本之誤，諸經尚不過一二字，惟儀禮脱誤比諸經尤甚。如士昏禮「視諸衿鞶」下，脱「壻授綏。姆辭曰：『未教，不足與爲禮也』」十四字；鄉射禮「各以其物獲」下，脱「士鹿中翿旌以獲」七字；燕禮「享于門外東方」下，脱「其牲狗也」四字；特牲饋食禮「長皆答拜」下，脱「舉觶者祭，卒觶，拜。長皆答拜」十一字；少牢饋食禮「振之三」下，脱「以授尸。坐取簞，興」七字。其一兩字之脱，尚有二十處，皆賴炎武此書校明，今本得以補正。則於典籍不爲無功矣。惟所引石經「子朝奔郊」四字，字體與唐不類。考左傳昭公二十二年：「王師軍于京楚，辛丑伐京。」注云：「京楚，子朝所在。」又昭公二十三年：「王子朝入于尹。」注云：「自京入尹氏之邑。」則子朝無奔郊之事，此四字爲王堯惠等妄加明矣。

炎武亦復採之，未免泥古之過。然不以一眚掩也。

經問十八卷經問補三卷

浙江巡撫採進本

國朝毛奇齡説經之詞，其門人録之成編。皆一問一答，故題曰經問。其後三卷，則其子遠宗所補録也。其中如論褚師聲子不解韤；論肅容、肅揖、肅拜三者之分；論婦人不稱斂衽；論稽首、頓首之誤用；論杜預注丘甲之非；論儀禮出二戴，禮記不出二戴；論甘盤不遯於荒野；論姓分爲氏，氏分爲族；論以字爲氏，不必定用王父；論兄弟不相爲後，破汪琬以弟後兄之説；以史記諸侯年表正趙世家記屠岸賈之謬；謂衛宣公無烝夷姜事；謂孟子記齊楚伐宋時，宋猶未滅滕；謂春秋桓公多闕文；論公行子有子之喪；論微子、微仲；論鄭康成誤注勦説爲雷同；論孔子非攝相；論孔子適周非昭公二十四年；論畏、厭、溺；論魯鼓、薛鼓非無詞；論媒氏禁遷葬嫁殤；論子文三仕三已；論束牲載書，皆證佐分明，可稱精核。至其中所排斥者，如錢丙、蔡氏之類，多隱其名。而指名而攻者，惟顧炎武、閻若璩、胡渭三人。以三人皆博學重望，足以攻擊，而餘子則不足齒録。其傲睨可云已甚。李塨序目稱：「仁和汪祭酒嘗答人書，謂『西河説經，終不見有絀理』。似乎鄭康成、杜預、孔穎達、賈公彦輩皆有贏有絀，而西河隨問隨答，無不是焉。」其推挹甚至。而其以辨才求勝，務取給一時，不肯平心以度理，亦於是見之。可謂皮裏陽秋矣。然以馬、鄭之淹通，濟以蘇、張之口舌，實足使老師宿儒變色失步，固不可謂非豪傑之士也。

十三經義疑十二卷　江蘇巡撫採進本

國朝吴浩撰。浩字養齋，華亭人。是書取諸經箋注，標其疑義，考訂之力頗勤。如季本讀禮疑圖以萬人爲一軍，浩襲其說。於詩「公車千乘，公徒三萬」，不主鄭箋舉成數之解，而引司馬法，又以一乘總三十人，定千乘當三萬人，而疑賈疏附會此法爲畿内之制。今考大司馬：「萬有二千五百人爲軍」，小司徒：「五人爲伍，五伍爲兩，四兩爲卒，五卒爲旅，五旅爲師，五師爲軍。」天子、諸侯同制。小司徒疏謂司馬法：「成百井，三百家，革車一乘，士十人，徒二十人。」至「同方百里，萬井，三萬家，革車百乘，士千人，徒二千人」，乃天子畿内采地法。又司馬法「甲士三人，步卒七十二人」，乃是畿外邦國法。此周之定制也。齊語：「管子制國，五家爲軌，故五人爲伍。十軌爲里，故五十人爲小戎。四里爲連，故二百人爲卒。十連爲鄉，故二千人爲旅。五鄉爲師，故萬人爲軍。」韋昭注：「萬人爲軍，齊制也。周則萬二千五百人爲軍。」此春秋列國之變制也。僖公之頌正當齊桓之時，或其時即用齊法，亦未可知。浩據以疑周禮則非也。浩又於儀禮聘禮引崔靈恩之說，謂諸侯三卿，司徒兼冢宰，司馬兼宗伯，司空兼司寇。諸侯雖正卿，猶不敢稱「大」。史記謂魯以孔子爲大司寇，若然，豈魯有六卿如天子耶？宋二王之後，故有大司馬。楚之有大司馬也，因僭稱王耳。今考管子王言篇，甯戚藝粟盡地利，立爲大司徒。王子城父爲大司馬。則春秋時諸侯正卿明稱「大」，而稱大司馬者又不止宋、楚矣。又左氏傳曰：「向爲人爲大司寇。」則宋稱「大」者又不特司馬矣。魯司寇爲司空兼官，本非正卿，或止得稱司寇。而概謂諸侯正卿皆不得稱「大」，則亦弗之考也。又周禮「乃立春官宗伯」，鄭注引「夏父弗忌爲宗人」。浩謂春秋内、外傳俱作「我爲宗伯」，宗人雖亦掌禮之官，但位卑權輕，焉能擅爲逆祀？今考宗人之名，通於上下。左傳哀公二十四年：「使宗人釁夏獻其立夫人之禮。對曰：『無之。』公怒曰：『汝爲宗司。』」尊之曰「宗司」，是非卑位矣。又文王世子「公族其在宗廟之中，則如外朝之位。宗人授事，以爵以官」。注：「宗人掌禮及宗廟。」與鄭氏周禮大宗伯注「宗官典國之禮與其祭祀」合。又大戴禮諸侯遷廟「齊祝，宗人及從者皆齊，宗人擯。」與周禮大宗伯職掌王之儐相合。鄭注宗伯爲宗人，蓋即據此。此天子、諸侯之宗人也。魯語：「公父文伯之母欲室文伯，饗其宗老。」韋昭注：「宗，宗人。」晉語：「范文子謂其宗祝」，韋昭注亦曰：「宗，宗人。」此卿、大夫之宗人也。浩以宗人爲位卑權輕，是以卿、大夫之宗人與天子、諸侯之宗人合爲一也，考核頗疏。其他如釋左傳「得祏於槖中」，謂大夫士亦有主，與蔡謨之説合。而引説文「大夫以石爲主」，則出前儒所引之外。釋爾雅「昏，强也」，謂「昏」當作「昬」。書「不昬作勞」，「昬」音「閔」，與「暋」同，强也。又爾雅：「夏日復胙」，郭注：「未見所出。」浩引穀梁楊疏云：「復胙者，復前日之禮。」有司徹賈疏云：「復胙者，復昨日之胙祭。」則均可補郭注，其説亦頗有可採者。蓋於注疏之學雖未能貫通融會，而研究考證，具有根柢。視剽剟語録，枵腹談經，徒以大言臆斷者，則勝之遠矣。

九經古義十六卷

桂林府同知李文藻刊本

國朝惠棟撰，棟有周易述，已著録。是編所解，凡周易、尚書、毛詩、周禮、儀禮、禮記、左傳、公羊、穀梁、論語十經。其左傳六卷，後更名曰補注，刊版别行，故惟存其九。曰「古義」者，漢儒專門訓詁之學，得以考見於今者也。古者漆書竹簡，傳寫爲艱，師弟相傳，多由口授，往往同音異字，輾轉多歧。又六體孳生，形聲漸備，毫釐辨别，後世乃詳。古人字數無多，多相假借，沿流承襲，遂開通用一門。談經者不考其源，每以近代之形聲究古書之義旨，穿鑿附會，多起於斯。故士生唐宋以後，而操管摛文，動作奇字，則生今反古，是曰亂常。至於讀古人之書，則當先通古人之字，庶明其文句而義理可以漸求。棟作是書，皆蒐採舊文，互相參證。其中愛博嗜奇，不能割愛者。如易之需卦，據歸藏作「溽」，於象傳飲食之義固符，於爻詞「需泥」「需沙」則義不相協。書之「曰若稽古」，用鄭康成之義，實則訓「古」爲「天」，經典更無佐證。儀禮士昏禮之「皇舅某子」，申注疏「張子、李子」之義，駁顧炎武之説。實則春秋傳所謂男婦辨姓，乃指婚姻，不指稱號。禮記檀弓之「子夏喪明」，漢冀州從事郭君碑作「喪名」，實係假借之字。乃引爾雅「目上爲名」，謂名爲目珠。實則目珠不在眉目之間。公羊隱十一年傳，蔡邕石經以「弑」爲「試」，引白虎通證之，已屬附會，又引荀子議兵篇「威厲而不試，刑措而不用」句爲證。實則此「試」字又别一意，蔡邕所書，義不緣此。成二年傳「是土齊也」，自以何休注文爲正解，而引周禮、司馬法解「土」爲

「杜」。實則「盡東其畝」，原非杜塞鄰國之交通。論語之「詠而歸」，據鄭康成、王充之説，以「歸」爲「饋」。實則風雩無饋祭之理。如斯之類，皆不免曲徇古人，失之拘執。又如據周禮牛人謂「任器」字出於經文，不出子、史，駁宋祁筆記之誤，則體同説部，與經訓無關。引荀子、墨子證學記之「撞鐘」，引荀子證秦穆公之能變，引墨子證「許止不嘗藥」，引楊方五經鉤沈證論語「生知」，亦皆牽引旁文，無關訓詁，未免爲例不純。然自此數條以外，大抵元元本本，精核者多。較王應麟詩攷、鄭氏易注諸書，有其過之無不及也。

經稗六卷　福建巡撫採進本

國朝鄭方坤撰。方坤字則厚，號荔鄉，建安人。雍正癸卯進士，官至兗州府知府。是編雜採前人説經之文，凡易、書、詩、春秋各一卷，三禮共一卷，四書共一卷。以多摭諸説部之中，故名曰「稗言」，猶正史之外別有稗官耳。漢代傳經，專門授受，自師承以外，罕肯旁徵。故治此經者，不通諸別經。即一經之中，此師之訓故，亦不通諸別師之訓故。專而不雜，故得精通。自鄭玄淹貫六藝，參互鉤稽，旁及緯書，亦多採摭。言考證之學者自是始。宋代諸儒，惟朱子窮究典籍。其餘研求經義者，大抵斷之以理，不甚觀書。故其時博學之徒，多從而探索舊文，網羅遺佚，舉古義以補其闕。於是漢儒考證之學，遂散見雜家筆記之内。宋洪邁、王應麟諸人，明楊慎、焦竑諸人，國朝顧炎武、閻若璩諸人，其尤著者也。夫窮經之要在於講明大義，得立教之精意，原不以搜求奇祕爲長。然有時名物訓詁之不明，事迹時地之不考，遂有憑臆空談，乖聖人之本旨者。諸人於漢學放失之餘，捃摭而存一綫，亦未始非餼羊之遺也。顧諸家無談經之專書，篇帙紛繁，頗難尋檢。方坤能薈稡衆説，部居州分，於考核之功深爲有裨。特録存之，亦朱子注中庸不廢沈括夢溪筆談之意也。

十三經注疏正字八十一卷　浙江巡撫採進本

國朝沈廷芳撰。廷芳字椒園，仁和人。乾隆丙辰召試博學鴻詞，授翰林院編修，官至山東按察使。是編校正十三經注疏，以監本、重修監本、陸氏閩本、毛氏汲古閣本參互考證，而音義釋文則以徐氏通志堂本爲準。凡周易三卷，尚書五卷，詩十四卷，周禮十卷，儀禮十一卷，禮記十五卷，左傳十卷，公羊傳四卷，穀梁傳二卷，孝經一卷，論語二卷，孟子一卷，爾雅三卷。考諸經正義，宋端拱、咸平、景德遞有校正，而版本久湮。明以來公私刊版，亦有據宋本刊正者，而所校往往不同。廷芳是書，每條標其本句，而疏其譌誤於下。其據某本改者，竝顯出之。有未定者，則以疑存之。或有據某人説者，亦綴附焉。於形聲六體，尤所究詳。然籀改而篆，篆改而八分，而隸書，偏旁點畫，或因或革，不能限以許慎之所述。又經師口授，各據專門，春秋則三傳異文，詩則四家殊字。而假借通用，又復錯出於其間。故「曰若」「越若」，書自不同；「桑葚」「桑椹」，詩亦各體，此一經自不相同者也。周禮之「簭」，不可通乎周易之「筮」；儀禮之「庿」，不可通於禮記之「廟」，此諸經各不相謀者也。鄭康成之屢稱舊書，陸德明之多引别本，更不論矣。故是書所舉，或漏或拘，此書更有功於注疏。較諸訓詁未明而自謂能窮理義者，固有虚談、實際之分矣。尚未能毫髮無憾。至於參稽衆本，考驗六書，訂刊版之舛譌，祛經生之疑似。注疏有功於聖經，

朱子五經語類八十卷

江蘇巡撫採進本

國朝程川編。川字鄘渠，號春雲，錢塘人。乾隆元年薦舉博學鴻詞。是書成於雍正乙巳，乃川肄業敷文書院時所刊。取朱子語録之説五經者，州分部居，各以類從，以便參考。凡易四十卷，書九卷，詩七卷，春秋三卷，禮二十一卷。昔朱子之孫鑑，嘗緝文公易説二十三卷，又緝詩傳遺説六卷。國朝李光地又有朱子禮纂五卷。而書與春秋卒無專書。特諸家援引遺文，據以折衷衆説而已。且其間各以意爲去取，不能盡睹其全。又不著爲某氏某年所録，亦無以考其異同先後之由。黎靖德所編語録，雖薈稡無遺，然不及一一詮次，亦猝不得其端緒。川此編於每經皆以總論居前，論舊説得失者次之。其餘則以經文爲序，並各著某人所録於下，且注其年月及朱子是時年若干歲於首條。條分縷析，至爲明白。雖其間記録或失其真，前後偶異其説者未爲一一辨明，然比類而觀，互相勘校，其得失亦粲然具見矣。三禮之末，綴以大戴禮記，似乎不倫。考是書歷代史志皆著録於禮類。史繩祖學齋佔畢稱宋時嘗併大戴記於十三經末，稱十四經。雖繩祖不詳事在何朝，然諒非誣説。且其文與三禮多相出入，可以爲參考之資。附録於末，亦不得以泛濫爲疑矣。

羣經補義五卷　安徽巡撫採進本

國朝江永撰。永有周禮疑義舉要，已著録。是書取易、書、詩、春秋、儀禮、禮記、中庸、論語、孟子九經，隨筆詮釋，末附雜説，多能補注疏所未及。惟有過矯鄭義者。如禮記補義云：「主常在室，朝事雖延尸出户，而主不動。故云：『詔祝于室，坐尸于堂。』堂上有尸無主也。大司樂職云：『尸出入則令奏肆夏』，而司巫無奉主出入之文也。」今考郊特牲注曰：「朝事延尸于户西，南面。布主席，東面。取牲膟膋燎于爐炭，洗肝于鬱鬯而燔之。入以詔神于室，又出以墮于主。主人親制其肝，所謂制祭也。時尸薦以籩豆，至薦孰，乃更延主于室之奥。尸來升席，自北方坐于主北焉。」康成此注雖不見於經傳，必有根據。今永謂坐尸于堂，則堂上無主，不知下文云「直祭祝于主」，注謂謂薦孰時也。經亦但云「祝于主」，不云「祝于尸」，豈亦得謂薦孰時尸不在室乎？蓋言室則統有主，言主則統有尸。經以互文見義，益以見尸、主之不相離也。況大司樂「尸出入奏肆夏」，注謂出入廟中。如第據出入廟中，則曾子問曰「主出廟、入廟必蹕」，此不得以司巫不言主出入而遂不信曾子問也。公羊傳曰：「祫祭者，毁廟之主陳于太祖，未毁廟之主皆升，合食于太祖。」周旅酬六尸，則毁廟有主而無尸。若朝踐之節，但有尸在堂，而主皆在室，則毁廟之主不得與於朝踐之禮矣。曲禮曰：「措之廟，立之主，曰帝主。」所以識世系也。尸之所在，以主辨其昭穆，故尸與主不相離。白虎通曰：「主所以依神也。」淮南子曰：「神之所依者尸也。」若主在室而尸在堂，則朝踐之節，神一依于在堂之尸，又一依乎在室之主，散而無統，非所以明精專也。論語補義又謂：「魯禘行於秋嘗之時。周正之秋，實是夏月。故明堂位曰『季夏六月，禘周公于明堂』也。」今考閔二年：「夏五月，吉禘于莊公。」僖八年：「秋七月，禘于太廟。」文二年：「八月，大事于太廟。」宣八年：「夏六月，有事于太廟。」昭十五年：「二月，禘于武宮。」定八年：「冬，禘于僖公。」據此，則魯之禘祭四時皆舉，不得拘以嘗月也。明堂位曰：「季夏六月，以禘禮祀周公于明堂。」雜記：「孟獻子曰：『正月日至，可以有事于上帝；七月日至，可以有事于祖。』七月而禘，獻子爲之也。」稱七月日至乃夏至建午之月，則六月實建巳之月，于周正爲夏，不爲秋也。永既據明堂位六月爲禘月，而以六月爲周正之秋，則是以六月爲建未之月矣。同一魯也，記者於正月、七月稱日至，則用周正，而于六月則又用夏正，恐無是理。永又引祭統「内祭則大嘗禘」，書「禘」于「嘗」下，明大禘在嘗月。不知「禘」在「嘗」下，不過錯舉之詞。猶之傳曰「烝嘗禘於廟」，「嘗」在「烝」前而錯舉之，則曰「烝嘗」也。然則經文「嘗」在「禘」上，原不謂禘在嘗月也。永又引魯頌「秋而載嘗，夏而楅衡，白牡騂剛」，爲禘在嘗月之證。不知毛傳曰：「諸侯夏禘則不礿，秋祫則不嘗，惟天子兼之。」鄭箋曰：「秋嘗祭，于夏則養牲。」是毛、鄭皆不以此節爲禘祭也。今據魯頌爲禘、嘗同月，尤爲未允。然其他條則多典確不磨。若尚書補義以西海爲青海，謂西海郡雖始立於王莽，而山海經云：「西海之南，流沙之濱。」則西海之名甚古，竝不始于莽也。春秋補義謂兄終弟及，宗廟昭穆之世，天子諸侯不得過四親，而昭穆之廟不必限以四，竝斥萬斯大所據「明堂五室」之說。又謂春秋之世兵農已分，引管子：「制國二十一鄉：工商之鄉六，士鄉十五。公帥五鄉，國子、高子各帥五鄉。」是在當時，齊之三軍悉出近國都之十五鄉，而野鄙之農不與。論語補義謂先儒以麻冕用三十升，布八十縷爲升，三十升則二千四百縷。布一尺二寸，容一千二百縷，朱子已謂其極細，如今之細絹。豈更可倍爲二千四百縷？然則麻冕亦不過十五升。辨析尤爲精核。其他於禹貢之輿地、春秋之朔閏，皆考證賅洽，於經文、注義均有發明。固非空談者所及，亦非捃拾爲博者所及也。

經咫一卷 江蘇巡撫採進本

國朝陳祖范撰。祖范字亦韓，亦字見復，常熟人。雍正癸卯會試中式舉人，未及殿試。乾隆辛未薦舉經學，特賜國子監司業銜。是書皆其説經之文。名「經咫」者，用國語晉文公「咫聞」語也。祖范膺薦時，曾録呈御覽。此其門人歸宣光等所刊。凡易七條，書十二條，詩七條，春秋十三條，禮六條，論語十三條，中庸二條，孟子十條，而以雜文之有關禮義者八篇列於禮後。其論書不取梅賾，論詩不廢小序，論春秋不取義例，論禮不以古制違人情，皆通達之論。原序稱：「文不離乎六經、四書，説不參乎支離怪僻。」視蕭山毛奇齡之專攻前人，同一説經，而純駁顯然。今觀其書，如駁公羊傳「弟爲兄後」之説，而取其「母以子貴」之文；駁婚禮不告廟之非；論語「無所取材」

主鄭康成「桴材」之説；謂甯武子不及仕衛文公；謂「瓜祭」非「必祭」，及政逮大夫四世之類，取奇齡説者不一而足。惟古文尚書顯然立異耳。祖范學問篤實，必非剽取人書者。或奇齡之書，盛氣叫囂，肆行排詆，爲祖范所不欲觀。故不知先有是説，偶然闇合耶？然如奇齡經説，以諸賢配享爲多事，而謂學宫祀文昌、魁星爲有理，則祖范終無是也。

九經辨字瀆蒙十二卷　浙江巡撫採進本

國朝沈炳震撰。炳震，歸安人。是書校正九經文字。第一卷爲經典重文，如「翩翩」「坎坎」之類。第二卷爲經無重文，如「褫」字、「獖」字之類。第三卷爲經典傳譌。如文言傳「重剛而不中」，「重」字本義疑衍；象傳「履霜堅冰」，魏志作「初六履霜」之類。第四卷、第五卷爲經典傳異，以注疏本列於上，以石經不同者列於下。其諸書援引異文，亦併附著。第六卷爲經典通借。如「君子以順德」，「順」王肅本作「慎」；「磐桓，利居貞」，「磐」釋文「一本作盤」之類。第七卷、第八卷、第九卷爲先儒異讀。如易「大人造也」，「造」劉歆引作「聚」；「君子體仁」，「仁」董遇本作「信」之類。第十卷爲同音易義。如「彖」本訓豕走，而易之「彖」則訓爲「斷」；「毒」本訓「害」，而王弼注師卦「毒天下」訓爲「役」之類。然其音不改。第十一卷爲易音易義。如「元亨」之「亨」，在「王用亨于岐山」則讀「饗」；「乾坤」之「乾」，在噬嗑「乾胏」則讀「干」之類。併其音而改之矣。併附以異字同義。如易之「鼫鼠」，即詩之「碩鼠」；易之「虓虺」，即書之「杌棿」之類。第十二卷則注解傳述人也。其排比鉤稽頗爲細密，可以因文字之異同，究訓詁之得失，於經學頗爲有裨。惟末卷注解傳述人，全録陸德明釋文所載，無所考證，苟盈篇帙，殊無可取。駢拇枝指，姑置而不論可矣。

古經解鉤沈三十卷 江蘇巡撫採進本

國朝余蕭客撰。蕭客字仲林，長洲人。是編採録唐以前諸儒訓詁。首爲敘録一卷，次周易一卷，尚書三卷，毛詩二卷，周禮一卷，儀禮二卷，禮記四卷，左傳七卷，公羊傳一卷，穀梁傳一卷，孝經一卷，論語一卷，孟子二卷，爾雅三卷，共三十卷。而敘録、周易、左傳均各分一子卷，實三十三卷也。自宋學大行，唐以前訓詁之傳，率遭掊擊，其書亦日就散亡。沿及明人，説經者遂憑臆空談，或蕩軼於規矩之外。國朝儒術昌明，士敦實學。復仰逢我皇上稽古右文，詔校刊十三經注疏，頒行天下，風教觀摩。凡著述之家，爭奮發而求及於古，蕭客是書其一也。其敘録備述先儒名氏、爵里及所著義訓。其書尚存者不載，或名存而其説不傳者亦不載。餘則自諸家經解所引，旁及史傳、類書，凡唐以前之舊説，有片語單詞可考者，悉著其目。雖有人名而無書名、有書名而無人名者，亦皆登載。又以傳從經，一一各著其所出之書。竝仿資暇集、龍龕手鏡之例，兼著其書之卷第，以示有徵。又經文同異，皆以北宋精本參校，正前明監版之譌闕。自序謂創始於己卯，成稾於壬午。晝夜手録，幾於左目青盲而後成帙。其用力亦可謂勤矣。至梁皇侃論語義疏，日本尚有全帙；又唐史徵周易口訣義，今永樂大典尚存遺説。是書列皇氏書於佚亡，而史氏書亦未採。蓋海外之本，是時尚未至中國，而天禄之珍，庋藏清祕，非下里寒儒力所能睹也。然經生耳目之所及者，則捃摭亦可謂備矣。

附録

古微書三十六卷　江蘇巡撫採進本

明孫瑴編。瑴字子雙，華容人。考劉向七略，不著緯書。然民間私相傳習，則自秦以來有之。非惟盧生所上見史記秦本紀，即吕不韋十二月紀稱某令失則某災至，伏生洪範五行傳稱某事失則某徵見，皆讖緯之説也。漢書儒林傳稱孟喜得易家候陰陽災變書，尤其明證。荀爽謂起自哀、平，據其盛行之日言之耳。隋志著録八十一篇。燔燒之後，湮滅者多。至今僅有傳本者，朱彝尊經義考稱易乾鑿度、乾坤鑿度、禮含文嘉猶存，顧炎武日知録又稱見孝經援神契。然含文嘉乃宋張師禹所撰，非其舊文。援神契則自宋以來不著於録，殆炎武一時筆誤，實無此書。則傳於世者，僅乾鑿度、乾坤鑿度二書耳。皇上光崇文治，四庫宏開；二酉祕藏，罔弗津逮。又於永樂大典之中搜得易緯稽覽圖、通卦驗、坤靈圖、是類謀、辨終備、乾元序制記六書，爲數百年通儒所未見，其餘則仍不可稽。蓋遺編殘圖，十不存其一矣。瑴嘗雜採舊文，分爲四部，總謂之微書。一曰焚微，輯秦以前逸書。一曰綫微，輯漢、晉間箋疏。一曰闕微，徵皇古七十二代之文。一曰删微，即此書。今三書皆不傳，惟此編在，遂獨被微書之名，實其中之一種也。所採凡尚書十一種，春秋十六種，易八種，禮三種，樂三種，詩三種，論語四種，孝經九種，河圖十種，洛書五種。以今所得完本校之，榖不過粗存梗概。又唐瞿曇悉達開元占經，去隋未遠，所引諸緯，如河圖聖洽符、孝經雌雄圖之類，多者百餘條，少者數十條。榖亦未睹其書，故多所遺漏。又摘伏勝尚書大傳中洪範五行傳一篇，指爲神禹所作，尤屬杜撰。然其採摭編綴，使學者生於千百年後，猶見東京以上之遺文，以資考證，其功亦不可没。經義考「毖緯」一門所引據，出榖書者十之八九，則用力亦可謂勤矣。緯與經，名雖相輔，實各自爲書。卦氣之説，孟喜始據以詁易，何休、鄭玄援引尤多。宋歐陽脩乞校正五經劄子欲於注疏中全削其文，而説不果用。魏了翁作九經正義，始盡削除。此實説經家謹嚴之旨，與孫復説春秋而廢傳，鄭樵説詩而廢序，深文巧詆，務排漢學者不同。然義理則當尊正軌，考證則不廢旁稽。如鄭玄注禮，五天帝具有姓名，此與道家符籙何異？宋儒闢之是也。至於蔡沈書集傳所稱「周天三百六十五度四分度之一」，實洛書甄耀度、尚書考靈耀之文；「黑道二去黃道北，赤道二去黃道南，白道二去黃道西，青道二去黃道東」，實河圖帝覽嬉之文；朱子注楚詞「崑崙者地之中也，地下有八柱，互相牽制，名山大川，孔穴相通」，實河圖括地象之文；「三足烏，陽精也」，實春秋元命包之文。案：此四條皆朱彝尊經義考之説。以至「七日來復」，自王弼以來承用；「六日七分」之説，朱子作易本義亦弗能易，實易稽覽圖之文。洛書四十五點，邵子以來傳爲祕鑰，其法出於太乙九宮，實易乾鑿度之文。是宋儒亦未能盡廢之。然則裒輯此編於經義亦不無所裨，未可盡斥爲好異，故今仍附著五經總義之末焉。

右五經總義類。三十一部，六百七十五卷。附録一部，三十六卷。皆文淵閣著録。

案漢儒五經之學，惟易先變且盡變，惟書與禮不變，詩與春秋則屢變而不能盡變。蓋易包萬彙，隨舉一義，皆有説可通。數惟人所推，象惟人所取，理惟人所説，故一變再變而不已。書紀政事，禮具器數，具有實徵，非空談所能眩亂，故雖欲變之而不能。詩則其美其刺，可以意解，其名物訓詁，則不可意解也；春秋則其褒其貶，可以詞奪，其事迹始末，則不可以詞奪也，故二經雖屢變而不盡變。劉勰有言：「意翻空而易奇，詞徵實而難巧。」此雖論文，可例之於説經矣。今所甄録，徵實者多，不欲以浮談無根啓天下之捷徑也。蓋自王柏諸人以下，逞小辨而汩聖籍者，其覆轍可一一數矣。

欽定四庫全書總目卷三十四

經部三十四

五經總義類存目

五經圖六卷 河南巡撫採進本

不著撰人名氏。雍正癸卯，襄城常定遠得明章達原本重刻。達序稱是本得自盧侍御，盧又得之信州鉛山，爲鵞湖石刻本。考明盧謙字默存，盧江人。萬曆甲辰進士，官至江西布政使參政。初官永豐縣知縣時，得信州學五經圖石本，廬江縣知縣章達爲刻之。其始末見李維楨序及謙孫雲英重編五經圖中。此本稱章達刊，當即謙所傳信州石本也。前有萬邦榮序，稱是書與信州石本對校，前後參錯，多所不同。蓋又有所竄亂矣。且原書兼圖周禮，是以名爲「六經」。此本仍存周禮諸圖，而改題曰「五經」，名實亦相舛迕。又每經縮爲八頁，而諸圖雜列其間，大圖之餘隙，即填小圖補之。尤毫無體例矣。

羣經辨疑録三卷 浙江吴玉墀家藏本

明周洪謨撰。洪謨字堯弼，長寧人。正統乙丑進士，官至禮部尚書，謚文安。事蹟具明史本傳。是編蓋其官祭酒時與諸生講論之語。凡辨正四書、五經訓釋與經旨違誤者百有四條，又發明先儒言外之旨者百有九條。自序稱：「寧爲朱子忠臣，無爲朱子佞臣。」成化十五年嘗疏進於朝，併請敕修諸經。憲宗以大全諸書久爲學者所誦習，不允所請。觀此書，頗可得其用意所在。然其説以三光、五行爲七政，則不及古傳日月五星之確。其辨周書八誥及蘇軾之説，以爲思殷叛周者皆紂所比昵之罪人，則於當時情事未合，仍不及蘇傳之允當。至謂社稷之神，龍柱、農棄以前，仍當有所謂稷者。其言雖似有理，然亦無所依據。至下卷則多屬空言，益無所取矣。

石渠意見四卷拾遺二卷補闕二卷 兩淮鹽政採進本

明王恕撰。恕有玩易意見，已著録。考明史恕本傳，其初致仕在成化二十二年。孝宗立，復召用。後與丘濬不合求去，以弘治六年閏五月復致仕。自是家居凡十五年。此本首篇自題云「己未季秋」，據七卿表，當在弘治十二年，則是書作於再致仕時。故自序稱作意見時八十四，作拾遺時八十六，作補闕時八十八，可謂耄而好學矣。其書大意以五經、四書傳注列在學官者，於理或有未安，故以己意詮解而筆記之。間有發明可取者，而語無考證，純以臆測武斷之處尤多。如謂左傳爲子貢等所作之類，殊游談無根也。

五經心義無卷數　浙江巡撫採進本

明王崇慶撰。崇慶有周易議卦，已著録。此本又合所著書經説略、詩經衍義、春秋斷義、禮記約蒙與議卦共爲一編。唯周易無序，餘皆有自序。大抵皆剽掇舊文，罕所心得。

十三經解詁五十六卷 兩淮鹽政採進本

明陳深撰。深有周禮訓雋，已著録。是編凡易三卷、書三卷、詩四卷、周禮六卷、儀禮四卷、禮記十卷、左傳十四卷、公羊傳三卷、穀梁傳二卷、論語一卷、孝經一卷、爾雅三卷、孟子二卷。其易惟取程傳及本義，各標其名。書惟取孔傳、蔡傳，不復分别。詩取小序及朱子集傳，亦兼採子貢詩傳。周禮分序官於各職之前，使長屬相統，用王應電本，稱曰古本。禮記增入夏小正一篇，置曾子問前。左傳主夏正之説，謂用周正爲誣。論語、孝經、孟子俱無注。惟孟子加以評點，用世所稱蘇洵本。餘亦皆鈔録舊注，無所發明。

説經劄記八卷 浙江巡撫採進本

明蔡汝楠撰。汝楠字子木，號白石，德清人。嘉靖壬辰進士，官至南京工部侍郎。明史文苑傳附見高叔嗣傳中。是編説易、説書、説詩、説春秋、説禮記、説論語、説學庸、説孟子各爲一卷，末附太極問答數則。史稱汝楠以憂歸，聚諸生石鼓書院，講求經義。此書即是時作也。汝楠少嘗從湛若水游，晚更友鄒守益、羅洪先。其學皆本於良知，欲以治經爲治心之功。故所説多如語録，罕博考之功云。

五經異文十一卷 浙江巡撫採進本

明陳士元撰。士元有易象鉤解，已著録。是編考訂五經文字異同，大抵以許慎説文、陸德明經典釋文爲主，而捃摭雜説附益之。所援據頗爲寒窘。如易本義坤初爻小象「順」當作「慎」，詩集傳「景，古影字」之類，亦縷載之。又如宋本「恒」之作「恒」避真宗諱，猶「真」之作「貞」避仁宗諱，「慎」之作「昚」避孝宗諱。而於恒卦注曰：「恒，釋文作恒。」殊爲失考。至「雝」「雍」一字，而於書「於變時雍」注：「路史作『時雝』」；「眉」「眉」一字，而於「以介眉壽」注：「呂氏讀詩記『眉』作『𦒱』。」益可以不必矣。

五經繹十五卷　江西巡撫採進本

明鄧元錫撰。元錫有三禮編繹，已著録。是書凡易五卷，書二卷，詩三卷，三禮四卷，春秋一卷。元錫先有三禮編繹二十卷别行，故此編惟摘録其中自作發明之語，而删其經文及注。書、詩、春秋亦不載經文，惟存篇目。其所詮釋，多屬空談。易則雖載經文而頗更其次第。如乾卦「乾元亨利貞」句下繼以「大哉乾元」至「萬國咸寧」五十七字，又繼以「元者善之長也」至「故曰乾元亨利貞」六十四字，又繼以「乾元者」至「天下平也」五十七字，又繼以「天行健」十字。乃繼以六爻及小象，小象以後復繼以文言「初九曰」以下之文。皆元錫以意更定。其繫辭、説卦、序卦、雜卦則全删傳文，而自撰天圖原等三卷以代之。其憑臆杜撰，亦略與三禮編繹等也。

經書音釋二卷　浙江汪啓淑家藏本

明馮保撰。保字永亭，號雙林，深州人。嘉靖中秉筆司禮太監，隆慶及萬曆之初最用事。事蹟具明史宦官傳。是編摭拾經典釋文、説文、廣韻諸書，參以己意。如解論語「過則勿憚改」「憚」字曰：「難也，畏也。」則已詳於朱注；解「宓不齊」「宓」字曰：「三國時秦宓，人名。」則更與音釋無關。至其鈔襲舛誤，更不可枚舉。末有隆慶辛未保自跋，其私印曰「内翰之章」，尤可怪矣。史稱保善琴能書，是編當即所自撰。意當時士大夫憚其權勢，必有從而譽之者，故竟至於災梨。其人其書，本均不足存。以趙高爰曆六篇，漢志著録，故存其目，亦以見明代貂璫之横，至儼然以詞臣自居，而無一人議之，足爲萬世之炯戒也。

孫月峯評經十六卷

江蘇周厚堉家藏本

明孫鑛撰。鑛字文融，月峯其號也。萬曆甲戌進士，官至南京兵部尚書。是編詩經四卷，書經六卷，禮記六卷，每經皆加圈點評語。禮記卷前載其所評書目，自經史以及詩集，凡四十三種。而此止三種，非其全書。然詩經前有慈谿馮元仲序，稱其舉詩、書、禮鼎足高峙。蓋元仲所別刻者，以三經自爲一類也。經本不可以文論，蘇洵評孟子，本屬僞書；謝枋得批點檀弓，亦非古義。鑛乃竟用評閲時文之式，一一標舉其字句之法，詞意纖仄。鍾、譚流派，此已兆其先聲矣。今以其無門目可歸，姑附之五經總義類焉。

七經圖七卷

副都御史黄登賢家藏本

明吴繼仕編。繼仕字公信，徽州人。案宋館閣書目載六經圖六卷，楊甲撰，毛邦翰增補之，爲圖三百有九。又宋史藝文志有葉仲堪六經圖七卷。陳振孫書録解題謂仲堪即以邦翰舊本增損改定。是書刊於萬曆己卯。前有繼仕自序云：「得舊本摹校，舊圖三百有九，今加校正爲三百二十有一。又增儀禮圖二百二十有七，共爲圖五百四十有八。」所謂舊本即毛邦翰之書，所謂儀禮圖亦即楊復之書，均非繼仕所自撰也。

九經考異十二卷附九經逸語一卷　兩淮馬裕家藏本

明周應賓撰。應賓，鄞縣人。萬曆癸未進士，官至禮部尚書。是編考證「九經」之異文。「九經」者，以五經、四書合而爲九，非古所謂九經。又以四書居五經前，益非古矣。其書以陳士元五經異文爲藍本，稍拓充之，而舛漏彌甚。如書「浮于江沱潛漢」下云「陸一作『潛于漢』」，今釋文竝無此文。又如詩「有渰萋萋」，知引韓詩作「有弇」，而不引吕氏春秋之「有晻」；「興雨祁祁」，知引韓詩之「興雲」，而不知吕氏春秋亦作「興雲」。如斯之類，尤失之目睫之前也。

談經九卷　江蘇巡撫採進本

明郝敬撰。敬有周易正解，已著録。此書一名經解緒言。敬所著九經解，凡一百六十五卷，一百六十七萬餘言。此則提其大要，别爲九卷，總題曰山草堂集，蓋後來編入集中也。凡易七十條、書三十條、詩五十四條、春秋五十六條、禮記十三條、儀禮二十條、周禮四十二條、論語二十六條、孟子三十二條。敬天資高朗，論多創闢，而臆斷者亦復不少。其詳皆具經解中。此亦可見所學之大概也。

六經三注粹鈔無卷數　浙江巡撫採進本

明許順義撰。順義字如齋，晉江人。是書前後無序跋，不知何時所作。驗其版式，蓋萬曆以後之坊本。其書以易、詩、書、春秋、禮記、周禮爲「六經」，名既杜撰，又經文多所删節，其注亦割裂餖飣。所謂「三注」者，亦不知三家爲誰。殆書賈射利所刊也。

五經纂注五卷　江蘇周厚堉家藏本

舊本題竟陵鍾惺纂注，有惺自序。而書前又有舒文鼎所爲凡例，云：「今本朱、蔡、陳、胡之統訓，一就伯敬先生爲取衷。」則其書非惺所爲矣。其書皆删節經文。易則一卦内删數爻，詩則一篇中删數章，書則一篇中删數段，春秋、禮記删節尤甚。惺似不謬陋至此，或亦書賈所託名歟？

峚陽草堂説書七卷　浙江巡撫採進本

明鄭鄤撰。鄤號峚陽，武進人。天啓壬戌進士，改庶吉士。崇禎中爲温體仁所搆，誣以杖母不孝，磔於市。是編首爲中庸説一卷，次大學意一卷。以中庸冠大學前者，其説謂中庸以明德終，大學以明德始，大學實繼中庸而作也。論語詠一仿宋張九成之例，以絶句代箋疏。次孟子略述，隨意標舉而説之，故曰「略」焉。四書皆崇禎十二年詔獄中作，以授其子珏者。次詩書論世三卷，則雜論詩、書二經。大抵皆明末狂禪，提唱心學，無當於聖賢之本旨。

拙存堂經質二卷

兩江總督採進本

明冒起宗撰。起宗字宗起，如皋人。崇禎戊辰進士，官至湖廣布政使參議。是書凡九十六篇，分條考辨，其中頗有典核之條。如辨書七政皆右旋，蔡傳未爲實測；詩小序與經傳多相符；申公詩說不合於魯詩者凡數端；國風非徒詩，程大昌詩議頗誤；引方言「東齊土作謂之杼，木作謂之柚」，證詩「杼柚其空」；引史記、國語，證趙朔生年。其他考書與春秋輿地者，亦見根據。他如謂大司徒、小司徒等止言都鄙而不及鄉遂，以都鄙即鄉遂也；鄉師言六鄉，遂人言六遂，而不及都鄙，以鄉遂即都鄙也。且謂六鄉七萬五千家，六遂亦如之，則十五萬家。一人受百畝，百里之國，田九百萬畝。除公田外，僅八萬家，其餘七萬家將於何處受田？若都鄙在鄉遂外，彼公、侯、伯等國，卿、大夫、士之采地將何所受？今考大司徒曰：「辨其邦國都鄙之數。」又曰：「乃頒比法于六鄉之大夫。」則一職之內，都鄙與六鄉竝舉，何得謂大司徒、小司徒等止言都鄙而不及鄉遂耶？至謂百里之國尚不能容六鄉、六遂之夫，稽國中及四郊都鄙之夫家九比之數。」又曰：「帥六鄉之衆。」小司徒曰：「以田，何得更有都鄙。不知天子六鄉、六遂，大國止有三鄉、三遂，次國二鄉、二遂，小國一鄉、一遂。費誓「魯三郊三遂」是其明證。且鄉遂之制，既據周禮，即當以周禮封國之數爲正。如公五百里，開方百里者五五二十五，侯四百里，開方百里者四四十六。大國三鄉，止三萬七千五百家，合三遂止七萬五千家。二十五同而容七萬五千家，僅得三十五分之一，豈此外更不容有都鄙乎？起宗誤以侯國亦六鄉、六遂，與天子同制，而又不用周禮封國之數，宜乎以百里之國不能容六鄉、六遂也。春秋襄七年傳：「叔仲昭伯爲隧正。」「隧」與「遂」通，則有遂之名。又襄九年傳曰：「二師令四鄉正敬享。」則有鄉之名。莊二十八年傳曰：「凡邑有宗廟先君之主曰都。」則有都之名。又莊二十八年傳曰：「羣公子皆鄙。」昭二十年傳曰：「縣鄙之人。」則有鄙之名。襄三十年傳曰：「子産使都鄙有章。」則有都鄙之名。何謂諸侯有鄉遂即不得有都鄙乎？起宗徒以遂官所統之縣正、鄙師與稍縣之縣、都鄙之鄙名稱相混，遂謂都鄙統於鄉遂，不知周禮名同者不一而足。閭師之名與閭胥同，縣師之名與縣正同，豈得謂閭師、縣師即閭胥、縣正乎？又周禮有都宗人、家宗人、都司馬、家司馬，皆都鄙之官也，而起宗謂周禮有鄉遂之官，無都鄙之官，誤矣。又雜記曰：「大夫爲其父母兄弟之未爲大夫者之喪服如士服。」注：「大夫雖尊，不以其服服父母兄弟，嫌若踰之于禮。」其意最精，而起宗乃以爲呰。又於書則極尊古文尚書，力詆梅鷟。於春秋謂周不用子正，并謂秦不用亥正。此皆誤襲前人之説，而不知所擇，以致失其綱要也。

五經讀五卷　浙江巡撫採進本

明陳際泰撰。際泰有易經説意，已著録。其平生以制藝傳，經術非所專門。故是編詮釋五經，亦皆似時文之語，所謂習慣成自然也。

五經圭約無卷數　浙江巡撫採進本

明蔣鳴玉撰。鳴玉字楚珍，號中完，金壇人。崇禎丁丑進士，官台州府推官。鳴玉於四書、五經皆有講義。解四書者名舌存，今未見。解五經者名圭約，言如土圭之測日影，以至約而賅至廣也。其初每經皆分總論、別論、緒論三編。康熙九年，其子編修超校正付梓。以分析瑣屑，難以檢閱，乃循經文次第，合三編而一之。仍分標總論、別論、緒論之名，以存其舊。王崇簡、魏裔介各爲之序。其書皆採用舊文，而不著前人之姓名。超所述凡例，稱鳴玉食貧之時，借書鈔撮，故不及詳載書名，理或然耳。其説易，先義理而後象數。書則多本注疏。詩多宗小序，與朱傳時有異同。春秋兼取三傳，不主胡安國刻深之説。禮惟闡發文義，於考證頗疎。附以周禮、儀禮二論，亦皆推測之談。蓋於明季經解之中，猶不失爲平近易究者，而精深則未之能也。

經髓七卷　兩淮鹽政採進本

明陳世濬撰。世濬字學元，閩縣人。其書成於崇禎己卯。前有自序，稱題於九龍學署。按清流縣有九龍灘，或即是縣之學官歟？五經各爲一卷，益以周禮一卷。皆摘録經文之可入制藝者，略爲詮釋。末爲孫子一卷，蓋併以備對策之用。而與聖籍同名曰「經髓」，不倫尤甚也。

墨菴經學無卷數　浙江巡撫採進本

國朝沈起撰。起字仲方，秀水人。前明諸生，後爲沙門。此編皆其所著經説，凡五種：一曰大易測，分圖象疏義、字畫訂譌二篇。二曰春秋經傳，分經引、傳引十六篇。三曰詩説，凡四十五則，皆隨時有所得，劄而記之者。四曰詩匡偶存。起嘗著有詩匡一書，因爲人借去遺失，僅存十一則，故曰「偶存」。五曰四書慎思録，皆雜論四書之語。其中亦間有新意，而寥寥數條，不能大有所發明也。

五經翼二十卷 原任工部侍郎李友棠家藏本

國朝孫承澤撰。承澤有尚書集解，已著録。是編雜取前人諸經序跋、論説，以類相次，得易四卷、書二卷、詩四卷、春秋六卷、禮記二卷。餘杭嚴沆益以承澤所著周禮舉要二卷，共爲一編刊之。其書採摭未備，不及朱彝尊經義考之淹洽。至周禮舉要備舉五官大義，亦頗有所發明。然議論多而考證少，亦異於先儒專門之學。王士禛池北偶談記康熙辛亥與承澤論經學，承澤自言：「五經翼是十五年前所撰，不過集説經緒論耳，無當經學也。」是承澤亦有自知之明矣。

稽古訂譌無卷數 江蘇巡撫採進本

國朝龔廷歷撰。廷歷字玉成，書中稱震西氏者，其别號也。武進人。順治壬辰進士，嘗任湖南推官。其官於何府，則不可考矣。是編首摘周禮鄭注之可疑及後人引用誤解周禮之文者，次解釋儀禮，次論朱子孝經刊誤之失及諸家解經之謬。其論周禮，謂祀昊天于南郊，服裘固宜；祀黄帝于季夏，盛暑之月，豈亦服裘？此論足破宋儒等加葛于裘之議。又五服九服辨謂禹之五服各五百里，自其一面數之。此説雖本羅泌五服圖，而辨析較暢。至以周官之制，冢宰統膳夫、賚人及宿衛之士，後世不宜分屬他職。是則不知時世異宜，未免泥古太甚。又謂唐之門下省乃周官宮伯、宮正之遺，宋之閤門使、內侍省亦掌宿衛。不知唐之門下省專掌覆奏書制，宋之閤門使專掌宣贊，內侍省專掌承應奉御之事，竝非宿衛也。至其儀禮各條，皆鈔撮注疏，無所辨正闡發。惟士冠禮「北面見于母，母拜受」引孔氏正義，謂母拜其酒脯，重尊者處來，非拜子也，差可存備一解耳。至孝經專駁朱子刊誤之非，所爭不過字句之末，抑又細矣。勘其標題體例，似乎此本所存僅辨論此三經之語，全書尚不止此。今無別本相校，故以所存者著於録焉。

五經辨譌五卷　浙江巡撫採進本

國朝呂治平撰。治平號愚菴，海寧人。順治中歲貢生，官德清縣教諭。是編考論五經疑義，皆就坊本講章辨駁語意之是非。

勉庵說經十卷　直隸總督採進本

國朝齊祖望撰。祖望字望子，號勉菴，廣平人。康熙庚戌進士，官至南安府知府。是書凡讀易辨疑三卷、尚書一得録一卷、詩序參朱一卷、說禮正誤三卷、春秋四傳偶筆一卷續筆一卷。大概易則辨程、朱之誤，書則正蔡氏之譌，詩多遵小序而攻朱注，禮則正陳氏之失，春秋則糾駁胡傳，而左氏、公、穀亦互有是非。然率以臆斷，不能根據古義，元元本本，以正宋儒之失也。

七經同異考三十四卷　江蘇巡撫採進本

國朝周象明撰。象明字懸著，太倉人。康熙壬子舉人。是編凡易四卷，書五卷，詩六卷，春秋六卷，三禮十三卷。皆裒集舊説，亦間附以己意，略爲折衷。然採摭之功多而考證之功少，其體例略近黄震日鈔、章如愚山堂考索也。

經説一卷　副都御史黄登賢家藏本

國朝冉覲祖撰。覲祖有易經詳説，已著録。是編或録其序，或偶論一二條。似乎偶鈔成册，以質正於人，非勒爲定本者也。覲祖以講學自命，惡漢、唐諸儒如讐。故是編宗旨，皆深以研求注、疏爲戒。門户之見既深，是不可以口舌爭矣。

此木軒經説彙編六卷　江蘇巡撫採進本

國朝焦袁熹撰。袁熹有春秋闕如編，已著録。是編乃袁熹讀諸經注疏，間爲標識，其門人掇拾成編。凡易、書、詩、三禮、三傳、爾雅十經。而書僅三十四條，周禮僅十六條，儀禮僅一條，公羊傳僅九條，穀梁傳僅七條，皆殊寥寥，實止五經而已。其説易主義理，惟末列説卦傳諸條，推言卦象。然其門人編輯凡例，以爲雜鈔諸書，非所自撰。説詩力排小序，而兼主叶韻；説禮記不考禮制，惟推言禮意；説左傳差詳，末附評語。如「虢叔死焉」句下注「怕人」二字，「王曰無之」句下注「如何瞞得」四字之類，蓋從其讀本鈔出。爾雅頗有考證，如「嫁」之訓「往」，引列子「將嫁于衛」

句爲證；「孟」之訓「進」，引班固幽通賦「盍孟晉以迨羣」句爲證，則皆郭璞、鄭樵所未及也。大抵袁熹究心注疏，時有所觸，隨筆記録。本非有意著書，故其説往往泛及雜事。如因左傳懿氏之卜有「鳳皇」字，疏引山海經「首文曰德，翼文曰順」之語，遂譏崇禎甲戌進士文德翼之名爲割截；因季友酖叔牙，遂議石崇以鴆鳥與王愷養之爲晉政不綱；因長狄鄋瞞，遂論其國女子亦必長大，乃能配合生子，否則八尺之婦，不可配三丈之男；因公子宋嘗黿染指，遂記康熙中吴門進士顧三典因食一黿，暴下不止，遂殞其命。皆偶然筆記，非以談經。其門人過尊師説，一一録而編之，遂爲後人口實。觀其於木瓜一詩，前後兩解，但注前後不同，不敢删一存一。狡童一詩，説詩則以刺忽爲非，説左傳又以刺忽爲是，亦不訂正。又論齊桓九合兵車之會，原稾譌「兵」爲「丘」，此無庸擬議，而亦云「丘車」當作「兵車」，但原稾作「丘」，不敢擅改。推信過甚，至有此失，反爲其師之累，殆亦非袁熹意矣。末附讀朱子語類一卷，列之經説，殊爲不類，尤見編録之無體例也。

六經圖十六卷　通行本

國朝江爲龍等編。爲龍，桐城人。康熙庚辰進士，官吏部主事。是編皆以前人舊圖鈔録成書。末附以四書圖，亦自諸書摘入也。

重編五經圖十二卷　浙江汪啓淑家藏本

國朝盧雲英編。雲英，盧江人。明江西布政司參政盧謙之曾孫。以謙在永豐所刻五經圖原本行款參差，復釐定增補，以成是編。凡例稱所改正凡五百餘處。今以楊甲本與此相較，楊於大易有象數鉤深圖七十，此則存六十八；於尚書有軌範撮要圖五十有五，此則存七十三；於毛詩有正變指南圖四十有七，此則存四十有八；於春秋有筆削發微圖二十有九，此則存十五；於周禮有文物大全圖六十有五，此則存五十七；於戴記有制度示掌圖四十有三，此則存五十有一，增減多有不同。然大抵以楊書爲藍本也。

冬餘經說十二卷　編修邵晉涵家藏本

國朝邵向榮撰。向榮字東葵，餘姚人。康熙壬辰會試中式舉人，官鎮海縣教諭。此書雜釋諸經，凡易說二卷，書說一卷，詩說二卷，春秋說二卷，周禮說一卷，儀禮說一卷，禮記說一卷，論語說一卷，孟子說一卷。多引先儒成說，而辨其同異。如謂孔穎達兼領五經正義，然諸經分手編纂，穎達未嘗統覈。詩般正義引鄭注「九河周時齊桓公塞之，同爲一」，稱：「鄭氏云齊桓公塞爲一者，不知所出何書。」又禹貢正義亦引鄭注而釋之曰：「春秋緯寶乾圖云：『移河爲界在齊呂，填閼八流以自廣。』鄭氏據此文爲齊桓公塞之。」是撰詩正義者不知有書正義也。左氏哀十七年傳衛侯繇辭云：「如魚竀尾，衡流而方羊裔焉。」正義謂「裔焉」爲語助之辭，不當以「方羊」斷句。詩汝墳正義又引左傳「如魚赬尾，衡流而彷徉」，以鄭衆注爲證。是撰左傳正義者不知有詩正義也。其言頗切中歷代官書雜出衆手之病。其書則猶未完之稾，其子孫以簡端標識雜鈔而成也。

三傳三禮字疑六卷附春秋大全字疑一卷禮記大全字疑一卷　江蘇巡撫採進本

國朝吴浩撰。浩有十三經疑義，已著録。是編因十三經注疏，明王鏊震澤長語稱其時惟汀州版存。今汀州版不概見，世所行者惟明萬曆中北監版及毛晉汲古閣版，均有譌誤。而明代諸儒，注疏皆庋閣不觀。三傳、三禮尤幾成絶學，其版更乖舛不可讀。浩因取監本、毛本，校其字畫之譌謬，集録成編，凡三傳三卷，三禮三卷。大抵推尋文句，未能有所考證，亦未能博徵互勘以定是非。後附春秋大全、禮記大全各一卷。二書爲胡廣陋本，何足訂正？且坊本歧出，校此一本之誤，而他本之誤又不相同。欲盡校之，是畢世莫殫之功也，尤敝精神於無用之地矣。

經史辨疑一卷　兩江總督採進本

國朝朱董祥撰。董祥有讀禮記略，已著録。是書前有目次，載辨經者三十二條，辨史者二十三條，當爲五十五條。此本僅五十一條，蓋經、史各闕二條。其中辨「繼父同居」一條，徐乾學讀禮通考嘗採用之。然全書好爲新説，未見根據。如謂「喪服『大功』章曰『爲人後者降其昆弟』，則知伯叔父母不降，『小功』章曰『爲人後者降其姊妹適人者』，則知姑不降也。凡人無子以嫡兄弟之子爲後，本生父母降爲伯叔父母，期，本生兄弟姊妹降爲伯叔兄弟姊妹，服大功，禮也。第伯叔父、諸姑則仍嫡也，曷爲而槩降之哉？家禮大功槩及伯叔父母，小功及姑適人，於禮未當。」今考「斬衰三年」章曰：「何如而可爲之後，同宗則可爲之後。」疏曰：「同宗謂同承别子一宗之内。」是雖族遠而宗同者亦得爲後，本篇自有明文。董祥獨據嫡兄弟之子何也？至於經云：「爲人後者降其昆弟，不及世叔父母，降其姊妹適人者，不及姑。」猶「齊衰不杖期」章但載世叔父母不及姑，而鄭注則云爲姑在室亦如之；但載昆弟不及姊妹，而鄭注則云爲姊妹在室亦如之；但載爲衆子不及女子子，而鄭注則云女子子在室亦如之。又焉得謂經文偶省，即本未嘗有此服哉？至小功降服并及姑適人，始於開元禮。而董祥歸之家禮，尤誤。董祥又謂：「喪服小記曰『妾母不世祭』，蓋言祀妾之禮當殺耳。小記本文曰：『妾無妾祖姑者，易牲而祔于女君。』禮，有牲曰祭，無牲曰薦。不易牲則不用牲矣，不用牲則謂之薦，不謂之祭。豈絶之而不祀耶？注家以爲子祭孫不祭，非也。不世祭者，非惟孫不爲祭，即子亦不得爲祭。」據董祥此説，即小記「世」字内兼統子孫言，世世俱得薦，特不得祭耳。但考雜記曰：「主妾之喪，則自祔至于練祥，皆使其子主之，其殯祭不于正室。」是妾之子祭其母，明曰祭，不曰薦，則何妾不得祭之有乎？又隱五年：「考仲子之宫。」穀梁傳曰：「禮，爲其母築宫，使公子主其祭。」注曰：「公子者，長子之弟及妾之子。」是公子祀妾母，禮得稱祭之顯證也。而董祥謂不得祭，尤爲不根。又禮凡言「易牲」，非謂不得用牲也。小記曰：「士祔于大夫則易牲。」注曰：「不敢以卑牲祭尊也。大夫少牢。」據此，則是易士之牲，用大夫之牲。故小記又曰：「妾無妾祖姑者，易牲而祔于女君可也。」注：「易牲而祔，則凡妾下女君一等。」是方易妾之牲，用女君之牲。而董祥反以易牲爲不用牲，誤矣。又小記疏曰：「妾與女君牲牢無文。既云『易牲』，故注云『下女君一等』。若女君少牢，妾則特牲；若女君特牲，妾則特豚。」據此，則妾得有牲可知。而董祥謂妾不得有牲，總由誤會經文「易牲」二字耳。其他若以郊爲天地合祭；中月而禫爲二十五月；三代不改時，亦不改月，太襲前人已廢之說。至謂置閏當在四季之月，及解螽斯「揖揖」爲「拱揖」之揖，則又杜撰顯然者也。

經玩二十卷　山西巡撫採進本

國朝沈淑編。淑有周官翼疏，已著録。此書録唐陸德明經典釋文中文字之異者爲六卷，次以經傳中文字互異，及録春秋左傳分國土地名、職官、器物、宮室之類爲四卷，次輯注疏十三經瑣語爲四卷。其檢核之功，頗爲勤篤，然無所考證發明。若毛詩異文補之全引僞申培詩說，尤失考也。

三經附義六卷　浙江巡撫採進本

國朝李重華撰。重華字君實，號玉洲，吴江人。雍正庚戌進士，官翰林院編修。是編所說，凡易經二卷，書經二卷，詩經二卷。於易皆推求於反對、正對之間，中引閩本異文者十八條，惟賁卦「小利有攸往」一條、中孚卦「信及豚魚」一條、既濟卦「小亨」一條，重華不以爲然，餘皆從之。其所據實皆郭京周易舉正之文，不知何以稱閩本。京書譌託王、韓，宋趙以夫、王應麟諸人皆排其謬。重華取之，亦好奇之過歟？又謂繫辭所釋十九爻，皆文言傳之文，王弼輩將經文參雜，遂遺入繫辭傳中。折中尚未歸正，古本不如是也。案王弼以前之古本，無可考矣。晁、吕以來之古本，一一可稽，竝無十九爻原在文言傳之本。惟元吴澄作易纂言，始以臆見移之。而重華以爲古本，誤之甚矣。其説書亦多臆斷。如謂堯典「象恭滔天」當作「饕餮」，音聲相近，由伏生之女口授而譌。然漢書藝文志稱：「秦燔書禁學，濟南伏生獨壁藏之，漢興亡佚，求得二十九篇，以教齊魯之間。」儒林傳及王充論衡亦同。是伏生本自有書，獨遭亂亡失，百篇僅存二十有九。自衛宏定古文尚書序，以今文詰屈，始造爲伏生之女口授晁錯之説。其事本無根據，重華乃因此以改經，未爲至當。其於古文之僞，亦灼然能解，而又執後世文體，揣度經文。謂「若無舜典之首二十八字，則『釐降』以下徑接『慎徽五典』，文勢究不和順。必須此段另起一頭，通篇始有綱領」，則又騎牆之見。他如謂：「竹書紀年成王十一年命周平公治東都，沈約注平公即君陳，伯禽之弟。鄭康成以君陳爲周公之子，蓋據此。」按竹書及約注皆屬僞本，固不必論。即姑以真本論之，約注作於梁代，竹書出於晉太康中，康成惡得而據之耶？其説詩較二經爲詳，頗欲推求言外之意，勝於株守文句者，而亦每以好生新意失之。如燕燕篇謂：「戴嬀大歸，莊姜送之，恐其不終不慎，美之而實戒之。」又曰「『先君之思，以勖寡人』，勖戴嬀也。而反言勖寡人，此立言之妙也。春秋時妾媵歸國，鮮克有終，懷嬴與焉。其明徵已。」云云。案史記年表，魯隱公之元年，當衛桓公之十三年。桓公以隱公四年見弑，在位已十七年。計其年雖至幼弱，已在二十以外，則戴嬀之年已在四十外矣。既非盛顔，諒不慮其改節，不合者一。且春秋妾媵見出而嫁者，惟齊桓蔡姬有明文。遽以爲無不鮮終，亦涉武斷，不合者二。

懷嬴，秦穆公之女，晉懷公之嫡妃，實非妾媵。其備奉匜之數，乃在文公，不合者三。此豈非循文生義，不加深考之過乎？至於晉風名唐，亦猶邶、鄘之因舊地。而重華謂唐叔封唐，號仍其舊。其子孫雖有失德，而猶狎主夏盟，皆始封之遺澤。亦傷穿鑿。特以三經較之，則所得視易、書爲多耳。

松源經說四卷　浙江吴玉墀家藏本

國朝孫之騄撰。之騄所輯尚書大傳，已著録。是編皆説經之文。或提舉一義，各立篇題。大抵薈稡成説而不能自研經義，其體例頗近於策略。又以所作檡山學記、新荷賦、括蒼山賦雜列於第一卷中，尤非説經之體。

心園説二卷　浙江巡撫採進本

國朝郭兆奎撰。兆奎有書經知新，已著録。是書於四書及易、書、春秋諸經，各摘舉而詮釋之，然淺近特甚。如「子在齊聞韶」，謂：「須知夫子之聞不是季札觀樂。」「柳下惠不以三公易其介」，謂：「此章獨舉惠之和以明其介。」皆里塾訓蒙之語，别無剏獲。又釋尚書「敬授人時」，多論西洋推測之法爲臆造，且議其「所載月令僅取『東風解凍』一條，而於迎春祈穀之大、覆巢殺胎之禁，一切不載」云云。不知取月令之文分爲七十二候，自逸周書已然，竝非始自歐邏巴人也。

六經圖六卷　江蘇巡撫採進本

國朝王皜撰。皜字又皜，號雪鳿，案：「鳿」字見周伯琦六書正譌。蓋不知「江」字古亦音「工」，遂别造此字，取「工」

字諧聲，反以説文「鴻」字爲俗體。皜不知其誤而從之，亦好奇之過也。六安人。是編刻於乾隆庚申，取六經圖舊本，稍加損益。凡所補校，具列於每卷之末。其中如書經圖中所繪十二章服，日爲三足烏形，已自非古；月作白兔擣藥形，杵臼宛然，曾唐、虞而有此説乎？周禮圖中所繪墨車，以四馬盡置兩轅之中，亦全不解古車之制。如此之類，皜毫無訂正，其校補概可見矣。

十三經字辨無卷數　兩江總督採進本

國朝陳鶴齡撰。鶴齡字瑶賓，南通州人。初著有五經四書字辨，後又自爲補訂，以成此書。刻於乾隆乙酉。前爲校畫，後爲校音，皆多舛漏。所謂十三經者，爲大學、中庸、論語、孟子、易、書、詩、春秋、禮記、周禮、儀禮、爾雅。無論古無此例。即以所列計之，如分三傳爲三，則加四書爲十四；如併三傳總爲春秋，則又爲十二，於數亦不相合也。

古學偶編一卷　安徽巡撫採進本

舊本題潛山張絅撰，不著時代。考明代有吉水張絅，嘉靖癸未進士，官河南巡撫，非潛山人也。書中自注云「本之御製周易述義」云云，則知其爲近時人。書止三卷。一曰觀物篇，皆述易旨，猶圖書家恒談。一曰月令夏小正同異説，參校頗詳，而牽引先天易圖，則横生枝節。其言醫書九十二候，不知所據。考宋林億等校正素問有此文，然億等所述乃唐月令，非醫書也。春秋天王辨謂特書則稱天，合書則稱王，其特書而不稱天者乃闕文，孔子無貶削天王之理。其説甚正，然亦先儒舊義也。

九經圖無卷數　福建巡撫採進本

國朝楊魁植編。其子文源增訂。魁植字輝斗，文源字澤汪，長泰人。是書以信州學宫石刻易、書、詩、禮記、周禮、春秋六經圖，析春秋三傳爲三，而益以儀禮爲九經。其信州石刻原本殘脱者，則仍闕之。但其中如易既載河圖、洛書，又載古河圖、洛書二圖，一爲旋毛，一爲龜坼，據明以來之僞本，殊爲失考。末復載邵子皇極經世、司馬光潛虚、關朗洞極、揚雄太玄準易、運會曆數等圖，皆易外支流，亦失之泛濫。書不載序而詩獨載序，例不畫一。所注地理皆沿石本之舊。如魯云「今仙源縣」、荆山云「今襄州」之類，時代未明。春秋列國表内增入孔子，亦非體例。三禮皆剿聶崇義、楊復諸圖，而喪禮及行禮諸圖又删不載。蓋科舉對策之本，不足以資考據也。

説書偶筆四卷　山東巡撫採進本

國朝丁愷曾撰。愷曾字萼亭，日照人。是書一卷、二卷説大學、論語、中庸，三卷説孟子，附以四書補遺及宗獻九獻歌括，四卷一爲大學孟子王制周禮造士之制，一爲虞書三苗辨，一爲天官九賦斂財賄解，一爲冬官考，一爲古建國分田原非死法，而附以説詩。前有李在坊序，稱愷曾之子東生就其寫於書文者，蕞録成帙。則愷曾偶然筆記，本無意於著書，故皆鄉塾課授之語。而説「行夏之時」句，至載時文二比以爲程式。在坊序又稱：「明永樂間，有專以詆朱注爲能者，上其所著書。成祖深加譴責，急命火其書，磔其人。」考楊士奇三朝聖諭録載：「永樂二年，饒州府士人朱季之獻所著，專斥濂洛關閩之説。上覽之怒甚，敕行人押季之還饒州，會布政司府縣官及鄉之士人明論其罪，笞以示罰。而搜檢其家所著書，會衆焚之。」則但火其書耳，無磔人之事。在坊意在尊朱，故僞造此説，不足據也。

經解五卷經義雜著一卷 浙江巡撫採進本

國朝黄文澍撰。文澍字雨田，一曰穀田，又曰穀亭，豐城人。是編每卷首題曰桃穀山房稾，而側注其下曰石畦集經解、石畦集經義雜著。蓋桃穀山房稾者，其集之總名。石畦集者，其稾中之一種。經解諸書，又其集中之子部也。經解凡易二卷，書一卷，詩、春秋共一卷，禮一卷。易多衍圖書之學。書多辨禹貢山川，因而蔓延於輿地形勝，爲經所不載者。詩最寥寥，惟主廢小序而尊朱傳。春秋多排擊三傳。禮多拘泥古制，糾時俗之非。大抵皆衍宋儒舊説。經義雜著凡序四篇、説十一篇、辨二篇，大旨亦不出所著經解之内。其顔子心齋坐忘辨二篇，乃莊子之文，無關經義，泛濫及之。亦猶經解之中，因解禹貢而及五嶺以南山川脈絡考也。書祇一卷，而標題乃曰「卷之一」。或刊版未竟，抑裝緝者有所遺歟？

右五經總義類。四十三部，三百四十九卷。內七部無卷數。**皆附存目。**

案先儒授受，大抵專治一經。其兼通諸經，各有論説者，鄭康成以下曠代數人耳。宋以後著作漸夥，明以來撰述彌衆。非後人學問遠過前修，精研之則見難，涉獵之則見易，求實據則議論少，務空談則卷軸富也。孫承澤鈔撮經解諸序，寥寥數卷，亦命之曰五經翼，則孰非兼通五經者哉。略存其目而不録其書，古今人巧拙之異、華實之分，亦大概可睹矣。

欽定四庫全書總目卷三十五

經部三十五

四書類一

論語、孟子，舊各爲帙，大學、中庸，舊禮記之二篇。其編爲四書，自宋淳熙始。其懸爲令甲，則自元延祐復科舉始。古來無是名也。然二戴所録曲禮、檀弓諸篇，非一人之書，迨立名曰禮記，禮記遂爲一家。即王逸所録屈原、宋玉諸篇，漢志均謂之賦。迨立名曰楚詞，楚詞亦遂爲一家。元丘葵周禮補亡序稱「聖朝以六經取士」，則當時固以四書爲一經。前創後因，久則爲律，是固難以一說拘矣。今從明史藝文志例，別立四書一門，亦所謂禮以義起也。朱彝尊經義考於四書之前仍立論語、孟子二類，黄虞稷千頃堂書目凡說大學、中庸者，皆附於禮類，蓋欲以不去餼羊略存古義。然朱子書行五百載矣。趙岐、何晏以下，古籍存者寥寥。梁武帝義疏以下，且散佚並盡。元、明以來之所解，皆自四書分出者耳。明史併入四書，蓋循其實。今亦不復强析其名焉。

孟子正義十四卷　內府藏本

漢趙岐注，其疏則舊本題宋孫奭撰。岐字邠卿，京兆長陵人，初名嘉，字臺卿。永興二年，辟司空掾，遷皮氏長。延熹元年，中常侍唐衡兄玹爲京兆尹，與岐夙隙，岐避禍逃避四方，乃自改名字。後遇赦得出，拜并州刺史。又遭黨錮十餘歲。中平元年，徵拜議郎，舉燉煌太守。後遷太僕，終太常。事蹟具後漢書本傳。奭字宗古，博平人。太宗端拱中九經及第，仁宗時官至兵部侍郎、龍圖閣學士。事蹟具宋史本傳。是注即岐避難北海時，在孫賓家夾柱中所作。漢儒注經，多明訓詁名物，惟此注箋釋文句，乃似後世之口義，與古學稍殊。然孔安國、馬融、鄭玄之注論語，今載於何晏集解者，體亦如是。蓋易、書文皆最古，非通其訓詁則不明；詩、禮語皆徵實，非明其名物亦不解；論語、孟子詞旨顯明，惟闡其義理而止，所謂言各有當也。其中如謂宰予、子貢、有若緣孔子聖德高美而盛稱之，孟子知其太過，故貶謂之污下之類，紕繆殊甚。以屈原憔悴爲徵於色，以甯戚扣角爲發於聲之類，亦比擬不倫。然朱子作孟子集注、或問，於岐説不甚掊擊。至於書中人名，惟盆成括、告子不從其學於孟子之説，季孫、子叔不從其二弟子之説，餘皆從之。書中字義，惟「折枝」訓按摩之類不取其説，餘亦多取之。蓋其説雖不及後來之精密，而開闢荒蕪，俾後來得循途而深造，其功要不可泯也。胡爌拾遺録據李善文選注引孟子曰：「墨子兼愛，摩頂致於踵。」趙岐曰：「致，至也。」知今本經文及注均與唐本不同。今證以孫奭音義所音，岐注亦多不相應，語詳孟子音義條下。蓋已非舊本。至於盡心下篇「夫子之設科也」，注稱「孟子曰：夫我設教授之科」云云，則顯爲「予」字，今本乃作「夫子」。又「萬子曰」句，注稱「萬子，萬章也」，則顯爲「子」字，今本乃作「萬章」。是又注文未改，而經文誤刊者矣。其疏雖稱孫奭作，而朱子語録則謂邵武士人假託，蔡季通識其人。

今考宋史邢昺傳稱昺於咸平二年，受詔與杜鎬、舒雅、孫奭、李慕清、崔偓佺等校定周禮、儀禮、公羊、穀梁春秋傳、孝經、論語、爾雅義疏，不云有孟子正義。涑水紀聞載奭所定著有論語、孝經、爾雅正義，亦不云有孟子正義。其不出奭手，確然可信。其疏皆敷衍語氣，如鄉塾講章。故朱子語録謂其「全不似疏體，不曾解出名物制度，只繞纏趙岐之説」。至岐注好用古事爲比，疏多不得其根據。如注謂非禮之禮，若陳質娶妻而長拜之；非義之義，若藉交報讎。此誠不得其出典。案：「藉交報讎」，似謂「藉交游之力以報讎」，如朱家、郭解，非有人姓藉名交也。疑不能明，謹附識於此。至於單豹養其內而虎食其外，事出莊子，亦不能舉，則弇陋太甚。朱彝尊經義考摘其欲見西施者人輸金錢一文事，詭稱史記。今考注以尾生爲不虞之譽，以陳不瞻爲求全之毀，疏亦竝稱史記。尾生事實見莊子，陳不瞻事實見説苑，案：説苑作「陳不占」，蓋古字同音假借。皆史記所無。如斯之類，益影撰無稽矣。以久列學官，姑仍舊本録之爾。

論語義疏十卷

浙江巡撫採進本

魏何晏注，梁皇侃疏。書前有奏進論語集解序，題光禄大夫關内侯孫邕、光禄大夫鄭沖、散騎常侍中領軍安鄉亭侯曹羲、侍中荀顗、尚書駙馬都尉關内侯何晏五人之名。晉書載「鄭沖與孫邕、何晏、曹羲、荀顗等共集論語諸家訓詁之善者，義有不安，輒改易之，名集解」，亦兼稱五人。今本乃獨稱何晏。考陸德明經典釋文於「學而第一」下題「集解」二字，注曰「一本作何晏集解」。又序録曰：

「何晏集孔安國、包咸、周氏、馬融、鄭玄、陳羣、王肅、周生烈之説，并下己意爲集解。正始中上之，盛行於世。今以爲主。」云云。是獨題晏名，其來久矣。殆晏以親貴總領其事歟？邕字宗儒，樂安青州人。沖字文和，滎陽開封人。羲，沛國譙人，魏宗室子。顗字景倩，荀彧之子。晏字平叔，南陽宛人，何進之孫，何咸之子也。侃，梁書作偘，蓋字異文，吴郡人，青州刺史皇象九世孫。武帝時官國子助教，尋拜散騎侍郎，兼助教如故。大同十一年卒。事蹟具梁書儒林傳。傳稱所撰禮記義五十卷，論語義十卷。禮記義久佚，此書宋國史志、中興書目、晁公武讀書志、尤袤遂初堂書目皆尚著録。國史志稱：「侃疏雖時有鄙近，然博極羣言，補諸書之未至，爲後學所宗。」蓋是時講學之風尚未甚熾，儒者説經亦尚未盡廢古義，故史臣之論云爾。迨乾、淳以後，講學家門户日堅，羽翼日衆，剷除異己，惟恐有一字之遺，遂無復稱引之者。而陳氏書録解題亦遂不著録，知其佚在南宋時矣。惟唐時舊本流傳，存於海外。康熙九年，日本國山井鼎等作七經孟子考文，自稱其國有是書，然中國無得其本者，故朱彝尊經義考注曰「未見」。今恭逢我皇上右文稽古，經籍道昌，乃發其光於鯨波鮫室之中，藉海舶而登祕閣。殆若有神物撝訶，存漢、晉經學之一綫，俾待聖世而復顯者。其應運而來，信有非偶然者矣。據中興書目，稱侃以何晏集解去取爲疏十卷。又列晉衛瓘、繆播、欒肇、郭象、蔡謨、袁宏、江淳、蔡系、李充、孫綽、周瓌、范甯、王珉等十三人爵里於前，云：「此十三家是江熙所集。其解釋於何集，案：「何集」二字不甚可解，蓋何氏集解之省文，今姑仍原本録之。無妨者亦引取爲説，以示廣聞。」云云。此本之前，列十三人爵里，數與中興書目合。惟「江厚」作「江淳」、「蔡溪」作「蔡系」、「周懷」作「周瓌」，殆傳寫異文歟？其經文與今本亦多有異同。如「舉一隅」句下有「而示之」三字，頗爲冗贅，然與文獻通考所引石經論語合；「夫子之言性與天道不可得而聞也」下有「已矣」二字，亦與錢曾讀書敏求記所引高麗古本合。其疏文與余蕭客古經解鉤沈所引，雖字句或有小異，而大旨悉合。知其確爲古本，不出依託。觀古文孝經孔安國傳，鮑氏知不足齋刻本信以爲真，而七經孟子考文乃自言其僞。則彼國於授受源流，分明有考，可據以爲信也。至「臨之以莊則敬」作「臨民之以莊則敬」，七經孟子考文亦疑其「民」字爲誤衍，然謹守古本而不敢改。知彼國遞相傳寫，偶然譌舛或有之，亦未嘗有所竄易矣。至何氏集解，異同尤夥。雖其中以「包氏」爲「苞氏」，以「陳恒」爲「陳桓」之類，不可據者有之，而勝於明刻監本者亦復不少，尤可以旁資考證也。

論語正義二十卷 内府藏本

魏何晏注，宋邢昺疏。昺字叔明，曹州濟陰人。太平興國中擢九經及第，官至禮部尚書。事蹟具宋史本傳。是書蓋咸平二年詔昺改定舊疏，頒列學官，至今承用，而傳刻頗譌。集解所引十三家，今本各題曰「某氏」，皇侃義疏則均題其名。案奏進序中稱：「集諸家之善，記其姓名。」侃疏亦曰：「何集注皆呼人名，惟包獨言『氏』者，包名咸，何家諱咸，故不言也。」與序文合。知今本爲後來刊版之省文。然周氏與周生烈遂不可分，殊不如皇本之有別。考邢昺疏中亦載皇侃「何氏諱咸」之語，其疏「記其姓名」句則云：「注但記其姓，而此連言名者，以著其姓所以名其人，非謂名字之名也。」是昺所見之本已惟題姓，故有是曲説。七經孟子考文稱其國皇侃義疏本爲唐代所傳，是亦一證矣。其文與皇侃所載亦異同不一，大抵互有短長。如學而篇「不患人之不己知」章，皇疏有王肅注一條；里仁篇「君子之於天下也」章，皇疏有何晏注一條，今本皆無。觀顧炎武石經考以石經儀禮校監版，或併經文全節漏落，則今本集解傳刻佚脱，蓋所不免。然蔡邕石經論語於「而在蕭牆之内」句兩本竝存，見於隸釋。陸德明經典釋文於諸本同異，亦皆竝存。蓋唐以前經師授受，各守專門，雖經文亦不能畫一，無論注文。固不必以此改彼，亦不必以彼改此。今仍從今本録之，所以各存其舊也。昺疏，宋志作十卷。今本二十卷，蓋後人依論語篇第析之。晁公武讀書志稱其「亦因皇侃所採諸儒之説刊定而成」。今觀其書，大抵翦皇氏之枝蔓，而稍傅以義理。漢學、宋學，兹其轉關。是疏出而皇疏微，迨伊、洛之説出而是疏又微。故中興書目曰：「其書於章句訓詁名物之際詳矣。」蓋微言其未造精微也。然先有是疏，而後講學諸儒得沿溯以窺其奧。祭先河而後海，亦何可以後來居上，遂盡廢其功乎？

論語筆解二卷　浙江鄭大節家藏本

舊本題唐韓愈、李翺同注。中間所注以「韓曰」「李曰」爲別。考張籍集祭韓愈詩有「論語未訖注，手蹟今微茫」句，邵博聞見後録遂引爲論語注未成之證。而李漢作韓愈集序，則稱有論語注十卷，與籍詩異，王楙野客叢談又引爲已成之證。晁公武讀書志稱四庫、邯鄲書目皆無之，獨田氏書目有韓氏論語十卷，筆解兩卷，是論語注外别出筆解矣。新唐書藝文志載愈論語注十卷，亦無筆解。惟鄭樵通志著録二卷，與今本同。意其書出於北宋之末。然唐李匡乂，宣宗大中時人也。所作資暇録一條云：「論語『宰予晝寢』，梁武帝讀爲寢室之寢，『晝』作胡卦反，且云當爲『畫』字，言其繪畫寢室。今人罕知其由，咸以爲韓文公所訓解。」又一條云：「『傷人乎，不問馬』，今亦謂韓文公讀『不』爲『否』。」然則大中之前已有此本，未可謂爲宋人僞撰。且「晝寢」一條今本有之，「廄焚」一條今本不載。使作僞者剽掇此文，不應兩條相連，摭其一而遺其一，又未可謂因此依託也。以意推之，疑愈注論語時，或先於簡端有所記録，翺亦間相討論，附書其間。迨書成之後，後人得其稾本，採注中所未載者，别録爲二卷行之。如程子有易傳，而遺書之中又别有論易諸條；朱子有詩傳，而朱鑑又爲詩傳遺説之例。題曰筆解，明非所自編也。其今本或有或無者，則由王存以前世無刊本，傳寫或有異同。邵博所稱「三月」字作「音」一條，王楙所見本亦無之，則諸本互異之明證矣。王存本今未見。魏仲舉刻韓文五百家注，以此書附末，今傳本亦稀。此本爲明范欽從許勃本傳刻，前載勃序，仍稱「筆解論語一十卷」，疑字誤也。又趙希弁讀書附志曰：「其間『翺曰』者，李習之也。」明舊本愈不著名，而翺所説則題名以别之。此本改稱「韓曰」「李曰」，亦非其舊矣。

孟子音義二卷

兩江總督採進本

宋孫奭撰。唐陸德明經典釋文於羣經皆有音義，獨闕孟子。奭奉敕校定趙岐注，因刊正唐張鎰孟子音義及丁公著孟子手音二書，兼引陸善經孟子注以成此書。其序文前半與世傳奭孟子正義序同，蓋正義僞序即緣此序而點竄也。書中所釋，稱一遵趙注，而以今本校之，多不相符。如梁惠王篇上曰集穆、曰大平、曰譎，篇下曰恂、曰無墮、曰夫將；公孫丑篇上曰介者，篇下曰素餐、曰藉道、曰危行、曰食功；滕文公篇上曰景行、曰論語、曰力行近仁、曰師知，篇下曰素餐、曰涅、曰駢蹎、曰周公卬思；離婁篇上曰踣、曰恐栗、曰三省、曰而錯、曰桐子，篇下曰不比、曰由天、曰風諭、曰見幾、曰好言、曰忮、曰之行、曰行其、曰五伯、曰辟害、曰跌、曰汙；萬章篇上曰百行、曰舍小，篇下曰沮溺、曰景行、曰伊發有莘；告子篇上曰長義、曰好下、曰幾成，篇下曰雨雪、曰瀌瀌、曰見晛、曰或折；盡心篇上曰遠之、曰下賤、曰邪辟、曰辟若、曰蟠辟、曰論之一簣、曰瞀、曰柚梓、曰和寡，篇下曰遠禍、曰惡殺、曰舍生、曰爲之、曰造、曰臧否、曰自遺、曰子率、曰剖其末、曰孟子；篇敘曰其行、曰當期、曰括。凡六十有九條，皆今本注文所無。惟孟子注之單行者，世有傳鈔宋本，尚可稽考。僞正義删改其文，非復趙岐原書，故與音義不相應也。因是書可以證岐注之舊，竝可以證奭疏之僞。則其有功典籍，亦不細矣。

案宋禮部韻略所附條式，自元祐中即以論語、孟子試士，是當時已尊爲經。而晁氏讀書志，孟子仍列儒家。至陳氏書録解題，始與論語同入經部。蓋宋尊孟子，始王安石。元祐諸人務與作難，故司馬光疑孟、晁説之詆孟作焉。非攻孟子，攻安石也。白珽湛淵靜語所記，言之頗詳。晁公武不列於經，猶説之之家學耳。陳振孫雖改晁氏之例，列之於經。然其立説，乃以程子爲詞。則亦非尊孟子，仍尊程子而已矣。考趙岐孟子題詞，漢文帝時已以論語、孝經、孟子同置博士。而孫奭是編，實大中祥符間奉敕校刊孟子所修。然則表章之功，在漢爲文帝，在宋爲真宗；訓釋之功，在漢爲趙岐，在宋爲孫奭。固不始於王安石，亦不始於程子。紛紛門户之愛憎，皆逐其末也。

論語拾遺一卷　江蘇巡撫採進本

宋蘇轍撰。轍有詩傳，已著録。是書前有自序，稱少年爲論語略解，其兄軾謫黄州時，撰論語説，取所解十之二三。大觀丁亥，閒居潁川，與其孫籀等講論語，因取軾説之未安者，重爲此書。軾書宋志作四卷，文獻通考作十卷。今未見傳本，莫詳孰是，其説亦不可復考。此書所補凡二十七章，其以「思無邪」爲「無思」，以「從心不踰矩」爲「無心」，頗涉禪理。以「苟志於仁矣，無惡也」爲有愛而無惡，亦冤親平等之見。以「朝聞道，夕死可矣」爲雖死而不亂，尤去來自如之義。蓋眉山之學本雜出於二氏故也。其顯駁軾説者凡三條。「請討陳恒」一章，軾以爲能克田氏則三桓不治而自服，孔子欲借此以張公室；轍則以爲雖知其無益，而欲明君臣之義。「子見南子」及「齊人歸女樂」二章，軾以爲靈公未受命者故可，季桓子已受命者故不可；轍則以爲諸侯之如衛靈公者多，不可盡去，齊間孔子，魯君、大夫已受其餌，孔子不去則坐受其禍。「泰伯至德」一章，軾以爲泰伯不居其名，故亂不作，魯隱、宋宣取其名，是以皆被其禍；轍則以爲魯之禍始於攝，宋之禍成於好戰，皆非讓之過。其説皆較軾爲長。他如以「剛毅木訥」與「巧言令色」相證，以「六蔽」章之「不好學」與「入孝出弟」章之「學文」互勘，亦頗有所發明。歷來著録，今亦存備一家焉。

孟子解一卷　江蘇巡撫採進本

宋蘇轍撰。舊本首題「潁濱遺老」字，乃其晚歲退居之號。以陳振孫書録解題考之，實少年作也。凡二十四章。一章謂聖人躬行仁義而利存，非以爲利。二章謂文王之囿七十里，乃山林藪澤與民共之。三章謂小大貴賤，其命無不出於天，故曰畏天、樂天。四章引責難於君，陳善閉邪，畜君爲好君。五章謂浩然之氣即子思之所謂誠。六章論養氣在學，而待其自至。七章論「知言」，曰知其所以病。八章以「克己復禮」解「射者正己」。九章論貢之未善，由先王草創之初，故未能周密。十章論陳仲子之廉，病在使天下之人無可同立之人。十六章論孔子以微罪行，爲上以免君，下以免我。十八章論事天、立命。十九章論「順受其正」。二十二章論進鋭退速。二十四章論擴充仁義。立義皆醇正不支。二十章以周官八議駁竊負而逃，二十三章以司馬懿、楊堅得天下，言仁不必論得失，亦自有所見。惟十一章謂學聖不如學道，十二章、十三章、十四章以孔子之論性難孟子之論性，十五章以智屬夷、惠，力屬孔子，十七章以「貞而不亮」難「君子不亮」，二十一章以「形色天性」爲强飾於外，皆未免駁雜。蓋瑕瑜互見之書也。然較其晚年著述純入佛老者，則謹嚴多矣。

論語全解十卷 浙江汪啓淑家藏本

宋陳祥道撰。祥道有禮書，已著録。晁公武讀書志云：「王介甫論語注，其子雱作口義，其徒陳用之作解。紹聖後皆行於場屋，爲當時所重。」又引或人言，謂：「用之書乃鄒浩所著，託之用之。」考宋史藝文志別有鄒浩論語解義十卷，則浩所著原自爲一書，竝未託之祥道，疑或人所言爲誤。此本有祥道自序，首題「門人章粹校勘」，而每卷皆標曰「重慶陳用之真本入經論語全解」，未詳其義。豈爾時嘗以是本爲經義通用之書，故云然耶？祥道長於三禮之學，所作禮書，世多稱其精博。故詮釋論語，亦於禮制最爲明晰。如解「躬自厚而薄責於人」章，則引鄉飲酒之義以明之；解「師冕見」章，則引禮「待瞽者如老者」之義以明之。雖未必盡合經義，而旁引曲證，頗爲有見。又如「臧文仲居蔡」章，則云「冀多良馬稱驥，濾水之黑稱盧，蔡出寳龜稱蔡」；於「關雎之亂」章，則云「治汙謂之汙，治弊謂之弊，治荒謂之荒，治亂謂之亂」。此類俱不免創立別解。而連類引伸，亦多有裨於考證。惟其學術本宗信王氏，故往往雜據莊子之文以作證佐，殊非解經之體。以其間徵引詳核，可取者多，故不以一眚掩焉。

孟子傳二十九卷

內府藏本

宋張九成撰。九成字子韶，自號無垢居士。其先開封人，徙居錢塘。紹興二年進士第一人，授鎮東軍僉判，歷宗正少卿，兼侍講，權刑部侍郎。忤秦檜，誣以謗訕，謫居南安軍。檜死，起知温州，勾祠歸。卒贈太師、崇國公，謚文忠。事蹟具宋史本傳。宋史藝文志載九成孟子拾遺一卷，今附載横浦集中。文獻通考載九成孟子解十四卷，朱彝尊經義考注云「未見」。此本爲南宋舊槧，實作孟子傳，不作孟子解。又盡心篇已佚，而告子篇以上已二十九卷，則亦不止十四卷，蓋通考傳寫誤也。九成之學出於楊時，又喜與僧宗杲遊，故不免雜於釋氏。所作心傳、日新二録，大抵以禪機詁儒理。故朱子作雜學辯，頗議其非。惟注是書，則以當時馮休作删孟子，李覯作常語，司馬光作疑孟，晁説之作詆孟，鄭厚叔作藝圃折衷，皆以排斥孟子爲事。故特發明於義利經權之辨，著孟子尊王賤霸有大功，撥亂反正有大用。每一章爲解一篇，主於闡揚宏旨，不主於箋詁文句。是以曲折縱横，全如論體。又辨治法者多，辨心法者少，故其言亦切近事理，無由旁涉於空寂。在九成諸著作中，此爲最醇。至於草芥寇讎之説，謂人君當知此理，而人臣不可有此心。觀其「眸子」之説，謂「瞭」與「眊」乃邪正之分，不徒論其明暗，又必有孟子之學識，而後能分其邪正。尤能得文外微旨。王若虚滹南老人集有孟子辨惑一卷，其自述有曰：「孟子之書，隨機立教，不主故常，凡引人於善地而已。司馬君實著所疑十餘篇，蓋淺近不足道也。蘇氏解論語，與孟子辨者八，其論差勝。

及細味之，亦皆失其本旨。張九成最號深知者，而復不能盡。如論『行仁政而王』、『王者之不作』，曲爲護諱，不敢正言，而猥曰『王者，王道也』，此猶是鄭厚叔輩之所見。至於對齊宣湯武之問、辨任人食色之惑，皆置而不能措口。」云云，蓋於諸家注中獨許九成，而尚有所未盡慊。不知「行仁政而王」之類，文義分明，九成非不能解。特以孟子之意欲拯當日之戰爭，九成之解則欲防後世之僭亂。雖郢書燕説，於世道不爲無益。至於湯武放伐、任人食色，闕其所疑，正足見立説之不苟。是固不足爲九成病也。

尊孟辨三卷續辨二卷別録一卷

永樂大典本

宋余允文撰。允文字隱文，建安人。陳振孫直齋書録解題載是書，卷數與今本合。朱彝尊經義考僅云附載朱子全集中，而條下注「闕」字。蓋自明中葉以後，已無完本矣。今考永樂大典所載，凡辨司馬光疑孟者十一條，附史剡一條，辨李覯常語者十七條，鄭厚叔藝圃折衷者十條。續辨則辨王充論衡刺孟者十條，辨蘇軾論語説者八條。此後又有原孟三篇，總括大意，以反覆申明之。其尊孟辨及續辨、別録之名，亦釐然具有條理，蓋猶完書。今約略篇頁，以尊孟辨爲三卷，續辨爲二卷，別録爲一卷。冠原序於前，而繫朱子讀余氏尊孟辨説於後。首尾完具，復還舊觀，亦可謂久湮復顯之祕帙矣。考朱子集中有與劉共父書，稱允文干預宋家産業，出言不遜，恐引惹方氏復來生事，令陳、吴二婦作狀經府告之。則允文蓋武斷於鄉里者，其人品殊不足重。又周密癸辛雜識載晁説之著論非孟子。建炎中，宰相進擬除官。高宗以孟子發揮正道，説之何人，乃敢非之，勒令致仕。然則允文此書，其亦窺伺意旨，迎合風氣而作，非真能闢邪衛道者歟？然當羣疑蠭起之日，能別白是非而定一尊，於經籍不爲無功。但就其書而觀，固卓然不磨之論也。

大學章句一卷論語集注十卷孟子集注七卷中庸章句一卷 通行本

宋朱子撰。案論語自漢文帝時立博士。孟子據趙岐題詞，文帝時亦嘗立博士。以其旋罷，故史不載。中庸説二篇見漢書藝文志。戴顒中庸傳二卷，梁武帝中庸講疏一卷，見隋書經籍志。惟大學自唐以前無別行之本。然書録解題載司馬光有大學廣義一卷，中庸廣義一卷，已在二程以前，均不自洛、閩諸儒始爲表章。特其論説之詳，自二程始；定著四書之名，則自朱子始耳。原本首大學，次論語，次孟子，次中庸。書肆刊本以大學、中庸篇頁無多，併爲一册，遂移中庸於論語前。明代科舉命題，又以作者先後，移中庸於孟子前。然非宏旨所關，不必定復其舊也。大學古本爲一篇。朱子則分別經、傳，顛倒其舊次，補綴其闕文。中庸亦不從鄭注分節。故均謂之章句。論語、孟子融會諸家之説，故謂之集注，猶何晏注論語，裒八家之説稱集解也。惟晏注皆標其姓，朱子則或標或不標，例稍殊焉。大學章句，諸儒頗有異同。然「所謂誠其意者」以下竝用舊文，所特删者不過補傳一章，要非增於八條目外。既於理無害，又於學者不爲無裨，何必分門角逐歟？中庸雖不從鄭注，而實較鄭注爲精密。蓋考證之學，宋儒不及漢儒；義理之學，漢儒亦不及宋儒。言豈一端，要各有當。況鄭注之善者，如「戒慎乎其所不睹」四句，未嘗不採用其意；「雖有其位」一節，又未嘗不全襲其文。觀其去取，具有鑒裁，尤不必定執古義以相爭也。論語、孟子亦頗取古注。如論語「瑚璉」一條與明堂位不合，孟子「曹交」一注與春秋傳不合，論者或以爲疑。不知「瑚璉」用包咸注，「曹交」用趙岐注，非朱子杜撰也。又如「夫子之牆數仞」注「七尺曰仞」，「掘井九軔」注「八尺曰仞」，論者尤以爲矛盾。不知「七尺」亦包咸注，「八尺」亦趙岐注也。是知鎔鑄羣言，非出私見。苟不詳考所出，固未可槩目以師心矣。大抵朱子平生精力，殫於四書。其剖析疑似，辨別毫釐，實遠在易本義、詩集傳上。讀其書者要當於大義微言求其根本。明以來攻朱子者務摭其名物度數之疎，尊朱子者又併此末節而回護之。是均門户之見，烏識朱子著書之意乎？

四書或問三十九卷

江蘇巡撫採進本

宋朱子撰。朱子既作四書章句集注，復以諸家之説紛錯不一，因設爲問答，明所以去取之意，以成此書。凡大學二卷，中庸三卷，論語二十卷，孟子十四卷。其書非一時所著。中庸或問原與輯略俱附章句之末，論語、孟子則各自爲書。其合爲一帙，蓋後來坊賈所併也。中間大學或問用力最久。故朱子答潘恭叔問，嘗自稱：「諸書修得一過，大學所改尤多，比舊已極詳密。」中庸或問則朱子平日頗不自愜。語類載游某問：「中庸編集如何？」曰：「緣前輩諸公説得多了，其間儘有差舛處，又不欲盡駁難他底，所以難下手。不比大學，都未曾有人説。」又載朱子以中庸或問授黄畨云：「亦未有滿意處。如評論程子、朱子，説處尚多𥥛。」云云。是其意猶以爲未盡安也。至論、孟或問，則與集注及語類之説往往多所牴牾，後人或遂執或問以疑集注。不知集注屢經修改，至老未已，而或問則無暇重編。故年譜稱：「或問之書，未嘗出以示人。書肆有竊刊行者，亟請於縣官，追索其版。」又晦菴集中有與潘端叔書曰：「論語或問，此書久無工夫修得。只集注屢更不定，却與或問前後不相應。」云云。可見異同之迹，即朱子亦不諱言。竝録存之，其與集注合者，可曉然於折衷衆説之由；其於集注不合者，亦可知朱子當日原多未定之論。未可於語録、文集偶摘數語，即爲不刊之典矣。

論孟精義三十四卷　江蘇巡撫採進本

宋朱子撰。初，朱子於隆興元年輯諸家説論語者爲要義，其本不傳。後九年爲乾道壬辰，因復取二程、張子及范祖禹、呂希哲、呂大臨、謝良佐、游酢、楊時、侯仲良、尹焞、周孚先等十二家之説，薈稡條疏，名之曰論孟精義，而自爲之序。時朱子年四十三。後刻版於豫章郡，又更其名曰要義。晦菴集中有書論語孟子要義序後，曰：「熹頃年編次此書，鋟版建陽，學者傳之久矣。後細考之，程、張諸先生説尚或時有所遺脱。既加補塞，又得毗陵周氏説四篇有半於建陽陳焞明仲復，以附於本章。豫章郡文學南康黄某商伯既以刻於其學，又慮夫讀者疑於詳略之不同也，屬熹書於前序之左，且更定其故號精義者曰要義。」云云，是其事也。後又改其名曰集義，見於年譜。今世刊本仍稱精義，蓋從朱子原序名之也。凡論語二十卷，孟子十四卷。又各有綱領一篇，不入卷數。朱子初集是書，蓋本程氏之學以發揮經旨。其後采攝菁華，撰成集注，中間異同疑似，當加剖析者，又別著之於或問。似此書乃已棄之糟粕。然考諸語録，乃謂：「讀論語須將精義看。」又謂：「語孟集義中所載諸先生語，須是熟讀。一一記於心下，時時將來玩味，久久自然理會得。」又似不以集注廢此書者。故今亦仍録存之焉。

中庸輯略二卷 江蘇巡撫採進本

宋石𡼖編。朱子删定。𡼖字子重，號克齋，新昌人。紹興十五年進士，官至太常主簿，出知南康軍。中庸爲禮記第三十一篇，孔穎達疏引鄭玄目録云：「此書於别録屬通論。」漢書藝文志有中庸傳二篇，顔師古注曰：「今禮記中有中庸一篇，亦非本禮經，蓋子思之作。」是書本以闡天人之奥，漢儒以無所附麗，編之禮記。實於五禮無所屬，故劉向謂之「通論」，師古以爲「非本禮經」也。梁武帝嘗作義疏，見於隋志，然其書不傳。迨有宋諸儒研求性道，始定爲心傳之要，而論説亦遂日詳。故𡼖輯是編，斷自周子、二程子、張子，而益以吕大臨、謝良佐、游酢、楊時、侯仲良、尹焞之説。初名集解。乾道癸巳，朱子爲作序，極稱其謹密詳審。越十有六年，淳熙己酉，朱子作中庸章句，因重爲删定，更名輯略，而仍以集解原序冠其首。觀朱子中庸章句自序，稱：「既定著章句一篇，以俟後之君子，而一二同志復取石氏書删其繁亂，名以輯略，且别爲或問以附其後。」云云。據此，則是編及或問皆當與中庸章句合爲一書。其後章句孤行，而是編漸晦。明嘉靖中，御史新昌吕信卿始從唐順之得宋槧舊本，刻之毘陵。凡先儒論説見於或問所駁者，多所芟節。如第九章游氏「以舜爲絶學無爲」之説、楊氏「有能斯有爲」之説、第十一章游氏「離人立於獨未發有念」之説，多竟從删薙，不復存其説於此書。至如第一章内所引程子答蘇季明之次章，或問中亦力斥其紀録失真，而原文乃仍載書中，或爲失於刊削，或爲别有取義，則其故不可得詳矣。

論語意原二卷　浙江吴玉墀家藏本

宋鄭汝諧撰。汝諧有東谷易翼傳，已著録。是編前有自序，稱：「二程、横渠、楊、謝諸公互相發明，然後論語之義顯。謂諸公有功於論語則可，謂論語之義備見於諸公之書則不可。予於此書少而誦，長而辨，研精覃思，以求其指歸。既斷以己説，復附以諸公之説，期歸於當而已。」又稱：「初鐫版於贛、於洪。始意欲以誘掖晚學，失之太詳，輒掇其簡要者，復鐫於池陽。」則汝諧此書凡再易稾，亦可謂刻意研求矣。陳振孫書録解題載論語意原一卷，不著撰人。宋志因之，似乎尚别有一書適與同名。然振孫載詩總聞謁爲三卷，亦云不知撰人。及核其解題，則確爲王質之書。疑所載者即汝諧此書，偶未考其名也。真德秀序稱其學出於伊、洛，然所説頗與朱子集注異。如以衛靈公問陳非不可對，乃有託而行；以子賤爲人沈厚簡默，非魯多君子，不能取其君子，皆足以備一解。至以「使民戰栗」爲魯哀公之語、以「見善如不及」二節連下「齊景公」「伯夷叔齊」爲一章，則大奇矣。案：

錢時四書管見亦以「見善如不及」章與下章聯合爲一。然綜其大致，則精密者居多。故德秀稱其言雖異於先儒，而未嘗不合義理之正。朱子亦曰：「贛州所刊論語解，乃是鄭舜舉侍郎者。中間略看，亦有好處。」是朱子亦不以其異己爲嫌矣。

癸巳論語解十卷

浙江汪啓淑家藏本

宋張栻撰。其書成於乾道九年，是年歲在癸巳，故名曰癸巳論語解。考朱子大全集中備載與栻商訂此書之語，抉摘瑕疵多至一百一十八條，又訂其誤字二條。以今所行本校之，從朱子改正者僅二十三條，餘則悉仍舊稾，似乎齗齗不合。然「父在觀其志」一章，朱子謂舊有兩說，當從前說爲順，反覆辨論，至於二百餘言。而後作論語集注，乃竟用何晏集解所引孔安國義，仍與栻說相同。蓋講學之家，於一字一句之異同，務必極言辨難，斷不肯附和依違。中間筆舌相攻，或不免於激而求勝。迨學問漸粹，意氣漸平，乃是是非非，坦然共白，不復回護其前說。此造詣之淺深，月異而歲不同者也。然則此一百一十八條者，特一時各抒所見，共相商榷之言，未可以是爲栻病。且二十三條之外，栻不復改，朱子亦不復爭，當必有渙然冰釋，始異而終同者。更不必執文集舊稾，以朱子之說相難矣。

癸巳孟子說七卷

浙江汪啓淑家藏本

宋張栻撰。是書亦成於乾道癸巳。於王霸之辨、義利之分，言之最明。自序稱：「歲在戊子，綴所見爲孟子説。明年冬，會有嚴陵之命，未及終篇。辛卯歲自都司罷歸，秋冬行大江中，讀舊説，多不滿意，從而删正之。還抵故廬，又二載始克繕寫。」蓋其由左司員外郎出知嚴州，退而家居時作也。栻之出也，以諫除張説爲執政，故是編於「臧倉沮孟子」及「王驩爲輔行」兩章，皆微有寄託於時事。至於解「交鄰」章云：「所謂畏天者，亦豈但事大國而無所爲也，蓋未嘗委於命而已。故修德行政、光啓王業者，太王也；養民訓兵、卒殄寇仇者，句踐也。未及周平王，惟不怒驪山之事，故東周卒以不振。」其辭感憤，亦爲南渡而發。然皆推闡經義之所有，與胡安國春秋傳務於借事抒議而多失筆削之旨者，固有殊焉。

石鼓論語問答三卷　江蘇巡撫採進本

宋戴溪撰。溪有續吕氏家塾讀詩記，已著録。是書卷首有寶慶元年許復道序，稱淳熙丙午、丁未間，溪領石鼓書院山長，與湘中諸生集所聞而爲此書。朱子嘗一見之，以爲近道。陳振孫書録解題所載與序相符。其書詮釋義理，持論醇正，而考據間有疎舛。如解「緇衣羔裘」節，先加明衣親身，次加中衣，冬則次加裘，裘上加裼衣，裼衣之上加朝服。其説本於崔靈恩，不爲無據。然詩羔裘篇孔疏謂：「玉藻：『君衣狐白裘，錦衣以裼之。』又云：『以帛裏布，非禮也。』鄭注云：『冕服中衣用素，朝服中衣用布。若皮弁之下即以錦衣爲裼，即是以帛裏布。故知中衣在裼衣之上。』」其文甚明，溪蓋未之深考。又解「吉月必朝服而朝」節，謂玉藻「天子玄端而朝日於東門之外」，不必依鄭注改「端」爲「冕」，蓋稱「端」者通冠冕言之。其説亦據樂記「端冕而聽古樂」鄭注「端爲玄衣」、孔疏「端爲玄冕。凡冕服皆其制正幅，故稱端也」。然玉藻「天子玄端而朝日於東門之外」與下文「玄端而居」對舉見異，故「朝日玄冕」即不得通稱「玄端」。此鄭所以決「冕」之誤爲「端」，溪亦失考也。然訓詁、義理，説經者向別兩家，各有所長，未可偏廢。溪能研究經意，闡發微言，於學者不爲無補，正不必以名物典故相繩矣。

蒙齋中庸講義四卷

永樂大典本

宋袁甫撰。甫字廣微，鄞縣人。寶文閣直學士燮之子。嘉定七年進士，官至吏部侍郎，兼國子祭酒，權兵部尚書，謚正肅。事蹟具宋史本傳。史稱所著有孟子解，今未見傳本，殆已亡佚。此書散見永樂大典中，而史志顧未之及。惟朱彝尊經義考有甫所撰中庸詳説二卷，注云「已佚」，或即是書之別名歟？其書備列經文，逐節訓解。蓋平日録以授門弟子者。中間委曲推闡，往往言之不足，而重言以申之。其學出於楊簡，簡之學則出於陸九淵，故立説多與九淵相合。如講「語大語小」一節云：「包羅天地，該括事物，天下不能載者，惟君子能載之，而天下又何以載？幽通鬼神，微入毫髮，天下不能破者，惟君子能破之，而天下又何以破？」此即象山語録所云「天下莫能載者，道大無外，若能載，則有分限矣。天下莫能破者，一事一物，纖悉微末，未嘗與道相離」之説也。其講「自誠明」一節云：「誠不可傳，可傳者明。明即性也，不在誠外也。」此即象山語録所云「誠則明，明則誠，此非有次第，其理自如此」之説也。其他宗旨，大都不出於此。雖主持過當，或不免惝恍無歸，要其心得之處，未嘗不自成一家。謹依經排輯，釐爲四卷，以存金溪之學派。至其甚謬於理者，則於書中別加案語，考正其誤，以杜狂禪恣肆之漸焉。

四書集編二十六卷　兩江總督採進本

宋真德秀撰。德秀字希元，浦城人。慶元五年進士，中詞科。紹定中拜參知政事，進資政殿直學士，提舉萬壽觀。卒謚文忠。事蹟具宋史儒林傳。此書惟大學一卷、中庸一卷爲德秀所手定。大學章句序後有題記一行，稱「寶慶三年八月丁卯，後學真德秀編於學易齋」者，其成書年月也。其子志道序亦惟稱大學、中庸，而云論語、孟子集注雖已點校，集編則未成。咸淳九年案：原本作咸寧九年，宋無此年號，今改正。劉才之序始稱：「西山所編中庸、大學，惟論、孟二書闕焉。扣之庭聞，則云已經點校，但未編輯。是論、孟固未嘗無成書。一旦論諸堂上，學正劉樸谿承謂讀書記中所載論、孟處，與今所刊中庸、大學凡例同。其他如文集、衍義等書，亦有可採摭者。因勉其彙集成書，凡五閱月而帙就，又五閱月而刊成。」云云，是論語十卷、孟子十四卷，皆劉承以德秀遺書補輯成之者也。朱子以大學、中庸、論語、孟子合爲四書。其章句多出新意，其集注雖參取舊文，而亦多與先儒異。其所以去取之意，散見或問、語類、文集中，不能一一載也。而或問、語類、文集又多一時未定之説與門人記録失真之處，故先後異同，重複顛舛，讀者往往病焉。是編博採朱子之説以相發明，復間附己見以折衷謁異。志道序述德秀之言，自稱有銓擇刊潤之功，殆非虚語。趙順孫四書纂疏備列德秀所著諸書，而不載其目。蓋至宋末始刊，其出最晚，順孫未之見也。自是以後，踵而作者汗牛充棟。然其學皆不及德秀，故其書亦終不及焉。

孟子集疏十四卷

兩江總督採進本

宋蔡模撰。模字仲覺，號覺軒，建安人。蔡沈之子，蔡抗之兄也。趙順孫四書纂疏載模所著有大學演説、論語集疏、孟子集疏，今惟此書存。據卷末抗後序，稱沈書以「論語、孟子集注氣象涵蓄，語意精密，至引而不發，尤未易讀。欲取集義、或問及張、吕諸賢門人高第往復問答語，如朱子所謂『蒐輯條流，附益諸説』者，類聚縷析，期於語脈分明，宗旨端的。」未及編次而卒。模乃與抗商榷以成此書。皆備列朱子集注原文，而發明其義，故曰集疏，言如注之有疏也。然賈、孔諸疏循文闡衍，章句不遺。此則或佐證注義，或旁推餘意，不盡一一比附。又謹守一家之説，亦不似疏文之曲引博徵。大抵於諸説有所去取，而罕所辨訂。惟「不得於言」一條，致疑於語録、集注之不同，以爲未及修改。「效死而民勿去」一條，引語録謂注中「義」字當改「經」字而已。又「是乃仁術」一條，集注以「術」爲法之巧，模則引蔡氏之説曰：「樂記注：術，所由也。」又曰：「術，猶道也。此言仁術，恐是仁心所發之路。」又「禹疏九河」一條，集注以簡、潔爲兩河，模則引爾雅「九河」，以簡潔爲一。謂：「書傳與集注少異，書傳實經先師晚年所訂正，當以爲定。」案：朱子訂正書傳，僅及大禹謨之半。

此模委曲回護之言，不足爲據。又「仁之端也」，集注訓「端」爲「緒」，蔡元定則訓「端」爲「尾」，亦兩存之。蓋他說與師說異，則舍他說從師說，師說與祖父說異，則又不得不舍師說以從祖父之說。此亦人情之至也。然抗序稱始事於嘉熙己亥，至丙午尚未敢脱稾，其簡汰頗爲不苟。故所取甚約，而大義已皆賅括，迥異後來鈔撮朱子之說，務以繁富相尚者。亦可知其淵源有自，知之確故擇之精矣。

論語集說十卷　内府藏本

宋蔡節撰。節，永嘉人。始末未詳。惟書首淳祐五年進表結銜稱「朝散郎、試太府卿兼樞密副都承旨」，末有淳祐丙午文學掾姜文龍跋，即進書之次年也。其例於全用一家者則獨書姓名，於參用一兩家者則各注本語之下，雜用衆說者則疊書姓名於末，潤色以己意者則曰「本某氏」，皆謂之曰「集」。或附己說於後，則别曰「節」；謂節自爲說者，謂之曰「釋」。其互相發明之說，則夾注於下。其推闡旁意之說，則低一字書之。是時朱子之說已行，故大旨率從集注。其間偶有異同者，如「賢賢易色」，謂賢人之賢爲之改容更貌；「攻乎異端」，謂攻爲攻擊，害爲反貽吾道之害；案：此鄭汝諧之說。「知其說者之於天下也」，謂知魯之僭禘則名正，名正而天下不難治；「無所取材」，謂無所取桴材；案此鄭玄之說。「不有祝鮀之佞」三句，謂美色尚不足以免禍，惟口才乃可免；「不圖爲樂之至於斯也」，謂韶本揖遜之樂，今乃至於齊國；案：此亦鄭汝諧之說。「五十以學易」，謂夫子是時年未五十，故云加年；「互鄉童子」一章，不作錯簡；「不至於穀」，謂三年不能至於善，則所學已難乎有得；「没階趨進」，謂「進」疑作「退」；「雖疏食菜羹瓜祭」，謂「瓜」爲如字，以「祭」字屬下句；「三嗅而作」，謂「嗅」疑作「嘆」，案：此徐積之説。「冉有退朝」，謂「朝」爲從季氏至魯君之朝；「不恒其德」一節，謂别爲一章；「曰今之成人者何必然」，謂爲子路之言；「有馬者借人乘之」，謂即史之闕文；「齊景公有馬千駟」章，連上爲一章；案：此鄭汝諧、錢時二家之説。「太師摯適齊」一章，謂魯君荒於女樂，故樂官散去。其中惟「太師摯」一章可備一説，餘皆牽强穿鑿。蓋朱子於注易、注詩，誠不免有所遺議。至於論語集注，則平生精力具在於斯，其説較他家爲確。務與立異，反至於不中理也。然出入者不過此數條，其餘則皆詮釋簡明，詞約理該，終非胡文炳等所可及焉。

中庸指歸一卷中庸分章一卷大學發微一卷大學本旨一卷

浙江巡撫採進本

宋黎立武撰。立武字以常，新喻人。咸淳中舉進士第三，仕至軍器少監、國子司業。宋亡不仕，閑居三十年以終。立武官撫州時校文，舉吳澄充貢士，故澄志其墓，自稱曰門人。又稱立武官祕省時，閲官書，愛二郭氏中庸。郭游程門，新喻謝尚書仕夷陵，嘗傳其學。將由謝溯程以嗣其傳。故言大學、中庸等書，間與世所崇尚者異義。蓋中庸之學傳自程子，後諸弟子各述師説，門徑遂歧。游酢、楊時之説爲朱子所取，而郭忠孝中庸説以中爲性，以庸爲道，亦云程子晚年之定論。立武中庸指歸，皆闡此旨。至其中庸分章，則以「天命之謂性」以下爲一章，「仲尼曰」以下爲二章，「君子之道費而隱」以下爲三章，「道不遠人」以下爲四章，「君子素其位而行」以下爲五章，「君子之道，辟如行遠」以下爲六章，「鬼神之爲德」以下爲七章，「哀公問政」以下爲八章，「誠者天之道也」以下爲九章，「惟天下至誠」以下爲十章，「誠者自成」以下爲十一章，「大哉聖人之道」以下爲十二章，「仲尼祖述堯舜」以下爲十三章，「惟天下至聖」以下爲十四章，「詩曰衣錦尚絅」以下爲十五章。皆發明郭氏之旨，所言亦具有條理。其大學，則發微一卷，謂曾子傳道在一貫，悟道在忠恕，造道在易之艮。大旨以止至善爲歸，而以誠意爲要。本旨一卷，仍用古本，皆以爲曾子之書，不分經、傳，而以所稱曾子爲曾皙之言。要其歸宿，與程、朱亦未相牴牾，異乎王守仁等借古本以伸己説者也。惟其謂中庸、大學皆通於易，列圖立説，絲連繩貫而排之，則未免務爲高論耳。此四書本合編，前有大德八年趙秉政序。其先中庸後大學，蓋亦從禮記原次。此本從今本四書之序，移大學於中庸前，而以秉政之序介於四書之間，殊失本旨。今釐正之，還其舊第焉。

四書纂疏二十六卷　内府藏本

宋趙順孫撰。順孫字格菴，括蒼人。考黄溍集有順孫阡表，曰：「自考亭朱子合四書而爲之説，其微詞奥旨散見於門人所記録者，莫克互見。公始採集以爲纂疏。蓋公父少傅魏公雷，師事考亭門人滕先生璘，授以尊所聞集。公以得於家庭者溯求考亭之原委，纂疏所由作也。」則順孫距朱子三傳矣。故是書備引朱子之説，以翼章句集注。所旁引者惟黄榦、輔廣、陳淳、陳孔碩、蔡淵、蔡沈、葉味道、胡泳、陳埴、潘柄、黄士毅、真德秀、蔡模一十三家，亦皆爲朱子之學者，不旁涉也。鄧文原作胡炳文四書通序，頗病順孫此書之冗濫，炳文亦頗摘其失。然經師所述，體例各殊。注者詞尚簡明，疏者義存曲證。順孫書以疏爲名，而自序云：「陪穎達、公彦後。」則固疏體矣。繁而不殺，於理亦宜。文原殆未考孔、賈以來之舊式，故少見而多怪歟？

大學疏義一卷　浙江巡撫採進本

宋金履祥撰。履祥有尚書考注，已著録。履祥籍隸蘭溪，於王柏爲同郡，故受業於王柏。然柏之學，其詆毀聖經，乖方殊甚。履祥則謹嚴篤實，猶有朱子之遺。初，朱子定大學章句，復作或問以申明之。其後章句屢改，而或問則不復改。故前後牴牾，學者猶有所疑。履祥因隨其章第，作疏義以暢其旨，竝作指義一篇以括其要，柳貫嘗爲之序。朱彝尊經義考於二書皆注「未見」，但據一齋書目著於録。此本爲金氏裔孫所刊，蓋出於彝尊經義考之後。然僅存此疏義一卷，其指義及貫序則竝佚之矣。書中依文銓解，多所闡發。蓋仁宗延祐以前尚未復科舉之制，儒者多爲明經計，不爲程試計，故其言切實，與後來時文講義異也。

論語集注考證十卷孟子集注考證七卷　浙江巡撫採進本

宋金履祥撰。後有自跋，謂：「古書之有注者，必有疏。論、孟考證即集注之疏。以有纂疏，故不名疏。而文義之詳明者，亦不敢贅。但用經典釋文之例，表其疑難者疏之。」其書於朱子未定之説，但折衷歸一。於事跡典故，考訂尤多。蓋集注以發明理道爲主，於此類率沿襲舊文，未遑詳核。故履祥拾遺補闕，以彌縫其隙，於朱子深爲有功。惟其自稱：「此書不無微牾，自我言之則爲忠臣，自他人言之則爲讒賊。」則殊不可訓。夫經者古今之大常，理者天下之公義。議論之得失惟其言，不惟其人。使所補正者果是，雖他人亦不失爲忠臣；使所補正者或非，雖弟子門人亦不免爲讒賊。何以履祥則可，他人則必不可？此宋元間門户之見，非篤論也。其中如辨論語注「公孫枝」，云：「案左傳，當作『公叔發』，集注或傳寫之誤。」辨孟子注「許行神農之言，史遷所謂農家者流」，云：「史記六家無農家，漢書藝文志九流之中乃有農家。」皆爲典確。至於辨公劉「后稷之曾孫」一條，謂公劉避桀居邠，去后稷世遠，非其曾孫。不知古人凡遠祖多稱高祖，左傳郯子稱「我高祖少皞」是也；凡遠孫多稱曾孫，左傳蒯聵稱「曾孫蒯聵敢昭告皇祖文王」是也。如此之類，則注不誤而履祥反誤，亦未盡確當不移。然其旁引曲證，不苟異亦不苟同，視胡炳文輩拘墟迴護，知有注而不知有經者，則相去遠矣。書凡一十七卷。首有許謙序，後有呂遲刊書跋，猶爲舊本。朱彝尊經義考稱一齋書目作二卷，注曰「未見」。蓋沿襲之誤，不足據也。

欽定四庫全書總目卷三十六

經部三十六

四書類二

四書集義精要二十八卷 兩淮鹽政採進本

元劉因撰。因字夢吉，號靜修，容城人。世祖至元十九年徵授承德郎、右贊善大夫。未幾辭歸，再以集賢學士徵，不起。事蹟具元史本傳。朱子爲四書集注，凡諸人問答與集注有異同者，不及訂歸於一。而卒後盧孝孫取語類、文集所説，輯爲四書集義，凡一百卷，讀者頗病其繁冗。因乃擇其指要，删其複雜，勒成是書。張萱内閣書目作三十五卷，一齋書目則作三十卷。考蘇天爵作因墓誌，亦稱是書三十卷，則萱所記誤矣。此本僅存二十八卷，至孟子滕文公上篇而止。其後竝已闕佚，亦非完帙。然朱彝尊經義考注云「未見」，則流傳頗罕，亦元人遺笈之僅存者，不以殘闕病也。其書芟削浮詞，標舉要領，使朱子之説不惑於多岐。蘇天爵以「簡嚴粹精」稱之，良非虚美。蓋因潛心義理，所得頗深，故去取分明，如别白黑。較徒博尊朱之名，不問已定未定之説，片言隻字無不奉若球圖者，固不同矣。

四書辨疑十五卷 内府藏本

不著撰人名氏。書中稱「自宋氏播遷江表，南北分隔纔百五六十年，經書文字已有不同」，則元初人所撰矣。蘇天爵安熙行狀云：「國初有傳朱子四書集注至北方者，滹南王公雅以辨博自負，爲說非之。趙郡陳氏獨喜其說，增多至若干言。」是書多引王若虛說，殆寧晉陳天祥書也。朱彝尊經義考曰：「四書辨疑，元人凡有四家：雲峯胡氏、偃師陳氏、黃巖陳成甫氏、孟長文氏。成甫、長文竝浙人，雲峯一宗朱子，其爲偃師陳氏之書無疑。」所說當矣。其曰偃師者，元史稱天祥因兄祐仕河南，自寧晉家洛陽，嘗居偃師南山故也。天爵又謂安熙爲書以辨之，其後天祥深悔而焚其書。今此本具存，或天爵欲張大其師學，所言未足深據也。凡大學十五條，論語一百七十三條，孟子一百七十四條，中庸十三條。其中如駁「湯盤」非沐浴之盤，謂盤乃淺器，難容沐浴？是未考禮喪大記鄭注有「盤長二丈，深三尺」之文，頗爲疎舛。又多移易經文以就己說，亦未見必然。然亦多平心剖析，各明一義，非苟爲門戶之爭。說春秋者三傳竝存，說詩者四家互異，古來訓詁，原不專主一人。各尊所聞，各行所知，固不妨存此一家之書，以資參考也。

讀四書叢說四卷

兩江總督採進本

元許謙撰。謙有詩集傳名物鈔，已著録。案元史本傳：「謙讀四書章句集注，有叢說二十卷。謂學者曰：『學以聖人爲準的，然必得聖人之心而後可學聖人之事。聖賢之心具在四書，而四書之義備於朱子。顧辭約意廣，讀者安可易心求之乎？』」黃溍作謙墓誌，亦稱是書「敦繹義理，惟務平實」。所載卷數與本傳相同。明錢溥祕閣書目尚有四書叢說四册。至朱彝尊經義考，則但據一齋書目編入其名，而注云「未見」。蓋久在若存若亡間矣。此本凡大學一卷，中庸一卷，孟子二卷。中庸闕其半，論語則已全闕，亦非完書。然約計所存，猶有十之五六。即益以所闕之帙，亦不能足原目二十卷之數，殆後來已有所合併歟？書中發揮義理，皆言簡意該。或有難曉，則爲圖以明之，務使無所凝滯而後已。其於訓詁名物，亦頗考證，有足補章句所未備。於朱子一家之學，可謂有所發明矣。

四書通二十六卷　兩江總督採進本

元胡炳文撰。炳文有周易本義通釋，已著録。是編以趙順孫四書纂疏、吴真子四書集成皆闡朱子之緒論，而尚有與朱子相戾者。因重爲刊削，附以己説，以成此書。凡朱子以前之説，嫌於補朱子之遺，皆斥不録，故所取於纂疏、集成者僅十四家。二書之外，又增入四十五家，則皆恪守考亭之學者也。大抵合於經義與否非其所論，惟以合於注意與否定其是非。雖堅持門户，未免偏主一家，然觀其凡例，於「顔淵好學」章，「哀樂」「哀懼」一字之筆誤，亦必辨明；於「爲政以德」章，初本作「行道而有得於身」，祝洙本作「行道而有得於心」，改本又作「得於心而不失」，刊本先後之差，亦悉加考正。其於一家之學，用心亦勤且密矣。章句集注所引凡五十四家，今多不甚可考。蔡模集疏間有所注，亦不甚詳。是書尚一一載其名字，頗足以資訂證。然如集注以「有婦人焉」爲邑姜，所引「劉侍讀曰」者即劉敞七經小傳之説也，炳文獨遺漏不載。蓋敞在北宋，閉户窮經，不入伊、洛之派。講學之家，惡其不相攀附，遂無復道其姓名者。故朱子雖引之，而炳文不知爲誰也。是亦各尊所聞之一驗矣。

四書通證六卷　兩江總督採進本

元張存中撰。存中字德庸，新安人。初，胡炳文作四書通，詳義理而略名物。存中因排纂舊說，成此書以附其後，故名曰四書通證。炳文爲之序，稱：「北方杜緱山有語孟旁通，平水薛壽之有四書引證，案杜緱山名瑛，金人。薛壽之名引年，元初人。皆失之太繁。存中能刪冗從簡，去非取是。」又曰：「學者於余之通，知四書用意之深。於通證，知四書用事之審。」推之甚至。今核其書，引經數典，字字必著所出。而論語「夏曰瑚，商曰璉」一條承包氏之誤者，乃不引禮記以證之；又「時見曰會，衆頫曰同」，與周禮本文小異。蓋宋代諱「殷」，故改「殷」爲「衆」。乃但引周禮於下，而不辨其何以不同。皆不免有所回護。不知朱子之學在明聖道之正傳，區區訓詁之間，固不必爲之諱也。孟子「與楚將昭陽戰，亡其七邑」一條，存中謂：「史記作『八邑』，未詳孰是。」不知司馬貞史記索隱明注史記古本作「七邑」。是朱子稱「七邑」乃據古本，原非謬誤。存中持疑不決，亦失於考核。又如「三讓」引吳越春秋，泛及雜說。而於歷代史事每多置正史而引通鑑，亦非根本之學。然大概徵引詳明，於人人習讀不察者，一一具標出處，可省檢閱之煩，於學者亦不爲無補矣。

四書疑節十二卷

浙江汪啓淑家藏本

元袁俊翁撰。俊翁字敏齋，袁州人。前有黎立武、李應星序，又有彭元龍序二篇。應星、元龍序皆稱「俊翁」，獨立武序作「儁翁」，蓋傳寫字異也。其仕履無可考。立武序稱「以重吾榜」，應星序亦稱「奕奕魁文」，知嘗首舉於鄉矣。立武、應星序及元龍前一序竝側注「經史疑義」字，元龍後一序又側注「四書經疑」字，而卷首標題則作待問集四書疑節，互相參錯。考俊翁題詞，稱：「科目以四書設疑，以經史發策，因取四書、經史門分而類析之。」蓋待問集者其總名，經史疑義、四書經疑其中之子部。今經史疑義已佚，故序與書兩不相應也。惟「疑節」之名不甚可解。卷首有「溪山家塾刊行」字，或重刻時有所删節，故改題曰「節」歟？朱彝尊經義考中載之，注曰「未見」。此本猶從元版傳鈔。其例以四書之文互相參對爲題，或似異而實同，或似同而實異，或闡義理，或用考證，皆標問於前，列答於後。蓋當時之體如是。雖亦科舉之學，然非融貫經義，昭晰無疑，則格閡不能下一語，非猶夫明人科舉之學也。

四書經疑貫通八卷

浙江范懋柱家天一閣藏本

元王充耘撰。充耘有讀書管見，已著録。是編黄虞稷千頃堂書目謂其已佚。此本爲明范欽天一閣舊鈔，尚首尾完具。惟第二卷中脱一頁，第八卷中脱一頁，無從校補，則亦僅存之笈矣。其書以四書同異參互比較，各設問答以明之。蓋延祐科舉，經義之外有經疑，此與袁俊翁書皆程試之式也。其間辨别疑似頗有發明，非經義之循題衍説可以影響揣摩者比。故有元一代，士猶篤志於研經。明洪武三年初行科舉，其四書疑問以大學「古之欲明明德於天下者」二節與孟子「道在邇而求諸遠」一節合爲一題，問二書所言平天下大指同異，案：此題見日知録。蓋猶沿元制。至十七年改定格式，而經疑之法遂廢。録此二書，猶可以見宋、元以來明經取士之舊制也。

四書纂箋二十八卷　内府藏本

元詹道傳撰。道傳，臨川人。其始末未詳。是書略仿古經箋疏之體，取朱子四書章句集注、或問，正其音讀，考其名物度數，各注於本句之下。亦間釋朱子所引之成語。如「真積力久」出荀子勸學篇，「孝子愛日」出揚子孝至篇，皆爲證其出處。其所援引，亦間有牴牾。如論語「夏瑚、商璉」，朱子本引包咸舊注。案：咸注久佚，此據何晏集解所引。道傳既引明堂位「夏后氏之四璉，殷之六瑚」，辨其異同，而復謂「夏曰瑚，商曰璉」本於爾雅釋器。今檢校爾雅，實無此文，則道傳杜撰附會也。又此書於朱子所引諸儒，皆詳其名字、里居。而孟子盡心章引陳氏「厭於嫡母」之説，實陳耆卿孟子紀蒙中語。耆卿字壽老，臨海人，見葉適水心集。此獨失載，亦未免有所疎漏。然大致皆有根柢，猶元儒之務實學者。與張存中四書通證相較，固猶在其上矣。

四書通旨六卷　内府藏本

元朱公遷撰。公遷有詩傳疏義，已著録。是編取四書之文，條分縷析，以類相從，凡爲九十八門。

每門之中，又以語意相近者聯綴列之，而一一辨別異同，各以「右明某義」云云標立言之宗旨。蓋昔程子嘗以此法教學者，而公遷推廣其意以成是書。其間門目既多，間涉冗碎，故朱彝尊經義考謂讀者微嫌其繁。又如「樊遲請學稼」，不過局於末業，乃列之於「異端」門，與許行同譏；上士一位，中士一位，下士一位，本周室班爵之制，乃列之於「士」門，與處士一例，亦頗傷踳駁。堯、舜、禹、湯、文、武、周公、孔子、孔門弟子、子思、孟子諸門，以人隸事，體近類書，尤爲無所發明。然於天人性命之微，道德學問之要，多能剖其疑似，詳其次序，使讀者因此證彼，渙然冰釋。要非融會貫通，不能言之成理如是也。所引諸家之説，獨稱饒魯爲饒子，其淵源蓋有自矣。明正統中何英作詩傳疏義，序稱：「永樂乙酉，因閱四書通旨，而語及疏義。」則是書行世在疏義之前。顧明以來説四書者罕見徵引，近通志堂經解始刊行之，蓋久微而復出也。句下間列異同。如「喜怒哀樂」一條，謂「右以體言」，而注「亦曰以性言」字；「允執其中」一條，謂「右以用言」，而注「亦曰以事理言」字，如是者不一。疑刊是書者參校諸本所附，非公遷之舊。其出自誰手，則不可考矣。

四書管窺八卷

兩江總督採進本

元史伯璿撰。伯璿字文璣，温州平陽人。據所作管窺外篇成於至元丁未，即元亡之年，計其人當已入明。然始末不可考矣。是編見於祕閣書目者五册。楊士奇東里集則稱有四册，刻版在永嘉郡學。

永嘉葉琮知黄州府，又刊置府學。是明初所行，已有二本。然刊本皆散佚不傳，故朱彝尊經義考注云「未見」。此本乃毛晉汲古閣舊鈔，大學、中庸、孟子尚全，惟論語闕先進篇以下，蓋傳寫有所佚脱。然量其篇頁，釐而析之，已成八卷。經義考乃作五卷，或誤以五册爲五卷歟？其書引趙順孫四書纂疏、吴真子四書集成、胡炳文四書通、許謙四書叢説、陳櫟四書發明及饒氏、張氏諸説，取其與集注異同者，各加論辨於下。諸説之自相矛盾者，亦爲條列而釐訂之。凡二十年而後成。於朱子之學，頗有所闡發。考朱子著述最多，辨説亦最夥。其間有偶然問答未及審核者，有後來考正未及追改者，亦有門人各自記録，潤色增減，或失其本真者。故文集、語録之内，異同矛盾，不一而足。即四書章句集注與或問亦時有牴牾。原書具在，可一一覆按也。當時門人編次，既不敢有所别擇，後來讀朱子書者，遂一字一句奉爲經典，不復究其傳述之真僞與年月之先後。但執所見一條，即據以詆排衆論，紛紜四出，而朱子之本旨轉爲尊信者所淆矣。夫載寶而朝，論南宫者有故；據其所傳，漫無釐正？伯璿此書，大旨與劉因四書集義精要同。而因但爲之刊除，伯璿更加以别白。越境乃免，惜趙盾者原誣。述孔子之言者，尚不免於舛異。况於朱門弟子斷不及七十二賢，又安能昔朱子嘗憾孔門弟子留家語作病痛。如伯璿者，可不謂深得朱子之心歟？

大學中庸集説啓蒙二卷　內府藏本

元景星撰。星號訥菴，餘姚人。據卷末宣德九年錢時跋，稱得禮部侍郎蔣驥寫本。驥跋題「庚辰歲」，當爲建文元年。驥爲景之門人，則星元末人也。前有星自序，標題爲學庸集説啓蒙，而序中實曰四書集説啓蒙。凡例中如「孟子章指」云云，亦兼言四書。驥跋稱訥菴先師用功於四書十年，去取諸説而爲此書。大學已有刊本，而語、孟、中庸則未刊。時跋稱得驥中庸寫本，謄校刊梓。然則星本全注四書，驥先刊其大學，時續刊其中庸，而語、孟則已佚。通志堂刻經解，病其不完，併序文標題改之耳。其書發揮頗簡切，大學「聖經」章句，「欲其一於善而無自欺」句注：「『一於善』，祝本改作『必自慊』。」於字句亦復不苟。又傳之二章注「『盤』，邵氏謂恐是盥頮之盤」，傳之四章注備引程子、饒魯、吴澄之説，中庸三十二章注引鄱陽李氏之説，皆與章句異同，亦非胡炳文等堅持門户者比。蓋猶能自抒心得者也。書上闌附載細字，如大學傳之五章載矩堂董氏之説，中庸第一章載饒魯之説，亦與章句有出入。據錢時跋，稱：「增魯齋批點、勿軒標題，以便幼習。」則時益以許衡、熊禾二人之語，非星本書也。其孰爲衡語，孰爲禾語，刊板一同，今則不可辨別矣。

四書大全三十六卷

通行本

明永樂十三年翰林學士胡廣等奉敕撰。成祖御製序文，頒行天下，二百餘年尊爲取士之制者也。其書因元倪士毅四書輯釋稍加點竄。顧炎武日知録曰：「自朱子作大學、中庸章句、或問，論語、孟子集注之後，黄氏有論語通釋。其采語録附於朱子章句之下，則始於真氏。祝氏仿之，爲附録。後有蔡氏四書集疏、趙氏四書纂疏、吴氏四書集成，論者病其泛濫。於是陳氏作四書發明，胡氏作四書通，而定宇之門人倪氏，案：定宇，陳櫟之別號。合二書爲一，頗有刪正，名曰四書輯釋。永樂所纂四書大全，特小有增刪。其詳其簡，或多不如倪氏。大學、中庸或問則全不異，而間有舛誤。」云云，於是書本末言之悉矣。考士毅撰有作義要訣一卷，附刻陳悦道書義斷法之末，今尚有傳本，蓋頗講科舉之學者。其作輯釋，殆亦爲經義而設，故廣等以夙所誦習，剽剟成編歟？初與五經大全竝頒，然當時程式，以四書義爲重，故五經率皆庋閣，所研究者惟四書，所辨訂者亦惟四書。後來四書講章，浩如烟海，皆是編爲之濫觴。蓋由漢至宋之經術，於是始盡變矣。特録存之，以著有明一代士大夫學問根柢具在於斯，亦足以資考鏡焉。

四書蒙引十五卷別附一卷　江蘇巡撫採進本

明蔡清撰。清有易經蒙引，已著録。其作此書，初已有稾本而遺失，乃追憶舊文，更加綴録。久而復得原稾，以兩本相校，重複過半，又有前後異同未歸畫一者。欲刪正而未暇，乃題爲「蒙引初稾」，以明其非定說。虛齋集有是書序，述其始末頗詳。嘉靖中武進莊煦參校二稾，刊削冗複，十去三四，輯成一書而刊之。書末又別附一册，則煦與學録王升商榷訂定之語也。清人品端粹，學術亦醇。此書雖爲科舉而作，特以明代崇尚時文，不得不爾。至其體認真切，闡發深至，猶有宋人講經、講學之遺。未可以體近講章，遂視爲揣摩弋獲之書也。

四書因問六卷　浙江巡撫採進本

明吕柟撰。柟有周易説翼，已著録。是編皆記其門人質問四書之語。大學、中庸各一卷，論語、孟子各二卷。然其中稱柟爲「先生」，又「先生」字或跳行，似乎非柟自作。卷首有「門人魏廷萱等校刊」字，當即廷萱等所記也。其書大學從古本次序，中庸亦從古本分章。所説多因四書之義推而證諸躬行，見諸實事。如講「八佾舞於庭」章，因指在座門人衣服華靡者曰「此便是僭」之類，皆開示親切，不徒爲訓詁空談。柟文集佶屈聱牙，純爲僞體。而其解四書，平正篤實乃如此。蓋其文章染李夢陽之派，而學問則宗法薛瑄。二事淵源各别，故一人而如出兩手也。

問辨録十卷　副都御史黄登賢家藏本

明高拱撰。拱有春秋正旨，已著録。此編取朱子四書章句集注疑義，逐條辨駁。其論大學，謂「新民」即明德中事，不應分之爲三綱領。不知經文三「在」字顯然竝列，安能不區别爲三？又論「賢賢易色」一章，謂人能如是，必其務學之至。覺「生質之美」四字，朱子可不必加，亦未深體抑揚語意。如斯之類，皆不免有意推求。至如伊川謂「敬事而信」一章皆言所存而不及於事，拱則謂節用使民，非事而何？又謂孔子之責臧文仲，正以其賢而責之備。如斯之類，則皆確有所見，足以備參考而廣見聞。鄭汝諧論語意原頗與朱子異同，而朱子於汝諧之説反有所取。朱子作周易本義，與程傳亦有異同，世未嘗以是病朱子。拱之是編，亦可作如是觀矣。

論語類考二十卷　浙江巡撫採進本

明陳士元撰。士元有易象鉤解，已著録。是編皆考證論語名物典故，分十八門，又分子目四百九十有四。朱子以後解四書者，如真德秀、蔡節諸家，主於發明義理而已。金履祥始作論語孟子集注考證。後有杜瑛論語孟子旁通、薛引年四書引證、張存中四書通證、詹道傳四書纂箋，始考究典故，以發明經義。今杜、薛之書不傳，惟金氏、張氏、詹氏書尚傳於世。三人皆篤信朱子，然金氏於集注之承用舊文偶失駁正者必一一辨析，張氏、詹氏皆於舛誤之處諱而不言，其用意則小異。士元此書大致遵履祥之例，於集注不爲苟同。每條必先列舊説，而蒐討諸書，互相參訂，皆以「元案」二字列之。凡一切杜撰浮談，如薛應旂四書人物考稱「有若字子有」之類，悉爲糾正。較明代諸家之書，殊有根柢。特以專考論語，不備四書，故不及應旂書之盛傳，實則有過之無不及也。

孟子雜記四卷　浙江汪啓淑家藏本

明陳士元撰。自宋熙寧以前，孟子僅列於儒家。史記以孟子、荀卿合傳，寥寥十數語，於所歷鄒、滕、任、薛、魯、宋之事，略不一書。至朱子綱目，始於「適魏」「之齊」大書特書，明聖賢之去就。而編年之體亦不能詳述一人之始末。明薛應旂撰四書人物考，始採摭他書，以爲補傳。而應旂不長於考證，舛漏頗多。士元嗣輯此書，第一卷敘孟子事蹟，後三卷發明孟子之言。名以傳記，實則經解居多。其所援引亦皆謹嚴有體，不爲泛濫之卮言。若趙岐注義以尾生抱柱不去證不虞之譽，以陳不瞻失氣而死證求全之毁，概爲删薙。與所作論語類考均爲有裨於經義，故今特附於四書類焉。

學庸正説三卷

直隸總督採進本

明趙南星撰。南星字夢白，號儕鶴，高邑人。萬曆甲戌進士，官至吏部尚書，以忤魏忠賢削籍謫戍。崇禎初追謚忠毅。事蹟具明史本傳。是編凡大學一卷、中庸二卷。每節衍爲口義，逐句闡發，而又以不盡之意附載於後。雖體例近乎講章，然詞旨醇正，詮釋詳明。其説大學，不從姚江之「知本」，而仍從朱子之「格物」，併補傳一章亦爲訓解。其説中庸，不以無聲無臭虚論性天，而始終歸本於慎獨，皆確然守先儒之舊。蓋南星爲一代名臣，端方勁直，其立朝不以人情恩怨爲趨避，故其説經亦不以流俗好尚爲是非。雖平生不以講學名，而所見篤實，過於講學者多矣，未可以其平近而忽之也。

論語商二卷

浙江汪啓淑家藏本

明周宗建撰。宗建字季侯，吴江人。萬曆辛丑進士，官至監察御史巡按湖廣，爲魏忠賢所害。崇禎初追贈太僕寺卿，謚忠毅。事蹟具明史本傳。此書乃其授徒湖州之時與諸生所講論也。宗建剛方正直，屹然獨立。而其學則沿姚江之末派，乃頗近於禪。如云：「人心之樂，非情非趣，非思非爲，虚中之影，水中之相。」如斯之類，殆似宗門語録。然講「素絢」章，謂：「後人求深反淺。在當時夫子、子夏不過隨境觸悟，非子夏欲抹煞禮，亦非夫子不重禮。」講「顔淵問爲邦」，云：「夫子略指大意，非只執定數件。」其言皆簡要明通，足釋訓詁之轇轕。且其人與日月爭光，則其書亦自足不朽。小小疵瑕，不足累之。此固不與講學之家爭一句一字之出入也。

論語學案十卷 浙江巡撫採進本

明劉宗周撰。宗周有周易古文鈔，已著録。宗周講學，以慎獨爲宗，故其解「爲政以德」及「朝聞道」章首揭此旨。其傳雖出姚江，然能救正其失。其解「多聞擇善，多見而識」章有云：「世謂聞見之知與德性之知有二，予謂聰明睿知非性乎？睿知之體不能不窮於聰明，而聞見啓焉。今必以聞見爲外，而欲隳明黜聰求睿知，并其睿知而槁矣。是隳性於空而禪學之談柄也。」其鍼砭良知之末流，最爲深切。其解「性相近」章謂：「氣質還他氣質，如何扯著性？性是就氣質中指點義理者，非氣質即爲性也。」雖與朱子之説稍異，然亦頗分明不苟。蓋宗周此書直抒己見，其論不無純駁。然要皆抒所實得，非剽竊釋氏以説儒書，自矜爲無上義諦者也。其解「見危致命」章曰：「人未有錯過義理關，而能判然於生死之分者。」卒之明社既屋，甘蹈首陽之一餓，可謂大節皭然，不負其言矣。與其爲孫承澤，又何如爲劉宗周乎？

四書留書六卷 江蘇巡撫採進本

明章世純撰。世純字大力，臨川人。天啓辛酉舉人，官至柳州府知府。聞流寇陷京師，悲憤而卒。明史文苑傳附見艾南英傳中。所著總名曰留書。此其説四書者六卷。又別有内集一卷，乃所著子書，散集一卷，乃所作筆記。明史藝文志總題曰留書，入之「儒家類」中。然説四書六卷之前有天啓丁卯世純自序，後有世純自作四書留書跋，皆言詮釋四書之意，不及其他。其書分章抒論，體例類劉敞春秋意林。但敞不標經文，止標某章某章耳。解經家本有此體，入之子書，殊非其類。今割其内集、散集别著録，而説四書者入經部，存其實也。世純與艾南英、羅萬藻、陳際泰號「臨川四家」，悉以制義名一時，而世純運思尤鋭。其詁釋四書，往往於文字之外標舉精義，發前人所未發。不規規於訓詁，而亦未嘗如講良知者至於滉漾以自恣。揚雄所謂「好深湛之思」者，世純有焉。

日講四書解義二十六卷

康熙十六年聖祖仁皇帝御定。自朱子定著四書，由元、明以至國朝，懸爲程試之令甲，家絃户誦，幾以爲習見無奇。實則内聖外王之道備於孔子，孔子之心法寓於六經，六經之精要括於論語，而曾子、子思、孟子遞衍其緒。故論語始於言學，終於堯、舜、湯、武之政，尊美屏惡之訓；大學始於格物致知，終於治國平天下；中庸始於中和位育，終於篤恭而天下平；孟子始於義利之辨，終於堯、舜以來之道統。聖賢立言之大旨，灼然可見。蓋千古帝王之樞要，不僅經生章句之業也。我聖祖仁皇帝初年訪落，即以經筵講義親定是編。所推演者，皆作聖之基、爲治之本，詞近而旨遠，語約而道宏。聖德神功所爲，契洙泗之傳而繼唐虞之軌者，蓋胥肇於此矣。

四書近指二十卷

直隸總督採進本

國朝孫奇逢撰。奇逢有讀易大旨，已著録。是編於四子之書挈其要領，統論大指，間引先儒之説以證異同，然旨意不無偶偏。如云：「聖人之訓，無非是學。」此論最確。乃兩論逐章皆牽合「學」字。至謂「道千乘之國」章敬信、節愛、時使皆時習事；大學「聖經」章所論本末先後，以明德須在民上明，修身須在天下、國家上修；又云：「格物無傳，是大學最精微處。以物不可得而名，無往非物，即無往非格。朱子所謂窮至事物之理，乃通大學數章而言。」云云，皆不免高明之病。蓋奇逢之學兼採朱、陸，而大本主於窮則勵行，出則經世，故其説如此。雖不一一皆合於經義，而讀其書者知反身以求實行實用，於學者亦不爲無益也。

孟子師説二卷　浙江巡撫採進本

國朝黄宗羲撰。宗羲有易學象數論，已著録。是編以其師劉宗周於論語有學案，於大學有統義，於中庸有慎獨義，獨於孟子無成書。乃述其平日所聞，著爲是書，以補所未備。其曰「師説」者，仿趙汸述黄澤春秋之學，題曰春秋師説例也。宗周之學雖標慎獨爲宗，而大旨淵源究以姚江爲本。故宗羲所述，仍多闡發良知之旨。然於「滕文公爲世子」章力闢沈作喆語，辨無善無惡之非；於「居下位」章力闢王畿語，辨性亦空寂，隨物善惡之説，則亦不盡主姚江矣。其他議論，大都案諸實際，推究事理，不爲空疎無用之談。略其偏駁而取其明切，於學者不爲無益。固不必執一格而廢衆論，因一眚而廢全書也。

大學翼真七卷 浙江巡撫採進本

國朝胡渭撰。渭有禹貢錐指，已著録。是書卷一分四目：曰大學二字音義，曰先王學校之制，曰子弟入學之年，曰鄉學之教。卷二分三目：曰小學之教，曰大學之教，曰學校選舉之法。卷三分三目：曰大學經傳撰人，曰古本大學，曰改本大學。皆引據精核，考證詳明，非空疎游談者可比。卷四以下爲渭所考定之本，大旨仍以朱子爲主，力闢王學改本之誤。以經爲一章，傳爲八章。其「誠意」章以下與諸本並同，惟以「康誥曰」至「是故君子無所不用其極」爲第一章，統釋三綱領。以「詩云邦畿千里」至「此以没世不忘也」爲第二章，謂前三節釋經「知止」「能得」之序，後兩節釋「知止」之由與「能得」之序。以「聽訟吾猶人也」一節爲第三章，謂釋本末之意，而移「此謂知本」二句於前章「止於信」之下，與諸本爲異。其説與朱子雖小異，然僅謂「格致」一章不必補傳耳。其論格物，固仍然朱子之旨也。其卷末一條謂：「古之大學所以教人者，其文則詩、書、禮、樂，其道則父子、君臣、夫婦、長幼、朋友，其法則博學、審問、慎思、明辨、篤行，故孟子謂『庠序學校，皆所以明人倫』。」云云，所見切實，視泛爲性命理氣之談，似五常百行之外别有一物謂之道，别有一事謂之學者，勝之遠矣。

四書講義困勉録三十七卷 浙江巡撫採進本

國朝陸隴其撰。隴其有古文尚書考，已著録，是書因彦陵張氏講義原本，删剟精要，益以明季諸家之説，而參配以己意。凡大學一卷，中庸二卷，論語二十卷，孟子十四卷。創始於順治戊戌，草稾尚未全定而隴其歿。後其族人公穆始爲繕寫編次，其門人席永恂等爲之刊板。其曰困勉録者，則隴其所自署也。明自萬曆以後，異學爭鳴，攻集注者固人自爲説，即名爲闡發集注者亦多陽儒陰釋，似是而非。隴其篤信朱子，所得於四書者尤深。是編薈粹羣言，一一別擇，凡一切支離影響之談，刊除略盡。其羽翼朱子之功，較胡炳文諸人有過之無不及矣。

松陽講義十二卷　浙江巡撫採進本

國朝陸隴其撰。是書乃其官靈壽知縣時與諸生講論而作，故所説止一百十八章，於四書不能遍及。蓋隨時舉示，非節節而爲之解也。隴其之學期於潛修自得，不甚以爭辨爲事。惟於姚江一派，則異同如分白黑，不肯假借一詞。時黄宗羲之學盛於南，孫奇逢之學盛於北，李顒之學盛於西，隴其皆不以爲然。故此編於學術醇疵，再三致意。其間融貫舊説，亦多深切著明，剖析精密。蓋朱子一生之精力盡於四書，隴其一生之精力盡於章句集注。故此編雖得諸簿書之餘，而抒所心得以啓導後生，剴切詳明，有古循吏之遺意。較聚生徒，刻語録，以博講學之名者，其識趣固殊焉。

大學古本説一卷中庸章段一卷中庸餘論一卷讀論語劄記二卷讀孟子劄記二卷　福建巡撫採進本

國朝李光地撰。光地有周易觀象，已著録。是編大學用古本，後有自記，稱：「讀朱子之書五十年，凡如易之卜筮，詩之雅鄭，周子『無極』之旨，邵子『先天』之傳，皆能灼然不惑，老而逾堅。獨於此書亦牽勉應和焉，而非所謂心通默契者。間考鄭氏舊本，尋逐經意。竊疑舊貫之仍，文從理得，況『知本』、『誠身』二義，尤爲大學樞要所存，似不應溷於衆目中。致陸、王之徒得攘袂扼臂，自託於據經詁傳。」云云。蓋意所未合，不欲附和以自欺，非故與朱子爲難也。其中庸不用朱子本，亦不用鄭注古本，自分爲一十二章。然特聯屬其文，使節次分明，大旨則固無異。餘論一卷，闡發精義尤多。論語、孟子則隨有所見即劄記之，但舉經文首句，標曰某章，其無所詮解者則併其章目不存焉。大旨皆主於尋求義理，宛轉發明，不似近代講章，惟以描摹語氣爲時文敷衍地也。

論語稽求篇四卷 浙江巡撫採進本

國朝毛奇齡撰。奇齡有仲氏易，已著録。朱子四書章句集注，研究文義，期於愜理而止，原不以考證爲長。奇齡學博而好辨，遂旁採古義以相詰難。此其攻駁論語集注者也。其中有强生支節者。如古人有所師法皆謂之學，即至鱄諸學炙、秦青學謳，亦無異訓。朱子注「學」爲「效」，原無疵病。奇齡必謂：「學者業道之名，泛訓作『效』，與工師授受何别？」不知學道與學藝，所學之事異，而「學」字不能别釋。亦猶「喻義」「喻利」，所喻之事異，而「喻」字不能兩解。以此發難，未見其然。有半是半非者。如「非其鬼而祭之」，注引季氏旅泰山，固爲非類。奇齡謂：「鬼是人鬼，專指祖考，故曰『其鬼』」。引周禮大宗伯文爲證，謂泰山之神不可稱泰山之鬼，其説亦辨。然鬼實通指淫祀，不專言人鬼。果如奇齡之説，宋襄公用鄫子於次睢之社，傳稱「淫昏之鬼」者，其鬼誰之祖考耶？有全然無理者。如「無所取材」，鄭康成注「材」爲「桴材」，殊非事理。即牛刀之戲，何至於斯？朱子訓「材」爲「裁」，蓋本諸韋昭國語注，未爲無據。奇齡必申康成假設之説以攻集注，不幾於侮聖言乎？然其中如謂甯俞不仕文公，及禄去公室三世，政逮大夫四世之類，考據特詳；解「爲政以德」之類，持論亦正。較陳天祥四書辨疑徒推尋於文句之間以難朱子者，固自勝之。漢代學官，齊論、魯論、古論三家竝立，兼採異説以備參考，是亦古人諸家竝存之義也。

四書賸言四卷補二卷

浙江巡撫採進本

國朝毛奇齡雜論四書之語。前二卷爲其門人盛唐、王錫所編，後二卷爲其子遠宗所編。補二卷則其門人章大來所編也。其書本語録之流，隨時雜記，不以經文次序爲先後，亦不以四書分編，惟每卷目録各稱論語若干條，大學若干條，中庸若干條，孟子若干條耳。奇齡説經，善考證而喜辨論，故詮釋義理，往往反覆推衍，以典籍助其駁詰，支離曼衍，不顧其安。至於考核事實，徵引訓詁，則偏僻者固多，而精核者亦復不少。如以姚方興所補舜典二十八字爲僞，其論本確。而考其所著古文尚書冤詞，則力以此二十八字爲真，引證諸史，亦言之鑿鑿。豈非辯之所至，輒負氣求勝，遂不暇顧其矛盾耶？至於以畏匡爲鄭地、以公山弗擾之畔不在定公十二年諸條，則證據確然，實有出於集注之外者。棄短取長，未嘗不可與閻若璩四書釋地竝傳也。補二卷中多載其門人子姪之説，疑唐、錫等亦有所删潤，非盡奇齡之舊觀。大來序稱：「補綴所聞，各有記憶，且亦陸續成此書，不能一轍。」

則雜出於衆手明矣。

大學證文四卷 浙江巡撫採進本

國朝毛奇齡撰。是書備述諸家大學改本之異同。首列注疏本，大學之真古本也。次列漢熹平石經本，有録無書。以原本不傳，且考驗舊文，知即今注疏之本，故不複列。次爲魏正始石經本，即豐坊所依託者，仍列於前，從其所僞之時代也。次爲明道程子改本，次爲伊川程子改本，次爲朱子改本，皆録全文。次爲王柏改本，次爲季本改本，次爲高攀龍改本，即崔銑改本，次爲葛寅亮改本，皆僅列其異同之處，而不録全文。漢以來專門之學，各承師説，但有字句訓詁之異，無人敢竄亂古經。鄭玄稱好改字，特注某當作某耳，不敢遽變其字也。費直始移周易，杜預始移左傳，但析傳附經耳，亦未敢顛倒經文也。自劉敞考定武成，列之七經小傳，儒者視爲故事，遂寖以成風。大學一篇，移掇尤甚。譬如增減古方，以治今病，不可謂無裨於醫療，而亦不可謂即扁鵲、倉公之舊劑也。奇齡備列諸本，使沿革秩然，亦足以資考證。蓋一則欲綱目分明，使學者易於致力；一則欲章句不易，使古經不至失真。各明一義，固可以竝行不悖耳。

四書釋地一卷四書釋地續一卷 以上二種，江蘇巡撫採進本 **四書釋地又續二卷四書釋地三續二卷** 以上二種，編修勵守謙家藏本

國朝閻若璩撰。若璩有古文尚書疏證，已著録。是編因解四書者昧於地理，往往致乖經義，遂撰釋

地一卷，凡五十七條。復摭所未盡，爲釋地續一卷。因牽連而及人名，凡八十條。復因地理、人名而及物類、訓詁、典制，得一百六十三條，謂之又續。其他解釋經義者又得一百二十六條，謂之三續。總以「釋地」爲名，從其朔也。大抵事必求其根柢，言必求其依據，旁參互證，多所貫通。雖其中過執己意，如以「鄒君假館」謂曹國爲復封，以「南蠻鴃舌」指許行爲永州人者，亦間有之。然四百二十一條之中，可據者十之七八。蓋若璩博極羣書，又精於考證，百年以來，自顧炎武以外，罕能與之抗衡者。觀是書與尚書古文疏證，可以見其大槩矣。

四書劄記四卷　兩江總督採進本

國朝楊名時撰。名時有周易劄記，已著録。是編乃其讀四書所記也。大學不標古本之名，亦不顯言古本、改本之是非，而皆用李光地古本之説。故其首條曰：「文貞公以知止屬志學，以靜安屬主敬，能慮能得屬致知力行，知所先後爲知本知至，此解確不可易。」其以格物爲明善，不取王守仁「格庭前一竹」之説，亦不主朱子補傳之説。論語如「謂之吴孟子」句及「非禮勿視」四句，雖以時文爲説，而大致主於闡明義理，多所心得。中庸立論切實，如云「鬼神之爲德」章，「以前説子臣弟友、妻子父母，忽然説到鬼神，似乎隱怪，不知如何接逗。曰宗廟社稷即人倫之極致處，不説到此，如何得完人倫分量？」又云：「無聲臭即以無極言之亦無弊，然卻落空，不如以天無心而成化言之。」又云：「無聲無臭謂天命本然，莫説入於玄妙。」其宗旨可見。孟子一卷最簡略，疑其未成之書。

然總非近時講章所有也。

此木軒四書説九卷　江蘇巡撫採進本

國朝焦袁熹撰。袁熹有春秋闕如編，已著録。是書據其子以敬、以恕所作凡例，袁熹手定者十之六，以敬等掇拾殘稾、補綴成編者十之四。故與所作經説偶有重複，然較經説多可取。其中强傅古義者，如大學章句中「常目在之」，自爲「所在」之在，乃從尚書訓爲「察」。中庸「如鼓瑟琴」，即本詩，亦但言聲和耳，乃以爲琴屬陽，瑟屬陰，喻陰陽之和。論語「女弗能救」，自是匡救，乃引周禮司救注，解爲防禁；「天將以夫子爲木鐸」，自取覺世之義，乃引明堂位「天子振木鐸」，謂夫子當有天下；「達巷黨人」本無名氏，乃因史記有「童子」二字，指爲項橐。雖不免賢智之過，然其他皆疏理簡明，引據典確。間與章句集注小有出入，要能釐然有當於人心。自明以來講四書者，多爲時文而設。袁熹是書，獨能深求於學問。原序稱其心師陸隴其，終身不名不字，而不走其門，蓋志不近名，宜其言之篤實矣。

鄉黨圖考十卷　安徽巡撫採進本

國朝江永撰。永有周禮疑義舉要，已著録。是書取經傳中制度名物有涉於鄉黨者，分爲九類：曰圖譜，曰聖蹟，曰朝聘，曰宫室，曰衣服，曰飲食，曰器用，曰容貌，曰雜典。考核最爲精密。其中若深衣、車制及宫室制度尤爲專門，非諸家之所及。間有研究未盡者。若謂：「每日常朝，王但立於寢門外，與羣臣相揖而已。既畢朝，若有所議，則入内朝。」引左傳成公六年「晉人謀去故絳，韓獻子將新中軍，公揖而入，獻子從，公立於寢庭」，爲内朝議政之證。謂：「鄭注太僕燕朝王圖宗人嘉事者，特舉其一隅，非謂宗人得入，異姓之臣不得入。後儒誤會太僕注，以異姓之臣不得入路門，遂謂攝齊升堂爲升路門外之堂，其實路門之外無堂。」云云。今考永謂異姓之臣得入内朝，永説爲是。若謂路門之外無所議，欲有所議必入内朝，則永未詳考。魯語曰：「天子及諸侯合民事於外朝。」注：「言與百官合考民事於外朝也。」又曰：「合神事於内朝。」注：「内朝在路門内。」是則路門以外之朝，天子諸侯於以合考民事，豈謂無所議耶？永又謂：「禮緯『天子外屏』乃樹屏於應門之外，『諸侯内屏』乃樹屏於應門之内。以内屏爲在路門内者誤。」云云。今考曲禮、爾雅疏俱云諸侯内屏爲在路門内，且爾雅曰：「門屏之間謂之宁」。此門既據路門，則屏之内外亦自據路門内外可知。晉語曰：「驪姬之讒，爾射予於屏内。」韋昭注「樹謂之屏。禮：『諸侯内屏。』」亦謂路門内也。吳語：「王乃入命夫人。王背屏而立，夫人向屏。」又曰：「王遂出，夫人送王不出屏。」韋昭注：「屏，寢門内屏也。婦人禮，送迎不出門。」據此，則諸侯之屏明在寢門内矣。淮南子主術篇：「天子外屏所以自障。」高誘注：「諸侯在内，天子在外，故曰所以自障。」若諸侯亦設屏於朝門外，其何以别天子之自障乎？但考大戴禮武王踐阼篇：「師尚父亦端冕奉書而入，負屏而立。王下堂，南面而立。」云下堂，則路寢也。奉書而入，則入路門也。其内有屏，則似天子亦内屏。不知釋名曰：

「罘罳在門外。罘，復也。罳，思也。臣將請事，於此復重思之。」又曰：「蕭牆在門内，蕭，肅也。將入於此，自肅敬之處也。」論語孔安國注：「蕭牆，屏也。」則門内蕭牆亦通名屏。崔豹古今注：「罘罳，屏之遺象。行至門内屏外，復應思惟。」則門内之牆，古今注又名曰罘罳。天子外屏，乃釋名所云門外罘罳也。大戴禮所云「負屏」，則又古今注所云門内罘罳也。古今注又謂西京門闕殿舍前皆有罘罳，蓋天子非若諸侯内屏，門内堂前，亦宜有隱蔽之處，故路門内外俱有屏。證諸大戴禮、釋名等書，最確鑿。今永謂天子屏在應門外，則未知所據。考三輔黃圖：「漢未央宫擬於路寢。」五行志：「未央宫東闕，所以朝諸侯之門。」則擬於路門。罘罳在東闕外，則天子外屏在路門外，漢時猶存遺制。覲禮：「侯氏再拜稽首，出自屏南，適門西，遂入門左。」則廟門外有屏也。管子：「明日皆朝於太廟之門。」則廟門外之朝宁與路門外之朝宁同。天子廟門外之朝宁有屏，則路門外之朝宁亦當有屏，故可以廟門例路門也。鄭氏於覲禮引「天子外屏」爲證，實有精義。而永必易之，仍不若依鄭之爲得也。然全書數十百條，其偶爾疎漏者不過此類，亦可謂邃於三禮者矣。

四書逸箋六卷 湖南巡撫採進本

國朝程大中撰。大中字拳時，號是菴，應城人。乾隆丁丑進士。是編採輯諸書之文與四書相發明者，或集注所已引而語有舛誤，或集注所未發而義可參訂，皆爲之箋其出處。其與集注小異者，則爲附録，其他書中所載四子書文與今本異者，則爲附記。第六卷則專考四書人物遺事。又雜事數十條，别爲雜記。援據頗極詳明。中如「束帶」一條，不引玉藻「肆束及帶，勤者有事則收之」之文；「朋友死，無所歸」一條，引白虎通而不引檀弓「夫子曰『生於我乎館，死於我乎殯』」之文；「廛無夫里之布」一條，集注止引載師職，而此不引閭師職「凡無職者出夫布」之文以補之，未免疎漏。至雜記內因論語有「夢周公」一語，遍引堯、舜、禹、文諸夢事，如夢書、六帖皆爲引入，亦稍涉泛濫。然詞皆有據。雖不能與閻若璩四書釋地竝駕齊驅，較張存中之通證、詹道傳之纂箋，要無所讓也。

右四書類。六十二部，七百二十九卷。皆文淵閣著録。

案四書定於朱子章句集注，積平生之力爲之。至垂没之日，猶改定大學「誠意」章注，凡以明聖學也。至元延祐中用以取士，而闡明理道之書遂漸爲弋取功名之路。然其時經義、經疑竝用，故學者猶有研究古義之功。今所傳袁俊翁四書疑節、王充耘四書經疑貫通、詹道傳四書纂箋之類，猶可見其梗概。至明永樂中，大全出而捷徑開，八比盛而俗學熾。科舉之文，名爲發揮經義，實則發揮注意，不問經義何如也。且所謂注意者，又不甚究其理，而惟揣測其虚字語氣以備臨文之摹擬，併不問注意何如也。蓋自高頭講章一行，非惟孔、曾、思、孟之本旨亡，併朱子之四書亦亡矣。今所採録，惟取先儒發明經義之言，其爲揣摩舉業而作者則概從删汰。惟胡廣大全既爲前代之功令，又爲經義明晦、學術升降之大關，亦特存之，以著明二百餘年士習文風之所以弊。蓋示戒，非示法也。

欽定四庫全書總目卷三十七

經部三十七

四書類存目

蘇評孟子二卷 兵部侍郎紀昀家藏本

舊本題宋蘇洵評。考是書宋志不著録。孫緒無用閒談稱其論文頗精，而摘其中引洪邁之語在洵以後，知出依託。則正德中是書已行矣。此本爲康熙三十三年杭州沈季雲所校，其子心友刻之。然無所謂洪邁語者。豈經緒指摘，故削之以滅跡耶？抑併非孫緒所見之本，又僞本中之重儓耶？宋人讀書，於切要處率以筆抹。故朱子語類論讀書法云先以某色筆抹出，再以某色筆抹出。吕祖謙古文關鍵、樓昉迂齋評注古文亦皆用抹，其明例也。謝枋得文章軌範、方回瀛奎律髓、羅椅放翁詩選始稍稍具圈點，是盛於南宋末矣。此本有大圈，有小圈，有連圈，有重圈，有三角圈，已斷非北宋人筆。其評語全以時文之法行之，詞意庸淺，不但非洵之語，亦斷非宋人語也。

孟子解二卷 浙江吴玉墀家藏本

舊本題宋尹焞撰。案陳振孫書録解題載尹氏論語解十卷，孟子解十四卷，徽猷閣待制河南尹焞彦明紹興中經筵所上。孟子解未成，不及上而卒。趙希弁讀書附志則謂焞於紹興初再以崇政殿説書召。既侍經筵，首解論語以進。繼解孟子，甫及終篇而卒，邢正夫嘗刻於岳陽泮宫。其書世罕傳本，故朱彝尊經義考注曰「已佚」。此本出浙江吴玉墀家，莫知其所自來。每章之末，略贅數語，評論大意，多者不過三四行，皆詞義膚淺，或類坊刻史評，或類時文批語，無一語之發明。焞爲程氏高弟，疑其陋不至於此。又書止上、下二卷，首尾完具，無所闕佚，與十四卷之數亦不相合。殆近時妄人所依託也。

孟子發題一卷　江蘇巡撫採進本

宋施德操撰。德操字彦執，海昌人。以病廢不能婚宦，坎壈而殁。此書所述孟子七篇之旨，大意謂孟子有大功四：一曰道性善，二曰明浩然之氣，三曰闢楊墨，四曰黜五霸而尊三王。皆聖人心術之要，而孟子直指以示人者。其前後反覆，不外此意。張九成門人嘗取附九成横浦集末，鋟版以傳。今析出存目於經部，庶不没其名焉。

或問小注三十六卷　安徽巡撫採進本

舊本題朱子撰。宋以來諸家書目皆不著録，諸儒傳朱子之學者亦無一人言及之。康熙壬午，始有陳彝則家刻本，稱明徐方廣所增注。越二十年壬寅，鄭任鑰又爲重刻，而附以己説，併作後序。反覆力辨，信爲朱子書。如卷首載朱子與劉用之書及序四篇，晦菴集中不載，則以爲集中偶佚。年譜不記作此書，則以爲年譜遺漏。書中多講時文作法，則以爲制義始王安石，朱子亦十九舉進士，必善時文。連篇累牘，欲以强詞奪理。至如解中庸「其至矣乎」一節、「道之不行也」一節，皆剽四書大全所載雙峯饒氏語：「射有似乎君子」一節，全剽四書大全所載新安陳氏語，僞蹟昭然，萬難置喙，則以爲大全誤題姓名。其偏執殆不足與辨。又既稱此書作於集注之後，而孟子「萬物皆備於我矣」一章，乃於第三條下附記曰：「此條係語類說，第八條係或問說，前輩多疑此爲未完之說，在集注之前，信哉！」是小注又在集注前矣，不亦自相牴牾耶？所載中庸原序稱「淳熙己酉冬十月壬申」。考宋史孝宗本紀，是月有庚子、壬寅二日。使庚子爲朔，則下推三十二日爲壬申，使壬寅爲晦，則上推三十一日爲壬申，均不得在十月。文獻通考載朱子之言曰「集注後來改定處多，遂與或問不相應，又無工夫修得」云云，是或問尚未暇改，何暇又作小注？陳振孫書録解題又曰：「論語通輯十卷，黄榦撰。其書兼載或問，發明婦翁未盡之意。」使朱子果有此書，榦亦何必發明乎？其爲近人依託無疑。王懋竑白田雜著有是書跋，稱任鑰刻是書後，自知其謬，深悔爲湯友信所賣。併稱序及諸論皆友信之筆，任鑰未嘗寓目云。

四書問目 無卷數 浙江吴玉墀家藏本

舊本題曰「考亭朱元晦先生講授，門人雲莊劉爚、睦堂劉炳述記」。前有永樂壬寅其九世孫劉文序，稱：「四書問目世所傳者，四書大全、朱子文集内載數條而已。近於親表教授程蕃家求得論語二十篇。及任江西豐城尉，適吴侍御家，得大學、中庸數十條。而孟子則同修國史崇邑丘公永錫家藏焉。於是散者復合，而闕者幾全。」又有弘治十一年鄭京序稱：「宣德間書林有與同姓者，欲附其族，爲劉氏子孫所辱。遂於凡載籍間二人姓名悉刪去之，或易以他名，欲滅其迹。」又稱：「劉文所輯湮晦失傳，其裔孫復於鷹山游氏得其全帙。」云云。案朱彝尊經義考，劉爚有四書集成，劉炳有四書問目，竝注「已佚」。則問目獨出於炳，不應兼題爚名。又豐城縣志載明一代典史六十三人，亦無所謂建陽劉文。且建陽一書賈，其力幾何，安能盡毁爚、炳之書？又安能盡剷爚、炳之名易以他氏？其説皆牴牾支離。書中問答，亦皆粗淺，不類朱子之語。殆皆其後人所依託歟？

朱子四書語類五十二卷　江西巡撫採進本

國朝周在延編。在延，祥符人，後流寓於江寧。其書乃於朱子語類中專取四書諸卷刊行，別無增損，亦無所考訂發明。

論語孟子考異二卷　浙江巡撫採進本

舊本題宋王應麟撰。凡注疏諸儒之説與集注互異者，各爲考訂。然應麟著作傳世者多，而此書諸家皆不著録。今考所載，實皆採之困學紀聞中。蓋書肆作僞之本也。

中庸合注一卷　浙江汪啓淑家藏本

不著撰人名氏。前有元吴澂序。然篇末題曰「序」，而篇首題曰「總説」，其文亦不類序體。殆割裂移掇，强爲標目。書中所載雙峯饒氏、新安陳氏所説，皆澂同時之人，而「郊社之禮」一條，乃引「吴氏澂曰」云云。其不出於澂，更無疑義。元史澂傳亦不言澂有此書。考其所引，皆明永樂中所修四書大全之説。必書賈摘録大全，僞託濳名以售也。

重訂四書輯釋二十卷　浙江巡撫採進本

元倪士毅撰。士毅字仲弘，歙縣人。是書前有至正丙戌汪克寬序，稱：「近世儒者取朱子平日所以語諸學者及其弟子訓釋之詞，疏於四書之左。真氏有集義，祝氏有附録，蔡氏、趙氏有集疏、纂疏，相繼成編，而吴氏最晚出。但辨論未爲完備，去取頗欠精審。定宇陳氏、雲峯胡氏因其書行於東南，輾轉承誤，陳氏因作四書發明，胡氏因作四書通。陳氏晚年又欲合二書爲一而未遂。士毅受業於陳氏，因成此書。」至正辛巳，刻於建陽。越二年，又加刊削，而克寬爲之序。卷首有士毅與書賈劉叔簡書，述改刻之意甚詳，此「重訂」所由名也。此本改題曰重訂輯釋章圖通義大成。首行列士毅之名，次列新安東山趙汸同訂，次列鄱陽克升朱公遷約旨，次列新安林隱程復心章圖，莆田王元善通考，次列鄱陽王逢訂定通義。書中亦糅雜蒙混，紛如亂絲，不可復究其端緒。是已爲書賈所改竄，非士毅之舊矣。然陳櫟、胡炳文本因吴真子之書，士毅又因陳、胡之書。究其由來，實轉相稗販。則王逢因人成事，亦有所效法，不足爲譏。至明永樂中詔修四書大全，胡廣等又併士毅與逢之書一槩竊據，而輯釋、通義竝隱矣。有明一代，尊大全爲蓍龜。沿及近代講章，亦無非依傍大全，變換面貌。烏知其淵源所自，不過如斯哉？

四書通義二十卷

江西巡撫採進本

明劉剡撰。剡字用章，休寧人。是書因倪士毅四書輯釋重爲訂正，更益以金履祥疏義、指義，朱公遷通旨、約說，程復心章圖，史伯璿管窺，王元善通考及當時諸儒著述，改題此名。夫吳真子據真氏、祝氏、蔡氏、趙氏之書纂爲四書集成，自以爲善矣，而胡炳文、陳櫟重訂之。胡氏、陳氏自以爲善矣，而倪士毅又重訂之。倪氏自以爲善矣，而剡又重訂之。自剡以後，重訂者又不知凡幾，蓋隸首不能算其數也。而大旨皆曰前人未善，吾不得已而作焉。實則轉相剽襲，改換其面貌，更易其名目而已。輯一四書講章，是何名山不朽之業，而紛紛竊據如此？是亦不可以已乎？

大學指歸二卷附考異一卷

安徽巡撫採進本

明魏校撰。校有周禮沿革傳，已著録。是編乃其所解大學。首以古篆寫古本正文，奇形詭狀，多所作六書精蘊中杜撰之字。次乃爲指歸一卷。其辨「致知在格物」云：「致知不可懸空，就格物上用功則著實。知誘乎外物，引之也，何故反求諸物？曰：『物欲令人心走，豈有物理走心者。所謂格，揆物定理也，理乃在外乎？』曰：『物在外，理固在心。理非一定，其見於物者各有定也。』」又云：「『朱子嘗取程叔子之意以補傳，校謂樂記一章乃天留之以補『格物致知』傳也。其言曰：『人生而靜，天之性也。感於物而動，性之欲也。物至知，知而好惡形焉。好惡無節於内，知誘於外，不能反躬，天理滅矣。夫物之感人無窮，而人之好惡無節，則是物至而人化物也。人化物也者，滅天理而窮人欲者也。』人生而靜，天之性也，非大學所謂至善耶？性之欲非他，動以天也。人欲不可謂性之欲，好惡之形非大學所謂意耶？物至知，知人與聖人亦同耳。聖人内有節而人無節，故流而不反。節也者，本然之權度非耶？古語：『無節於内者，其察物弗之省矣。』反躬也者，非大學所謂知本耶？反躬力如萬鈞，把柄在手，可以作聖矣。是故病莫重於知誘物化，樂莫重於格物致知。」其説介於朱、王二本之間，而更巧於附會。其他所論，亦往往重守約而輕博文，仍未免失之偏枯。夫揆物定理，必有所以能揆物定理者，究不知以何法揆定之也。考異一卷，凡十五條，亦多穿鑿篆文，不爲典要，總一好異而已矣。

大學管窺一卷 衍聖公孔昭焕家藏本

明廖紀撰。紀字時陳，號龍灣，東光人。弘治乙丑進士，官至吏部尚書，謚靖僖。事蹟具明史本傳。是書首載琴川周木所集大學古本及二程、朱子改本。其後依大學古本次序，採輯衆説，加以己意而疏解之。其書流傳絶少，朱彝尊經義考僅列其目，亦未之見也。

中庸管窺一卷 衍聖公孔昭焕家藏本

明廖紀撰。是書不用朱子章句，亦不從鄭玄舊注。分中庸爲二十五段，與章句同者十四段。其異者，以中庸「其至矣乎」以下二章爲第三段，「道其不行矣夫」二章爲第四段，「人皆曰予知」二章爲第五段，「天下國家可均也」三章爲第六段，「道不遠人」至「亦勿施於人」爲第八段，「君子之道四」一節爲第九段，「武王周公」至「孝之至也」爲第十五段，「郊社之禮」一節爲第十六段，「哀公問政」合「自誠明」二章爲第十七段，「大哉聖人之道」至「王天下」三章爲第二十三段，「仲尼祖述堯舜」至「唯天下至誠」三章爲第二十四段。其中如以「道其不行」一節與「舜其大知」一節合爲一段，殊爲牽强。謂「君子之道」一節與上文不相蒙，以「郊社之禮」一節承上起下，亦未能深思文意，特自抒其一人之見而已。後附性學、心學二篇，亦無甚精微之論。

大學千慮一卷　副都御史黄登賢家藏本

明穆孔暉撰。孔暉字元庵，堂邑人。弘治乙丑進士，官至翰林院侍講學士，謚文簡。是書就章句、或問引伸其説。中引佛遺教經以爲儒、釋一本，可謂小言破道。其引隋智顗法華經文句解分別功德品及大莊嚴經論之説，以「格量」訓「格物」之義，亦深爲王士禛池北偶談所譏。明史儒林傳附孔暉於鄒守益傳中，稱：「孔暉端雅好學，初不肯宗王守仁説。久而篤信之，自名王氏學，浸淫入於釋氏。」觀是書良不誣云。

大學稽中傳三卷　江西巡撫採進本

明李經綸撰。經綸有禮經類編，已著録。是編攻擊朱子大學章句，深闢格物之説，而以誠意爲根本，蓋推衍姚江古本義也。上卷凡十章。一爲稽中，二爲原明，三爲稽聖經，四爲原敬，五爲慎致知之要，六爲原内外動静之合一，七爲原誠意，八爲原正心，九爲原修身，十爲舉全書。每章各疏大意於末。其不及治平之事，則謂天德修而王道隨之也。中卷爲辨疑四條，設問答以申上卷之旨，兼抉摘句讀之謬。如「舉而不能先，命也」，以「先命」二字連讀，謂不能先命以官，尚可强通。至下句以「遠過」二字連讀，訓「過」爲「責」，謂不能屏之遠方而責之，則無此文義矣。下卷爲考證。引朱子書七條、陸九淵書六條，謂二人其初均有弊，其終均無所偏，亦王守仁晚年定論之餘緒耳。

四書講義無卷數 浙江汪啓淑家藏本

明鄭曉撰。曉有禹貢圖説，已著録。是編乃其爲南京太常寺卿時所作，以授其子履準。萬曆己酉，其孫心材始刊之。其説皆隨文闡意，義理異同之處亦間有論辨。持論頗醇，而不免失之曼衍。

大學注一卷 御史蕭際韶家藏本

明蔡悉撰。悉有書疇彝訓，已著録。此編詮解大學，雖分章立説，而不録經文。頗似論體，與依文訓詁者不同。後有致知格物及誠意關二圖，大旨以慎獨爲要義，致知格物爲先務。書末載居身訓言十則、居家訓言十則。蓋以旁衍修齊之義，故附大學之後云。

四書人物考四十卷補考八卷 通行本

明薛應旂撰。應旂字仲常，武進人。嘉靖乙未進士，官至陝西按察司副使。是編於四書所載人物，援引諸書，詳其事蹟。凡記三卷，傳三十七卷。記、傳之末，各系以論贊，蓋仿宋王當春秋臣傳之體。中間多採雜説，而不著所出。其自序有云：「汎引雜證，雖嘗删次，而文章事行，苟有裨於問學治理者，或在所録，固不敢過求其真贋也。」其得失固自知之矣。間有附注，題閩朱焯維盛撰，其言頗爲淺陋。續考八卷，題應旂玄孫寀編。雜考四書名物，餖飣尤甚。明代儒生，以時文爲重，時文以四書爲重。遂有此類諸書，襞積割裂，以塗飾試官之耳目。斯亦經術之極弊。非惟程、朱編定四書之時不料其至此，即元延祐用四書義，明洪武定三場法，亦不料其至此者矣。

日進直講五卷　河南巡撫採進本

明高拱撰。拱有春秋正旨，已著録。嘉靖三十一年，拱以翰林編修與檢討陳以勤同爲裕王講官，進講四子書。先訓句解，次敷陳大義，蓋從日講之例。裕王即穆宗也。時拱已遷國子祭酒，於嘉靖庚申編次成帙。千頃堂書目作十卷。今本止五卷，自學、庸至論語「子路問成人」章止，蓋未全之本也。

大學新編五卷　江西巡撫採進本

明劉元卿撰。元卿有大象觀，已著録。是書前列大學正文一卷，以豐坊僞石經爲據，殊爲不考。其略疏一卷，乃詮發大旨，以誠意爲主，亦與朱子互異。發明一卷，乃取明儒所論與己意相合者。廣義二卷，則本真德秀衍義而删節之，又附益以明初諸事。朱彝尊經義考作一卷，由未見其書，據傳聞載之故也。

孟義訂測七卷　浙江吴玉墀家藏本

明管志道編。志道字登之，婁縣人。江南通志稱其由隆慶辛未進士官南京刑部主事。疏陳利弊九事，忤張居正，出爲分巡嶺東道。與巡按御史齟齬，爲御史劾奏鐫秩。遂移疾歸，考明史顔鯨傳載御史顧雲程疏言：「神宗大起遺逸，獨鯨及管志道以考察格之。又登用被察吴中行、艾穆、魏時亮、趙世卿，獨靳鯨、志道。」是志道以察典罷官，疑通志誤也。是書詮解孟子，分訂釋、測義二例。「訂釋」者，取朱子所釋而訂之。「測義」則皆自出臆説，恍惚支離，不可勝舉。蓋志道之學出於羅汝芳，汝芳之學出於顔鈞，本明季狂禪一派耳。

四書疑問十一卷　浙江巡撫採進本

明姚舜牧撰。舜牧有易經疑問，已著録。是編但各章總論其大旨，不復逐句箋釋，立説多與朱子異。如謂大學「親民」之「親」不當作「新」，「格物」之「物」即「物有本末」之「物」，「此謂知本」「此謂知之至也」二句非衍文，亦無闕文。蓋沿姚江古本之説，自爲一解。謂孟子「無以則王」「保民而王」「是心足以王矣」數「王」字，俱讀如字，不作去聲；「伯夷非其君不事」章是論去就，非論清和，隘與不恭非其流弊，亦尚有見。至於訓「格物」之「格」爲品格，「自謙」之「謙」爲謙虚，「命也」之「命」爲命數，「致曲」之「曲」爲心曲，則穿鑿附會，礙不可通。他若謂中庸「不睹不聞」即是隱微，即是獨，「戒慎恐懼」即是慎其獨，而以朱子爲支離破碎。又謂：「性分中不墮形體，不落方所，直恁廣大。」又謂：「喻義、喻利之『喻』是不待詞説，都無知覺而默與之俱。注訓『曉』字便有知覺，不得此字之旨。」尤以禪機詁儒理矣。前有萬曆丁巳自序，謂：「夢見夫子出一玉印，牧肅拜於下，夫子亦答拜於座右，視其髮特焦黃。」云云，尤怪誕不經也。

經籍異同三卷　兩淮馬裕家藏本

明陳禹謨撰。禹謨字錫元，常熟人。萬曆中由舉人官至四川按察司僉事。其書雜引五經之文，證四書所引之異同，併波及他書語意相近，字句略同者，頗爲龐雜。如李尤盤銘，與經一字無涉，而引以證湯之盤銘。又如班昭東征賦中「由力行而近仁」句，乃運用中庸之語，而引以爲「力行近乎仁」句之異同，殊爲舛誤。至石經大學，本豐坊僞撰，據爲定論，尤失考矣。

經言枝指一百卷　浙江巡撫採進本

明陳禹謨撰。是編於四書集注之外，旁搜諸説，故取莊子「駢拇枝指」之意爲名。凡漢詁纂十九卷，談經苑四十卷，引經釋五卷，人物概十五卷，名物考二十卷。其漢詁纂乃删取注疏之文，割裂餖飣，全無義例。其談經苑則自經、史、子、集以逮二氏之言，苟與四書文義仿佛者，即摭以相證，冗雜尤甚。其引經釋則以四書所引經文爲綱，而雜採訓釋以附之。既非釋四書，又非釋五經，莫究其何所取義。其人物概、名物考摭拾舊文，亦罕能精核。蓋浮慕漢儒之名，而不能得其專門授受之奥者也。

別本四書名物考二十四卷 内府藏本

明陳禹謨撰。已載經言枝指中，此則錢受益、牛斗星所補訂也。受益字謙之，杭州人。斗星有檀弓評，已著録。禹謨原本多疎舛，受益等所補乃更蕪雜。如淇澳「緑竹」而引及爾雅會稽之竹箭、華陽國志哀牢之僕竹，已泛濫矣，更引及異苑竹化蛇，蛇化雉。釋「肺肝」而引素問、靈樞，已旁支矣，更引及黄庭經「肺神皓華字虚成，肝神龍烟字含明」語。是於經義居何等也？其最異者，如標一「目」字爲題，釋大學「十目所視也」，而「目」字下注曰「附眼」。無論四書無「眼」字，且「目」之與「眼」，又何所分别而别爲附録乎？尤不可解也。

孟子説解十四卷 浙江汪啓淑家藏本

明郝敬撰。敬有周易正解，已著録。是書前有孟子遺事及讀孟子三十一條。所論孟子生卒，以爲當在安王時，非定王時。其説近是。但直斷孟子生於安王初年，卒於赧王元年，則似未可爲定。孟子生卒大略，當以閻若璩所訂爲正。考「去齊」章云：「由周而來七百有餘歲。」盡心章云：「由孔子而來百有餘歲。」若據吕氏大事記及通鑑綱目，孟子於赧王元年始致爲臣而歸，則周已八百有九年，距孔子生年已二百三十餘歲矣。孟子如梁、仕齊、適宋、之魯、之滕、還鄒，游歷先後，班班可考。魯平公元年即赧王元年，其時孟子似未至八十九歲也。至書中所解，往往失之粗獷，好議論而不究其實。蓋敬之説經，通坐此弊，不但此書矣。

論語義府二十卷　浙江巡撫採進本

明王肎堂撰。肎堂有尚書要旨，已著録。是編不列經文，但標章目，歷引宋、元、明諸家講義。其唐人以前舊説，偶亦採録，然所取無多。或與集注兩歧者則低一格録之。觀其體例，似尊朱子，然其説頗雜於禪。如解「子貢問貧而無諂」一章，「有境」「無境」諸義，豈可以詁儒書哉？

中庸點綴一卷　江蘇周厚堉家藏本

明方時化撰。時化有易引，已著録。是書首爲中庸總提，次全載中庸之文。每段或總批，或旁批，其體例略如時文，其宗旨則純乎佛氏。

玄晏齋困思鈔三卷　浙江巡撫採進本

明孫慎行撰。慎行字聞斯，武進人。萬曆乙未進士，官至禮部尚書。事蹟具明史本傳。是書乃其自萬曆庚戌至甲寅積年鈔存，其中頗多心得之語，然亦不免好出新論。如解鄉黨「色斯舉矣」節，以「虞廷獸舞」志聖之隆，「山梁雌雉」志聖之逸；又以中庸「致曲」之「曲」爲即「經禮三百，曲禮三千」之「曲」。雖才辨縱横，足以自暢其説，然非經之本旨矣。卷首繪性善、性教爲二圖。卷末一條，則慎行自序其作書大旨也。

大學中庸讀二卷　浙江汪啓淑家藏本

明姚應仁撰。應仁有檀弓原，已著録。是書成於萬曆乙未，據豐坊僞撰魏政和石經以攻朱子章句。

至修身章中竄入「顏淵問仁」五句，應仁不能曲説，乃言「只須削去此節」。夫此五句既屬當削，則所謂石經豈復可信哉？至其持論，則多引佛經。解淇澳節有曰：「密多者『瑟』也，金剛不壞者『僩』也，枝枝葉葉光明者『赫喧』也。」是不止陽儒而陰釋矣。

四書湖南講九卷

浙江巡撫採進本

明葛寅亮撰。寅亮，錢塘人。萬曆辛丑進士。是書分標三例，凡剖析本章大義者曰「測」，就經文語氣順演者曰「演」，與其門人問答辨難者曰「商」。間有引證他書及先儒之論，則細書於後。大抵皆其口授於門弟子者也。浙江通志載寅亮四書湖南講二十六卷，與此本卷數不合。然此本首尾完具，或通志之誤歟？抑或别有續編也。

四書會解十卷

浙江巡撫採進本

明毛尚忠撰。尚忠字子亮，號誠菴，嘉善人。萬曆甲辰進士，官至監察御史。其書分章立説，不録經文。頗似書塾講義，而議論則務與朱子相左。如大學首章謂：「『當因其所發』非聖經本旨。親民即明德内事，不親民叫不得明德，何須説推以及人。曰皆當『止於至善』，是分明德、親民而二之。謂止即『止泊』之止，何須添『不遷』二字。定乃明道『靜亦定，動亦定』之定，不是志有定向。安即居之安，安字以心言，曰所處而安，似著身矣。」且謂：「『物有本末』節是起下文，非結上文也。物與事只泛説，若定分物屬，明親事屬，知得何等拘滯！至明明德於天下，若曰使之明，則民不可使知，且於文法甚不類。」如此類凡十數條。其解「格物」，既不從朱子「事物」之説，而亦不取王守仁所云「格去此心之物」。乃謂即上文「物有本末」之物，其中精微處如等格然，不可不分曉。信如尚忠説，則「格」乃實字，無用力之意，「致知在格物」句文義豈復可通？亦徒好立異而已。

四書正學淵源十卷　副都御史黄登賢家藏本

明章一陽編。一陽，金華人。自何基受業黄榦之門，其後王柏、金履祥、許謙遞相傳受，皆自稱朱子之傳。一陽因取四人之發明四書者，分載於章句集注之下，名曰正學淵源。蓋以闡揚金華之宗派，不爲發明四書作也。

大學古今通考十二卷　浙江巡撫採進本

明劉斯源編。斯源字憲仲，臨潁人。是書成於萬曆戊申。首列朱子大學改本，次列禮記古本，次列魏石經本，次列二程本，而以宋、元、明諸儒説大學者附焉。以諸説竝陳，無所去取，故名「通考」。然禮記傳自戴聖，鄭玄不過依經作注，指爲鄭玄之本，已爲未安。至政和石刻出自豐坊僞撰，其政和年號以宋爲魏，賈逵姓名以漢爲魏，前人駁之悉矣。斯源猶珍重而信之耶？

四書測六卷　内府藏本

明萬尚烈撰。尚烈字思文，南昌人。是書首有萬曆辛亥自序。於大學、中庸獨尊古本，而議論宗旨則全入異端。如解「季路問事鬼神」章，專取釋氏輪回因果之説以釋聖言，駁雜已甚。其尤誕者，如「原壤夷俟」，乃取其母死而歌爲喜死者之得所，而非放乎禮法之外。蓋姚江末流，其弊每至於此，不但李贄諸人彰彰耳目者然也。

四書說叢十七卷 浙江汪啓淑家藏本

明沈守正撰。守正有詩經說通，已著録。是書彙萃諸家之說，分章條列，同異兼收。每案而不斷，以待人之自考，亦或偶存己說一二。所採書凡二百二十六種，雖釋、道家言亦頗兼取。其中如解「子游問孝」章則用古說；解「士而懷居」章則用管志道說，以爲即懷土；解「不動心」則用郝敬說，以爲非比枯木槁灰；解「心之官則思」則用羅欽順困知記，皆頗有所見。然所引明人諸說，榛楛錯陳，不免傷於蕪雜。

四書說約無卷數 直隸總督採進本

明鹿善繼撰。善繼字伯順，定興人。萬曆癸丑進士，官至太常寺少卿。崇禎壬午，大兵攻定興，善繼率鄉人拒守，城破死之。贈大理寺卿，謚忠節。事蹟具明史本傳。是書就四書以講學，與明人講義爲時文而作者頗殊。卷首爲認理提綱九條。如曰：「此理不是涉玄空的，子、臣、弟、友是他著落。不然則日新顧諟，成湯且爲枯禪矣。」其自序亦曰：「夫讀聖賢書而不反求之心，延平所謂玩物喪志者，可汗人背也。即云反求之心，而一切著落不以身實踐之，徒以天倪之頓現，虛爲承當，陽明所稱將本體只作一番光景玩弄者，更可汗人背也。」其持論亦頗篤實。然學出姚江，大旨提唱良知，與洛、閩之學究爲少異。

四書酌言三十一卷 陝西巡撫採進本

明寇慎撰。慎字永修，號禮亭，自號殳祤逸叟，同官人。萬曆丙辰進士，官至蘇州府知府。天啓中周順昌被逮，顏佩韋等五人擊殺緹騎。後佩韋臨刑，稱曰「公好官，知我等倡義，非倡亂」者，即其人也。其學出於姚江，故是編多與朱子立異。如解論語「至於犬馬」句，主犬馬養人之義，本諸注疏，猶有説也。至於解「齊必變食」句，謂爲「心齋」之齋，非「齋戒」之齋；解「弗如也」二句爲「盡奪前塵，忽渡彼岸」；解「始可與言詩」句爲「入無上妙明」；解「是知也」句，謂：「知原在知不知外理會。其他學問，不過此知中之法塵。此處掃除乃爲逕機，又扭來補綴。」則純乎明末狂禪之習矣。

四書考二十八卷四書考異一卷 江蘇周厚堉家藏本

明陳仁錫撰。仁錫有繫辭十篇書，已著録。是書因薛應旂四書人物考而廣之，仍飣餖之學。卷首別爲考異一卷，載四書字句異同，摭拾亦頗簡略。如「惟」之作「維」、「貢」之作「贛」，不過字體偶別，無關文意。至豐坊古本大學，其僞託可不待辨，而仁錫乃爲持疑之辭。則茫無考證，亦可見矣。

四書通義三十八卷 江西巡撫採進本

明魯論撰。論字孔壁，號西麓，江西新城人。天啓中以貢生授潁州州同，官至福州府同知。論以取士必重制科之經義，崇禎時雜用薦舉，不足以得人，乃作此書以發明體用合一之理。其解大學「平天下」章，言「潢池弄兵，外患踵至，勢不得不加田賦。而聚斂之臣半以聚之於囊，以致天葘流行而不常之命已去」，專爲明末時事而發。又解孟子「許行」章，謂：「堯之欽明足以知人，四岳之咸舉，爲之師錫，猶其難其慎。然則枚卜豈易易哉。」亦以隱指莊烈帝命相之非。全書大旨不出於此。故往往雜引史事以相發明，固不主於闡繹經義也。

三經見聖編一百八十卷 江蘇巡撫採進本

明譚貞默撰。貞默字梁生，別號埽菴，嘉興人。崇禎戊辰進士，官至國子監祭酒。是編前有自序，結銜稱「敕掌國子監整理祭器書籍等務」，而不言祭酒。明史職官志亦無此稱，蓋明人杜撰之文也。其序稱：「六經無非孔經，而論語爲著。子思子之書，今名中庸、大學者，實一中庸。」統稱孔經半也。孟子，繼中庸而作也。中庸『天命之謂性』三句接論語『知命』章，明是釋詁論語。讀『予懷明德』，而『大學之道，在明明德』，不膠自連；讀『國不以利爲利，以義爲利』，而孟子『何必曰利，亦有仁義』，不呼自應。今之所謂四書，實三書也」云云，說殊穿鑿。至其詮釋支離，類皆因言求事。如以論語「孝弟」章爲有子譏刺三家，「巧言」章爲孔子評論老聃，皆率其胸臆，務與程朱牴牾，可謂敢爲異説者矣。卷中或稱「默案」，或自稱「譚子」，體例亦叢雜不一云。

四書經學考十卷補遺一卷續考六卷　江蘇周厚堉家藏本

四書經學考，明徐邦佐撰。續考，陳鵬霄撰。邦佐字孟超，錢塘人。鵬霄字天羽，山陰人。經學考成於崇禎戊辰，雜鈔故實，疎漏實甚。續考成於甲戌，又皆時文評語，講章瑣説。而題曰「經考」，未詳其義。然坊刻陋本，亦不足以究詰也。

四書讀十卷　江西巡撫採進本

明陳際泰撰。際泰有易經説意，已著録。際泰以制義名一代，是編詮發四書大義，亦略如制藝散行之體。其議論駿發，視章世純留書過之，而不及世純留書時有精義。蓋際泰用縱横之才，去説經之道遠；世純用深湛之思，去説經之道稍近也。

四書則無卷數　山西巡撫採進本

明桑拱陽撰。拱陽字暉升，蒲州人。崇禎癸酉舉人。其書取諸家講章立説不同者，删定歸一，間以己意參之。命之曰「則」，以見「其則不遠」之意。先大學、中庸，次論語、孟子，各有圖説、總論，大旨爲舉業而作。

四書集説二十八卷 直隸總督採進本

明徐養元、趙漁同撰。養元字長善，漁字問源，俱唐山人，崇禎癸未同榜進士。是編採集朱子或問、存疑、大全諸書及諸家之説而成，不出流俗講章之派。

圖書衍五卷 直隸總督採進本

明喬中和撰。中和有説易，已著録。是編爲四書講義。而名之爲圖書衍者，凡四書所言皆以五行八卦配合之也。如説大學「明德」爲火，「新民」爲水，「至善」爲土之類，皆穿鑿無理，不足與辨。

四書大全辨三十八卷附録六卷 江蘇周厚堉家藏本

明張自烈撰。自烈字爾公，宜春人。崇禎末南京國子監生。自烈與艾南英爲同鄉，而各立門户，以評選時文相軋，詬厲喧呶，没世乃休。蓋亦社黨之餘派也。是編舉永樂中胡廣等所修四書大全條析而辨之。冠以古本大學一卷，明道程子、伊川程子改定大學各一卷，顧起元中庸外傳一卷，王應麟論語、孟子考異各一卷。福王時，嘗以擅改祖宗頒行之書，挂諸彈章，至憤而嚚譁於朝。案四書大全誠爲猥雜，然自烈所辨又往往强生分别，不過負氣求勝，借以立名。觀其首列揭帖、序文之類，盈一巨册，而所列參訂姓氏至四百八十六人。非惟馬、鄭以來無是體例，即宋人盛相標榜，亦未至是也。

學庸切己録二卷 江西巡撫採進本

明謝文洊撰。文洊字約齋，號程山，南豐人。其書首作君子有三畏講義一篇，發明張子主敬之旨。次爲程山十則，亦以躬行實踐爲主。書中皆隨文講解，旁採大全諸儒之説，而參以己見，其體頗似語録。卷末附西銘解一篇，謂其立義宏深，爲學者究竟指歸，篇名不可不尊，因易之曰事天謨，以示崇信之意。然究不免自我作古也。

麗奇軒四書講義無卷數 編修勵守謙家藏本

國朝紀克揚撰。克揚有易經講義，已著録。其書不録正文，每章約詁數語，大旨爲科舉而作。

四書翊注四十二卷 直隸總督採進本

國朝刁包撰。包有易酌，已著録。是編凡大學五卷，中庸三卷，論語二十卷，孟子十四卷。於大學三綱八目，詮解特備。又以中庸、論、孟爲格物之書，五經、諸史皆條貫於其中，故於格物條目尤爲曲盡。其他闡發義理，於史傳事蹟、先儒議論，亦多所徵引。然其去取是非，總以朱子之説爲斷，不必自有所見也。卷首有黄越所作綱領一篇，其孫顯祖所作緣起一篇，敘述著書大旨及刊刻始末。

聖學心傳無卷數 山東巡撫採進本

國朝薛鳳祚編。鳳祚字儀甫，益都人。嘗師事定興鹿善繼、容城孫奇逢，因會輯善繼四書説約、奇逢四書近指共爲一編。卷首列善繼認理提綱、尋樂大旨，又列善繼、奇逢二人小傳。前有鳳祚自序，謂：「此書出，當與孔、曾、思、孟四聖賢書共揭星日而行中天。」其説殊夸。又謂：「於舉業非相遠。倘於此有得，以應試場，主司必當驚羡，以冠多士。」又何其陋歟！鳳祚天文、地理之學皆能明其深奥，如兩河清彙、天學會通、天步真元諸書，已卓然足以自傳，又何必畫此蛇足乎？且二書皆有刊本，豈藉鳳祚之標榜？即以二書而論，亦蛇足也。

四書大全纂要無卷數 直隸總督採進本

國朝魏裔介撰。裔介有孝經注義，已著録。是編以明永樂間所著四書大全泛濫廣博，舉業家鮮能窮其説，乃採其要領，俾簡明易誦。然大全龐雜萬狀，沙中金屑，本自無多。裔介所摘，又未能盡除枝蔓，獨得精華，則亦虚耗心力而已。

四書惜陰録二十一卷 兩江總督採進本

國朝徐世沐撰。世沐有周易惜陰録，已著録。是書前有胡渭生、趙天潤、仇兆鼇序并自記一首，後有陸隴其跋。以隴其三魚堂集勘之，其文相合，實非依託。然其書則不稱隴其之所言。據世沐自記曰：「仇滄柱示以關中李中孚反身録。中孚曾講學毘陵，會過一次。彼深惜南、浙兩省學者害於舉業，彼時心不甘南士必遜北士。如此迄今，幾三十年，彼學已成，名已立，南士竟無與頡頏。細讀其録，愈不心服。摘録中數處，以質滄柱翁。狂不自量，續爲惜陰二集，不覺積成二十一卷，幾乎有六百葉。」又曰：「李從陸、王入，而出入於程、朱四子。余從程、朱入，而準則於周、宋八賢。雖沐染南風，剛峻良有不逮，而古人所云醇正，則當仁不欲多讓。」云云。則世沐此書蓋爲與盩厔李顒相詬而作。故隴其喜其能排陸、王，爲之作跋。然講學以明道，非以求勝。但爲朱、陸而爭，已不免門戶之見。況世沐以聖學自任，而不能化一南北之畛域，則先不自克其私心矣。又何學之可講乎？

三魚堂四書大全四十卷　通行本

國朝陸隴其編。隴其有古文尚書考，已著録。初，明永樂間，胡廣等奉詔撰四書大全，陰據倪士毅舊本，潦草成書。而又不善於剽竊，龐雜割裂，痕蹟顯然。雖有明二百餘年懸爲功令，然講章一派從此而開。庸陋相仍，遂似朱子之書專爲時文而設，而經義於是遂荒。是編取胡廣書，除其煩複，刊其舛謬，又採蒙引、存疑、淺説諸書之要以附益之，自較原本爲差勝，然終未能盡廓清也。其初稿成於康熙辛酉，前有自序，尚歉然以爲未定。及晚年輯困勉録，復取是書互相參考，別以朱筆點次，乃成定本，然未及重爲之序。故其門人席永恂、侯銓、王前席等校刊之時，仍以原序冠卷端。實則序在前而書在後也。大學、中庸并載或問，亦仍大全之舊。卷末附載王應麟論語、孟子考異，不知何人採摭困學紀聞爲之，非應麟原有是書也。

續困勉録六卷　江蘇周厚堉家藏本

國朝陸隴其撰。隴其所著困勉録，分學、問、思、辨、行五類。此續録則專解四書，凡大學一卷，中庸一卷，論語二卷，孟子二卷。中多採録時文評語，似乎狹視四書矣。

四書初學易知解十卷　内府藏本

國朝邵嗣堯撰。嗣堯有易圖定本，已著録。是編乃督學江南時所刊。每章前爲口義，後附論斷，專爲童蒙講解而設，故曰「易知」。嗣堯服官清苦，至今凡歷任之地皆稱名宦。而自命太高，亦或傷於偏激。如解「於我如浮雲」句，謂：「不特不義之富貴如浮雲，即義中之富貴亦如浮雲。不特富貴如浮雲，即我亦如浮雲。」如此之類，蓋欲以發明「不愛官，不愛錢，不愛命」之意，而過於取快，未免墮入禪宗矣。

四書述十九卷　浙江巡撫採進本

國朝陳詵撰。詵有易經述，已著録。是書多不主朱子章句集注。如以大學「聽訟」章爲解「格物」，而以朱子補傳爲不知聖賢經傳化工之妙。其學蓋源出於姚江，而於姚江之中又主調停之説者。觀其自序曰：「朱子慮佛教之足以惑人，故確切分疏，以爲下學所遵守。陸子略其枝葉而獨抉其宗旨，蓋於朱子有一本散殊之分，而非有所悖謬。」云云，其所學可以睹矣。

四書鈔十八卷　直隸總督採進本

國朝祕丕笈撰。丕笈字仲負，故城人。康熙癸丑進士，官至陝西提學副使。是編以四子之書近世多爲新説所惑，於是纂輯或問及大全、蒙引、存疑等説，彙成一編。以非自己出，故以「鈔」爲名。其旁注批閲之語，則丕笈自抒所見也。

四書貫一解十二卷　編修閔惇大家藏本

國朝閔嗣同撰。嗣同字來之，號雙溪，烏程人。康熙乙卯副榜貢生，官景寧縣教諭。此書於每章各爲總解，而不録經文。皆取諸儒之説，以己意融貫成篇。其説有同異者，則別附於後，以備參考。

四書索解四卷　浙江巡撫採進本

國朝毛奇齡撰。奇齡有仲氏易，已著録。是書爲其子遠宗所編，本名四書疑義，有問有答。奇齡没後，遠宗裒輯成書，存所疑而删所解，名曰疑案。奇齡門人王錫序之，謂：「必有以解之，直是索解人不得耳。一經考索，則世多學人，豈無始而驚，既而疑，又既而劃然以解者？」因更名索解。然有問無答。其旨在於駁注，而其迹乃似於攻經。且據錫所序，其解已散見奇齡各書中，亦何必更出此書，蹈禪家機鋒之習？則非欲詁經，直欲駭俗耳。漢、晉以來儒家，無此體例也。

大學知本圖説一卷　浙江巡撫採進本

國朝毛奇齡撰。是書由古本大學之説以攻朱子格物之傳。首爲知本圖説。次爲知本圖四：一曰大學有本，一曰格物知本，一曰格物以修身爲本，一曰修身以誠意爲本。末爲附録，又有後圖。以大學知本與中庸立本竝列，二圖節次相配，亦前有圖説，後有附録。夫知行竝用，博約兼資，聖賢經典之文或有偏舉，而理無偏廢。經文既明言格物，即不補傳亦必有説。奇齡乃以格物爲量度之意，以知本爲誠意，不知未知本時持何術以量度之？且既已指誠意爲本，則遵而行之已矣，又何用量度？

蓋奇齡歷詆先儒，而頗尊其鄉學。其直指知本仍王守仁之良知，其主誠意則劉宗周之慎獨也。而自稱嵩山廟市高笠先生所傳，爲遼東賀欽之孫所祕授，蓋託詞也。

大學問一卷 浙江巡撫採進本

國朝毛奇齡撰，以答其門人餘姚邵廷采之問者也。仍因其大學知本圖說而衍之，以歸於良知之說。其解「在明明德」句，以「明明」二字重文連讀。如「明德」連讀，則德已明，何用復明？是不必遠引他說，即以大學「克明峻德」言之，德已峻，何用復明乎？所引「明明」重文之證尚書三條、詩四條，皆其四書賸言中所謂以「雩見」爲龍，以「王良」爲星者也。

逸講箋三卷 浙江巡撫採進本

國朝毛奇齡所論，而其子及門人編録之。上卷爲章世法所録，乃所講孟子「不動心」章之稾。第二卷爲其姪文輝所録，乃所講論語問答。第三卷題曰大學辨業，爲樓宅中所録。大學辨業者，奇齡門人蠡縣李塨所著。塨初師博野顏元，既而舍之從奇齡。後撰是書，又兼用元說，故奇齡惡其叛己而攻之。大抵皆詬爭之言也。以録其叢殘之稾，故曰「逸講」。中雜門人子姪之附論，故曰「箋」焉。

中庸說五卷 浙江巡撫採進本

國朝毛奇齡所論，其門人章大來、樓宅中、朱樟、陳佑及其子遠宗、姪文輝編次。而各附以己說，皆與朱子章句互異。大旨以慎獨爲主，闡劉宗周之旨。蓋宗周，奇齡之鄉人也。奇齡博洽羣書，其説經善於考證。至於舍考證而談義理，則違才易務，非其所長。又以辨才濟之，愈辨而愈支，固其所矣。

聖門釋非録五卷　浙江巡撫採進本

國朝陸邦烈編。邦烈字又超，平湖人。毛奇齡之門人也。是書因朱子四書集注頗有疑諸賢之説，或有流弊者，因取奇齡經説所載諸論裒合成帙，而附以奇齡門人子姪諸説，以辨其非。前有邦烈自記，稱：「北宋諸儒，高樹門幟，不容一人訾議。如劉共父改二程全書一二字，便作札四布，痛加譏貶，必欲使其還復舊文而後已。而於先聖、先賢恣情敲駁，大學、孝經連篇删改。即孔門諸賢，何一不受其削斲？相其用心，實有抑聖賢以揚同類之意。因稍輯先生所言，與他書偶録可引據者，彙爲一卷，名曰釋非。以爲聖門口語，各有精義，或未可盡非。」云云。考宋儒標榜門户，以劫制天下之異端，誠所不免。至坐以詆誣聖賢，則未免深文。且朱子集注補苴舊説，原恐後學之誤會，亦非主於排斥孔門。邦烈此書雖無作可也。此本刻西河合集中，舊題奇齡自撰。今考究始末，實邦烈所爲。其中如謂「本」字書不訓「始」，惟宋人廣韻因程子是解增一「始」訓。案陳彭年、丘雍等重修廣韻在大中祥符間，其時程子未生，安得因程子之説？如斯之類，似非奇齡所宜有。又朱子與張栻、劉共父書，謂二程遺書乃胡安國所改，而此序作劉共父所改，亦誤。故改題邦烈，從其實焉。

論語傳注二卷大學傳注一卷中庸傳注一卷傳注問一卷

直隸總督採進本

國朝李塨撰。塨有周易傳注，已著録。是編解釋經義，多與宋儒相反。蓋塨之學出於顏元，務以實用爲主。故於程、朱之講習，陸、王之證悟，凡不切立身經世者，一概謂之空談。而於心性之學，排擊尤甚。其解四書，亦即此旨。中惟孟子注未成，今傳者論語、大學、中庸耳。論語多用古義，亦兼取毛奇齡之説。如以「無所取材」從鄭康成作「桴材」，「偏其反而」從何晏作反經合道之譬，則不免故相違迕，有意異同。大學用古本，讀「大」爲「泰」，及「親民」之「親」讀本字，皆仍舊説。其以「格物」之「物」爲周禮司徒之「鄉三物」，則塨自申其學也。中庸不取朱子天道、人道之説，一切歸於實際，證以人事。在三書之中，較爲完密。傳注問則仿朱子或問之例，一一辨其去取之所以然。辭氣多不和平，徒以氣相勝而已。

四書反身録六卷續補一卷

浙江巡撫採進本

國朝李顒撰。顒字中孚，盩厔人。康熙己未薦舉博學鴻詞，以年老不能赴京而罷。康熙四十二年，聖祖仁皇帝西巡，召顒入見。時顒已衰老，遣子慎言詣行在陳情，以所著二曲集、反身録奏進。上特賜御書「操志高潔」以獎之。是書本題曰「二曲先生口授，鄠縣門人王心敬録」。「二曲」者，顒之别號。水曲曰盩，山曲曰厔。盩厔當山水之曲，故因其地以稱之。是此書成於心敬之手，顒特口授。然核其序文年月，則是書之成，顒猶及見，非身後追録之比，實仍顒所自定也。顒之學本於姚江。書中所載，如大學「格物」之物爲身心意知家國天下之物，即「物有本末」之物。又謂：「明德與良知無分別。念慮微起，良知即知善與不善。知善即實行其善，知惡即實去其惡。不昧所知，心方自慊。」云云，其説皆仍本王守仁。又書中所引呂原明渡橋，輿人墜水，有溺死者。原明安坐橋上，神色如常。原明自謂未嘗動心。顒稱其臨生死而不動，世間何物可以動之？夫死生不變，固足徵學者之得力。然必如顒説，則孔子之微服過宋、孟子之不立巖牆，皆爲動心矣。且「廄焚」必問「傷人」，「乍見孺子入井，必有怵惕惻隱之心」。輿夫溺死而原明安坐不動，此正原明平時强制其心而流爲谿刻之過。顒顧稱之爲不動，則與告子之「不動心」何異乎？是亦主持太過，而流於偏駁者矣。

辟雍講義一卷大學講義一卷中庸講義一卷　兩江總督採進本

國朝楊名時撰。名時有周易劄記，已著録。辟雍講義乃乾隆元年名時兼領國子監時所著。大學、中庸講義則因其劄記之説而暢之耳。

雜説無卷數　江蘇巡撫採進本

國朝焦袁熹撰。袁熹有春秋闕如編，已著録。是編乃以禮記中大學、中庸注疏及論語、孟子注疏，與朱子章句集注兩兩相勘，決擇是非，而左袒朱子者爲多。其中考證過疏，如謂論語孔注「誄，禱篇名」，不知誄乃施於死後者，未詳孔注所出。今考大祝：「作六辭以通上下、親疏、遠近，其六曰誄。」注引論語：「誄曰：禱爾于上下神祇。」賈公彦疏：「生人有疾亦誄，列生時德行而爲辭，與哀公誄孔子意同。」是死謚名誄，生禱亦名誄之顯證。柰何於孔注疑之耶？

考定石經大學經傳解一卷 户部尚書王際華家藏本

國朝丘嘉穗撰。嘉穗字實亭，上杭人。康熙壬午舉人，官歸善縣知縣。是編大旨謂大學「格致」一傳，本未闕佚，不過錯簡。非惟朱子所補爲誤，即諸儒所定亦皆未安。因參取舊説，以「物有本末」一節、「子曰聽訟」一節、「詩云邦畿千里」一節、「知止而后有定」一節，終以「此謂知之至也」句，合爲「格物致知」之傳，而詮解以明之。其意以豐坊僞石經爲真，而又未見坊之原本，但據鍾惺四書聚考所載。又見朱彝尊、毛奇齡等素號博洽者，皆引據舊文，掊擊甚力，遂依違瑟縮，不敢詆言。然其割取「詩云邦畿千里」十字，實用僞石經本也。

中庸本旨二卷 江蘇巡撫採進本

國朝朱謹撰。謹號雪鴻，崑山人。是編前有康熙己丑魏一川序，稱其歲易一稾，逾三十年。今觀其書首列中庸圖十七，其分配五行者多涉牽合。其解「中」字，謂中即太極，即伏羲一畫而縱之。其解「天」字，謂上一畫爲天，下一畫爲地，人居其中。一川序又爲補解「庸」字，以爲古文作「𠂢」。「𦉪」，古「庚」字，爲陽金，「用」，古「鏞」字，爲樂器，而附於黃鍾之末。亦皆附會。其注以天命爲源，以無聲無臭爲歸宿，多涉恍惚。其中庸續論又時時評論文法，如謂「三重」章、「大哉」章是兩扇格局，不露排偶之類，併引而歸之時文矣。

大學本文一卷大學古本一卷中庸本文一卷　通行本

國朝王澍撰。澍有禹貢譜，已著録。是書取大學、中庸本文及朱子章句原序，各爲批點，大意欲因文法以闡書理。然聖經雖文字之祖，而不可以後人篇法、句法求之。世傳蘇洵評孟子、謝枋得評檀弓，皆出於明人刊本。其源流授受，莫得而明，大抵皆後人僞撰。澍因仍其例，實非先儒之舊法。又既用朱子改本發揮文字之妙，又列古本一卷，其發揮妙處亦如之。古本是則改本非，改本是則古本非。兩相尊奉，不亦合之兩傷乎？

大學困學録一卷中庸困學録一卷　浙江巡撫採進本

國朝王澍撰。自明以來，解四書者惟以尋繹語脈爲時文敷衍之具。澍是二書獨發揮學問之功，其識在坊刻講章上。而意取詳明，或失之冗，遂不免間有出入。如大學補傳第五章辨陸、王致知之誤，極爲分明。而傳第七章乃云「心中不可存一物」，則仍闌入金谿、姚江門徑矣。吕坤呻吟語謂：「佛氏論心爭有無，儒者論心爭是非。如貞女思夫、忠臣思君，可謂之放心乎？」其説當矣。又何可以不存一物爲正心也？亦間有寬廓語。如中庸第二章謂「君子時中」只是敬其意，以敬爲無忌憚之反。而不知此「時中」字徹上徹下，徹内徹外，當由格物窮理、明體達用而來，非一「敬」字所能盡。又如中庸第二十章謂「九經句句有一篇西銘在内」，其理固然，然不可如此説書。必充類至盡，雖謂「句句有一篇太極圖説在内」，亦何嘗不可通乎？

成均講義無卷數 江西巡撫採進本

國朝孫嘉淦撰。嘉淦有春秋義，已著録。是編乃嘉淦攝國子監祭酒時，以大學「聖經」一章爲學者入德之門，乃逐節疏解，以發明朱子章句之義。其講「致知格物」，謂：「釋氏欲正心而不先誠意，陸子靜欲誠其意而不先致知，王陽明欲致其知而不先格物。惟程、朱之書，詳言格物，獨得孔子之傳。今日學者之流弊，譏釋氏之不能誠意，竝其誠意而失之；譏子靜之不能致知，竝其正心而失之；譏陽明之不能格物，竝其致知而失之。名爲守程、朱之學，竝其格物而失之。古之所謂物者，盈天地之法象道器，書其一也；古之所謂格物者，極事理之廣大精微，讀書其一也；古之所謂讀書博洽，無所不通，作文其一也；古之所謂作文者，體製不可枚舉，制藝其一也。然則今日士子之所學，視古者綱領條目之大全，相去何如哉？」亦頗中學者之流弊也。

五華纂訂四書大全十四卷 洗馬劉權之家藏本

國朝孫見龍撰。見龍字叶飛，號潛村，烏程人。康熙癸巳進士，改庶吉士。是編乃見龍掌教雲南五華書院時所輯，故以「五華」爲名。自序謂於四書大全舊本，「譌者正之，偏者删之」。明以來諸家制藝評語，併爲採入。間附以近時李光地、楊名時之説。見龍有所自見，亦附著於後云。

四書纂言無卷數　兵部侍郎紀昀家藏本

國朝王士陵撰。士陵有易經纂言，已著録。是編採摭坊刻四書講章，排比成書。以先儒之説列前，近人之説列後，亦間以己意推闡。大抵以永樂四書大全爲藍本。

大學偶言一卷　浙江巡撫採進本

國朝張文檒撰。文檒字風林，又字樹聲，蕭山人。康熙甲午舉人，官成都縣知縣。是書凡四十六條。雖以大學偶言爲名，前有劉紹攽序，亦以大學爲説，而其書多論理氣心性，辨諸家之是非，説中庸者爲多，解大學者僅數條，未喻其故也。文檒受業于毛奇齡，故此書亦因其師説。特文檒至乾隆甲子尚存，當日久論定之餘，知奇齡以負氣詬厲，爲後人所不滿，鑒於前車，詞氣較爲和平耳。其論人無二性，與顔元存性編之説同，不爲無理。其論朱子補大學「格物」傳全爲禪學，則有意巧詆，純乎門户之見矣。

成均課講學庸無卷數　江蘇巡撫採進本

國朝崔紀撰。紀有成均課講周易，已著録。是書亦其官國子監祭酒時所著也。其旨謂：「大學以慎動爲宗，故所言多顯，中庸以主靜爲宗，故所言多微。究則體用一原，顯微無間者也。學者惟是微大學之顯，而闡中庸之幽，庶有以得其源流旨趣之一矣。」云云。然以學、庸分屬微、顯，且謂中庸以主靜爲宗，而不言存誠，似於理終未周密也。

讀孟子劄記無卷數　江蘇巡撫採進本

國朝崔紀撰。是書以七篇大旨出於大學，其言性情即「明德」；言知言、養氣即「明之」之事；告齊、梁諸君以憂樂同民，即「絜矩」之意；其論「執中」，以「射之巧，稱之權」譬之，即「至善」之理，其説亦自成理。然聖賢之旨，原自貫通，正不必如此節節比附。又稱本於中庸，亦可不必也。

論語温知録二卷　山西巡撫採進本

國朝崔紀撰。皆其平日讀論語所筆記。官湖北巡撫時，乃彙而輯之。每章統論其大意，皆以闡發集注爲主。

四書參注無卷數　直隸總督採進本

國朝王植撰。植字槐三，深澤人。康熙辛丑進士，官至邳州知州。是書多掊擊注疏，以自表尊崇朱子之意，而掊擊鄭玄、孔穎達尤甚於趙岐、何晏、孫奭、邢昺。然先有漢儒之訓詁，乃能有宋儒之義理，相因而入，故愈密愈深。必欲盡掃經師，獨標道學，未免門户之私。譬之天文算數，皆今密而古疏，亦豈容排擊羲氏，詆諆隸首哉？且所採多近時王廷諍、崔紀、傅泰諸人之説。在諸人研究四書，固各有所得，然遽躋諸鄭、孔諸儒之上，恐諸人亦未必自安矣。

菜根堂劄記十二卷　檢討蕭芝家藏本

國朝夏力恕撰。力恕字觀川，孝感人。康熙辛丑進士，官翰林院編修。是編乃乾隆己未至辛酉力恕在武昌書院時，與諸生講授四書所作。初名曰題解，蓋專爲制藝言之，已授梓矣。丙寅以後，又取程、朱之説參校同異，勒爲此編，至戊辰而脱稾。其父以此事不止關係時文，題解之名不佳，乃改題今名。見於力恕之自序。而題解舊序亦併存之於卷端，不没其始也。原書本十八卷，其後六卷，別題曰證疑備覽，則皆考辨四書中名物典故者。此本有録無書，而前有朱印曰「證疑備覽嗣出」，蓋刊尚未竟云。

中庸解一卷　江蘇巡撫採進本

國朝任大任撰。大任字鈞衡，吴江人。此書分段詮釋，但標節次，不録經文，大抵多先儒緒言也。

四書録疑三十九卷　福建巡撫採進本

國朝陳綽撰。綽有周易録疑，已著録。是書成於康熙後壬寅。凡大學二卷，中庸三卷，論語二十卷，孟子十四卷，皆每章摘句解之。然解章句集注者多，解經文者轉少。其大旨在於鑽研朱子之説，一字一句，務發明盡致。殆如業春秋者以經命題，以胡傳行文耳。據其子湜跋語，綽實積數十年之力，乃成此書，湜亦時有所附記。蓋其父子以此爲世學也。

四書本義匯參四十五卷　贊善韋謙恒家藏本

國朝王步青撰。步青字漢階，或自書曰罕皆，以同音相代也。號已山，金壇人。雍正癸卯進士，官翰林院檢討。是書凡大學三卷，附一卷，中庸七卷，附一卷，論語二十卷，孟子十四卷。大旨據章句集注斷諸家之是非，而引朱子或問、語類、文集，及元、明以來之講章，條分縷析，爲之證佐。於語脈字義，推闡頗詳。在近時講章之中，尚較爲切實。考古無四書之名，其名實始於朱子。朱子注詩、注易，未必遽凌跨漢、唐。至詮解四書，則實亦無逾朱子。故自明以來，科舉之學以朱子爲斷。然聖賢立訓以垂教，非以資後人之辯說爲作語録計也。即朱子章句集注亦以明聖賢之道，非以資後人之揣摩爲取科第計也。是書乃以場屋八比之法，計較得失，斯已逐影而失形矣。其發凡病汪份删纂四書大全，參取閻若璩、顧炎武之說，或與朱子相左，是未考漢學、宋學各有源流。至於贋本或問小注，明知其依託朱子，而有意模稜。殆慮一斥其僞，即不能假朱子之名鉗伏衆論。故存爲疑案，不欲顯言。不知其說可取，不必以贋本而廢之，其書非真，亦不必以其說可取併諱其贋本。是是非非，當以其書爲斷，不必定使其書出朱子而後謂之是也。是又門户之見未能盡化矣。

鼇峯講義四卷　兩浙總督採進本

國朝潘思榘撰。思榘有周易淺釋，已著録。鼇峯書院在福州，爲巡撫所掌。此其官福建巡撫時與諸生講大學、中庸之語，諸生編而刊之者也。

論語說二卷　浙江巡撫採進本

國朝桑調元撰。調元字弢甫，錢塘人。雍正癸丑進士，官工部主事。是書詮解論語凡五百條，分上、下二卷，每卷又分五子卷。所言皆闡集注未盡之義。如謂「人知有慾不剛，而不知無慾尚非剛」之類，頗爲細密。然是書爲其門人所録，尊崇師説，一字不遺，或併其偶批數字亦悉載之。如「不有祝鮀之佞」章，但注「自古如此，可傷可歎」八字，别無一言。是豈詁經之法、著書之體耶？再删汰之則善矣。

四書約旨十九卷　禮部尚書德保家藏本

國朝任啓運撰。啓運有周易洗心，已著録。是編乃平日與門人講貫，隨筆劄記之文。其中如論管叔以殷畔，謂管叔監殷，在武王時有功，引汲冢書爲據之類，亦間有所考證。然大旨爲科舉作也。

翼藝典略十卷　江西巡撫採進本

國朝蕭正發撰。正發字次方，廬陵人。是書首至聖紀一卷，諸賢紀一卷，二帝三王紀一卷，春秋紀三卷，戰國紀一卷，龐紀三卷，皆詮釋四書典故。曰「翼藝」者，據卷首劉吴龍序，謂以羽翼制藝也。其著書之意可知矣。

讀大學中庸日録二卷　陝西巡撫採進本

國朝康吕賜撰。吕賜字復齋，别號一峯，又自稱南阿山人，武功人。是書讀大學日録一卷，讀中庸日録一卷。其言「王文成以格物致良知，此功夫知行兼到，自是切實精詳。」又云：「中庸揭出『慎獨』，即孔子修己以敬血脈，王文成更提掇明快。」二録大旨，已盡於此。書首載自作墓誌一篇，述其講學宗旨最詳，亦自稱爲姚江之支派云。

江漢書院講義十卷 陝西巡撫採進本

國朝王功述其父心敬之論也。心敬有豐川易説，已著録。此其在湖北江漢書院時與諸生講論四書之説，功録而存之，故每條稱「家君曰」。以附刻文集之中，故標目爲豐川全集，而以存省稾爲子目云。

四書説注卮詞十卷 直隸總督採進本

國朝胡在甪撰。在甪，永年人。乾隆丙辰進士，官湖北松滋縣知縣。是編雖以「説注」爲名，然頗因以講學，尚不似鄉塾講章全爲時文而作，然亦未全脱坊刻之窠臼。蓋其用力之始，從講章入也。

四書順義解十九卷 御史戈岱家藏本

國朝劉琴撰。琴字松雪，任丘人。乾隆丙辰舉人，官順義縣教諭。是編皆先標章次，而後循文以衍其意。每節之末，又雜引舊説以析之。以成於官順義時，因以爲名。前有同邑邊連寶序，稱其「自雍正丁未至乾隆壬午，三十年而後脱稾。臨没，猶斟酌改竄」，又稱其「一以紫陽爲主，不敢稍背」云。

四書就正録十九卷 江蘇巡撫採進本

國朝陳鋐撰。鋐字宏猷，嘉定人。是書雜採坊本講章而敷衍之，多沿陸隴其、汪份兩家重訂四書大全之説。

四書晰疑無卷數　江蘇巡撫採進本

國朝陳鋐撰。是書成於乾隆辛酉。前有例言，謂：「四書疑義雖多，其間或有一説之確當於經義者，概不敢贅。特輯朱注以來，諸説之所未備而或未定者。故論、孟皆少，而學、庸多。」云云。今核其見解，仍不出所著就正録也。

虹舟講義二十卷　浙江巡撫採進本

國朝李祖惠撰。祖惠本姓沈，字屺望，嘉興人。乾隆壬申進士，官高安縣知縣。是編大抵涵泳章句集注之文，一字一句，推求語意。其體會頗費苦心，在時文家亦可云操觚之指南矣。

四書句讀釋義十九卷　山西巡撫採進本

國朝范凝鼎撰。凝鼎字庸齋，自號磨鏡居士，洪洞人。選拔貢生。是編成於乾隆癸酉。四書次第用朱子原本，皆先明句讀，次詮文義。先列集注，次録或問、語類。其餘諸儒議論與朱注相發明者，乃採録之。稍有同異，則斥不載焉。

四書講義尊聞録二十卷　江蘇巡撫採進本

國朝戴鋐撰。鋐字景亭，長洲人。以四書大全諸説紛錯，無所適從，因以己意點次之。每章列「總旨」於前，每節列「本義」及「附解」於下。「總旨」「附解」皆本大全所録諸儒之語，而附益元明以來諸説。「本義」則順文詮釋，略如直講之體。蓋亦科舉之學也。

四書窮鈔十六卷 山西巡撫採進本

國朝王國瑚撰。國瑚字夏器，號珍吾，臨縣人。是書卷首郭九有序稱爲四書主意，而標題又稱爲四書窮鈔六補定本。疑其書非一稾，故命名亦隨時而異歟？其解頗與朱子立異，然僅鑽研於字句之間，無以相勝也。

古本大學解二卷 湖北巡撫採進本

國朝劉醇驥撰。醇驥字千里，號廓菴，廣濟人。是書遵用古本大學，不分經、傳。首大學考，次戴記中古本，又次爲大學解，力辨二程子、朱子及董槐、王柏諸人改本之非。夫竄易古經以就己意，其事原不可訓，然姚江之徒所以必復古本者，實欲引託始知本，不言格物之義，以陰助良知，非盡爲尊經也。

雜説八卷 江蘇巡撫採進本

不著撰人名氏，亦無序跋。相其紙墨圈點，不過數十年中物，殆近人作也。其書凡讀論語注疏一卷，讀大學注疏一卷，讀中庸注疏一卷，讀孟子注疏五卷。皆標舉舊文，辨其得失，大抵以意斷制之。其讀大學注疏以今本糾古本，頗爲枘鑿。今本以「格物」爲先，自有今本之義，古本以「誠意」爲始，亦自有古本之義。既不從古本，則竟置注疏不用可矣。必强合之，則不揣其本而齊其末也。

右四書類。一百一部，一千三百四十一卷。內十四部無卷數。**皆附存目。**

案古書存佚，大抵有數可稽。惟坊刻四書講章，則旋生旋滅，有若浮漚，旋滅旋生，又幾如掃葉，雖隸首不能算其數。蓋講章之作，沽名者十不及一，射利者十恒逾九。一變其面貌，則必一獲其贏餘；一改其姓名，則必一趨其新異。故事同幻化，百出不窮。取其書而觀之，實不過陳因舊本，增損數條，即別標一書目，別題一撰人而已。如斯之類，其存不足取，其亡不足惜，其剽竊重複不足考辨，其庸陋鄙俚亦不足糾彈。今但據所見，姑存其目。所未見者，置之不問可矣。

欽定四庫全書總目卷三十八

經部三十八

樂類

沈約稱樂經亡於秦。考諸古籍，惟禮記經解有樂教之文。伏生尚書大傳引「辟雝舟張」四語，亦謂之樂。然他書均不云有樂經，隋志：「樂經四卷。」蓋王莽元始三年所立。賈公彥考工記磬氏疏所稱「樂曰」，當即莽書，非古樂經也。大抵樂之綱目具於禮，其歌詞具於詩，其鏗鏘鼓舞則傳在伶官。漢初制氏所記蓋其遺譜，非別有一經爲聖人手定也。特以宣豫導和，感神人而通天地，厥用至大，厥義至精，故尊其教，得配於經。而後代鍾律之書，亦遂得著録於經部，不與藝術同科。顧自漢氏以來，兼陳雅俗，豔歌側調，竝隸雲韶。於是諸史所登，雖細至箏、琶，亦附於經末。循是以往，將小說、稗官，未嘗不記言記事，亦附之書與春秋乎？悖理傷教，於斯爲甚。今區別諸書，惟以辨律吕、明雅樂者仍列於經。其謳歌末技，弦管繁聲，均退列雜藝、詞曲兩類中。用以見大樂元音，道侔天地，非鄭聲所得而奸也。

皇祐新樂圖記三卷 兩淮馬裕家藏本

宋阮逸、胡瑗奉勅撰。仁宗景祐三年二月，以李照樂穿鑿，特詔校定鍾律，依周禮及歷代史志立議範金。至皇祐五年，樂成奏上，此其圖記也。舊本從明文淵閣録出，後有宋陳振孫嘉定己亥跋云：「借虎丘寺本録。」蓋當時所賜，藏之名山者。又有元天曆二年吴壽民跋、明萬曆三十九年趙開美跋，敘是書源委頗詳。考初置局時，逸、瑗與房庶等皆驛召預議。詔命諸家各作鍾律以獻，而持論互異。司馬光主逸、瑗之説，范鎮主房庶之説，往反爭議，卒不能以相一。其往返書牘，具光傳家集中。而鎮所作東齋記事，亦略存其概。大抵逸、瑗以爲黄鍾之管積八百一十分，容一千二百黍。又以九章圜田算法計之，黄鍾管每長一分，積九分，容十三黍三分黍之一，空徑三分四釐六毫，圍十分三釐八毫。圍徑用「徑三圍九」古率，而改圍九分爲九方分，别遷就之術也。司馬光曰：「古律已亡，非黍無以見度，非度無以見律。律不生於度與黍，將何從生？非謂太古以來，律必生於度也。特以近世古律不存，故返從度法求之耳。」其論最明。范鎮譏其以度起律，誠爲過當。然鎮以秬、黍、律、尺、龠、鬴、斛、算數、權衡、鍾聲十者必相合而不相戾，然後爲得，亦不爲無見也。以律起度，與以度起律，源流本無異同。而二家算術不精，逸、瑗等得之於横黍，而失之於圍徑，又以大黍累尺，小黍實管，自相乖反。房庶以千二百黍實之管中，隨其長短，斷之以爲九寸之管，取三分以度空徑，則空徑不生於黍，而别有一物爲度以起分，竟不必實黍於管，亦未見其爲通論也。是書上卷具載律吕、黍尺、四量、權衡之法，皆以横黍起度，故樂聲失之於高。中、下二卷攷定鍾磬、晉鼓及三牲鼎、鸞刀制度，則精核可取云。

樂書二百卷

福建巡撫採進本

宋陳暘撰。暘字晉之，閩清人。紹聖中登制科，官禮部侍郎，事蹟具宋史本傳。此書乃建中靖國間暘爲祕書省正字時所進。自第一卷至九十五卷，引三禮、詩、書、春秋、周易、孝經、論語、孟子之言，各爲之訓義。其第九十六卷至二百卷，則專論律呂本義、樂器、樂章及五禮之用樂者，爲樂圖論。引據浩博，辨論亦極精審。視其兄祥道禮書，殆相伯仲。第禮書所載，祇詳於三代器數，是書則又推及律呂本原，及後世雅俗諸部，故陳振孫書録解題謂：「樂書博則博矣，未能免於蕪穢也。」然暘書包括歷代，總述前聞，既欲備悉源流，自不得不兼陳正變。使振孫操筆而修史，將舉古來秕政亂法一切删之不載乎？此南宋人迂謬之見，不足據也。其中惟辨「二變」「四清」二條，實爲紕繆。自古論「四清」者，舉民臣相避，以爲尊卑立説，本屬附會。暘則曰「黄鍾至夾鍾四清聲，以附正聲之次」，其意蓋謂夷則至應鍾四宮而設。既謂黄鍾至夾鍾爲清，又謂爲夷則至應鍾而設，是兩「四清」也。不知每一均必具五聲，夷則一均以夷、南、無、應爲次，而闕角聲，必須黄鍾清爲角。南呂一均以南、無、應爲次，而闕羽、角二聲，必須黄清爲羽、大清爲角。以調而論，則謂夷、南、無、應四律；以聲而言，則爲黄、大、太、夾四清。非有二也。其不用正聲而用清聲者，樂之高下以漸，無驟高驟下之理。以夷則一均言之，如用夷、南、無、應四正律，則其聲以次而高。而忽用黄鍾正律，雖同在一均，而高下不協，故必以黄清協之也。暘引李照「十二鍾」之説，殊爲舛誤。

又論「二變」曰：「五聲者，樂之拇指也。二變者，五聲之駢枝也。五聲可益爲七音，則五星、五行、五常亦可益而七之乎？『二變』之説始於尚書，而曼衍於左傳、國語、書傳、漢志。是不知書之『在治忽』，有『五聲』而無『七始』；國語之『七同』，有四宫而無徵也；左氏爲七音之説，蓋八音耳。八音以土爲主，而七音非土不和。故書之益稷、禮之樂記，其言八者皆虚其一，猶大衍虚其一也。」云云。不知二變之生，由於高下之次，蔡元定「相去二律則音節遠」之説最有根據。若不究其理之所由然，而但以數相較，則七較之五而多其二者，將十二較之五而亦多其七，是音不得有其七，而律亦不得有其十二乎？且五聲二變，有管律弦度之不同。半太蔟與正黄鍾應，半夾鍾與正大吕應，此理尤爲暘所不知也。至以七音爲八音虚土而言，尤爲牽强矣。又其釋周官三宫之樂，以圜、黄、太、姑爲宫之旋而在天者，故其合别而爲四；函、太、姑、南爲宫之旋而在地者，故其合降而爲三；黄、大、太、應爲宫之旋而在人者，故其合降而爲二。若然，則天宫用八律，地宫用六律，人宫用四律，以多少爲差别也。而圜丘樂六變、方丘樂八變、宗廟樂九變，又何以解耶？凡此之類，皆不可據爲典要。然唐以來樂書無傳，北宋樂書惟皇祐新樂圖記及此書存耳。遺文緒論，條理可徵，又安可以一眚廢耶？

律吕新書二卷　編修李潢家藏本

宋蔡元定撰。元定字季通，建陽人。慶元中坐黨禁，流道州卒。事蹟具宋史道學傳。朱子稱其律書「法度甚精，近世諸儒皆莫能及」，又云：「季通理會樂律，大段有心力，看得許多書。」及爲是書作序，又曰：「黄鍾圍徑之數，則漢斛之積分可考。寸以九分爲法，則淮南、太史、小司馬之説可推。五聲二變之數、變律半聲之例，則杜氏之通典具焉。變宫、變徵之不得爲調，則孔氏之禮疏固亦可見。至於先求聲氣之元，而因律以生尺，則尤所謂卓然者，而亦班班雜見於兩漢之制、蔡邕之説，與夫國朝會要以及程子、張子之言。」蓋是書實朱、蔡師弟子相與共成之者，故獨見許如此。書分二卷。一爲律吕本原，凡十三篇：黄鍾第一，黄鍾之實第二，黄鍾生十一律第三，十二律之實第四，變律第五，律生五聲圖第六，變聲第七，八十四聲圖第八，六十調圖第九，候氣第十，審度第十一，嘉量第十二，謹權衡第十三。其一卷爲律吕證辨，凡十篇：造律第一，律長短圍徑之數第二，黄鍾之實第三，三分損益上下相生第四，和聲第五，五聲大小之次第六，變宫變徵第七，六十調第八，候氣第九，度量權衡第十。今考元定之説，多截竹以擬黄鍾之管，皆即以其長權爲九寸，而度其圍徑如黄鍾之法。更迭以吹，則中聲可得；淺深以列，則中氣可驗。是截管之法必本之候氣也。而候氣之説最爲荒渺，後漢、晉、隋志所載，又各異同。既云：「以木爲案，加律其上。」又云：「埋之，土與地平。」又云：「置於案上而以土埋之，上平於地。」此置律有淺深高下之不一也。既云：「以葭莩灰抑其内端，氣至者灰去。」又云：「以竹灰實律，以羅縠覆律口，氣至吹灰動縠，有小動、大動、不動三説。」又云：「灰飛動素，散出於外。而氣應有早晚，灰飛有多少。」其説又不一也。

然則候氣既不足憑，人聲又無左驗。是蔡氏所謂「聲氣之元」者，亦徒爲美聽而已，非能見之實事也。劉歆銅斛，具詳漢志。而隋志又詳載其銘曰：「律嘉量斛，方尺而圜，其外庣旁，九釐五毫，冪百六十二寸，深尺，積一千六百二十寸，容十斗。」祖沖之所議，以爲漢世斛銘，劉歆詭謬其數，爲算氏之劇疵者是也。元定乃併漢志取之，以定黃鍾積實爲八百一十分，何也？荀勖之尺，隋志所謂晉前尺也。當晉之時，阮咸已譏其高。而元定以爲「此尺出於汲冢之律，與劉歆之斛最爲近古，樂聲高急，不知當時之圍徑果爲何如？」夫古人所云徑三分圍九分者，言圓徑三分而周九分也，空圍即圓周也。胡瑗疑其管狹，不足容千二百黍，遂大其空徑四釐六毫，而周爲十分三釐八毫，是亦徑三圍九之率也。因以空圍爲管内之面冪爲容九方分矣。元定從之，而以圓田術起算黃鍾積實，又失之太大，則不精算術之誤也。至謂「黃鍾六變律不與本均之聲相應」，而不知當用清聲。又謂「二變不可以爲調」，而不知二變之調具足五音，若以二變音爲每調之七音，則反爲出調。凡此皆元定之所未及詳者，故特著之，以糾其失焉。

瑟譜六卷　永樂大典本

元熊朋來撰。朋來有五經説，已著録。是書大旨以爲：在禮，堂上侑歌，惟瑟而已，他弦莫侑，爲古人所最重。自瑟教廢而歌詩者莫爲之譜。既作瑟賦二篇發明其理，復援據古義，參以新意，定爲一編。首爲瑟弦律圖，次爲旋宮六十調圖，次爲雅律通俗譜例，次爲指法，次爲詩舊譜，凡鹿鳴、四牡、皇皇者華、魚麗、南有嘉魚、南山有臺、關雎、葛覃、卷耳、鵲巢、采蘩、采蘋十二篇，即趙彦肅所傳開元十二詩譜，次曰詩新譜，凡騶虞、淇澳、考槃、黍離、緇衣、伐檀、蒹葭、衡門、七月、菁菁者莪、鶴鳴、白駒、文王、抑、崧高、烝民、駉十七篇，皆朋來所補，次曰樂章譜，爲學宫釋奠樂章，終以瑟譜後録，則古來論瑟之語也。其瑟弦律圖以中弦爲極清之弦，虚而不用，駁姜氏瑟圖二十五弦全用之非。案聶崇義三禮圖：「雅瑟二十三弦，其所常用者十九弦，其餘四弦謂之番。番，羸也。頌瑟二十五弦，盡用之。」又莊子、淮南子均有「鼓之二十五弦皆動」之文，則姜氏之説於古義有徵，未可盡斥。其旋宫圖内所列六十調，皆據蔡氏律吕新書所推。其十二宫則用禮記正義黄鍾一、林鍾二之次，與蔡氏黄鍾一、大吕二之次不同。又改「二變」爲「二少」，少與老相應，變與正不相應，實不如律吕新書之確。又黄鍾一均，惟黄鍾宫用七正律，無射商則一正一半五變半，夷則角則二正二半三變半。朋來列七正律於黄鍾宫之前，而無射商以下不書正變及半律、變半律，亦爲疎略。其樂章譜既用唐樂三和之法，注曰：「如大吕爲角，則於大吕均取中吕起調畢曲。太蔟爲徵，則於太蔟均取南吕起調畢曲。應鍾爲羽，則於應鍾均取夷則起調畢曲。」然於黄鍾爲宫無義。又曰「今釋奠迎神，或祇用黄鍾爲宫一曲疊奏之」云云。案范鎮皇祐新樂圖記曰：「黄鍾爲角者，夷則爲宫。黄鍾之角者，姑洗爲角。十二律之於五聲，皆如此率。而世俗之説乃去之字，謂太蔟曰黄鍾商，姑洗曰黄鍾角，林鍾曰黄鍾徵，南吕曰黄鍾羽。」其義至明。今因大吕爲角而取中呂起調畢曲，太蔟爲徵而取南呂起調畢曲，應鍾爲羽而取夷則起調畢曲，則是大呂之角、太蔟之徵、應鍾之羽，而非大呂爲角、太蔟爲徵、應鍾爲羽矣。至於黄鍾爲宫，與黄鍾之宫則同一黄鍾，無以異也。朋來既用唐制，而又云：「祇用黄鍾爲宫一曲叠奏。」豈非於意亦有所未安，而爲騎牆之論歟？他如後録中以「堯作十五弦之瑟」見於吕覽者誤爲樂記，記憶偶疎，又其小疵矣。然樂律一門，諸家著録，琴譜爲多。瑟則東晉之初尚有桓伊歌曹植詩事，以後傳者寥寥。錢起所云「二十五弦彈夜月」、李商隱所云「錦瑟無端五十弦」者，特詩人寄興之詞，不必真有其事。古調之僅存者不過郊廟朝會，備雅樂之一種而已。朋來於舊譜放佚之餘，爲之考訂蒐羅，尚存梗概。史稱其通曉樂律，尤善鼓瑟，則與儒者不通宫調而坐談樂理者，尚屬有殊。存之亦足見古樂之遺也。

韶舞九成樂補一卷　永樂大典本

元余載撰。載始末無考，惟據其進書原序，自稱三山布衣、前福州路儒學録。又據其門人新安朱模進樂通韶舞補略序，知爲仁宗天曆中人，其字曰大車。以養親辭官，篤行授徒，自甘嘉遯而已。是編文淵閣書目著録，世無傳本。惟永樂大典所載，篇帙猶完。首爲九德之歌音圖，次爲九德之歌義圖，次爲九磬之舞綴兆圖，次爲九磬之舞采章圖。其歌圖以五聲、五言相配，所謂平濁、平清者，與沈約、徐景安分平聲爲上下以配五音者異，沈約説見米芾畫史，徐景安説見王應麟困學紀聞。與司馬光、劉鑑諸家以喉舌脣齒牙配五音者亦異。又以六律、六呂分用，與諸家樂書以十二律相生之次爲旋宫七音之次者尤截然不同。然考周德清中原音韻所謂陰平、陽平，即載平濁、平清之説也。周官大司樂鄭玄注所謂「六律合陽聲，六吕合陰聲」，即載律吕分用之説也。則雖自出新意，亦不爲無據。至於準大衍之數以製河圖，準太乙行九宫法以造洛書，皆起於陳摶以後，后夔典樂之日，實無是文。載所定舞圖，皆根河、洛以起數，尤不免附會牽合。然數不外於奇偶，奇偶不外於陰陽，易道廣大，事事可通，亦未始不言之成理。束皙之補六詩，皮日休之補九夏，不必其定合於古。要猶存古義於萬一，終勝於側調幺弦，導欲增悲者也，則載是書亦不妨存備一説矣。其書屢經傳寫，譌誤宏多。如音圖第八章「至哉坤元」之「坤」字，據後義圖應在第八格，而舊本誤在第七格。又如綴兆始成圖中層左右皆闕兩位，據舞用八佾，當得六十四人。不應再成以下皆六十四，始成乃止六十。且復綴即始成之位次，後采章圖内亦各有黄衣二人之位，則此圖之佚脱顯然。今竝校正，使復其舊。其以朱圈、墨圈記舞人之位者，亦間有淆亂，竝釐正焉。

律吕成書二卷

永樂大典本

元劉瑾撰。瑾有詩集傳通釋，已著録。是書以候氣爲定律之本，因而推其方圓周徑，以考求其積分。蓋瑾之學篤信宋儒，故其注詩守朱子之説，不踰尺寸。其論樂守蔡氏、彭氏之説，亦不踰尺寸也。考管子地員篇，稱「呼音中徵、中羽之數」，及吕氏春秋古樂篇稱「伶倫先制黄鍾之宫，次制十有二筩」，咸不言候氣。至司馬彪續漢書志，始載其法。相傳爲出於京房，然别無顯證。隋書載：「後齊信都芳能以管候氣，仰觀雲色。嘗與人對語，即指天曰：『孟春之氣至矣。』人往驗管而飛灰果應。」又稱：「毛爽草候氣法，述漢魏以來律尺稍長，灰悉不飛。其先人柄誠與其兄喜所爲律管，皆飛灰有徵應。」然後來均不用其法。蔡邕有言：「古之爲鍾律者，以耳齊其聲。後人不能，假器以定其度。以度量者可以文載口傳，然不如耳治之明決也。」然則舍可辨之音而求諸杳茫不可知之氣，斯亦末矣。至蔡氏律呂新書推衍舊文，仍言候氣。其數以「徑一圍三」立度，爲算頗疎。彭氏覺其未合，改用祖沖之「徑七圍二十二」之率。然稽諸隋志，此猶約率，非密率也。瑾合二家之書，反復推衍以成是編，較諸古人之神解，誠未必窺其精微。然宋儒論樂，所見不過如此。有元一代，著述尤稀，此書猶不甚支離者。長短兼存，以資考訂，固亦不妨姑備一說云爾。

苑洛志樂二十卷　浙江汪啓淑家藏本

明韓邦奇撰。邦奇有易學啓蒙意見，已著録。是書首取律呂新書爲之直解，凡二卷。前有邦奇自序，後有衞淮序。第三卷以下乃爲邦奇所自著。其於律呂之原，較明人所得爲密，而亦不免於好奇。如雲門、咸池、大章、大夏、大韶、大濩六樂，名雖見於周官，而音調節奏，漢以來無能傳者。邦奇乃各爲之譜，謂：「黄帝以土德王，雲門象天用火，起黄鍾之徵，以生爲用，則林鍾也。咸池象地用水，起大吕之羽，以土所剋爲用，則無射也。大章、大韶皆起於黄鍾。夏以金德王，林鍾屬金，商聲，故大夏用林鍾之商南吕，以南吕起聲。商以水德王，應鍾屬水，羽聲，故大濩用應鍾之羽夷則，以夷則起聲。」今考旋宮之法，林鍾一律以黃鍾之徵爲火，以仲吕之商爲金。若以月律論之，則是六月之律而非金也。故邦奇於大夏下自注云：「相緣如此，還用夷則爲是。」則夷則爲七月之律，屬金，與大濩用應鍾爲十月之律屬水者一例矣。然則林鍾、夷則不已兩岐其説乎？又謂：「大司樂『圜鍾爲宫』，以南吕起聲，一變在姑洗，至六變在圜鍾，故云『若樂六變，則天神皆降』。『函鍾爲宫』，以應鍾起聲，一變在蕤賓，至八變在函鍾，故云『若樂八變，則地祇皆出』。『黃鍾爲宫』，以南吕起聲，一變在姑洗，至九變在黃鍾，故云『若樂九變，則人鬼可得而禮』。」今考左氏傳謂「五降之後不容彈矣」，則宫、徵、商、羽、角五聲也。前漢書禮樂志曰「八音七始」，則宫、徵、商、羽、角、變宫、變徵七聲也。凡譜聲者率不越此二端。此書圜鍾爲宫，初奏以黃鍾之羽，南吕起聲，順生至黃鍾收宫，凡得十聲。次奏用林鍾之羽，姑洗起聲，而姑洗實爲前奏黃鍾之角，所謂「用宫逐羽而清角生」也。函鍾爲宫，用太蔟之羽，應鍾起聲，順生至本宫太蔟，又順生徵、商二律，復自商逆轉徵、宫二律收宫，凡得十四聲。商不順生羽而逆轉爲徵，所謂「引商刻羽而流徵成」也。黃鍾爲宫，凡陽律之奏用宫逐羽，陰吕之奏引商刻羽，是以十聲與十四聲各五奏也。至謂周樂皆以羽起聲，本於咸池，而於黃鍾爲宫，起南吕，則用黃鍾本宫之羽。函鍾爲宫，起應鍾，應鍾爲太蔟之羽，太蔟爲林鍾之徵，則又用徵之羽矣。圜鍾爲宫，起南吕，南吕爲黃鍾之羽，黃鍾爲圜鍾之羽，則又用羽之羽矣。同一用羽起聲，而所用之法又岐而爲三。推其意，不過誤解周禮「八變」「九變」之文。以函鍾爲宫當在初奏之第九聲，方與「八變」合，即不得不以應鍾爲第一聲，而應鍾非函鍾之羽也。以圜鍾爲宫當在初奏之第七聲，方與「六變」合，即不得不以南吕爲第一聲，而南吕非圜鍾之羽也。即又不得不謂應鍾爲羽之羽，南吕爲徵之羽矣。由杜撰而遷就，由遷就而支離，此數卷最爲偏駁。其他若謂凡律空圍九分，無大小之異，其九分爲九方分；蕤賓損一，下生大吕，優於益一，上生大吕；以黄鍾至夾鍾四清聲爲可廢，以夷則至應鍾四律圍徑不當遞減。雖其説多本前人，然決擇頗允。又若攷定度量、權衡、樂器、樂舞、樂曲之類，皆能本經據史，具見學術，與不知而妄作者究有逕庭。史稱邦奇性嗜學，自諸經子史及天文、地理、樂律、術數、兵法之書，無不通究，所撰志樂尤爲世所珍，亦有以焉。末有嘉靖二十八年其門人楊繼盛序。據繼盛自作年譜，蓋嘗學樂於邦奇。所云「夜夢虞舜擊鍾定律」之事，頗爲荒渺。然繼盛非妄語者，亦足見其師弟覃精是事，寤寐不忘矣。

鍾律通考六卷　浙江范懋柱家天一閣藏本

明倪復撰。復有詩傳纂義，已著録。是書凡二十七章，始於黄鍾本原，終於風雅十二詩圖譜。其中或標卷目，或不標卷目，疑傳寫者有所佚脱，非其舊也。卷首有嘉靖丙戌張邦奇序，謂其「本之儀禮經傳，參之西山蔡氏之説，歷考古今制度，辨正百家之得失，以求合乎聲氣之元」。今考是書，大端不失古法。其中如吕氏春秋「黄鍾三寸九分」，與歷代律書九寸之説不合。是書則謂：

「三寸者，三三九寸也，九分者，九方分也。」後何瑭及鄭世子載堉皆用是説。至於「五聲二變」，明有國語伶州鳩之説可證。而是書乃謂：「宫屬君，周加變宫，因誅紂也；徵屬事，周加變徵，示革商之舊政也。」殊杜撰無稽。又所載六十調圖，若黄鍾五調以無射爲商、夷則爲角、仲吕爲徵、夾鍾爲羽之故，同時韓邦奇於蔡氏舊圖疏解甚詳，而此書乃竟不之及，尤不免於漏略。然其中亦頗有可採者。如左氏傳「中聲以降，五降之後不容彈矣」，蔡元定謂「五聲之後二變不容爲調」，朱子謂「蕤賓以下不可爲宫」，是書則謂朱子之説與禮記所云「旋相爲宫」似有未合，故特從元定。又若黄鍾生十一律，倍其實，四其實，三其法，及角音六十四，生變宫、變徵，類能立列朱、蔡異同之法，參互詳審，頗爲不苟，亦可謂勤於此事者矣。

樂律全書四十二卷　浙江巡撫採進本

明朱載堉撰。載堉，鄭恭王厚烷世子也。是書萬曆間嘗進於朝，明史藝文志作四十卷。今考此本所載，凡書十一種。惟律吕精義内、外篇各十卷，律學新説四卷，鄉飲詩樂譜六卷，皆有卷數；其樂學新説、算學新説、操縵古樂譜、六代小舞譜、二佾綴兆圖、靈星小舞譜、旋宫合樂譜七種，則皆不分卷。與藝文志所載不符，疑史誤也。載堉究心律數，積畢生之力以成是書，卷帙頗爲浩博，而大旨則盡於律吕精義一書。其説謂度本起於黄鍾之長，就此黄鍾而均分爲十寸，寸十分，命曰一尺，當横黍百粒，是爲度尺。若以此黄鍾分爲八寸一分，寸九分，凡八十一分，當縱黍八十一粒，是爲律尺。又横黍百粒，縱黍八十一粒，當斜黍九十粒，是黄鍾之長。以横黍尺度之，則爲一尺，寸十分，凡百分。以縱黍尺度之，則爲八寸一分，寸九分，凡八十一分。以斜黍尺度之，則爲九寸，寸十分，凡九十分也。其十二律長短之數則據臯氏「爲量内方尺而圜其外」之文，謂圓徑即方斜，命黄鍾正律爲一尺，用句股求弦術，得弦爲蕤賓倍律。蓋黄正爲句股，則蕤倍爲弦；蕤正爲句股，則黄正爲弦。黄、蕤二律互爲句股也。其生南吕、應鍾諸律，非句股所能御，蓋本於諸乘方比例相求之法。載堉云「句股術」者，飾詞也。律管長短，由於尺有大小。其云「黄鍾九寸」者，蓋算術設率如此。亦猶鄭康成注十二律，分寸、釐、毫、絲之數，破一寸以爲十分，乃審度之正法，太史公約十爲九，則欲其便於損益而爲假設之權制也。或者訶其以一尺爲黄鍾，與九寸之文相反，可謂不達其意矣。仲吕反生黄鍾，自何承天、劉焯、胡瑗皆有是説。蔡氏論之，以爲惟黄鍾一律成律，他十一律皆不成律。不知律生於聲，不生於數，吹之而聲應，則成律矣。若遷就其聲以就數，則五音且不和矣，尚得謂之律耶？又或者以其開方乘除有不盡之數爲病。夫理之當用開方乘除而數有畸零者，雖秒、忽不盡何害？假令句股求弦，而句方、股方相併以平方開之不盡，亦將謂之不成弦耶？此不知算術者也。是書所論横黍百粒當縱黍八十一粒之尺度，及半黄鍾不與黄鍾應而半太蔟與黄鍾應之説，皆精微之論。聖祖仁皇帝律吕正義一書備採其説，不可以其與蔡氏有異同而置之也。至其十二律相生之法，以黄鍾正律一尺爲第一率，倍黄鍾二尺爲第十三率，則蕤賓倍律爲第七率，故仲呂可以反生黃鍾。左旋、右旋，皆可徑求次律，即諸乘方用連比例相求之法也。試列十三率明之：以真數一爲首率，即第一率，方邊二爲二率，平方四爲三率，立方八爲四率，三乘方十六爲五率，四乘方三十二爲六率，五乘方六十四爲七率，六乘方一百二十八爲八率，七乘方二百五十六爲九率，八乘方五百一十二爲十率，九乘方一千零二十四爲十一率，十乘方二千零四十八爲十二率，十一乘方四千零九十六爲末率，即十三率。以首率一乘末率四千零九十六開平方，即得七率六十四，即黃鍾求蕤賓法。以七率六十四乘首率一開平方，得八爲四率，即蕤賓求南呂法也。以首率一自之，又以四率八乘之，開立方得二率方邊二，即南呂求應鍾法也。若四率八自之，再以首率一乘之，開立方得三率四，即南呂求無射法也。其比例則首之於二，猶二之於三；二之於三，猶三之於四。依次至第十三率，比例皆同。或前隔一位，隔二、三位，與後隔一位，隔二、三位，比例亦同，即各律求各次律法也。書中未明言其立法之根。又黃鍾正律倍律相乘開方，有類句股求弦與方求斜二術。自蕤賓求南呂法以下，非句股法所能御，而亦以句股言之，未免過於祕惜，以塗人耳目耳。江永著律呂闡微一書，專解載堉之法。永最深晰算術，而猶不能得其立法之意，餘可知矣。

御定律呂正義五卷

康熙五十二年聖祖仁皇帝御定律曆淵源之第三部也。凡分三編：上編二卷，曰正律審音，以發明黃鍾起數及縱長體積、面冪周徑、律呂損益之理，管弦律度旋宮之法；下編二卷，曰和聲定樂，以明八音制器之要，各有圖説，而於各篇之中詳考古今之同異；續編一卷，曰協均度曲，則取波爾都哈兒國人徐日升及壹大里呀國人德里格所講聲律節奏，證以經史所載律吕宫調諸法，分配陰陽二均字譜，亦有圖有説。案造律之法必先累黍，漢魏以後，迄無定論。尺既不定，則黄鍾真度亦無由得。恭惟聖祖仁皇帝天縱神聖，以縱、横二黍相較，横黍百粒，適當縱黍八寸一分之限。用四率比例，推得古黄鍾九寸爲今尺之七寸二分九釐。其體積、面冪、周徑皆用密率乘除，至爲精密。此千古難明之絶學，待聖人而明者也。又言樂者率宗司馬遷、淮南子之説，以三分損益之術誤爲管音「五聲二變」之次，復執管子「弦音五聲度分」牽合於十二律吕之中，故管律弦度俱不可得而明，而陽律陰吕又錯互用之，益滋譌謬。不知律吕分用，顯有周官「六律合陽聲，六吕合陰聲」及國語「六間」之文可據。而弦管之生聲取分，各有不同。弦度全半相應，管音半律較全律則下一音。吕覽以三寸九分之管爲聲中黄鍾之宫，即半太蔟合黄鍾之義。若不問管弦全半之分而概以三分損益所得之黄、林、太、南、姑、應、蕤爲七音，又以半黄鍾爲清宫，失之遠矣。至旋宫之法，宫自爲宫，調自爲調。管子「羽徵之數大於中」，國語「宫逐羽音」，是其遺法。故以宫主宫，羽主調，則當二變者不起調，而與調首不合之徵音亦不起調，一均凡羽、宫、商、角四調，七均凡二十八調。至弦度自首音至第八音，得六全分，與管律之得全分者不同。若以律吕之分索之弦音，則陰陽相雜，聲隨度移，即隋志所云「七聲之内，三聲乖應」者是也。故但以弦音奏之而不和，以管音亦止有宫、商、徵、羽之四調而已。凡此皆自來論樂家所昧昧者，非聖人心通制作之原，烏能律均出度，妙合造化，有如是之精微廣大耶？若夫播之聲氣，則和聲定樂，論竹音以律呂相和而設孔，琴以倍徵爲第一弦，協均度曲，論弦音清濁二均遞轉合聲之法，皆迥出昔人論議之外，而一一莫不與經史所載相發明。斯誠聰明天亶，度越千古者矣。

御製律呂正義後編一百二十卷

乾隆十一年奉敕撰。律呂之書，人各異說。聖祖仁皇帝累黍而得黄鍾真度，陰陽分用，各加以一半律而成七音，共爲清濁一十四音。又以管律弦度生聲取分，各有不同，明弦音不可以律呂之度取分。凡所以定尺考度，製器審音，與夫五聲五變應和之原，剖析微芒，發千古未有之精義，而樂器、樂章則尚未及釐定。蓋欲俟審比樂音之法具有成書，而後考證古今，勒爲定制，以徵大樂之明備也。我皇上德藴中和，業隆繼述，凡太常之襲謬承譌者，音節篇章，親加釐定。合則仍其故，不合則易其辭、更其調，字櫛句比，盡美盡善。爰命廷臣詮次，以成是編，凡分十類：曰祭祀樂、曰朝會樂、曰宴饗樂、曰導引樂、曰行幸樂。竝詳其用樂節次，隨月旋宫之法，而備及曲詞調譜、佾數舞勢、鼓拍疾徐之節。次曰樂器考，器各有圖，圖各有説，而御製諸銘具載焉。次曰樂制考，溯自上古，若雲門、大卷以降，迄於前明，博采精義，偏徵史志，凡其制作命名之由，因革損益之故，靡不殫述。次曰樂章考，亦自上古迄明，依類臚舉。次曰度量權衡考，制器定律之本也。次曰樂問，則設爲問答，以窮竟其義，而前人舊説可采者，間亦附録。蓋御製律吕正義殫窮理數之藴，妙契聲氣之元者，至是而被諸金石，形諸歌頌，一一徵實用焉。神聖製作，洵先後同揆矣。至於首載歷奉諭旨及館臣諸奏議，積盈二卷。於古今異同之辨，名物度數之詳，並指示是非，考詢得失，務協於伶倫、榮猨之舊。又豈皇祐定樂，但聽司馬光、范純仁等盈廷聚訟，莫能稱制臨決者所可比擬萬一哉？古者六經並重，而樂無專書。漢、魏而下，歷代沿革之故，具在史册。先儒殫精推測，究莫能以相一者，一則尺度不同，莫能定黄鍾之真數；一則無制作之權，而空談其理，未能實諧諸管絃也。是編本御製律吕正義正律審音、和聲定樂之法，而審訂源流，驗諸器數，揚雄法言所謂「羣言淆亂折諸聖」，鄭氏禮記注所謂「作禮樂者，必聖人在天子之位也」。依永和聲之盛，蔑以加於此矣。

欽定詩經樂譜三十卷樂律正俗一卷

乾隆五十三年奉敕撰。我皇上啓六義不傳之祕，示千秋大樂之原，特命皇子暨樂部諸臣，據文義以定宫調。援古證今，親加指示，而於永言之微旨，御定爲一字一音，合於「大音希聲」之義。並遵御製律吕正義體例，分列八音譜、旋宫表，字色各異，而聲律則同，可謂盡美盡善，足以識性情之正，而建中和之極矣。考歌詩之見於史册者，漢宗廟樂用登歌，而猶仿清廟遺音；晉正會樂奏於赫，而不改鹿鳴聲節。則知古樂雖屢變，而其音節不能盡變也。唐開元鄉飲樂雖不著宫譜，而獨取一字一音，朱子蓋嘗言之。豈非古有其法而不能用，我皇上深究其本原，適合於古哉？後世譜詩者，明朱載堉樂律全書所載關雎數篇，琴瑟至用一字十六彈，皇上親命樂工按譜試之，俱不成聲，屢降諭旨駁正之，又撰樂律正俗一書以糾其誤。又考嘉靖十五年國子祭酒吕柟著詩樂圖譜，共六集，分爲六譜，以教六館諸生。而其譜專取黄鍾一調，即朱載堉以笛合字爲宫聲之法也。歌字不論平仄，亦不取某字起某字止之例。鐘磬止用黄、大、仲、林、南、清黄六音，而虚其十二不用，琴瑟止用六弦，蓋以意爲之，不知而作者也。且自周南至商頌僅八十餘譜，烏足與語全詩之盛美，聖皇之作述哉？總計原詩三百五篇，增入御製補笙詩六篇，凡三百十一篇。簫、笛、鐘、琴、瑟凡一千五百五十五譜云。

古樂經傳五卷　左副都御史黄登賢家藏本

國朝李光地撰。光地有周易觀象，已著録。是書取周禮大司樂以下二十官爲經，以樂記爲之傳。又有附樂經、附樂記，統爲五卷。樂經、樂記爲光地所自訂，其樂教、樂用二篇，則其孫清植以遺稾輯成者也。樂經之最不易通者，莫若大司樂一篇。蓋竇公以後，久失其傳。鄭氏所注，亦自隱奥難曉。學者各爲之説，遂至紛紜轇轕，聚訟無休。光地之論，謂經文「圜鍾爲宫」當作「黄鍾爲宫」，蓋即以黄鍾爲宫也。黄鍾爲角，則黄鍾角調也，其起調、畢曲之律以姑洗。太蔟爲徵，則太蔟徵調也，其起調、畢曲之律以南吕。姑洗爲羽，則姑洗羽調也，其起調、畢曲之律以大吕。據此，則黄鍾爲角，乃姑洗爲黄鍾之角。太蔟爲徵，乃南吕爲太蔟之徵。姑洗爲羽，乃大吕爲姑洗之羽。經文似當云「黃鍾之角，太蔟之徵，姑洗之羽」，不得云「黃鍾爲角，太蔟爲徵，姑洗爲羽」。光地錯綜比附，亦未免迂曲而不可通。然其以上文「祀天神四望所用之律」爲證，亦自有意義，正不妨存此一解，以補前人所未備也。其他立說，亦多考核確當，議論精詳。蓋其究心此事，用力甚深，與一切師心臆度者固自有間矣。

古樂書二卷　浙江巡撫採進本

國朝應撝謙撰。撝謙字嗣寅，仁和人。是書上卷論律呂本原，大旨本蔡氏新書，而參以注疏及朱子之說。下卷論樂器制度，則本陳祥道禮書及李之藻頖宮禮樂疏者爲多。議論醇正，考訂簡核，頗得要領。其間立說之未合者，如六十聲圖以宮爲最濁之音。謂十二律旋宮，自黃鍾而下，林鍾均則太、姑二律爲陵宮，南呂均則太、姑、蕤三律爲陵宮。其意蓋以太、姑二律長於林鍾之六寸，太、姑、蕤三律長於南呂之五寸餘，故應鍾爲最短之律，應鍾均則徵、商、羽、角四律皆爲陵宮也。不知旋宮之法，本於十二律之相生，不以長短爲相生之次。至長生短爲下生，短生長爲上生，不過以上下爲別，非謂徵必短於宮，商必短於徵也。其失總由於「宮爲最濁」之一言，而不知宮爲中聲，故致此誤。撝謙又謂：「古人既云黃鍾九寸，則其制度必加一寸而爲尺。」云云。夫黃鍾九寸爲本造律度十分之九，而析九寸爲一尺，非，謂黃鍾九寸止得八寸一分者亦非。謂黃鍾九寸竟作一尺者固則橫黍之度；約九寸爲八寸一分，則縱黍之度。是云九寸與云一尺、云八寸一分者，非有異也。撝謙强加分析，尤屬未合。然其他精審處，亦往往足資考證。如考工記：「鳧氏爲鍾，兩欒謂之銑，銑間謂之于，于上謂之鼓，鼓上謂之鉦，鉦上謂之舞。十分其銑，去二以爲鉦。以其鉦爲之銑間，去二分以爲鼓間。以其鼓間爲之舞脩，去二分以爲舞廣。」記文不言鉦間及鼓徑之度。鄭注云：「鉦間亦當六。」故又云：「鉦六、鼓六、舞四，此鍾口十者其長十六。」然鉦間、鼓間既同方六，而記又云：「大鍾十分，其鼓間以其一爲之厚。小鍾十分，其鉦間以其一爲之厚。」則鼓間、鉦間不得同度。撝謙云：「鉦間與舞廣同爲四。」較之鄭注，頗爲可通。又「銑間謂之于」，先儒皆無明訓。撝謙作正體二圖，則鼓間下段兩角之下垂者，即銑間。蓋古之鍾制，如鈴而不圓。兩角相距之中徑爲十分，其自兩角至鼓間之長體爲八分，至兩角相距之外體獨缺。故鄭注鍾長十六，不算銑間。又以于、鼓、鉦、舞四名爲皆鍾體，則銑間自有體長之度可知。撝謙此二圖，固爲最明晰也。

聖諭樂本解説二卷

浙江巡撫採進本

國朝毛奇齡撰。奇齡有仲氏易，已著録。是書成於康熙三十一年五月，擬進呈未果。至三十八年三月，聖祖仁皇帝南巡，奇齡迎駕於嘉興，乃以是書恭進。故卷首載三十五年一疏，而卷末又有三十八年附記。其書因大學士伊桑阿論樂原疏本於「徑一圍三、隔八相生」之聖諭，故推闡考證，分條注釋。其進書原疏稱：「合三書十三卷。首爲樂本解説一卷。」今此本乃分二卷，蓋全書文義相屬，本爲一篇。刊版之時，乃以論「徑一圍三」者爲前卷，論「隔八相生」者爲後卷，取其條例明晰。

當迎鑾恭進之時，即此刊本，則仍奇齡所自分矣。

皇言定聲録八卷　浙江巡撫採進本

國朝毛奇齡撰。書内推本聖祖仁皇帝論樂，而自附其「九聲七調」之説。合五聲及宫清、商清、角清、徵清爲九聲，合五聲及變宫、變徵爲七調。謂曲終不用二變，而器色以七調之色字應之，故九聲爲聲，七調爲調。因又辯昔人以變宫在宫前、變徵在徵前爲非，而移二變於二正後。蓋熟於吹簫笛者，翻宫换調，以宫逐羽聲則羽爲宫，而宫當商，商當角，角當徵，徵當羽，皆差一位。故變宫本在羽後宫前者，變而居宫後商前矣；變徵本在角後徵前者，變而居徵後羽前矣。此今時管色字所常用，非奇齡以獨創得之者也。其餘自行己意，攻駁古人，辭氣往往太過。姑存之以備參考可矣。

竟山樂録四卷　浙江巡撫採進本

國朝毛奇齡撰。是書據明寧王權唐樂笛色譜爲準，以四、乙、上、尺、工、凡六字循環成七調。如四爲領調，則乙爲變宫，上爲商，尺爲角，工爲徵，凡爲變徵，六爲羽。又除羽無清聲，置乙、凡二字不用，復從六而推，高四爲宫清，高上爲商清，高尺爲角清，高工爲徵清，合之宫爲九聲。蓋簫笛色字譜及金元曲調，其動盪曲折，總不出此九聲之環轉。伶官遞相授受，稱爲唐樂之遺法。奇齡遂據以解五音十二律，還相爲宫，以攻司馬遷律書、蔡元定律吕新書之説，欲舉古來所謂「三分損益、隔八相生」者一切廢之，并伶州鳩所對亦斥爲妄言。夫寧王笛色譜果否爲唐人之舊，未可知也。即真出唐人，而唐之雅樂固未聞能與三代比。乃執其優伶賸譜以定天地之元音，舉漢氏以來諸儒授受去古未遠者，悉指爲謬。揆以事理，似乎未然。惟寧王譜今已不傳，存録是編，俾唐以來教坊舊調，金以來院本遺音，猶有考焉，亦技藝之一種也。是書本奇齡作，而託於其父鏡所傳，故題曰竟山樂録。竟山者，鏡之字也。末一卷爲采衣堂論樂淺説十四條，稱出自其兄仁和教諭萬齡，而詞氣亦宛似奇齡。無可佐證，亦姑妄聽之焉。

李氏學樂録二卷　浙江巡撫採進本

國朝李塨撰。塨有周易傳注，已著録。塨嘗學五音、七聲、十二律以器色相配之説於毛奇齡。作宮調圖、七調全圖及十二律旋相爲宮隔八相生合圖、器色七聲還相爲宮隔八相生圖、籥色下生上生圖、五音七聲十二律器色七字爲七調還相爲宮隔八相生全圖、六律正五音圖，而皆爲之論。其説主於四、上、尺、工、六五字，除一領調字，餘字自領調一聲遞高，又自領調一聲遞低，圓轉爲用。雖於黄鍾之宮所以爲律本者無所發明，然亦可備一家之説。是書本塨所編，以皆述其聞於奇齡者，奇齡又手定之，故後人編入西河合集中，而題奇齡之名於首。然實非奇齡所自著。趙汸春秋師説未嘗題黄澤之名，古之例也。故今改題塨名，以不没其真焉。

樂律表微八卷　浙江巡撫採進本

國朝胡彦昇撰。彦昇字竹軒，德清人。雍正庚戌進士，官定陶縣知縣。是書凡度律二卷、審音二卷、製調二卷、考器二卷，多糾正古人之謬。如謂：「十二律相生終於仲呂。其復生黃鍾之清聲，以爲仲呂之徵、夷則之角者，淮南所謂變宮生徵、變徵生商、變商生羽、變羽生角、變角生宮也。其聲由五音之變生，非由仲呂之數生。若欲由仲呂還生黃鍾，則其數有所不足。五音相生窮於角，其又生變宮遞相生以至仲呂之爲角者，淮南所謂『角生姑洗，姑洗生應鍾，應鍾生蕤賓，而七音備』也。其音由律生，非由角之數生。若欲由角更生變宮，再生變徵，則其數有所不盡。故十二律相生不計餘數，五音相生不計變音。」其論甚正。蓋旋宮之法，清濁以漸，而清極則反濁，濁極則反清，亦一定之理。仲呂爲宮，其黃清之爲徵者，在弦音則黃鍾之半音，在管音則太蔟之半音，由絲竹之生聲取分，各有不同。但取高下之相協，不必計其數之損益者盡與不盡也。必欲數之適盡，則京房之「六十律」亦有不盡之數矣。至錢樂之「三百律」、杜佑之「十二變律」、蔡西山之「六變律」，則又皆襲京房之謬説而失之者也。古人止十二律旋宮最爲簡便。即如琴之七弦，每位必有三準，其音皆與全弦散音合。簫笛六孔，竝出音孔爲七，而四字高吹即五，合字高吹即六，此其聲之高下清濁，自然相應，豈假於變律耶？至於變宮、變徵二音，本在五音之外，故以變目之。今因仲呂以下之十律，而皆如地形訓之説，目以變宮、變商，恐黃鍾變律縱與正律有分，亦必不能獨成一聲。彦昇是論，可謂精且審矣。彦昇又謂荀勖十二笛是古人遺法。今但作黃鍾、大呂二笛，而十二畢具。其法黃鍾笛用黃、林、太、南、姑、應、蕤七律，大呂笛用太、夷、夾、無、仲、黃、林七律。作大吕笛之法，但以黄鍾笛相較，其黄、林二律之孔無所挪移，餘四孔及出音孔皆下黄鍾笛半孔。其七調除黄、林二調相同外，其大、夾、仲、夷、無五調，合黄鍾笛之七調爲十二律調。較古人之云六十調及八十四調者亦爲簡易可從。在近代講樂諸家，猶爲有所心得者也。

律吕新論二卷 山東巡撫採進本

國朝江永撰。永有周禮疑義舉要，已著録。是編上卷首論蔡氏律書，次論五聲，次論黄鍾之宫，次論黄鍾之長，次論黄鍾之積，次論十二律，次論三分損益，次論二變聲，次論變律。下卷首論琴，次論四清聲，次論旋宫，次論樂調，次論造律，次論候氣，次律吕餘論。其大旨以琴音立説。考古人皆以管定律，漢京房作準定數，由十二律生六十律，因而生三百六十律，此用弦求聲之始。永之説殆源於是。然管音、弦音其生聲取律微有不合，故不免有所牽合。然其「論黄鍾之積」「論宋儒算術之誤」「論律生於曆」諸條，皆能自出新意。蓋律、曆皆由算積，故漢書併爲一志。永深於算法，故於律度能推其微渺也。至於定黄鍾之宫，則據蔡邕月令章句以校吕氏春秋之譌，併糾漢志删削之誤；辨損益相生以爲均匀截管，則不致往而不返，亦能發前人所未發。固亦可存備一家之學者矣。

律吕闡微十卷 兩江總督採進本

國朝江永撰。是書引聖祖仁皇帝「論樂五條」爲皇言定聲一卷，冠全書之首。而御製律吕正義五卷，永實未之見。故於西人「五線」「六名」「八形號」「三遲速」多不能解。其作書大旨，則以明鄭世子載堉爲宗。惟方圓周徑用密率起算，則與之微異。載堉之書，後人多未得其意，或妄加評騭。今考載堉命黄鍾爲一尺者，假一尺以起句股開方之率，非於九寸之管有所益也。其言「黄鍾之律長九寸，縱黍爲分之九寸也。寸皆九分，凡八十一分，是爲律本。黄鍾之度長十寸，横黍爲分之十寸也。寸皆十分，凡百分，是爲度母。縱黍之律，横黍之度，名數雖異，分劑實同」，語最明晰。而昧者猶執九寸以辨之，不亦惑乎？考工記桌氏：「爲量内方尺而圜其外。」則圓徑與方斜同數，方求斜術與等邊句股形求弦等。今命内方一尺爲黄鍾之長，則句股皆爲一尺。各自乘併之，開方得弦爲内方之斜，即外圓之徑，亦即蕤賓倍律之率。蓋方圓相函之理，方之内圓得外圓之半，其外圓必得内圓之倍；圓之内方得外方之半，其外方亦必得内方之倍。今圓内方邊一尺，其冪一百；外方邊二尺，其冪四百。若以内方邊一尺求斜，則必置一尺自乘而倍之以開方。是方斜之冪二百，得内方之倍、外方之半矣。蕤賓倍律之冪，得黄鍾正律之倍，倍律之半。是以圓内方爲黄鍾正律之率，外方爲黄鍾倍律之率，則方斜即蕤賓倍律之率也。於是以句乘之，開平方得南吕倍律之率；以股再乘之，開立方得應鍾倍律之率。既得應鍾，則各律皆以黄鍾正數十寸乘之爲實。以應鍾倍數爲法除之，即得其次律矣。其以句股乘、除、開方所得之律，較舊律僅差毫釐而稍羸。而左右相生，可以解往而不返之疑。且十二律周徑不同，而半黄鍾與正黄鍾相應，亦可以解同徑之黄鍾不與半黄鍾應，而與半太蔟應之疑。永於載堉之書，疏通證明，具有條理。而以蕤賓倍律之率生夾鍾一法，又能補原書所未備。惟其於開平方得南吕之法，知以四率比例解之，而開立方得應鍾法則未能得其立法之根而暢言之。蓋連比例四率之理，一率自乘，用四率再乘之，與二率自乘再乘之數等。今以黄正爲首率，應倍爲二率，無倍爲三率，南倍爲四率，則黄正自乘，又以南倍乘之，開立方即得二率，爲應鍾倍律之率也。其實載堉之意，欲使仲吕返生黄鍾，故以黄正爲首率，黄倍爲末率。依十二律長短之次，列十三率，則應鍾爲二率，南吕爲四率，蕤賓爲七率也。其乘、除、開平方、立方等術皆連比例相求之理，而特以方圓、句股之説隱其立法之根，故永有所不覺耳。

琴旨二卷

兩江總督採進本

國朝王坦撰。坦字吉途，南通州人。自來言琴律者，其誤有五。一在不明管子「五音四開」之法，而以管音律吕定弦音。一在不知以五聲二變明弦音之度分，而以律吕分徵位。一在不知管子「百有八爲倍徵」及白虎通「離音尚徵」之意，泥於「大不踰宫」之説，而以大弦爲宫。一在不知三弦爲宫，而以一弦十徽爲仲吕。一在據正宫一調論律吕，謂隋廢旋宫，止存黄鍾一均，而不知五聲旋宫轉調之全。惟御製律吕正義一書，考定詳明，發古人之所未發。坦作是書，一一本正義之旨，而反覆推闡。其五聲數論琴説謂：「絲樂弦音，其體本實。當以五聲之數定其絲綸多寡之數爲之體，徽分疏密之數爲之用，不可以黄鍾九寸、大蔟八寸爲準。蓋管音全半不相應，弦音全半相應。以管律與徽分較之，欲取其聲之同，則其分不同。欲取其分之同，則其聲不同。」即正義以五聲二變定弦音之度及管音弦音全半應聲不同二篇之旨也。其釋黄鍾均以仲吕爲角之疑説謂：「一弦全度散聲爲林鍾，徽則十徽乃黄鍾宫位，故應三弦散聲。如以一弦全度散聲爲黄鍾，則十徽乃仲吕之位，不能應三弦之姑洗角。」即正義「絲音尚徵、一弦非宫」之義也。其三弦獨下一徽説謂：「十分之徽爲全度四分之三，宫聲三弦之全度八十一分三，因之則爲二百四十三。以二百四十三而四分之，則六十零七五爲十徽之分，而五弦之全度則爲角聲六十四之分。必按三弦六十四之分，始與之應，故在十一徽。」其五弦獨上半徽説謂：「五聲以倍半取應，凡九徽之分爲全度三分之二，其聲爲本弦相生之聲。五弦角聲，角生變宫。其三弦爲宫聲，故不能與九徽變，宫聲變而必在上半徽。」即正義「宫聲三弦之角位在十一徽，與角聲之宫位在八徽九徽正中」之義也。其泛音四準説謂：「全弦以七徽爲界，自七徽上至岳山，得聲之清。所出五聲二變度分之聲，與實音相應。八徽至十三徽得聲之濁。泛音不與實音相應，乃從焦尾至各徽而出。」其旋宫轉調説謂：「角調之角弦緊一聲而爲宫聲，即爲旋宫。角既爲宫，則宫轉徵，徵轉商，商轉羽，羽轉角，皆以次而移。」於正義諸圖説尤能精思闡發。在近時言琴諸家，可謂不失其宗者矣。

右樂類。二十二部，四百八十二卷。皆文淵閣著録。

案天文、樂律，皆積數之學也。天文漸推漸密，前不及後。樂律則愈久愈失，後終不得及前。蓋天文有象可測，樂律無器可憑也。宋儒不得其器，因遁辭於言樂理，又遁辭於言樂本。夫樂生於人心之和，而根於君德之盛，此樂理、樂本也。備是二者，莫過堯舜，而后夔所典，尚規規於聲音器數，何哉？無聲音器數則樂本、樂理無所附。使十二律之長短不按陰陽，八音之宮調不分抗墜，雖奏諸唐虞之廷，知其不能成聲也。泛談樂本、樂理，豈非大言寡當歟？今所採録，多以發明律吕者爲主，蓋制作之精，以徵諸實用爲貴焉耳。

欽定四庫全書總目卷三十九

經部三十九

樂類存目

雅樂發微八卷 兩淮馬裕家藏本

明張敔撰。考明有兩張敔，其一字伯起，合肥人，永樂中貢入太學，除廣東道監察御史，官至陝西按察使僉事，所著有京氏易考，見朱彝尊經義考。此張敔，饒州人，朱載堉律呂精義第五卷中載有其名。又明史陸粲傳載粲劾張璁桂萼疏，有「禮部員外郎張敔假律曆而結知」之語，與此書亦相合，蓋即其人也。敔論樂大旨，以入聲最低者命爲黃鍾，其最高者爲應鍾之變宮。是書自元聲正半律諸法，以逮樂器、樂歌、懸圖舞表，分門畢具。後又作雅義三卷附之。六十律、八十四調、十六鍾以及累黍生尺之法，無不悉究。其序謂論琴律本之朱子，論笛制本之杜夔，論旋宮本之周禮，論鍾鑄本之國語，於樂制頗有考證。然如論蕤賓生大呂，主呂覽、淮南子上生之説。不知律呂相生定法，上生與下生相間，故左旋與右旋相乘。今應鍾既上生蕤賓，而蕤賓又上生大呂，與上下相生之序極爲錯迕。乃先儒已廢之論，殊不足據也。

大樂律呂元聲六卷附律呂考注四卷 兩淮鹽政採進本

明李文利撰。文利字乾遂，號兩山，莆田人。成化庚子舉人，官思南府教授。是書據呂氏春秋「黃鍾長三寸九分」之説，駁司馬遷「黄鍾長九寸」之誤。明史藝文志又載黄積慶作樂律管見二卷，駁文利之説。考吕氏春秋仲夏古樂篇言：「黄帝令伶倫自大夏之西，阮隃之陰，取竹嶰溪之谷，空竅厚均者，斷兩節間，其長三寸九分，而吹之以爲黄鍾之宫，吹曰含少。次制十二筒以聽鳳凰之鳴，以別十二律，其雄鳴爲六，雌鳴亦六，以比黄鍾之宫，而皆可以生之。故曰黄鍾之宫，律吕之本。」其季夏音律篇又曰：「黄鍾生林鍾，林鍾生太蔟，太蔟生南吕，南吕生姑洗，姑洗生應鍾，應鍾生蕤賓，蕤賓生大吕，大吕生夷則，夷則生夾鍾，夾鍾生無射，無射生仲吕。三分所生，益之一分以上生；三分所生，去其一分以下生。黄鍾、大吕、太蔟、夾鍾、姑洗、仲吕、蕤賓爲上，林鍾、夷則、南吕、無射、應鍾爲下。」是其損益相生，與史記同也。假令以三寸九分爲黄鍾，而如其上下相生之法，而三分損益之至於應鍾，止長一寸八分四釐有奇，何以成聲耶？又案吴韋昭注國語曰：「黄鍾，陽之變。」言陽氣變而爲黄鍾耳，猶漢志云「黄鍾爲乾之初九」也，與蕤賓無與也。其言：「黄鍾爲管長九寸，徑三分，圍九分。」而又舉蕤賓成數云：「管長六寸三分。」所以分別黄鍾、蕤賓者，尋文案數，甚爲明了。其不以九寸本蕤賓之律而爲黄鍾之變者，亦甚明矣。至吕覽先言：「三寸九分爲黄鍾之宫。」又云：「次制十二筒以比黄鍾之宫，而皆可以生之。」則黄鍾之宫非即黄鍾，與月令云「六月律中黄鍾之宫，十一月律中黄鍾」者正同也。文利誤解吕覽、韋昭之意，而堅執三寸九分爲黄鍾，并以黄鍾之九寸爲蕤賓，不至舛乎？至於以三寸九分起數，循環升降，自大吕以至蕤賓五陽辰，皆以陽升而進九分，惟黄鍾陽氣尚微，故止進六分；自林鍾以至黄鍾五陰辰，皆以陰降而退九分，惟林鍾陰氣未盛，故止退六分。夫陰陽進退，皆由馴致，或多或少，以漸而加，不得進退先以六分而後驟增至九分也。又五聲生數次第，宫五十，商八十，角九十，徵七十，羽六十，多少之數，毫無法象。又云：「變宫五十，變徵七十。」二變與正律同數，尤不可解也。其六十調圖雖本律吕新書，改其次序以從左旋，而每五調之後又列一宫，與大司樂奏歌之説相附，其雙宫對調圖則止據奏歌二律分配之，更爲牽强矣。

六樂説無卷數 江蘇巡撫採進本

明劉績撰。績有三禮圖説，已著録。此其論樂之書也。前有自序，謂蔡氏律吕新書不合者多，因以古義求已亡之器，以古器推未言之義，作爲此書。然持論偏執，且多疎略。如云：「七音漢以前但謂之和繆，不能立名。」又云：「天地自然之聲，每律有極清聲，清多濁少聲。五聲未盡，故又生變徵極清、變商清多濁少以盡之。」而不取先儒變宫之説。夫變宫之説，漢以前固無有矣，若變商之説，則淮南以後亦無有也，斯亦杜撰之甚者矣。又云：「凡字能調爲他字者爲陰聲，不能調爲他字者爲陽聲，如黄陽荒陰之類。」案，字分陰陽始於周德清中原音韻。以聲之高下論之，非謂其能調他聲否也。以字母言之，則見有陰無陽，疑有陽無陰，即純清、純濁字也。見之陽，疑之陰，雖有聲而無其字。溪、羣二母，則即一聲，而溪陰羣陽，自爲清濁。劉氏所言，於音韻殊爲隔閡。

至於鐘磬等制，多據博古圖以變亂古人舊説，尤不可訓矣。

古樂經傳三卷　兩淮鹽政採進本

明湛若水撰。若水有二禮經傳測，已著録。是書補樂經一篇，若水所擬；古樂正傳十篇，則録其門人吕懷之書；古樂本傳一篇，即樂記原文；別傳一篇，皆周禮所言樂事；雜傳一篇、律傳一篇，則雜採孟子以下及歷代論樂語也。其大旨以論度數爲主，以論義理爲後。故以己所作者反謂之經，而樂記以下古經反謂之傳。然古之度數，其密率已不可知。非聖人聲律身度者，何由於百世之下，闇與古合，而用以播諸金石管弦之器？若水遽定爲經，未免自信之過矣。

樂律纂要一卷　兩淮馬裕家藏本

明季本撰。本有易學四同，已著録。是書凡十三篇。其論聲氣之源，欲舍古尺而治以耳，亦不甚取候氣之法。其論律管圍徑，頗以祖沖之密率疑胡瑗「三分四釐六毫有奇」之説。其論黄鍾生十一律，以蕤賓生大吕非本法。其論十二律寸法，以六變律補鍾律解之闕。其論正變倍半，駁但用四清聲之非。其論五聲相生，不取沈括筆談，論二變聲。不取杜佑通典。後附趙彦肅所傳開元詩譜十二章，則舊文也。本承姚江之學派，其持論務欲掃滌舊文，獨標心得。至於論禮論樂，亦皆自出新裁。一知半解，雖不無可取，而大致不根於古義。觀其自序，亦言無所師承，以意考究而得之也。

蔡氏律同二卷 浙江吴玉墀家藏本

明蔡宗兗撰。宗兗字我齋，山陰人。正德丁丑進士，官興化府教授。是書以本性、稽數、候氣三篇爲上卷，以文聲、協律、制器、正度量權四篇爲下卷。其稽數所據史記「生鍾分演爲圖説」，皆人所同有。其以古人半律當元定蔡氏變律，不如仍古人之名爲是。其謂變律之不必增設，亦似有所見，而未盡其奥。文聲一篇，不用二變，古亦有此論。驗之於今，南曲如此，北曲則必有二變矣，皆其宫調之乙、凡二字也。至謂五聲則有二變，如樓之梯、堂之階，則殊未協。又以疊字散聲之説而當二變，則益不合矣。制器篇皆古人樂書中所有，而漏略未全。正度量權篇亦律吕新書之舊文。其候氣之説，尤拘泥而不驗者也。協律篇牽引四聲，究古人歌法。不知近起水磨腔，乃斤斤於此。前人以平、上、去、入配宫、商、角、徵、羽，分爲舌居中、口開張等説，實於五聲無與，不可混并爲一。宗兗雖小變其意，然以公、隆、麻、禾等韻配十二律，則亦尚沿其誤耳。

樂律舉要一卷 編修程晉芳家藏本

明韓邦奇撰。邦奇有易學啓蒙意見，已著録。此書爲曹溶學海類篇所載。校核其文，乃從邦奇苑洛志樂中摘録十餘條，爲立此名也。

樂經元義八卷 直隸總督採進本

明劉濂撰。濂有易象解，已著録。是書第一卷曰律吕篇，二卷曰八音篇，三卷曰萬舞篇，四卷至七卷曰古詩音調篇，八卷曰徵言篇。其論律呂也，專駁樂記與周禮大司樂。其論音調也，謂三百篇之中宫、商近雅，徵、羽近淫。每篇每章，分出某宫某律，又於其中分列有和、有亂。其論頌，又極駁圜鍾、函鍾。大都自任臆見，無所師承。前有嘉靖二十九年自序，稱：「上下數千年，閱歷聖哲不知凡幾，皆見不及此。」亦傎之甚矣。

樂典三十六卷

副都御史黄登賢家藏本

明黄佐撰。佐有泰泉鄉禮，已著録。是編自一卷至十二卷爲樂均，自十三卷至二十一卷爲樂義，自二十二卷至二十四卷爲大司樂義，自二十五卷至三十五卷爲樂記，三十六卷爲詩樂。其所重者則尤在樂均。其言律呂之數，以爲每律虚三分，吹口黄鍾之管其數七十八，半之爲含少，以求合於呂氏春秋「黄鍾之宫三寸九分」之説。又引史記律書黄鍾、太蔟、姑洗、林鍾、南呂五律之數，以爲虚三分之證。不知律書中諸「七分」字皆爲「十分」字之譌，司馬貞索隱已辨之。而三寸九分亦爲四寸五分之譌，近時江永律呂闡微辨之尤詳。佐據此誤本爲宗，故其説愈推愈謬。又古者吹律本爲無孔之管，後乃一律一呂，各爲一聲。每管設孔備五聲二變之數，兼旋宫换調之法。佐乃疑爲無孔之管氣從下洩，欲每管設孔以爲律始，亦殊臆撰。至於解釋經義，往往支離。若解大司樂「奏黄鍾，歌大呂，舞雲門，以祀天神」，謂：「黄鍾七變蕤賓爲繆羽，應合大呂。大呂七變函鍾爲繆羽，應合太蔟。」其圖列黄鍾、大呂各正聲三調、變聲九調，合爲十二調。然謂正聲第一調七聲俱備，第二調則有變宫而無變徵，第三調則變宫、變徵全無，至變聲第六調則自宫至羽并無角音，第七調則自宫至商并無羽音，第八調則自宫至徵并無商音，第九調則惟宫之一聲。夫天下安有一聲而可列爲一調者乎？徒爲異説而已。明史本傳載佐自稱此書洩造化之祕，殆不然乎。

琴瑟譜三卷 浙江巡撫採進本

明汪浩然撰。浩然始末未詳。自稱「廣東瓊州府正樂生員」，殆樂生也。第一卷言琴瑟之制以及圖説指法。下二卷則各分諸調。浩然能協琴瑟之聲爲八音，嘗譜大成樂奏之廣州學宫，湛若水嘗爲作記。其自序謂與其子合奏之。蓋以專門世業，故言之特詳耳。

八音摘要二卷 兩淮鹽政採進本

明汪浩然撰。是書凡二十五目。上卷自歷代樂議、旋相爲宫議以下爲十五目。下卷分列八音及舞圖、歌譜爲十目。大抵摭拾舊論，如制氏之記其鏗鏘而已。

律吕新書分注圖纂十三卷 安徽巡撫採進本

明許珍撰。珍字時聘，號靜菴，天長人。卷首葉良佩序有「掌教吾庠」之語。據太學題名碑，良佩，嘉靖癸未進士，浙江太平人，則珍乃太平學官也。是編以蔡氏律吕新書分前、後二卷，前爲律吕本原，後爲證辨，前後隔越，不便初學。乃以後卷證辨分入前卷各章之末，又取性理大全三注、集覽、補注諸書分疏於前章各段之下，以便觀覽。大抵依文爲訓，無所發明。

簫韶考逸二卷　浙江巡撫採進本

明呂懷撰。懷有周易卦變圖傳，已著録。懷律呂之學受之於湛若水，若水嘗採所論入古樂經傳中。是書則又懷與其門人胡采輩問答而作也。其説以黄、大、太、夾、姑、仲、蕤、林、夷九均爲韶之九成，雜引五行、納音以相配合。其論韶舞則仿周人四表之制，以黄、林、太、夾、南、姑、應、蕤、夷爲九成。其論樂器則據風俗通笙、柷、鼓、簫、琴、塤、鍾、磬爲八音之器。卷末又雜録問答之語。所載十二律積數，繁衍無當。又以陰陽術數之説附會其間，益雜糅矣。

律呂古義三卷　兩淮鹽政採進本

明呂懷撰。此編前載總序，後列七圖，分律本、律變、候氣、納音等門，竝載雜説内、外篇及答問數條。其中心統之説，頗近釋氏。所論亦時多牽合，未能得律呂之本也。

律呂分解二卷律呂發明二卷　浙江巡撫採進本

明孫應鼇撰。應鼇有淮海易談，已著録。是書考辨律呂，多出臆斷。如旋宫之法以十二律相生爲次，每調用五聲二變，止得七聲。如通計一均五調所用之七律，則三十五聲衹得十一律。今以黄鍾一均言之，自黄鍾而上，用夷則、夾鍾、無射、仲呂四律；自黄鍾而下，用林鍾、太蔟、南呂、姑洗、應鍾、蕤賓六律，併黄鍾爲十一律。其不用大呂者，以旋宫之法所不及也。應鼇不解其義，乃云：「大呂助黄鍾宣氣，后妃之象，地道無成，而代有終，故虚而不用。」穿鑿殊甚。其算漢斛銘文之徑，尤爲疎舛。嘉量方尺圖，其外方斜即圓徑也。方求斜術，以方尺自乘倍之，開方得斜，即以之爲圓徑。用祖氏密率得圓周，乃不易之法。今應龤以徑一圍三最疎之率起算，命斜徑爲一尺四寸有奇，周四尺二寸。是以開方乘除所得之數無一不謬，與祖氏所有徑一一四周三五五密率相去殊遠，乃自云依祖氏布算，何也？況即以徑一圍三論之，則斜徑一尺四寸有奇者，周亦不止於四尺二寸。總之根柢不明，故無往而不牴牾也。

舞志十二卷 浙江鮑士恭家藏本

明張敉撰。敉初名獻翼，有讀易紀聞，已著録。是書凡十二篇：一曰舞容，二曰舞位，三曰舞器，四曰舞服，五曰舞人，六曰舞序，七曰舞名，八曰舞音，九曰舞什，十曰舞述，十一曰舞議，十二曰舞例。大旨以韓邦奇志樂爲本，而雜引史傳以暢其旨，頗爲詳備。然多闌入後世俗樂，未免雅、鄭雜糅。至援山海經「刑天舞干戚」之類以證古義，尤爲貪多嗜奇，擇焉不精矣。

李氏樂書十九卷 山東巡撫採進本

明李文察撰。文察里貫未詳，嘉靖十七年官遼州同知時，表進此書於朝，詔授太常寺典簿。其書凡古樂筌蹄九卷、律呂新書補注一卷、青宮樂調三卷、典樂要論三卷、樂記補説一卷、四聖圖解二卷。文察生平所學，具見於古樂筌蹄，大旨本史記律書與周官大司樂職文而自爲之説。律書生鍾術：「上九，商八，羽七，角六，宮五，徵九，置一而九三之以爲法，實如法得長一寸，凡得九寸，命曰黄鍾之宫。」文察解之曰：「上九者，以九爲上。尺取九寸，寸取九分，去十而存九之謂也。以下八、七、六、五、九之數皆自酉而定。蓋酉爲寸法，其位當乎十也。商八，太蔟爲商，居寅，自寅數酉當八。羽七，南吕爲羽，居酉，酉衝在卯，自卯數酉當七。角六，姑洗爲角，居辰，自辰數酉當六。宫五，黄鍾爲宫，居子，自子數酉當十。十者，二其五也，是亦五焉。徵九，林鍾爲徵，居未，未衝在丑，自丑數酉當九。」今以其言考之，酉爲寸法而位居十，已與上九之義不合。八、七、六、五、九之數，羽酉、徵未皆取衝位，雖可以六陽當位，自得六陰，則居其衝解之，而自宫子至酉實爲十數，不得云「宫五」，乃云「十者，二其五也」，勉强牽合，莫此爲甚。六十調圖率以羽聲起調，如黄鍾宫起南吕，黄鍾徵起姑洗，黄鍾商起應鍾，黄鍾羽起蕤賓，黄鍾角起大吕之類，皆以羽聲數至黄鍾而止，以合宫五、徵九、商八、羽七、角六之數。今以黄鍾言之，黄鍾、林鍾、太蔟、南吕、姑洗、應鍾、蕤賓七律即宫、徵、商、羽、角、變宫、變徵一均之數。黄鍾爲宫，則七律自蕤賓止矣。文察不用黄鍾、林鍾、太蔟三律，而以其南吕羽起調。至蕤賓以下，乃取大吕、夷則、夾鍾、無射、仲吕、黄鍾六律繼之，共得十聲，而合宫五之數。大吕、夷則等律於黄鍾宫不相干涉，而第十聲之黄鍾亦非黄鍾爲宫之原律。至黄鍾徵調，林鍾爲宫，七律以林鍾、太蔟、南吕、姑洗、應鍾、蕤賓、大吕爲次。文察不用林鍾、太蔟、南吕三律，而以其姑洗羽起調。至大吕下，取夷則、夾鍾、無射、仲吕、黄鍾五律繼之，共得九聲，以合徵九之數，其謬與黄鍾宫同。而更有今棄之不用，而自姑洗至黃鍾九聲竝無林鍾之律，得命之爲宮。而仍名之爲黃鍾徵，是名實錯亂也。大司樂三大祀樂天神之樂，文察以黃鍾、林鍾、太蔟、南呂、姑洗、應鍾、蕤賓、大呂、夷則、夾鍾順行爲十奏之次，大呂、蕤賓、應鍾、姑洗、南呂、太蔟、林鍾、黃鍾、仲呂、無射逆行爲十歌之次，姑洗、應鍾、蕤賓、大呂、夷則、夾鍾爲六變之次。六變之樂夾鍾爲宮，則黃鍾爲羽，起聲在羽之羽，則爲南呂。故一變姑洗，至六變仍得夾鍾，合南呂六變數之，則羽七也。夫經文明言「黃鍾爲角，太蔟爲徵」，文察因其不合，則云：「黃鍾乃夾鍾羽在第九奏，爲夷則之角。太蔟乃夾鍾變宮，在第二奏，爲林鍾之徵。」至姑洗爲羽，萬不得通，乃云：「姑洗在夾鍾前一位，乃黃鍾之角。黃鍾乃夾鍾之羽，其氣相關，在第三奏，爲林鍾之羽。」夫六十調八十四聲旋宮之法，每一律皆含五聲二變，特以宮調不同，某律之爲某聲，乃一定之次，而不相假借。若彼此移易而仍不可通，亦徒爲好異而已矣。其律呂新書補注、青宮樂調、典樂要論三書，大旨不出乎此。樂記補說，因陳澔之注而補之，以發明「禮先樂後」之旨，不及於器數。四聖圖解上卷四圖，一爲伏羲先天卦圖，一爲文王後天卦圖，一爲夏禹九疇圖，一爲箕子洪範圖。下卷四圖，一曰用保聖躬，二曰用明聖心，三曰用一聖動，四曰用直聖政，更一字不及於樂。據其自序，欲以德政爲作樂之本也。然當世宗玄修之日，而引蔡沈之說，稱「老彭得之以養身」云云，毋亦欲希時好乎？

雅樂考二十卷　兩淮鹽政採進本

明韋煥撰。煥，常熟人，嘉靖中官福建仙游縣教諭。是書雜引前代論樂之事，鈔撮成編。前三卷題曰經書，皆引六經言樂之文，論語、孟子亦皆詳載，而左傳惟引「初獻六羽」「季札來聘」二條，儀禮則不録一字。四卷題曰諸子，自太公六韜以至莊子、列子皆取一、二條。五卷爲五聲，六卷、七卷爲六律，八卷、九卷爲律制，十卷至十二卷爲八音，十三卷至十六卷爲樂制，皆剽剟習見之言。十七卷至末皆明之樂章，併教坊曲令亦載焉。全書無所發明，惟「六羽」條下稱「祀孔子當增武舞」耳。

律呂正聲六十卷　内府藏本

明王邦直撰。邦直字子魚，即墨人。李維楨序以爲曾官鹽山縣丞，林增志序則以爲鉛山縣丞，二序同時，自相矛盾。考明世宗實録，實作「鹽山」，則增志序誤也。其書以卦氣定律呂，推步準之太玄經，分寸準之呂覽，故大旨主李文利「黄鍾三寸九分」之説，而獨斜其律，以左律爲右律。又以三分損一、隔八相生，截然兩法，而力辨古來牽合爲一之非。援引浩繁，其説甚辨。自漢司馬遷至明韓邦奇諸家，皆有節取，而無一家當其意。蓋邦直當嘉靖間上書論時政，坐是閑廢，閉户二十年乃成此書。王士禛池北偶談記萬曆甲午詔修國史，翰林周如砥嘗上其書於史館，蓋亦篤志研思之作也。然維楨序述其欲比孔子自衛反魯，使雅、頌得所，邦直自序亦稱千載之謬可革，往聖之絶學不患於無繼，則未免過夸矣。

律呂正論四卷 浙江巡撫採進本

明朱載堉撰。是書掃除古法，自生新意。謂：「史記稱黄鍾八寸十分一，乃約十分爲寸；管子稱九九以是生黄鍾，乃約九分爲寸；自京房、劉歆始以九寸爲九十分，以空圍相乘得八百一十分，宋蔡元定祖之，其説皆謬。」因創爲縱黍、斜黍、横黍三等尺圖，謂元定誤以斜黍之積爲横黍之積，故諸律尺度皆謬。於是每律長短皆列三等新法，以糾其失。又以密術推内外周徑、面冪及積實，而終之以琴律圖譜，大抵皆掊擊前人之説也。以載堉所撰律呂精義與是書相考，是書大呂横黍律長九寸四分三釐九毫，而律呂精義則載大呂横黍律長九寸四分三釐八毫七絲四忽三微一纖；是書太蔟横黍律長八寸九分一釐九毫，而律呂精義載太蔟横黍律長八寸九分一釐八毫九絲八忽七微一纖；是書夾鍾横黍律長八寸四分一釐九毫，而律呂精義夾鍾横黍律長八寸四分一釐八毫九絲六忽四微一纖。其餘絲、忽以下，收零作整者甚多。蓋此書爲載堉草剏之本，而律呂精義後出，其算術與年俱進，故得數不同也。

律呂質疑辨惑無卷數 浙江巡撫採進本

舊本題曰句曲山人伯勤甫撰。伯勤者，明鄭世子載堉字也。書中有云：「律呂精義内篇備載各律内外周徑、面冪、積實乘除算術已詳。今恐文煩，故不細解，只將倍、正、半三十六律内、外徑數開如左。」蓋載堉既爲律呂精義，又爲此書以約其義也。其説謂「前漢志度本起於黄鍾之長，黄鍾之長便是一尺。若外加一寸然後成尺，則不可謂度本起於黄鍾之長」矣。故全書俱從黄鍾長一尺立算，與所謂律呂精義及正論互相闡發。千頃堂書目不著録，蓋未之見。今鈔本附於律呂正論之後，而以王所用律呂正論序冠於卷端，則二書一時傳寫裝潢者誤移也。

樂經以俟録無卷數　兩江總督採進本

明瞿九思撰。九思有春秋以俟録，已著録。是編首以十二律衍爲十二月令，摹仿禮記之文，頗爲蕪雜。其解「用宮逐羽而清角生，引商刻羽而流徵成」，以爲「凡樂調每均自下而上，初律謂之宮，次二謂之商，次三謂之角，次四謂之徵，次五謂之羽，則五乃羽位，非宮與商之位。因下宮居於羽調之羽位，似乎以宮逐羽，而宮下間一之陽律即是角，故曰『用宮逐羽而清角生』。以下商居於羽調之羽位，似乎引商逐羽，而商下間一之陰律即是徵，故曰『引商刻羽而流徵成』」云云。案，「下宮」之名見國語伶州鳩所論七律，「下商」之名則亘古未聞，殆由九思杜撰。又以四清爲清宮、清商、清角、清徵，如商調之數少，宮調之數多，則宮調謂之正宮；宮調之數少，而商調之數多，則宮調謂之下宮。其法以宮與商相較，商與角相較，角與徵、羽莫不皆然。惟羽居五調之末，更無他調相較，以知其孰爲正羽，孰爲清羽。然宮商、商角、角徵、徵羽，既以次相較，羽調獨不可與宮相較乎？且古人有「少羽」「繆羽」「清羽」諸説，管子又有「倍羽」之律。九思不知凡一律皆有正、倍、半三聲，遂謂「羽無清調」，誤矣。又論蔡元定旋相爲宫圖：「黄律雖在黄鍾宫調之首，而黄律不在黄鍾羽調之末，不得謂之以黄鍾起調畢曲。」案，樂律始終，條理出於自然。起調畢曲，必用本律，本屬臆度。蔡元定以黄、太、姑、蕤、林、南、應爲黄律宫者，乃合五聲二變而計之。黄鍾既在一均之内，自可以爲起調畢曲。九思乃分十二律爲五段，每調止用五聲，而其所用者乃長短大小之次，非相生之律，已屬乖舛。又謂「一均以十二律周而復始」，不知五聲二變可以該括萬聲，亦爲淺陋。至謂「十二律之黄、太、姑、夾等字即爲均腳」，尤不知而作矣。

律呂解注二卷 浙江汪啓淑家藏本

明鄧文憲撰。文憲號念齋，新會人。官晉江縣教諭。是書成於萬曆癸未，全録律呂新書舊注，所自爲詮解者，殊不及十之一。至蔡書六十調一圖，於旋宫之法，已爲賅備。文憲又每調各爲一圖，附於蔡圖之後，尤徒爲繁碎矣。

樂經集注二卷 山東巡撫採進本

明張鳳翔撰。鳳翔有禮經集注，已著録。是書取春官大司樂以下二十官爲樂經，謂漢竇公獻古樂經，文與大司樂合，是其明證。今以所述二十官之義證之注疏，多相符合。惟大司樂一官序樂制最詳，而文亦最奥。鄭注「圜鍾爲宫」以下文，謂：「天宫夾鍾陰聲，其相生從陽數。其陽無射，無射上生中呂。中呂與地宫同位，不用中呂上生黄鍾。黄鍾下生林鍾，林鍾地宫，又不用林鍾上生太蔟。

太蔟下生南吕，南吕與無射同位，又不用南吕上生姑洗。其林鍾爲宫、黄鍾爲宫，相生之例亦然。」其義頗奥，故宋、元人多不從。是書於此類要義多未發明，而徒事牽衍文句，蓋亦無足深取矣。

大樂嘉成一卷　浙江巡撫採進本

明袁應兆撰。應兆字瑜石，江寧人。崇禎中舉人，官休寧縣教諭。明自洪武二十六年頒大成雅樂於天下，令學官依式制造。然奉行者或舉或不舉，其舉者或久而廢。故明之季年，休寧學尚不備樂。應兆乃與知縣王佐考核定制，編爲此書。實明一代享祭先師之樂譜，非一縣之樂譜也。

古樂義十二卷　湖南巡撫採進本

明邵儲撰。儲此書明史藝文志不著録，書中考辨韶樂尤詳。大概據虞書「戛擊鳴球，搏拊琴瑟以詠」爲堂上之樂，「合止柷敔、笙鏞以間」爲堂下之樂，「簫韶九成」爲樂之始終節奏。又據漢志「樂歌九德」顔師古注「九功之德，皆可歌也」之語，以「水火金木土穀惟修」至「勸之以九歌俾勿壞」、自「天敘有典」至「政事懋哉懋哉」、自「庶頑讒説」至於「否則威之」、自「股肱喜哉」至「百工熙哉」、自「元首明哉」至「庶事康哉」，爲九德之歌。據「舞蹈宣八風之氣」及「文始五行舞」諸説，推之爲九韶之舞。不知經傳所云韶樂，本寥寥數語，毫無聲律器數可推。而儲乃敷衍之以爲當時韶樂如是，其勉强附會，自不待言。至其論十二律皆具正管正聲、子管子聲，爲二十四律。其十二律衍唱之法，如黄鍾宫衍唱，以黄、林、太、南、姑、應爲一均，應、蕤、大、夷、夾爲一均，皆用正管。無、仲、黄、林、太一均四律，皆用正管，獨黄鍾用子管。南、姑、應、蕤、太一均，獨大吕用子管。不知聲音之道，高下以漸。諸高之中而忽雜一下，或諸下之中而忽雜一高，則律不成律，歌不成歌。儲侈言韶樂，實於尋常聲音之道尚未能辨也。

大成樂律一卷　山東巡撫採進本

國朝孔貞瑄撰。貞瑄字璧六，號歷洲，晚號聊叟，曲阜人。順治庚子舉人，官大姚縣知縣。是編乃貞瑄爲濟南教授時作，推洞簫七調以明「三分損一上生下生」之旨，尤詳於琴瑟譜。其節奏大概本之闕里廟中。其辨鄭世子「瑟以合宫命之，别於旋宫」之説有五不可通，頗多訂正。然謂樂亡而求諸俗，至以箏爲瑟之遺制，未免亂鄭聲於雅樂矣。

律吕新書衍義一卷　浙江巡撫採進本

國朝吕夏音撰。夏音字大昭，新昌人。雍正丙午舉人，官知縣。是編取蔡元定之書，更爲推闡。凡爲説五、圖六，圖後又各附以論及歌訣。其論律吕相生之次，與元定頗有異同。元定謂：「六律在子、寅、辰、午、申、戌六陽辰者，皆損而下生。六吕在丑、卯、巳、未、酉、亥六陰辰者，皆益而上生。至蕤賓生大吕，損而下生，其管只四寸一分八釐三毫。夷則生夾鍾，損而下生，其管只三寸六分六釐三毫。無射生仲吕，損而下生，其管只三寸二分八釐六毫。」於是謂：「三吕在陰無所增損，三吕在陽則用倍數，使與十二月之氣相應。」夏音不從，專主吕氏春秋及淮南子之説，謂自子至巳前六辰爲陽，皆下生，下生則損。自午至亥後六辰爲陰，皆上生，上生則益。子之生未，一陽生二陰。未之生寅，二陰生三陽。寅之生酉，三陽生四陰。酉之生辰，四陰生五陽。辰之生亥，五陽生六陰。午之生丑，一陰生二陽。丑之生申，二陽生三陰。申之生卯，三陰生四陽。卯之生戌，四陽生五陰。戌之生巳，五陰生六陽。自矜其說爲前人未發。然應鍾生蕤賓，以亥之六陰生午之一陰，與陰陽相生之例不合。終未若元定之書，深有合於司馬遷、班固諸家古法也。

律呂圖說九卷　陝西巡撫採進本

國朝王建常撰。建常字仲復，渭南人。是書成於康熙戊辰，自謂殫四十餘年之功。大抵依蔡氏律呂新書次第爲之圖說，尤力申候氣之法，歷引隋志及明人韓邦奇、王邦直之說，爲之發明。案，候氣之說雖詳具於續漢志。然隋開皇九年高祖遣毛爽、蔡子元候氣於普明寺，其法已不能應，其事具詳隋志。即蔡氏所謂「多截管以求黃鍾」者，亦究未之能得。建常所論，亦泥古而不知變通者矣。末有王弘撰後序，歷稱黃宗羲、梅文鼎、毛奇齡諸家，以爲與建常此書皆不合，其惑滋甚。「安得聚諸人於一堂，窮其本而究其變！」則亦深有微詞矣。

鍾律陳數一卷　兩江總督採進本

國朝顧陳垿撰。陳垿字玉亭，太倉人。康熙己酉舉人，官行人司行人。自孟康、韋昭皆有「黃鍾管徑三分圍九分」之說，算家以其周徑相求之率，於術最疎，久廢不用。陳垿仍本舊說，以徑三分爲生律之數。又云：「即九爲寸，律之九、度之十也。取徑之三十，因九歸得三分又三分分之一，爲律生之度。黄鍾管徑三分又三分分之一，以九還原，即三周十分又三百三十九分分之一十六。以九還原，爲九分又一百一十三分之四十八。則是徑九分者乃虚立之率，而非實數。」其説與蔡氏「約十爲九」之論合。然圍九之率終爲疎舛，即陳埣究不能强解也。隋書律志載祖沖之密率徑一百一十三周三百五十五。陳埣用此率以算周徑，較徑三圍九之法爲密。如以新率四率比例推之，徑一爲一率，周三一四一五九二六五爲二率，徑一百一十三爲三率，推得四率之周爲三五五九九九六九四五，比祖氏三五五密率尾數尚多八位，又陳埣所未知矣。

樂經内編二十卷　江蘇巡撫採進本

國朝張宣猷撰。雜採諸經書言樂之文，排纂成書，無所考正。自序又稱：「採諸史者，謂之外編。」今外編未見，非完書也。

律吕新書注三卷　河南巡撫採進本

國朝周模撰。模，儀封人。是書成於雍正甲辰。所注皆依文訓義，惟於魯齋彭氏所算黄鍾圍徑字畫譌舛者，能訂正其失耳。自序云：「不得黄鍾則十一律無由而正。」然不究黄鍾之真度，而徒以在聲爲中聲，在氣爲中氣，在人爲喜怒哀樂未發與發而中節等理語解之。此所謂言之可聽，而用之無當者也。

賡和録二卷　廣東巡撫採進本

國朝何夢瑶撰。夢瑶字報之，南海人，雍正庚戌進士。是書恭録聖祖仁皇帝律呂正義，爲述要上、下二卷。又以所纂蔡氏律呂新書訓釋、曹庭棟琴學纂要附入下卷。謹案，正義所論琴律，據管子、白虎通諸書以大弦爲倍徵、三弦爲宫，與諸家云「一弦爲宫」者迥異。蔡、曹二書尚仍舊説，夢瑶依文訓釋，尚未能推闡御製之精微，以糾正流傳之舛誤也。

易律通解八卷　浙江巡撫採進本

國朝沈光邦撰。光邦，臨海人。雍正中官中書舍人。易道陰陽，律呂亦本陰陽。易爲天地自然之數，律呂亦本天地自然之數，故推而衍之，其理可以相通。然易不爲律作，律亦不爲易作，無容牽合而一之也。是書引律以合易，以天地五十有五之數畫爲三角圖，與算家開方廉率立成之法相類。所用過揲之數以九八不以九六，策數以五十五不以五十，於律義頗多牴牾。至律管不用圍徑，又於十二律之外，增小呂、含少二律於無射之後，亦自我作古也。

樂律古義二卷　福建巡撫採進本

國朝童能靈撰。能靈有周易剩義，已著録。是書謂：「洛書爲五音之本，河圖爲洛書之源。河圖圓而爲氣，洛書方而爲體。五音者氣也，氣凝爲體，體以聚氣，然後聲音出焉。蔡氏律呂新書沿淮南子、漢書之説，誤以亥爲黄鍾之實，惟所約寸、分、釐、絲、忽之法，其數合於史記律書。因取其説爲之推究源委，以成是書。」夫萬事萬物，不離乎數，故旁牽蔓引，無不可比附於圖書。而律、曆兩家以數爲根，尤易於假借其文，敷衍成理，然非聖人作樂之本旨也。伶倫製律，何嘗一字及圖書哉？

大樂元音七卷 山東巡撫採進本

國朝潘士權撰。士權號龍菴，黔陽人。官太常寺博士。是書成於乾隆己丑。前五卷據琴定樂，大旨本管子「下徵之數一百八，下羽之數九十六」、白虎通「絃音離，故首徵」二説而通之。案絃審音，以首絃爲下徵，二絃爲下羽，三絃爲宫，四、五、六、七爲商、角、徵、羽，并附以儀禮樂譜十二篇。圖説頗繁，然實本欽定律吕正義「琴以首絃爲下徵」之説，旁爲推演。其由琴聲而推諸樂，與近時江永律吕新論所見略同，但不及永書之精密耳。六卷附以琴譜、曲譜，七卷附曆學音調，類例甚詳。惟「合、四、乙、上、尺、工、凡」，唐人新法，兹既不取，而又兼以「凡」字代變宫，「乙」字代變徵，則矛盾在所不免矣。

律吕新書箋義二卷附八音考略一卷 湖南巡撫採進本

國朝羅登選撰。登選，衡山人。是編取蔡元定書爲之訓釋，亦有强爲之説者。如八十四聲圖箋云：「合爲黄鍾古，六爲黄鍾清。」本之宋志所載燕樂字譜。合、六皆頭管翕聲，非笛色也。六十調圖箋云：「今民間俗樂亦有調法，如用六字調是古清黄鍾調。」不知俗樂以笛色正宫之字定調，頭管之翕聲爲合，是加上字哨吹之而爲合。若去哨吹之，則祇是上字也。且唐宋時燕樂高於雅樂三律，以夾鍾清爲宫。蔡氏新書云：「緊五者夾鍾之清聲，俗樂以爲宫是也。燕樂之黄鍾，其聲當雅樂夾鍾。新唐書云『宫聲應夾鍾之律』是也。」然則笛色六字已非雅樂黄鍾，其非古黄鍾益可知矣。至於書中所引推步算術之類，尤爲牽合。末附八音考略一卷，亦無大闡明云。

律吕圖説一卷　江蘇巡撫採進本

國朝張紫芝撰。紫芝字鶩山，一字秀山，杭州人。是書首引朱子鍾律篇，次列黄鍾圖，自此以下凡三十八圖，以月建日躔圖終焉。每圖皆爲之説，大都不出蔡元定、韓邦奇及鄭世子載堉舊説。前有孔毓璣序，稱其「爲學徒講解，以『六律正五音』句著爲此書，於四子書中不留纖毫疑義。」則亦舉業之緒餘矣。

音律節略考一卷　兩江總督採進本

國朝潘繼善撰。繼善號本菴，婺源人。是編首列律吕損益上下相生之法，次列正半變半諸律長短之法，次列十二律還相爲宫之法，後列黄宫七管至應宫七管十二圖，即律吕新書所謂八十四聲，蓋旋宫譜也。其中所云本朱子儀禮經傳通解者，乃局於所見而云，然朱子亦考據舊文，非自立新法也。

黄鍾通韻二卷　翰林院筆帖式都保家藏本

國朝都四德撰。都四德字乾文，號秋莊，滿洲鑲紅旗人。是書凡十篇：曰律度量衡第一、五音位次第二、六律第三、七均第四、五音六律相生第五、律呂名義第六、律本第七、循環爲宫第八、聲字第九、律數第十。末又附以琴圖，共爲上、下二卷。多本蔡元定律呂新書而附益以己意。如聲字一篇，於國書十二字頭獨取第一、第二、第四、第五、第十二章之字，而其餘皆不之及。而五章中又雜取第四章之（安。）（恩。）二字以配宫，第五章之（昂。）（鞥。）二字以配商，第一章之（阿。）（額。）二字以配角，第十章之（敖。）（歐。）二字以配徵，第二章之（愛，平聲讀。）（額依。）二字以配羽。以上十字，分之配十干。又取首章之（依。）（烏。）兩字，共爲十二字，分配十二律，作爲横直方圓之圖，且謂人之言語聲音止此數字。殊不知我國書十二字頭，整齊肅括，無音不備，無韻不該，非可偏舉其五字頭以爲分配也。據其所論，蓋以此五章可用漢字對音，其餘七章雙聲疊韻爲漢文所無，故不用耳。然國書有二合、三合切音之不同。推其原本，則自首句六字而外，其餘何一非雙聲疊韻，而謂止於七章而已乎？今以漢文字有無爲國音之區别，漢文所有者，則取配五音十二律，而漢文所無者，概置弗論，是未究國書制作之本也。且字頭十二，雖曰平列，其實十一章皆以第一章爲綱領，而第一章又以第一句爲綱領。觀國語中竝無以他字加於（阿。）（額。）（依。）（鄂。）（烏。）之上者，其偶遇此音，亦以他字代之。蓋此數字總貫十二章，如臣之有君，子之有母，其體統實爲最尊，不宜與衆音竝列。又所列（阿。）（愛，平聲讀。）（安。）（昂。）（敖。）等字反居（額。）（額依。）、恩。、鞥。歐。等字之下，亦多未安。伏稽欽定國書新語，即以阿。爲陽，以額。爲陰。以此可見阿。之類皆陽位也，額。之數皆陰位也。陰不可以先陽，乃國書之義例，不可以隨章布列矣。至其以五章字頭統詩韻三十部，雖亦近似，然限以前所拈之數字，亦不足以盡清文之蘊。惟所論清字切音之法，皆中窾要，爲有益於學者耳。

樂原無卷數　江蘇巡撫採進本

舊本題囂囂子撰。不著名氏。相其紙色版式，蓋近時人也。首爲總論一篇，泛摭聲律身度之常談。書中亦録通典、玉海之舊文。其他若謂：「陽律有二變，陰律無二變。」不知十二律旋相爲宫，各有五聲二變，故得八十四聲，若陰律無二變，則十二律旋宫止得七十二聲矣。又謂：「吉事用九寸起律，則黄鍾也；凶事用八寸起律，則大吕也。」考之周禮大司樂，凡日月食、四鎮五嶽崩、大傀、異裁、諸侯薨令去樂。從未見有凶事用樂，亦未見先王特别八寸之管爲凶事用者。至史記述漢制，始有「吹簫給喪」之語，然豈可以論古樂歟？

律吕纂要二卷　内府藏本

不著撰人名氏，前後亦無序跋。分上、下二篇，每篇各十有三説，大意以律吕之要在辨其聲音之高下長短。上篇則發明高下之節，下篇則發明長短之度。似乎近人節録欽定律吕正義，以便記誦者也。

右樂類。四十二部，二百九十卷。内四部無卷數。**皆附存目。**

案樂爲古制，宜遵古法。阮咸、荀勖之爭不過尺之長短，房庶、范鎮之爭不過黍之縱橫耳。宋魏漢津以徽宗指節定尺，明李文利以黄鍾爲長三寸九分，盡改古法，皆世衰而邪説作也。今於詭詞新論悉斥不録，庶不失依永和聲之本旨焉。

欽定四庫全書總目卷四十

經部四十

小學類一

古小學所教，不過六書之類。故漢志以弟子職附孝經，而史籀等十家四十五篇列爲小學。隋志增以金石刻文，唐志增以書法、書品，已非初旨。自朱子作小學以配大學，趙希弁讀書附志遂以弟子職之類併入小學，又以蒙求之類相參竝列，而小學益多岐矣。考訂源流，惟漢志根據經義，要爲近古。今以論幼儀者別入儒家，以論筆法者別入雜藝，以蒙求之屬隸故事，以便記誦者別入類書。惟以爾雅以下編爲訓詁，說文以下編爲字書，廣韻以下編爲韻書。庶體例謹嚴，不失古義。其有兼舉兩家者，則各以所重爲主。如李燾說文五音韻譜實字書，袁子讓字學元元實論等韻之類。悉條其得失，具於本篇。

爾雅注疏十一卷 内府藏本

晉郭璞注，宋邢昺疏。璞字景純，河東聞喜人，官至弘農太守。事蹟具晉書本傳。昺有孝經疏，已著録。案大戴禮孔子三朝記稱孔子教魯哀公學爾雅，則爾雅之來遠矣，然不云爾雅爲誰作。據張揖進廣雅表稱：「周公著爾雅一篇。案：經典釋文以揖所稱一篇爲釋詁。今俗所傳三篇，案：漢志：爾雅三卷。此三篇謂三卷也。或言仲尼所增，或言子夏所益，或言叔孫通所補，或言沛郡梁文所考。皆解家所說，疑莫能明也。」於作書之人，亦無確指。其餘諸家所説，小異大同。今參互而考之。郭璞爾雅注序稱：「豹鼠既辨，其業亦顯。」邢昺疏以爲漢武帝時終軍事。七録載犍爲文學爾雅注三卷，案：七録久佚，此據隋志所稱「梁有某書，亡」，知爲七録所載。陸德明經典釋文以爲漢武帝時人，則其書在武帝以前。曹粹中放齋詩説曰：案：此書今未見傳本，此據永樂大典所引。「爾雅，毛公以前其文猶略，至鄭康成時則加詳。如『學有緝熙于光明』，毛公云：『光，廣也。』康成則以爲『學於有光明者』，而爾雅曰：『緝熙，光明也。』又『齊子豈弟』，康成以爲『猶言發夕也』，而爾雅曰：『豈弟，發也。』『薄言觀者』，毛公無訓。『振古如兹』，毛公云：『振，自也。』康成則以觀爲多，以振爲古，其説皆本於爾雅。使爾雅成書在毛公之前，顧得爲異哉？」則其書在毛亨以後。案：詩傳乃毛亨作，非毛萇作，語詳詩正義條下。大抵小學家綴緝舊文，遞相增益，周公、孔子皆依託之詞。觀釋地有鶼鶼，釋鳥又有鶼鶼，同文複出，知非纂自一手也。其書歐陽脩詩本義以爲學詩者纂集博士解詁，高承事物紀原亦以爲大抵解詁詩人之旨，然釋詩者不及十之一，非專爲詩作。揚雄方言以爲孔子門徒解釋六藝，王充論衡亦以爲五經之訓故，然釋五經者不及十之三四，更非專爲五經作。今觀其文，大抵採諸書訓詁名物之同異，以廣見聞，實自爲一書，不附經義。如釋天云：「暴雨謂之涷。」釋艸云：「卷施艸，拔心不死。」此取楚辭之文也。釋天云：「扶摇謂之猋。」釋蟲云：「蒺藜，蝍蛆。」此取莊子之文也。釋詁云：「嫁，往也。」釋水云：「瀵，大出尾下。」此取列子之文也。釋地「四極」云：「西王母。」釋畜云：「小領，盜驪。」此取穆天子傳之文也。釋地云：「東方有比目魚焉，不比不行，其名謂之鰈；南方有比翼鳥焉，不比不飛，其名謂之鶼鶼。」此取管子之文也。又云：「邛邛岠虚負而走，其名謂之蟨。」此取吕氏春秋之文也。又云：「北方有比肩民焉，迭食而迭望。」釋地云：「河出崑崙虚。」此取山海經之文也。釋詁云：「天、帝、皇、王、后、辟、公、侯。」又云：「弘、廓、宏、溥、介、純、夏、幠。」釋天云「春爲青陽」至「謂之醴泉」，此取尸子之文也。釋鳥曰：「爰居，雜縣。」此取國語之文也。如是之類，不可殫數，蓋亦方言、急就之流。特説經之家多資以證古義，故從其所重，列之經部耳。璞時去漢未遠，如「遂幠大東」稱詩，「釗我周王」稱逸書，所見尚多古本，故所注多可據。後人雖迭爲補正，然宏綱大旨，終不出其範圍。昺疏亦多能引證，如尸子廣澤篇、仁意篇，皆非今人所及睹。其犍爲文學、樊光、李巡之注，見於陸氏釋文者，雖多所遺漏。然疏家之體，惟明本注，注所未及，不復旁搜，此亦唐以來之通弊，不能獨責於昺。惟既列注文，而疏中時複述其文，但曰「郭注」云云，不異一字，亦更不别下一語，殆不可解。豈其初疏與注别行歟？今未見原刻，不可復考矣。

爾雅注三卷 兩淮鹽政採進本

宋鄭樵撰。樵字漁仲，莆田人。居夾漈山中，因以爲號。又自稱西溪逸民。紹興間以薦召對，授右迪功郎，兵部架閣。尋改監潭州南嶽廟，給札歸鈔所撰通志。書成，入爲樞密院編修。事蹟具宋史儒林傳。南宋諸儒大抵崇義理而疎考證，故樵以博洽傲睨一時，遂至肆作聰明，詆諆毛、鄭。其詩辨妄一書開數百年杜撰説經之捷徑，爲通儒之所深非。惟作是書，乃通其所可通，闕其所不可通。文似簡略，而絶無穿鑿附會之失，於説爾雅家爲善本。中間駁正舊文，如後序中所列饘餬、訊言、襺袍、衮黻四條，峨峨、丁丁、嚶嚶三條，注中所列釋詁「台、朕、陽之予爲我，賚、畀、卜之予爲與」一條，「關關噰噰」當入釋訓一條，釋親據左傳辨正「娣姒」一條，釋天「謂之景風」上脱文一條，星名脱實沈、鶉首、鶉尾三次一條，釋水「天子造舟」一條，釋蟲「食根蟊」一條，釋魚「鯉、鱣」一條，「蝮虺，首大如臂」一條，皆極精確。惟「魚枕謂之丁」一條，牽引假借，以就其六書略之説。又堅執作爾雅者江南人，凡郭璞所云「蜀語」「河中語」者，悉駁辨之。是則偏僻之過，習氣猶未盡除。又汪師韓集有書此書後一篇，駁其誤改郭注者，以「劉劉杙」爲安石榴、以「蘦雕蓬」爲其米雕胡二條；補郭注而未確者，「孟，勉也」，以爲「孟」即「晵」，「於，代也」，以爲更詞二條；仍郭注之誤未改者，訓「郵，過也」爲道路所經過，不知「郵」古字同「尤」，訓「比目魚」爲「王餘」，不知吴都賦「雙則比目，片則王餘」二條，亦頗中其失。至於議其釋言篇内經文脱「弇，同也」三字，釋水篇内經文脱「水之由膝以下爲揭」至「爲厲」十八字，釋草篇内經文脱「葦，醜艻」三字，釋魚篇内經文脱「蛭、蟣」二字，釋鳥篇内脱「倉庚，鵹黄也」五字，皆當爲毛氏刊本之誤，併以詆樵則過矣。

方言十三卷 永樂大典本

舊本題漢揚雄撰，晉郭璞注。考晉書郭璞傳有注方言之文，而漢書揚雄傳備列所著之書，不及方言一字。藝文志亦惟小學有雄訓纂一篇，儒家有雄所序三十八篇，注云：「太玄十九，法言十三，樂四，箴二。」雜賦有雄賦十二篇，皆無方言。東漢一百九十年中，亦無稱雄作方言者。至漢末應劭風俗通義序始稱：「周秦常以歲八月，遣輶軒之使，求異代方言，還奏籍之，藏於祕室。及嬴氏之亡，遺棄脱漏，無見之者。蜀人嚴君平有千餘言，林閭翁孺才有梗概之法。揚雄好之，天下孝廉衞卒交會，周章質問，以次注續。二十七年爾乃治正，凡九千字。」又劭注漢書，亦引揚雄方言一條。是稱雄作方言，實自劭始。魏晉以後，諸儒轉相沿述，皆無異詞。惟宋洪邁容齋隨筆始考證漢書，斷非雄作。然邁所摘劉歆與雄往返書中既稱在成帝時，不應稱孝成皇帝一條，及東漢明帝始諱「莊」，不應西漢之末即稱莊遵爲嚴君平一條，則未深中其要領。考書首「成帝時」云云，乃後人題下標注之文，傳寫舛譌，致與書連爲一，實非歆之本詞，文義尚釐然可辨。書中載揚、莊之名，不作「嚴」字，實未嘗預爲明帝諱。其「嚴君平」字，或後人傳寫追改，亦未可知。皆不足斷是書之僞。惟後漢許慎説文解字多引雄説，而其文皆不見於方言。又慎所注字義，與今方言相同者不一而足，而皆不標「揚雄方言」字。知當慎之時，此書尚不名方言，亦尚不以方言爲雄作，故馬、鄭諸儒未嘗稱述。至東漢之末，應劭始有是説。魏孫炎注爾雅「莫貈、螳螂，蛑」字，晉杜預注左傳「授師孑焉」句，始遞相徵引。沿及東晉，郭璞遂注其書。後儒稱揚雄方言，蓋由於是。然劭序稱方言九千字，而今本乃一萬一千九百餘字，則字數較原本幾溢三千。雄與劉歆往返書皆稱方言十五卷，郭璞序亦稱「三五之篇」，而隋志、唐志乃竝載揚雄方言十三卷，與今本同，則卷數較原本闕其二，均爲牴牾不合。考雄答歆書稱「語言或交錯相反，方復論思，詳悉集之。如不可寬假延期，必不敢有愛」云云，疑雄本有此未成之書，歆借觀而未得，故七略不載，漢志亦不著録。後或侯芭之流收其殘槀，私相傳述。閱時既久，不免於輾轉附益，如徐鉉之增説文，故字多於前。厥後傳其學者，以漢志無方言之名，恐滋疑竇，而「小學」家有別字十三篇，不著撰人名氏，可以假借影附，證其實出於雄，遂併爲一十三卷，以就其數，故卷減於昔歟？反覆推求，其真僞皆無顯據。姑從舊本，仍題雄名，亦疑以傳疑之義也。雄及劉歆二書，據李善文選注引「懸諸日月不刊之書」句，已稱方言，則自隋唐以來，原附卷末，今亦仍之。其書世有刊本，然文字古奥，訓義深隱，校讐者猝不易詳，故斷爛譌脱，幾不可讀。錢曾讀書敏求記嘗據宋槧駁正其誤，然曾家宋槧，今亦不傳。惟永樂大典所收，猶爲完善。檢其中「秦有榛娥之臺」一條，與錢曾所舉相符，知即從宋本録入。今取與近本相校，始知明人妄行改竄，顛倒錯落，全失其初，不止錢曾所舉之一處。是書雖存而實亡，不可不亟爲釐正。謹參互考訂，凡改正二百八十一字，刪衍文十七字，補脱文二十七字。神明焕然，頓還舊觀。併逐條援引諸書，一一疏通證明，具列案語。庶小學訓詁之傳，尚可以具見崖略；併以糾坊刻之謬，俾無迷誤後來。舊本題曰輶軒使者絶代語釋別國方言，其文冗贅，故諸家援引及史志著録皆省文謂之方言，舊唐書經籍志則謂之別國方言，實即一書。又容齋隨筆稱此書爲輶軒使者絶域語釋別國方言，以「代」爲「域」，其文獨異。然諸本並作「絶代」，書中所載亦無「絶域重譯」之語。洪邁所云，蓋偶然誤記，今不取其説焉。

釋名八卷　內府藏本

漢劉熙撰。熙字成國，北海人。其書二十篇。以同聲相諧，推論稱名辨物之意。中間頗傷於穿鑿，然可因以考見古音。又去古未遠，所釋器物，亦可因以推求古人制度之遺。如楚辭九歌：「薜荔拍兮蕙綢。」王逸注云：「拍，搏壁也。」「搏壁」二字，今莫知爲何物。觀是書釋牀帳篇，乃知以席搏著壁上謂之「搏辟」。孔穎達禮記正義以深衣十二幅皆交裁謂之衽，是書釋衣服篇云：「衽，襜也，在旁襜襜然也。」則與玉藻言「衽當旁」者可以互證。釋兵篇云：「刀室曰削，室口之飾曰琫，下末之飾曰琕。」又足證毛詩詁訓傳之譌。其有資考證，不一而足。吴韋昭嘗作辨釋名一卷，糾熙之誤，其書不傳。然如經典釋文引其一條曰：「釋名云：『古者車音如居，所以居人也。今曰車，音尺遮反，舍也。』案：釋名本作「古者曰車聲如居，言行所以居人也。今曰車，車舍也，行者所處若居舍也。」此蓋陸德明約舉其文，又取文義顯明，增入「音尺遮反」四字耳。韋昭云：『車，古皆音尺奢反，後漢以來，始有居音。』」案何彼襛矣之詩以「車」韻「華」，桃夭之詩以「華」韻「家」，「家」古音「姑」，「華」

古音「敷」，則「車」古音「居」，更無疑義。熙所説者不謬，昭之所辨亦未必盡中其失也。別本或題曰逸雅。蓋明郎奎金取是書與爾雅、小爾雅、廣雅、埤雅合刻，名曰「五雅」。以四書皆有「雅」名，遂改題逸雅以從類。非其本目，今不從之。又後漢書劉珍傳稱珍「撰釋名五十篇，以辨萬物之稱號」，其書名相同，姓又相同。鄭明選作秕言，頗以爲疑。然歷代相傳，無引劉珍釋名者，則珍書久佚，不得以此書當之也。明選又稱此書爲二十七篇，與今本不合。明選，萬曆中人，不應別見古本，殆一時失記，誤以「二十」爲「二十七」歟？

廣雅十卷　内府藏本

魏張揖撰。揖字稚讓，清河人。太和中官博士。其名或從木作「楫」，然證以「稚讓」之字，則爲「揖讓」之「揖」審矣。後魏江式論書表曰：「魏初博士清河張揖，著埤倉、廣雅、古今字詁。究諸埤、廣，增長事類，抑亦於文爲益者也。然其字詁方之許篇，或得或失矣。」是式謂埤倉、廣雅勝於字詁。今埤倉、字詁皆久佚，惟廣雅存。其書因爾雅舊目，博採漢儒箋注及三蒼、説文諸書以增廣之，於揚雄方言亦備載無遺。隋祕書學士曹憲爲之音釋，避煬帝諱，改名博雅，故至今二名竝稱，實一書也。前有揖進表，稱凡萬八千一百五十文，分爲上、中、下。隋書經籍志亦作三卷，與表所言合，然注曰：「梁有四卷。」唐志亦作四卷。館閣書目又云：「今逸，但存音三卷。」憲所注本，隋志作四卷，唐志則作十卷，卷數各參錯不同。蓋揖書本三卷，七録作四卷者，由後來傳寫，析其篇目。憲注四卷，即因梁代之本。後以文句稍繁，析爲十卷。又嫌十卷煩碎，復併爲三卷。觀諸家所引廣雅之文皆具在，今本無所佚脱，知卷數異而書不異矣。然則館閣書目所謂「逸」者，乃逸其無注之本。所謂「存音三卷」者，即憲所注之本。揖原文實附注以存，未嘗逸，亦未嘗闕。惟今本仍爲十卷，則又後人析之以合唐志耳。考唐玄度九經字樣序，稱音字改反爲切，實始於唐開成間。憲雖自隋入唐，至貞觀時尚在，然遠在開成以前。今本乃往往云某字某切，頗爲疑竇，殆傳刻臆改，又非憲本之舊歟？

匡謬正俗八卷 安徽巡撫採進本

唐顔師古撰。師古名籀，以字行，雍州萬年人，歷官祕書監，事蹟具唐書本傳。是書永徽二年其子符璽郎揚庭表上於朝，高宗敕録本付祕閣。卷首載揚庭表，稱：「藁草纔半，部帙未終。」蓋猶未竟之本。又稱：「謹遵先範，分爲八卷，勒成一部。」則今本乃揚庭所編。宋人諸家書目多作刊謬正俗，或作糾謬正俗，蓋避太祖之諱。錢曾讀書敏求記作列謬正俗，則刻本偶誤也。前四卷凡五十五條，皆論諸經訓詁、音釋；後四卷凡一百二十七條，皆論諸書字義、字音及俗語相承之異，攷據極爲精密。惟拘於習俗，不能知音有古今。其注漢書，動以合聲爲言，遂與沈重之音毛詩同開後來叶音之説。故此書謂葬音臧，誼、議音宜，反音扶萬反，歌音古賀反，彝音上聲，怒有上、去二聲，壽有授、受二音，縣有平、去二聲，迴音户鎣反，皆誤以今韻讀古音；謂穰音而成反，上音盛，又音市郢反，先音西，逢音如字不讀龐，皆誤以古音讀今韻，均未免千慮之一失。然古人攷辨小學之書，今皆失傳。自顏之推家訓音證篇外，實莫古於是書。其丘區、禹宇之論，韓愈諱辨引之，知唐人已絶重之矣。戒山堂讀史漫筆解「都鄙」二字，詫爲獨解，不知爲此書所已駁；毛奇齡引書序「俘厥寶玉」解春秋「衞俘」，詫爲特見，不知爲此書所已引。洵後人證據，終不及古人有根柢也。鄭樵通志校讐略曰：「刊謬正俗乃雜記經史，惟第一卷起論語，而崇文總目以爲論語類，知崇文所釋只看帙前數行，率意以釋之耳。」今檢崇文總目，樵説信然。當時館閣諸人不應荒謬至此。檢是類所列，以論語三種、家語一種居前，次爲白虎通，次爲五經鉤沈，次即此書，次爲六説，次爲經史釋題，次爲授經圖，次爲九經餘義，次爲演聖通論，皆統解羣經之文。蓋當時仿隋志之例，以五經總義附之論語類中。雖不甚允，要不可謂之無據。樵不考舊文而務爲苛論，遽以「只看數行」詆之，失其旨矣。

羣經音辨七卷　通行本

宋賈昌朝撰。昌朝字子明，獲鹿人。天禧初賜同進士出身，慶曆中同中書門下平章事。英宗初加左僕射，封魏國公，謚文元。事蹟具宋史本傳。此書其侍講天章閣時所上。凡羣經之中一字異訓、音從而異者，彙集爲四門。卷一至卷五曰辨字同音異，仿唐張守節史記正義發字例，依許慎説文解字部目次之。卷六曰辨字音清濁，曰辨彼此異音，曰辨字音疑混，皆即經典釋文序録所舉分立名目。卷七附辨字訓得失一門，所辨論者僅九字。書中沿襲舊文，不免謬誤者，如卷一言部「謙，慊也」

下云：「鄭康成説謙爲慊。慊，厭也。厭謂閉藏貌。」據禮記注曰：「謙讀爲慊。慊，厭也。」此解正文「自謙」。注又曰：「厭讀爲黶。黶，閉藏貌也。」此解正文「厭然」，與上注「厭足」之「厭」絶不相蒙，昌朝混而一之，殊爲失考。又卷二丌部「典，堅刃貌也」，據考工記「輈欲頎典」注曰：「頎典，堅刃貌。」以「頎典」爲形容之辭，不得單舉一「典」字。卷三「巾」部「幓頭，括髮也」，「幓」本「幧」字之譌。據儀禮注，一以解婦人之髽以麻，申之曰：「以麻者，如著幓頭焉。」一以解「括髮以麻，免而以布」，申之曰：「此用麻布爲之，狀如今著幓頭矣。」是括髮、免、髽皆如著幓頭，幓頭自是吉服。揚雄方言：「帞頭，自河以北，趙、魏之間曰幧頭。」劉熙釋名作「綃頭」，又有鬢帶、髮帶等名，豈可以「括髮」釋之？是皆疎於考證之故。然釋文散見各經，頗難檢核，昌朝會集其音義，絲牽繩貫，同異粲然，俾學者易於尋省，不爲無益。小學家至今不廢，亦有以也。

自序云：「編成七卷，凡五門。」紹興中王觀國後序亦云：「凡五門七卷。」惟宋史藝文志作三卷。此本爲康熙中蘇州張士俊從宋槧翻雕，實爲七卷，則宋史所載爲字畫之誤明矣。

埤雅二十卷　浙江巡撫採進本

宋陸佃撰。佃字農師，越州山陰人。少從學於王安石，熙寧三年擢進士甲科，授蔡州推官，選爲鄆州教授。召補國子監直講，歷轉至左丞。未幾，罷爲中大夫，出知亳州，卒於官。事蹟具宋史本傳。史稱其精於禮家名數之學，所著埤雅、禮象、春秋後傳之類，凡二百四十二卷。王應麟玉海又記其修說文解字。其子宰作此書序，又稱其有詩講義、爾雅注。今諸書竝佚，其爾雅新義僅散見永樂大典中，文句譌闕，亦不能排纂成帙。傳於世者，惟此書而已。凡釋魚二卷、釋獸三卷、釋鳥四卷、釋蟲二卷、釋馬一卷、釋木二卷、釋草四卷、釋天二卷。刊本釋天之末注「後闕」字，然則併此書亦有佚脫，非完本矣。宰序稱佃於神宗時召對，言及物性，因進說魚、說木二篇，後乃竝加筆削。初名物性門類，後注爾雅畢，更修此書，易名埤雅，言爲爾雅之輔也。其說諸物，大抵略於形狀而詳於名義，尋究偏旁，比附形聲，務求其得名之所以然。又推而通貫諸經，曲證旁稽，假物理以明其義。中多引王安石字說，蓋佃以不附安石行新法，故後入元祐黨籍，其學問淵源則實出安石。晁公武讀書志謂其說不專主王氏，亦似特立，殆未詳檢是編，誤以論其人者論其書歟？觀其開卷「說龍」一條，至於謂曾公亮得龍之脊，王安石得龍之睛，是豈不尊安石者耶？然其詮釋諸經，頗據古義。其所援引，多今所未見之書。其推闡名理，亦往往精鑿。謂之駁雜則可，要不能不謂之博奧也。

爾雅翼三十二卷　浙江巡撫採進本

宋羅願撰，元洪焱祖音釋。願字端良，號存齋，歙縣人。以蔭補承務郎。乾道二年登進士第，通判贛州。淳熙中知南劍州事，遷知鄂州，卒於官。事蹟附載宋史羅汝楫傳。焱祖字潛夫，亦歙縣人。天曆中官遂昌縣主簿，以休寧縣尹致仕。是書卷端有願自序，又有王應麟後序、方回跋及焱祖自跋。應麟後序稱以咸淳庚午刻此書郡齋，而玉海所列爾雅諸本乃不著於録。據方回跋，稱序見鄂州小集，世未見其書，回訪得副本於其從孫裳。蓋其出在玉海後也。越五十年爲元延祐庚申，郡守朱霽重刻，乃屬裓祖爲之音釋，而願序及應麟後序隸事稍僻者亦併注焉。裓祖跋稱釋草八卷，凡一百二十名；釋木四卷，凡六十名；釋鳥五卷，凡五十八名；釋獸六卷，凡七十四名；釋蟲四卷，凡四十名；釋魚五卷，凡五十五名。今勘驗此本，名數皆合。惟釋獸七十四名，此本内有八十五名，與原跋互異，豈字畫傳寫有誤歟？其書考據精博，而體例謹嚴，在陸佃埤雅之上。應麟後序稱其「即物精思，體用相涵，本末靡遺」，殆非溢美。後陳櫟删削其書，别爲節本，謂其「好處可以廣人之識見處儘多，可恨處牽引失其精當者不少。内引三百篇之詩處多不是」云云。案櫟著作傳於今者，有尚書集傳纂疏、歷朝通略、定宇集三書。核所聞見，曾不能望願之項背，遽糾其失，似不自量。至願書成於淳熙元年甲午，朱子詩集傳作於淳熙四年丁酉，在願書後三年，而櫟乃執續出新説繩願所引據之古義，尤屬拘墟。今願書流傳不朽，而櫟之節本片字無存，則其曲肆詆諆，無人肯信而傳之，略可見矣。

駢雅七卷

浙江巡撫採進本

明朱謀㙔撰。謀㙔有周易象通，已著録。此書皆刺取古書文句典奥者，依爾雅體例，分章訓釋。自釋詁、釋訓以至蟲、魚、鳥、獸，凡二十篇。其説以爲聯二爲一，駢異爲同，故名曰駢雅。謀㙔淹通典籍，其一齋書目所載，往往爲諸家所未窺。故徵引詳博，頗具條理，非鄉塾陋儒捃拾殘剩者可比。中間如藻井乃屋上方井，刻爲藻文，西京賦注引風俗通，訓義甚明，而謀㙔以爲刻扉之屬，改易舊文，殊爲未確。又謂都御史爲大司憲，詹事爲端尹，乃流俗之稱，亦乏典據。至如釋天内之歲陽、月名，釋地内之五丘、四荒、太平、太蒙、丹穴、空桐之類，皆爾雅所已具，更爲複引，尤病冗蕪。然奇文僻字，搜輯良多，擷其膏腴，於詞章要不爲無補也。

字詁一卷　安徽巡撫採進本

國朝黄生撰。生字扶孟，歙縣人。前明諸生。是編取魏張揖字詁以名其書，於六書多所發明。每字皆有新義，而根據博奥，與穿鑿者有殊。間有數字未安者，如謂「靃」，説文：「呼郭切，飛聲也。」而諸書用「靃靡」處又音「髓」。今書地名、人姓之類多用「霍」，獨樊噲傳之「霍人」，正義注「先累」「蘇果」「山寡」三反。「先累反」即「髓」音也。韻會諸家，紙、藥二韻兼收「靃」，而「霍」則止一音。蓋「霍」從「隹」，其音當爲「髓」。「靃」本飛鳥聲，借爲地名，因又借爲人姓，後省，便作「霍」。既爲借義所奪，其本音、本訓遂失。而於字之當用「霍」音「髓」者反作「靃」，此「霍」之所以轉爲「呼郭切」，而「靃」之所以轉爲「先累反」也。據其所説，則「霍」但有「先累反」之本音，「靃」但有「呼郭反」之本音矣。今考音切之古，莫過玉篇、廣韻。玉篇「靃」字下注云：「息委切，露也。呼郭切，飛聲。」廣韻於四紙「靃」字下注云：「靃，麻草。」於十九鐸「靃」字下注云：「地名。説文：飛聲也。」則是「靃」本有「髓」之一讀，竝不因省借爲「霍」始音「髓」也。又玉篇「霍」字下注云：「呼郭切，揮霍。」廣韻「霍」字下注云：「虚郭切，揮霍。爾雅：霍山爲南岳。又姓。」則是「霍」之一字，在玉篇、廣韻原止有「呼郭反」一音，竝無「髓」音。惟史記正義注有「息累反」，而要不得爲止有「息累反」一音也。況白虎通曰：「南方霍山者，霍之爲言護也。」「護」乃「呼郭反」之轉音，非「先累反」之轉音。然則班固讀「霍」已爲「呼郭反」矣，豈漢音猶不足據乎？生又謂「打」字始於六朝。今考後漢王延壽夢賦曰：「捎魍魎，拂諸渠，撞縱目，打三顱。」又易林曰：「口饑打手。」則「打」字不始於六朝明矣。此類殊爲失考。其他若謂「大鼏七个」之「鼏」當從冂譜聲，與從冖者不同。似蛇之「䱇」既借「徒何切」之「鱓」，又借「張演切」之「鱣」，而皆轉爲「常演切」，漢書注誤以「張連切」之「鱣」爲釋。又謂周禮玉人注「瓚，讀爲餈餍之餍」，説文：「饡，以羹澆飯。」釋文「膏餍」作「膏饡」，故篇海「餍」即「饡」字。内則釋文：「酏讀爲餈，之然反。餍本又作餈，竝之然反。」此蓋明「酏」「餍」一當竝讀爲「餈」，非謂「餍」即「餈」字。若以「諸延」切「餍」，何以處玉人注之「餈餍」乎？又謂「干」「乾」字通，引後漢書獨行傳云「明堂之奠，干飯寒水」，又在晉帖所云「淡悶干嘔」之前。此類則最爲精核，其他條似此者不可枚舉。蓋生致力漢學，而於六書訓詁尤爲專長，故不同明人之剿説也。

續方言二卷 浙江巡撫採進本

國朝杭世駿撰。世駿字大宗，號菫浦，仁和人。乾隆丙辰召試博學鴻詞，授翰林院編修。是書採十三經注疏、説文、釋名諸書，以補揚雄方言之遺。前後類次，一依爾雅，但不明標其目耳。蒐羅古義，頗有裨於訓詁。惟是所引之書，往往耳目之前顯然遺漏。如玉篇引倉頡篇云：「楚人呼竈曰窘。」列子黄帝篇注引何承天纂文云：「吴人呼瞬目爲眴目。」古今韻會引魏李登聲類云：「江南曰辣，中國曰辛。」爾雅釋草釋文、宋庠國語補音引晉吕忱字林云：「楚人名蔆曰芰。」「鸒，秦名雅烏。」「鯷，青州人呼鮎鯷。」初學記及太平御覽引纂文云：「梁州以豕爲豨，河南謂之彘，漁陽以豬爲豝，齊、徐以小豬爲豵。」太平御覽又引纂文云：「秦以鈷鏻爲銼鑹。」爾雅釋親釋文引纂文云：「妹，娟也。」初學記引服虔通俗文曰：「南楚以美色爲娃。」初學記及山堂考索又引通俗文云：「晉船曰舶。」埤雅引廣志小學篇云：「螻蛄，會稽謂之螻蛄。」北户録引顔之推證俗音云：「南人謂凝牛羊鹿血爲衉，𪍿麰，内國呼爲糫餅，亦呼寒具；粰粇，今江南呼曰饊餘；蝘蜓，山東謂之蝀蜆；鰿，吴人呼爲鯽魚也。」凡此諸條，皆六朝以前方言，正可以續揚雄之著，而俱佚之。豈舉遠者反略近歟？又如書中引説文「秦晉聽而不聞，聞而不達謂之睟」，引史記集解「齊人謂之顙，汝南、淮泗之間曰顔」諸條，本爲揚雄方言所有而複載之，亦爲失檢。然大致引據典核，在近時小學家猶最有根柢者也。

别雅五卷　江蘇巡撫採進本

國朝吴玉搢撰。玉搢字山夫，山陽人。廩貢生，官鳳陽府訓導。是書取字體之假借通用者，依韻編之，各注所出而爲之辨證，於考古深爲有功。惟是古人用字，有同聲假借，有轉音變異，有別體重文，同聲、轉音，均宜入之此書。至於「郊」「酆」一作「岐」「豐」之類，則「郊」乃「岐」之本字，説文明云：「郊，一作岐。」實屬重文，偶然別體。説文、玉篇以後累千盈百，何可勝收，未免自亂其例。又徵引雖博，而挂漏亦夥。即以開卷「東」「冬」二韻覈之。若大戴禮「一室而有四户八牕」，「牕」即「窗」。楚辭九歎：「登逢龍而下隕兮。」注：「古本『逢』作『蓬』。」荀子榮辱篇引詩：「下國駿蒙。」注：「今詩作駿厖。」莊子盜跖篇：「士皆蓬頭突鬢。」注：「蓬，本作鏠。」吳越春秋吳王壽夢傳：「使公子蓋餘、燭傭。」注：「左傳傭作庸。」史記秦始皇本紀：「秦王爲人蜂準。」徐廣曰：「蜂，一作隆。」龜策傳「雄渠、蠭門」注：「新序有熊渠子。」漢書古今人表：「鬼臾區。」師古注云：「即鬼容區。」「陳豐」，師古注云：「即陳鋒。」衛青傳：「青至籠城。」師古注云：「『籠』讀爲『龍』。」皆目前習見者，乃佚而不載。則推之儀禮之古文、周禮之故書及漢人箋注「某讀作某」之類，一一攷之，所漏多矣。然就所徵引，足以通古籍之異同，疏後學之疑滯，猶可以攷見漢魏以前聲音文字之槩。是固小學之資糧，藝林之津筏，非俗儒剽竊之書所能彷彿也。

右小學類訓詁之屬。一十二部，一百二十二卷。竝文淵閣著録。

舊唐書經籍志以詁訓與小學分爲二家，然詁訓亦小學也，故今仍從漢志，列爲小學之子目。

又爾雅首釋詁、釋訓，其餘則雜陳名物。蓋析其類而分之，則蟲、魚、草、木之屬與字義門目各殊。統其類而言之，則解釋名物亦即解釋其字義。故訓詁者，通名也。方言、釋名，相沿繼作，大體無殊。至埤雅、爾雅翼，務求博洽，稍泛濫矣，要亦訓詁之支流也，故亦連類編之。埤雅廣要之屬，蕪雜已甚，則退之小說家焉。

欽定四庫全書總目卷四十一

經部四十一

小學類二

急就章四卷 通行本

漢史游撰。漢書藝文志注稱游爲元帝時黄門令，蓋宦官也。其始末則不可考矣。是書漢志但作急就一篇，而小學類末之敘録則稱史游作急就篇。故晉夏侯湛抵疑稱：「鄉曲之徒，一介之士，曾諷急就，通甲子。」北齊書稱李鉉「九歲入學，書急就篇」。或有「篇」字，或無「篇」字，初無一定。隋志作急就章一卷，魏書崔浩傳亦稱人多託寫急就章，是改「篇」爲「章」在魏以後。然考張懷瓘書斷曰：「章草者，漢黄門令史游所作也。王愔云案：此蓋引王愔文字志之語。『漢元帝時史游作急就章，解散隸體。漢俗簡惰，漸以行之』，是也。」然則所謂「章草」者，正因游作是書，以所變草法書之，後人以其出於急就章，遂名「章草」耳。今本每節之首俱有「章第幾」字，知急就章乃其本名，或稱急就篇，或但稱急就，乃偶然異文也。其書自始至終，無一複字。文詞雅奥，亦非蒙求諸書所可及。玉臺新詠載梁蕭子顯烏栖曲，有「帬邊雜佩琥珀龍」句，馮氏校本改「龍」爲「紅」。今檢此書，有「繫臂琅玕虎魄龍」句，乃知子顯實用此語，馮氏不知而誤改之。則遺文瑣事，亦頗賴以有徵，不僅爲童蒙識字之用矣。舊有曹壽、崔浩、劉芳、顔之推注，今皆不傳，惟顔師古注一卷存。王應麟又補注之，釐爲四卷。師古本比皇象碑多六十三字，而少齊國、山陽兩章，止三十二章。應麟藝文志考證標「真定常山至高邑」句，以爲此二章起於東漢，最爲精確。其注亦考證典核，足補師古之闕。別有黄庭堅本、李燾本、朱子越中本，字句小有異同。應麟所注，多從顔本。蓋以其考證精深，較他家爲可據焉。

説文解字三十卷

通行本

漢許慎撰。慎字叔重，汝南人。官至太尉南閣祭酒。是書成於和帝永元十二年。凡十四篇，合目録一篇爲十五篇。分五百四十部，爲文九千三百五十三，重文一千一百六十三，注十三萬三千四百四十字。推究六書之義，分部類從，至爲精密。而訓詁簡質，猝不易通。又音韻改移，古今異讀，諧聲諸字，亦每難明。故傳本往往譌異。宋雍熙三年，詔徐鉉、葛湍、王惟恭、句中正等重加刊定。凡字爲説文注義、序例所載，而諸部不見者，悉爲補録。又有經典相承，時俗要用，而説文不載者，亦皆增加，別題之曰「新附字」。其本有正體，而俗書譌變者，則辨於注中。其違戾六書者，則別列卷末。或注義未備，更爲補釋，亦題「臣鉉等案」以別之。音切則一以孫愐唐韻爲定。以篇帙繁重，每卷各分上、下，即今所行毛晉刊本是也。明萬曆中，宫氏刻李燾説文五音韻譜，陳大科序之，誤以爲即鉉校本。陳啓源作毛詩稽古編，顧炎武作日知録，竝沿其謬。豈毛氏所刊，國初猶未盛行歟？書中古文、籀文，李燾據唐林罕之説，以爲晉幍令吕忱所增。考慎自序云：「今序篆文，合以古、籀。」其語甚明。所記重文之數，亦復相應。又法書要録載後魏江式論書表曰：「晉世義陽王典祠令任城吕忱，表上字林六卷。尋其況趣，附託許慎説文，而按偶章句，隱别古籀奇惑之字。文得正隸，不差篆意。」則忱書竝不用古、籀，亦有顯證。如罕之所云「吕忱字林多補許慎遺闕」者，特廣説文未收字耳。其書今雖不傳，然如廣韻一東部「烔」字、「谾」字，四江部「噥」字之類，云出字林者，皆説文所無，亦大略可見。燾以説文古籀爲忱所增，誤之甚矣。自魏晉以來，言小學者皆祖慎。至李陽冰始曲相排斥，未協至公。然慎書以小篆爲宗，至於隸書、行書、艸書則各爲一體，孳生轉變，時有異同，不悉以小篆相律。故顔元孫干禄字書曰：「自改篆行隸，漸失其真。若總據説文，便下筆多礙。當去泰去甚，使輕重合宜。」徐鉉進説文表亦曰：「高文大册，則宜以篆籀著之金石。至於常行簡牘，則艸隸足矣。」二人皆精通小學，而持論如是。明黄諫作从古正文，一切以篆改隸，豈識六書之旨哉？至其所引五經文字，與今本多不相同，或往往自相違異。顧炎武日知録嘗摭其「氾」下作「江有氾」、「洍」下又作「江有洍」；「巹」下作「赤舄己己」，「掔」下又作「赤舄掔掔」。是所云詩用毛氏者，亦與今本不同。蓋雖一家之學，而支派既别，亦各不相合。好奇者或據之以改經，則謬戾殊甚。能通其意而又能不泥其迹，庶乎爲善讀説文矣。

案慎序自稱：「易孟氏，書孔氏，詩毛氏，禮周官，春秋左氏，論語、孝經皆古文。」考劉知幾史通稱：「古文尚書得之壁中，博士孔安國以校伏生所誦，增多二十五篇，案：此亦據梅賾古文而言，實則孔氏原本僅增多十六篇。更以隸古字寫之，編爲四十六卷。司馬遷屢採其事，故遷多有古説。至於後漢，孔氏之本遂絶。其有見於經典者，諸儒皆謂之逸書。」是孔氏壁中之書，慎不得見。説文末載慎子沖上書，稱慎古學受之賈逵。而後漢書儒林傳又稱扶風杜林傳古文尚書，林同郡賈逵爲之作訓，馬融作傳，鄭玄注解，由是古文尚書遂顯於世。是慎所謂「孔氏書」者，即杜林之本。顧隋志稱杜林古文尚書所傳僅二十九篇，又雜以今文，非孔舊本。案：古文除去無師説者十六篇，正得伏生二十九篇之數，非雜以今文。隋志此文亦據梅賾古文，未及與漢書互校。自餘絶無師説。陸德明經典釋文採馬融注甚多，皆今文尚書，無古文一語。即説文注中所引，亦皆在今文二十八篇之中。朱彝尊經義考辨之甚明。案：彝尊又謂惟「若藥不瞑眩」一句，出古文説命，殆因孟子所引而及之。然此句乃徐鍇説文繫傳之語，非許慎之原注。彝尊偶爾誤記，移甲爲乙，故今不取其説。則慎所謂孔氏本者，非今五十八篇本矣。以意推求，漢書藝文志稱「劉向以中古文校歐陽，大、小夏侯三家經文，酒誥脱簡一，召誥脱簡二，文字異者七百有餘，脱字數十」云云，所謂「中古文」，即孔氏所上之古文存於中祕者。是三家之本立在博士者，皆經劉向以古文勘定，改其譌脱，其書已皆與古文同。儒者據其訓詁言之，則曰大、小夏侯、歐陽尚書。據其經文言之，則亦可曰孔氏古文尚書。第三家解説，祇有伏生二十八篇遞相授受，餘所增十六篇不能詮釋，遂置不言。故馬融書序稱「逸十六篇絶無師説也」。案融序今不傳，此語見孔穎達尚書正義中。使賈逵所傳杜林之本即今五十八篇之本，則融嘗因之作傳矣，安有是語哉？又後漢書杜林傳稱「林前於西州得漆書古文尚書，嘗寶愛之，雖遭艱困，握持不離身」云云，是林所傳者乃古文字體，故謂之「漆書」。是必劉向校正三家之時，隨二十八篇傳出。以字非隸古，世不行用，林偶得之以授逵，逵得之以授慎，故慎稱爲孔氏本。而亦止二十八篇，非真見安國舊本也。論尚書者，惟説文此句最爲疑竇。閻若璩尚書古文疏證牽於此句，遂誤以馬、鄭所注爲孔氏原本，亦千慮之一失。故附考其源流於此。

説文繫傳四十卷

兵部侍郎紀昀家藏本

南唐徐鍇撰。鍇字楚金，廣陵人，官至右内史舍人。宋兵下江南，卒於圍城之中。事蹟具南唐書本傳。是書凡八篇。首通釋三十卷，以許慎説文解字十五篇，篇析爲二。凡鍇所發明及徵引經傳者，悉加「臣鍇曰」及「臣鍇案」字以别之。繼以部敘二卷，通論三卷，祛妄、類聚、錯綜、疑義、系述各一卷。祛妄斥李陽冰臆説。疑義舉説文偏旁所有而闕其字，及篆體筆畫相承小異者。部敘擬易序卦傳，以明説文五百四十部先後之次。類聚則舉字之相比爲義者，如一二三四之類。錯綜則旁推六書之旨，通諸人事，以盡其意。終以系述，則猶史記之自敘也。鍇嘗别作説文篆韻譜五卷，宋孝宗時李燾因之作説文解字五音譜。燾自序有曰：「韻譜當與繫傳竝行。今韻譜或刻諸學官，而繫傳迄莫光今顯。余蒐訪歲久，僅得其七八闕卷，誤字無所是正，每用太息。」則繫傳在宋時已殘闕不完矣。今相傳僅有鈔本，錢曾讀書敏求記至詫爲驚人祕笈，然脱誤特甚。卷末有熙寧中蘇頌記云：「舊闕二十五、三十共二卷，俟別求補寫。」此本卷三十不闕，或續得之以補入。卷二十五則直録其兄鉉所校之本，而去其新附之字。殆後人求其原書不獲，因摭鉉書以足之，猶之魏書佚天文志，以張太素書補之也。其餘各部闕文，亦多取鉉書竄入。考鉉書用孫愐唐韻，而鍇書則朝散大夫行祕書省校書郎朱翺別爲反切。鉉書稱「某某切」，而鍇書稱「反」。今書内音切與鉉書無異者，其訓釋亦必無異。其移掇之迹，顯然可見。至「示部」竄入鉉新附之「祧」「祆」「祚」三字，尤鑿鑿可證者。錯編篇末，其文亦似未完，無可採補，則竟闕之矣。此書成於鉉書之前，故鉉書多引其説，然亦時有同異，如鉉本「福，祐也」，此作「備也」；鉉本「莱，耕多艸」，此作「耕名」；鉉本「迒，前頡也」，此作「前頓也」；鉉本「鷚，大鶵也」，此從爾雅作「天鸙也」。又鉉本「禜」字下引禮記、「裼」字下引詩之類，此作「臣鍇案禮記曰」「臣鍇案詩曰」，則鍇所引，而鉉本淆入許氏者甚多。又如「畏」字下云「闕」，此作「家本無注。臣鍇案，疑許慎子許沖所言也」。是鉉直删去「家本無注」四字，改用一「闕」字矣。其憑臆删改，非賴此書之存，何以證之哉？此書本出蘇頌所傳篆文，爲監察王聖美、翰林祗候劉允恭所書。卷末題「子容」者，即頌字也。乾道癸巳，尤袤得於葉夢得家，寫以與李燾，詳見袤跋。書中有稱「臣次立案」者，張次立也。次立官至殿中丞，嘗與寫嘉祐二字石經。陶宗儀書史會要載其始末云。

案是書在徐鉉校說文之前，而列其後者，鉉校許慎之原本，以慎爲主，而鉉附之。此書鍇所論著，以鍇爲主，故不得而先慎也。

說文繫傳考異四卷附録一卷

浙江巡撫採進本

國朝汪憲撰。憲號魚亭，仁和人。乾隆乙丑進士，候選主事，未就銓而卒。南唐徐鍇作說文繫傳四十卷，歲久散佚。自明以來，方以智號精於小學，而通雅稱：「楚金所繫，今皆遺失。」則世罕傳本，已非一日。好事者祕相傳寫，魚魯滋多，或至於不可句讀。憲所見者，猶屬影宋鈔本，然已譌不勝乙。因參以今本說文，旁參所引諸書，證其同異，以成是編。譌者正之，其不可解者則並存以俟核定焉。考洪适隸釋載漢石經論語碑，末有「『而在於蕭牆之内』，盍、毛、包、周無『於』」一行，是則考異之鼻祖。經典釋文以下，沿流而作者頗衆。惟韻書、字書節目繁碎，從未有縷析舊文，徹首徹末，訂舛互而彙爲一編者。憲作是書，亦可云留心小學者矣。末有附録二卷，乃朱文藻所編。上卷爲諸家評論繫傳之辭，下卷載鍇詩五首及其兄弟軼事，亦頗費蒐羅。然所收李燾序一篇，採自文獻通考，本燾之說文五音韻譜序。因通考刻本誤脱標題一行，遂聯屬於說文繫傳下，乃不辨而收之，殊失考訂。至於二徐瑣記，於繫傳更爲無關。以是爲例，將郭璞爾雅、方言注末亦附載游仙詩乎？今存其上卷，以資考核。其下卷則竟從删汰，庶不以貪博嗜奇，破著書之體例焉。

説文解字篆韻譜五卷

兩江總督採進本

南唐徐鍇撰。其書取許慎説文解字，以四聲部分，編次成書。凡小篆皆有音訓，其無音訓者，皆慎書所附之重文。注「史」字者籀書，注「古」字者古文也。所注頗爲簡略，蓋六書之義已具於説文繫傳中，此特取便檢閲，故不更複贅耳。據李燾説文五音韻譜序，此書篆字皆其兄鉉所書。鉉集載有此書序二篇。後篇稱：「韻譜既成，廣求餘本，孜孜讎校，頗有刊正。今承詔校定説文，更與諸儒精加研覈。又得李舟所著切韻，殊有補益。其間有説文不載而見於序例、注義者，必知脱漏，竝從編録。疑者則以李氏切韻爲正。」是此書鉉又更定，不僅出鍇一手。其以序例、注義中字添入，亦鉉所爲也。前序稱「命鍇取叔重所記，以切韻次之，聲韻區分，開卷可睹」云云。攷後序稱：「又得李舟切韻。」則所謂「切韻次之」者當即陸法言書，即唐韻、廣韻所因也。然鍇所編部分，與廣韻稍異，又上平聲内痕部併入魂部，下平聲内一先、二仙後别出三宣一部。然魂部之下注痕部附字，而宣部則不著别分。似乎切韻原有此部，殆不可曉。或此書部分，鉉亦以李舟切韻定之，非陸法言之切韻，故分合不同歟？是書傳本甚少，此爲明巡撫李顯所刻。寒部「籣、瀾、漣、灡、闌」五字當在「乾、蘭、讕、讕」四字之後，豪部「高、皋、驀、羔、膏」五字當在「貘、謕、號、䬞、鄂」五字之後，皆譌前一行；麻部「媧、譁、諸、觰、爹」五字當在「秅、庛、誇、侉、夸、家、加、茄、葭」九字之前，譌後二行。蓋刻其書者失於校覈。其後序一篇亦佚去不載，今從鉉騎省集録出補入，以成完帙焉。

重修玉篇三十卷

兵部侍郎紀昀家藏本

梁大同九年黄門侍郎兼太學博士顧野王撰，唐上元元年富春孫强增加字，宋大中祥符六年陳彭年、吴鋭、丘雍等重修。凡五百四十二部。今世所行凡三本：一爲張士俊所刊，前有野王序一篇，啓一篇，後有神珙反紐圖及分毫字様。朱彝尊序之，稱上元本。一爲曹寅所刊，與張本一字無異，惟前多大中祥符敕牒一道，稱重修本。一爲明内府所刊，字數與二本同，而每部之中，次序不同，注文稍略，亦稱大中祥符重修本。案文獻通考載玉篇三十卷，引晁公武讀書志曰：「梁顧野王撰，唐孫强又嘗增字，釋神珙反紐圖附於後。」又載重修玉篇三十卷，引崇文總目曰：「翰林學士陳彭年與史館校刊吴鋭、直集賢院丘雍等重加刊定。」是宋時玉篇原有二本。彭年等進書表稱：「肅奉詔條，俾從詳閲，譌謬者悉加刊定，敷淺者仍事討論。」其敕牒後所列字數稱：「舊一十五萬八千六百四十一言，新五萬一千一百二十九言，新、舊總二十萬九千七百七十言，注四十萬七千五百有三十字。」是彭年等大有增删，已非孫强之舊，故明内府本及曹本均稱重修。張本既與曹本同，則亦重修本矣。乃删去重修之牒，詭稱上元本，而大中祥符所改「大廣益會」之名及卷首所列字數仍未及削改，可謂拙於作僞。彝尊序乃謂勝於今行大廣益本，殆亦未見所刊而以意漫書歟？元陸友研北雜志稱：「顧野王玉篇惟越本最善，末題『會稽吴氏三一孃寫』，楷法殊精。」

又考永樂大典每字之下皆引「顧野王玉篇」云云，又引「宋重修玉篇」云云，二書竝列，是明初上元本猶在。而其「篇」字韻中所載玉篇全部，乃仍收大廣益會本，而不收上元舊本，顧、孫原帙遂不可考。殆以重修本注文較繁，故以多爲貴耶？當時編纂之無識，此亦一端矣。卷末所附沙門神珙五音聲論及四聲五音九弄反紐圖，爲言等韻者所祖。近時休寧戴氏作聲韻攷，力辯反切始魏孫炎，不始神珙，其説良是。至謂唐以前無字母之説，神珙字母乃剽竊儒書而託詞出於西域，則殊不然。攷隋書經籍志稱：「婆羅門書以十四音貫一切字，漢明帝時與佛經同入中國。」則遠在孫炎前。又釋藏譯經字母，自晉僧伽婆羅以下，可攷者尚十二家，亦遠在神珙前。蓋反切生於雙聲，雙聲生於字母，此同出於喉吻之自然，華不異梵，梵不異華者也。中國以雙聲取反切，西域以字母統雙聲，此各得於聰明之自悟，華不襲梵，梵不襲華者也。稽其源流，具有端緒。特神珙以前，自行於彼教，神珙以後，始流入中國之韻書。亦如利瑪竇後，推步測驗參用西法耳，豈可謂歐羅巴書全剽竊洛下、鮮于之舊術哉？戴氏不究其本，徒知神珙在唐元和以後，遂據其末而與之爭，欲以求勝於彼教。不知聲音之學，西域實爲專門。儒之勝於釋者，別自有在，不必爭之於此也。

干禄字書一卷　兩淮馬裕家藏本

唐顔元孫撰。元孫，杲卿之父，真卿之諸父也。官至滁、沂、濠三州刺史，贈祕書監。大曆九年，真卿官湖州時，嘗書是編勒石。開成四年，楊漢公復摹刻於蜀中。今湖本已泐闕，蜀本僅存。宋寶祐丁巳，衡陽陳蘭孫始以湖本鋟木。國朝揚州馬曰璐得宋槧翻刻之，即此本也。然證以蜀本，率多謬誤。如卷首序文本元孫作，所謂「伯祖故祕書監」，乃師古也。蘭孫以元孫亦贈祕書監，遂誤以爲真卿稱元孫，而以序中「元孫」二字改爲「真卿」以就之。曰璐亦承其譌，殊爲失考。其他闕誤，亦處處有之。今以蜀本互校，補闕文八十五字，改譌體十六字，删衍文二字，始稍還顔氏之舊。是書爲章表書判而作，故曰「干禄」。其例以四聲隸字，又以二百六部排比字之後先。每字分俗、通、正三體，頗爲詳核。其中如「虫、蟲」「啚、圖」「商、商」「凍、涷」，截然兩字，而以爲上俗下正；又如「皃」，古「貌」字，而云「貌」正「皃」通；「韭」之作「韮」，「㒵」之作「𦱤」「𦵉」，直是俗字，而以爲通用。雖皆不免千慮之失，然其書酌古準今，實可行用，非詭稱復古，以奇怪釣名。言字體者，當以是爲酌中焉。至二百六部之次序，與廣韻間有不同，或元孫所用乃陸法言之舊第，而廣韻次序乃宋人所改歟？

五經文字三卷　兩淮馬裕家藏本

唐張參撰。參里貫未詳，自序題「大曆十一年六月七日」，結銜稱司業，蓋代宗時人。唐書儒學傳序稱：「文宗定五經劖之石，張參等是正譌文。」誤也。考後漢書：「熹平四年春三月，詔諸儒正五經文字，刻石立於太學門外。」參書立名，蓋取諸此。凡三千二百三十五字，依偏旁爲百六十部。劉禹錫國學新修五經壁記云：「大曆中名儒張參爲國子司業，始詳定五經，書於講論堂東、西厢之壁。

積六十餘載，祭酒皥、博士公肅再新壁書，乃析堅木負墉而比之。其製如版牘而高廣，背施陰關，使衆如一。」觀此言，可以知五經文字初書於屋壁，其後易以木版，至開成間乃易以石刻也。朱彝尊跋云：「五經文字獨無雕本，爲一闕事。」考册府元龜稱，周顯德二年，尚書左丞兼判國子監事田敏「獻印版書五經文字」，奏稱「臣等自長興三年校勘雕印九經書籍」，然則此書刻本在印版書甫創之初已有之，特其本不傳耳。今馬曰璐新刻版本跋云：「舊購宋拓石經中有此，因舊樣繕寫，雕版於家塾。」然曰璐雖稱摹宋拓本，今以石刻校之，有字畫尚存而其本改易者。又下卷「幸部」脱去「睪」字注十九字、「盩」字併注凡八字。今悉依石刻補正，俾不失其真焉。

九經字樣一卷　兩淮馬裕家藏本

唐唐玄度撰。玄度里籍未詳。惟據此書，知其開成中官翰林待詔。考唐會要稱：「大和七年二月，敕唐玄度覆定石經字體。十二月，敕於國子監講論堂兩廊創立石九經。」玄度字樣蓋作於是時，凡四百二十一字，依仿五經文字爲七十六部。前載開成二年八月牒云：「准大和七年十二月敕覆九經字體者。今所詳覆，多依司業張參五經文字爲准。諸經之中，別有疑闕，古今體異，隸變不同。如總據説文，即古體驚俗；若依近代文字，或傳寫乖譌。今與校勘官同商較是非，取其適中。纂録新加九經字樣一卷，請附於五經文字之末。」蓋二書相輔而行，當時即列石壁九經之後。明嘉靖乙卯地震，二書同石經竝損闕焉。近時馬曰璐得宋拓本而刊之，猶屬完善。其間傳寫失真及校者意改，往往不免。今更依石刻殘碑，詳加覆訂，各以案語附之下方。五經文字音訓多本陸德明經典釋文，或注「某反」，或注「音某」。玄度時避言「反」字，無同音字可注者，則云「某平」「某上」，就四聲之轉，以表其音，是又二書義例之異云爾。

汗簡三卷目録敘略一卷

兩淮馬裕家藏本

宋郭忠恕撰。忠恕字恕先，洛陽人。是書首有李建中題字。後有附題兩行，稱忠恕仕周朝爲朝散大夫、宗正丞，兼國子書學博士，疑亦建中所記。然據郭若虛圖畫見聞志及蘇軾集所載忠恕小傳，並稱宋太宗時召忠恕爲國子監主簿，後流登州，道卒，則不得爲周人。又陶岳五代史補載周祖入京師時，忠恕爲湘陰公推官，面責馮道之賣國，則先已仕漢，題周更誤矣。宋史藝文志以此書與佩觿並載，而晁、陳諸家書目皆不著録，則在宋代亦罕見。此本乃宋李建中得之祕府。大中祥符五年，李直方得之建中。初無撰人名字，建中以字下注文有「臣忠恕」字，證以徐鉉所言，定爲忠恕所作。其分部從説文之舊。所徵引古文凡七十一家，前列其目，字下各分注之。時王球、吕大臨、薛尚功之書皆未出，故鍾鼎闕焉。其分隸諸字即用古文之偏旁，與後人以真書分部、案韻繫字者不同。鈍吟雜録載馮舒嘗論此書，以「沔」「汸」「腈」「駛」諸字援文就部爲疑。然古文部類不能盡繩以隸楷，猶之隸楷轉變，不能盡繩以古文。舒之所疑，蓋不足爲累。且所徵七十一家，存於今者不及二十分之一，後來談古文者輾轉援據，大抵從此書相販鬻。則忠恕所編，實爲諸書之根柢，尤未可以忘所自來矣。

佩觿三卷　兩淮馬裕家藏本

宋郭忠恕撰。此書上卷備論形聲譌變之由，分爲三科：一曰造字，二曰四聲，三曰傳寫。中、下二卷則取字畫疑似者，以四聲分十段：曰平聲自相對，曰平聲上聲相對，曰平聲去聲相對，曰平聲入聲相對，曰上聲自相對，曰上聲去聲相對，曰上聲入聲相對，曰去聲自相對，曰去聲入聲相對，曰入聲自相對。末附與篇、韻音義異者十五字，又附辨證舛誤者一百十九字，不署名字，不知何人所加。以其可資考證，仍竝存之。惠棟九經古義嘗駁忠恕以「示」字爲「視」，而反以「視」爲俗字。今考其中如謂「車」字音「尺遮反」，本無「居」音。蓋因韋昭辨釋名之說，未免失於考訂。又書號「八分」，久有舊訓，蔡文姬述其父語，自必無譌。乃以爲八體之外別分此體，强爲穿鑿，亦屬支離。至於以天承口爲「吴」，已見越絶書，而引三國志爲徵。「景」爲古「影」字，已見高誘淮南子注，而云葛洪字苑加「彡」。案：此沿顔氏家訓之誤。又陶侃本字士行，而誤作「士衡」；東方朔以「來來」爲「棗」，本約略近似，而遂造「棗」字，均病微疎。然忠恕洞解六書，故所言具中條理。如辨逢姓之「逄」音「皮江反」，不得讀如「逢遇」本字，證之漢隸字源「逄」字下引逢盛碑通作「逢」，則姓氏之「逄」雖通作「逢」，亦仍作「皮江反」，可證顔師古之譌。又若辨「角里」本作「角里」，與「角亢」字無異，亦不用顔師古「恐人誤讀，故加一拂」之説。證之漢四老神位、神胙几石刻，「角里」實作「角里」，與此書合。則知忠恕所論，較他家精確多矣。

古文四聲韻五卷

刑部郎中汪啓淑家刊本

宋夏竦撰。竦字子喬，江州德安人。景德三年舉賢良方正，官至武寧軍節度使，謚文莊。事蹟具宋史本傳。據吾衍學古編稱：「夏竦古文四聲韻五卷，前有序併全銜者好。別有僧翻本，不可用。」又據全祖望鮚埼亭集有是書跋，稱借鈔於范氏天一閣，爲紹興乙丑浮屠寶達重刊，蓋即吾衍所謂「僧翻本」也。此本從汲古閣影寫宋刻翻雕，有慶曆四年竦自序。卷首題「開府儀同三司、行吏部尚書、知亳州軍州事夏竦集」，是吾衍所謂「前有序及全銜」者矣。其書以四聲分隸古篆。全祖望跋稱：「所引遺書八十八家，以校郭氏汗簡，未嘗多一種，實即取汗簡而分韻録之，絶無增減異同，雖不作可也。」其説固是。然汗簡以偏旁分部，而偏旁又全用古文，不從隸體，猝不易尋。此書以韻分字，而以隸領篆，較易於檢閱。此如既有説文，而徐鍇復作篆韻譜，相輔而行，固未可廢其一也。惟其書由雜綴而成，多不究六書之根柢。如「寴」即古「親」字也，「親」字下既云古尚書作「□」，又別出一「寴」字，譌從「宀」爲從「穴」。「云」即古「雲」字也，「雲」字既云説文作「□」，「云」字下又云王存乂切韻作「□」。「䀠」即古「瞿」字也，「䀠」字下引汗簡作「□」，「瞿」字下又引崔希裕纂古作「界」。以及「朝、鼂」「聞、閺」「協、叶」之類，不可殫數。「龕」字引古尚書是「西伯戡黎」之「戡」，古字通也。乃不併於「戡」字，而自爲一條。是由不知古文，誤以一字爲二也。「澄」即「澂」字之別體，「澄」字下引雲臺碑作「□」，「澂」字下引王庶子碑作「□」。「彩」即「采」字之別體，「采」字下引雲臺碑作「□」，「彩」字下引義雲章作「□」。以及「桐、杲」「崇、宻」「窺、闚」「謩、謨」「仙、僊」「員、圓」「熙、煕」「奉、捧」「准、凖」「帽、冒」「竟、競」之類，不可殫數。是又由不辨俗書，誤以一字爲二也。覃韻之「函」，乃「函蓋」字，咸韻之「凾」，乃「凾谷」字，而竝引南岳碑作「□」。仙韻之「鮮」，乃「腥鮮」字，於古當從三魚，獮韻之「鮮」，乃「鮮少」字，於古當從是從少。乃竝云古老子作「□」，顏黃門説作「□」，古尚書作「□」。説文訓「巟」爲「大」，訓「荒」爲「荒蕪」，本爲兩字。而以古尚書之「荒」字、籀韻之「巟」字竝列「荒」字下。是不辨音義，以二字合爲一也。「弌、弍、弎、三」字竝出説文。乃惟云「弌」字出説文，「弍」「弎」字則云出貝丘長碑、古老子，「三」字則云出天台經幢。「□」字出石鼓文，乃云出王存乂切韻。「鐳」字出説文，「廟」字出儀禮，「瀍」字、「獻」字、「飌」字、「簪」字出周禮，乃竝云出崔希裕纂古。「泝」字出荀子、公羊傳，乃云出古文。是不求出典，隨所見而捃摭也。「簣」字説文本作「□」，乃云出唐韻。「夢」字説文本作「□」，乃云出汗簡。「燒」字説文本作「□」，乃云出崔希裕纂古。以及兮、回、冰、井、丑、志之類，全與説文相同者，亦不可殫數。是併不辨小篆也。至於「室」字云季札墓銘作「□」，季札墓銘無「室」字。「怕」字云古孝經作「□」，古孝經無「怕」字，益杜撰矣。他如□鼂、□銕、□㽞之類，相連竝立，猶云一篆文，一改篆爲隸也。至「保」字下云：「崔希裕纂古作『保』。」「鴈」字下云：「籀韻作『鴈』。」則全作隸書，點畫不異，更不解其何故。讀是書者亦未可全據爲典要也。所列韻目，據自序云本唐切韻。「仙」韻下增一「宣」韻，與徐鍇韻譜同。「覃」「談」二韻列於「麻」後「陽」前，「蒸」「登」二韻列於「添」後「咸」前，與顏元孫干禄字書同，蓋唐制如是。至「齊」韻之後、「佳」韻之前增一「移」韻，與二書又不同，殆唐韻亦非一本歟？是則不可考矣。

類篇四十五卷　兩淮馬裕家藏本

舊本題司馬光撰。景定癸亥，董南一作光切韻指掌圖序，亦稱光「嘗被命修纂類篇，古文奇字，蒐獵殆盡」，然書後有附記曰：「寶元二年十一月，翰林院學士丁度等奏，今修集韻，添字既多，與顧野王玉篇不相參協。欲乞委修韻官將新韻添入，別爲類篇，與集韻相副施行。時修韻官獨有史館檢討王洙在職，詔洙修纂。久之，洙卒。嘉祐二年九月，以翰林學士胡宿代之。三年四月，宿奏乞光禄卿直祕閣掌禹錫、大理寺丞張次立同加校正。六年九月，宿遷樞密副使，又以翰林學士范鎮代之。治平三年二月，范鎮出鎮陳州，又以龍圖閣直學士司馬光代之。時已成書，繕寫未畢。至四年十二月上之。」然則光於是書特繕寫奏進而已。傳爲光修，非其實也。書凡十五卷，每卷各分上、中、下，故稱四十五卷。末一卷爲目録，用説文解字例也。凡分部五百四十四。其編纂之例有九：一曰同音而異形者皆兩見，二曰同意而異聲者皆一見，三曰古意之不可知者皆從其故，四曰變古而有異義者皆從今，五曰變古而失真者皆從古，六曰字之後出而無據者皆不特見，七曰字之失故而遂然者皆明其由，八曰集韻之所遺者皆載，九曰字之無部分者皆以類相聚。考集韻所收，併重文爲五萬三千五百二十五字。此書凡文三萬一千三百一十九，重音二萬一千八百四十六，僅五萬三千一百六十五字，較集韻所收尚少三百六十字。而例云集韻所遺皆載者，蓋集韻重文頗爲雜濫，此書凡字之後出而無據者皆不特見，故所删之數多於所增之數也。其所編録，雖不及説文、玉篇之謹嚴，然字者孳也，輾轉相生，有非九千舊數所能盡者。玉篇已增於説文，此書又增於玉篇。時會所趨，久則爲律，有不知其然而然者，固難以一格拘矣。

歷代鐘鼎彝器款識法帖二十卷　兩江總督採進本

宋薛尚功撰。尚功字用敏，錢塘人。紹興中以通直郎僉定江軍節度判官廳事。是書見於晁公武讀書志、宋史藝文志，均作二十卷，與今本同。惟陳振孫書録解題作鐘鼎法帖十卷，卷數互異，似傳寫脱「二」字。然吾丘衍學古編亦作十卷，所云刻於江州，與振孫之説亦符。蓋當時原有二本也。所録篆文，雖大抵以考古、博古二圖爲本，而蒐輯較廣，實多出於兩書之外。其中如十六卷中載比干墓銅槃銘之類，未免真僞雜糅，然大致可稱博洽。即以卷首「商鼎」一類考之，若箕鼎及維揚石刻之出於古器物銘，濟南鼎之出於向瀹刻本，皆非舊圖之所有。至其箋釋名義，考據尤精。如攷古圖釋蠆鼎云：「周景王十三年，鄭獻公蠆立。」此書獨從博古圖，以爲商鼎；夔鼎銘五字，博古圖云：「上一字未詳。」

此書以上一字爲「夔」字，父乙鼎銘亦五字，博古圖云：「末一字未詳。」此書以末一字爲「彝」字。又如博古圖釋召夫鼎銘詞有「午刊」二字，此書作「家刊」；博古圖釋父甲鼎銘作「立戈父甲」，此書作「子父甲」。又凡博古圖所云立戈、横戈形者，此書多釋爲「子」字。其立説竝有依據。蓋尚功嗜古好奇，又深通篆籀之學，能集諸家所長而比其同異，頗有訂譌刊誤之功，非鈔撮蹈襲者比也。尚功所著，别有鍾鼎篆韻七卷，蓋即本此書而部分之。今其本不傳，然梗概已具於此矣。舊刻久佚，此本爲明崇禎中朱謀垔所刊，自序稱購得尚功手書本。雖果否真蹟，無可證明，然鉤勒特爲精審，較世傳寫本爲善云。

案此書雖以鐘鼎款識爲名，然所釋者諸器之文字，非諸器之體製。改隸字書，從其實也。至博古圖中之因器及銘者則宜入譜録，不在此例。隋志併石經入小學，以刻文同異可資參考之故。然萬斯大石經考之類，皆但溯源流，不陳字體，與小學無涉，今仍附之金石焉。

復古編十二卷　兵部侍郎紀昀家藏本

宋張有撰。有字謙中，湖州人，張先之孫，出家爲道士。是書根據説文解字，以辨俗體之譌。以四聲分隸諸字，於正體用篆書，而别體、俗體則附載注中，猶顔元孫干禄字書分正、俗、通三體之例。下卷「入聲」之後附録辨證六篇：一曰聯緜字，二曰形聲相類，三曰形相類，四曰聲相類，五曰筆迹小異，六曰上正下譌，皆剖析毫釐，至爲精密。然惟以説文正小篆，而不以小篆改隸書，故小篆之不可通於隸者，則曰「隸作某」，亦顏元孫所謂「總據説文，則下筆多礙，當去泰去甚，使輕重合宜」者也。樓鑰集有此書序，稱其嘗篆楊時踵息菴記，以小篆無「菴」字，竟作隸體書之。知其第不以俗體入篆爾，作隸則未嘗不諧俗。鑰序又記其爲林攄母撰墓碑，書「魏」字作「巍」，終不肯去「山」字。陳振孫所記亦同。然考此書「巍」字下注曰：「今人省『山』以爲『魏國』之『魏』。」不以爲俗體別字。是其説復古而不戾今，所以爲通人之論。視魏校等之詭僻盜名，强以篆籀入隸者，其識趣相去遠矣。此本爲明萬曆中黎民表所刊，字畫頗爲清析，惟不載鑰序。然鑰所云陳瓘、程俱前後序則皆相符，蓋猶從舊本傳刻者也。

漢隸字源六卷　内府藏本

宋婁機撰。機字彦發，嘉興人。乾道二年進士，寧宗朝累官禮部尚書，兼給事中，權知樞密院事，兼太子賓客，進參知政事，提舉洞霄宫，事蹟具宋史本傳。其書前列攷碑、分韻、辨字三例。次碑目一卷，凡漢碑三百有九，魏、晉碑三十有一，各紀其年月地里，書人姓名，以次編列，即以其所編之數注卷中碑字之下，以省繁文。次以禮部韻略二百六部分爲五卷，皆以真書標目，而以隸文排比其下。韻不能載者十四字，附五卷之末終焉。其文字異同，亦隨字附注。如後漢修孔子廟禮器碑内韓明府名勑，字叔節，歐陽脩謂「前世見於史傳，未有名勑者」。而此書引繁陽令楊君碑陰亦有程勑，以證集古録考核之疎。又若「曲江」之爲「曲紅」，引周憬碑；「遭罹」之爲「遭離」，引馬江碑；「陂障」之爲「波障」，引孫叔敖碑；「委蛇」之爲「禕隋」，引衡方碑。於古音古字亦多存梗概，皆足爲考證之資，不但以點畫波磔爲書家模範已也。

班馬字類五卷 内府藏本

宋婁機撰。前有樓鑰序，稱爲史漢字類。案司馬在前，班固在後，倒稱「班、馬」起於杜牧之詩，於義未合，似宜從鑰序之名。然機跋實自稱「班、馬」，今姑仍之。其書採史記、漢書所載古字、僻字，以四聲部分編次。雖與文選雙字、兩漢博聞、漢雋諸書大概略同，而考證訓詁，辨别音聲，於假借、通用諸字，臚列頗詳，實有裨於小學，非僅供詞藻之撏撦。末有機自跋二則，辨論字義，亦極明析。其中有如「降」古音「洪」、「眉」古作「胷」之類可以不載者，亦有如「璇璣玉衡」本尚書、「袀服振振」本左傳之類不得以史、漢爲出典者，與「幾致刑措」之「幾」、「不茹園葵」之「茹」音義與今竝同者，一概捃拾，未免小失簡汰。又袁文甕牖閒評糾其引史記禮書「不稟京師」之「稟」當從「示」，不當從「禾」；漢書西域傳「須諸國稟食」之「稟」當從「禾」，不當從「示」，二字交誤，亦中其失。然古今世異，往往訓詁難通。有是一篇，區分類聚，雖間有出入，固不失爲考古之津梁也。

字通一卷 兩淮鹽政採進本

宋李從周撰。從周始末未詳。據嘉定十三年魏了翁序，但稱爲彭山人，字曰肩吾。末有寶祐甲寅虞兟刻書跋，亦但稱得本於了翁，均不及從周之仕履，莫能考也。是書以説文校隸書之偏旁，凡分八十九部，爲字六百有一。其分部不用説文門類，而分以隸書之點畫，既乖古法；又既據隸書分部，乃仍以篆文大書，隸書夾注，於體例亦頗不協。且如「水」字、「火」字既入「上兩點」類，而「下三點」内又出「水」字、「火」字，「旁三點」「示」字類又再出「水」字，「下四點」内又出「火」字、「水」字。如此之類，凡一百二十三字，破碎冗雜，殊無端緒。至於「干」字收於「上兩點」類，獨從篆而不從隸，既自亂其例；「回」字收於「中日字」類，「臣」字、「巨」字、「臣」字收於「自」字類，「東」字收於「里」字類，併隸書亦不相合，均爲乖剌。然其大旨主於明隸書之源流，而非欲以篆文改隸，猶顏元孫所謂「去泰去甚，使輕重合宜」者。宋人舊帙，流傳已久，存之亦可備檢閲也。卷末别附糾正俗書八十二字。其中如「壅塞」必作「邕塞」、「芝草」必作「之草」、「衣裳」必作「衣常」、「添減」必作「沾減」、「規矩」必作「規巨」、「心膂」必作「心吕」、「鐙炷」必作「鐙主」、「袒裼」必作「但裼」、「負荷」必作「負何」、「巾帨」必作「巾帥」、「竭力」必作「渴力」、「肘腋」必作「肘亦」，是雖於古有據，而今斷斷不能行。其前題詞有「復古編、字通尚未及之，略具如左文」云云，似非從周之語。又「虍」字類「虚」字條下，既稱「今别作『墟』，非是」，而又出「虚作墟，非」一條，指爲字通所未及。使出從周，不應牴牾如此，其或後人所竄入歟？

六書故三十三卷　兩江總督採進本

元戴侗撰。考姓譜，侗字仲達，永嘉人。淳祐中登進士第，由國子監簿守台州。德祐初，由祕書郎遷軍器少監，辭疾不起。其所終則莫之詳矣。是編大旨主於以六書明字義，謂字義明則貫通羣籍，理無不明。凡分九部：一曰數，二曰天文，三曰地理，四曰人，五曰動物，六曰植物，七曰工事，八曰雜，九曰疑。盡變説文之部分，實自侗始。其論假借之義，謂前人以「令」「長」爲假借，不知二字皆從本義而生，非由外假；若「韋」本爲「韋背」，借爲「韋革」之「韋」，「豆」本爲「俎豆」，借爲「豆麥」之「豆」，凡義無所因，特借其聲者，然後謂之假借，説亦頗辯。惟其文皆從鐘鼎，其注既用隸書，又皆改從篆體，非今非古，頗礙施行。元吾丘衍學古編曰：「侗以鐘鼎文編此書，不知者多以爲好，以其字字皆有，不若説文與今不同者多也。形古字今，雜亂無法。鐘鼎偏旁，不能全有，卻只以小篆足之。或一字兩法，人多不知。如『ꝋ』本音瞏，加『宀』不過爲『寰』字，乃音作『官府』之『官』；『邨』字不從『寸』『木』，乃書爲『村』，引杜詩『無村眺望賒』爲證，甚誤學者。許氏解字引經，漢時有篆隸，乃得其宜。今侗亦引經，而不能精究經典古字，反以近世差誤等字引作證據。『鎊』『鍾』『錖』『鋸』『尿』『屎』等字，以世俗字作鐘鼎文。『卵』字解尤爲不典。六書到此，爲一厄矣。」云云，其詆諆甚至，雖不爲不中其病，然其苦心考據，亦有不可盡泯者。略其紕繆而取其精要，於六書亦未嘗無所發明也。

龍龕手鑑四卷　浙江吴玉墀家藏本

遼僧行均撰。行均字廣濟，俗姓于氏。晁公武讀書志謂此書卷首僧智光序，題云「統和十五年丁酉七月一日」，沈括夢溪筆談乃謂：「熙寧中，有人自契丹得此書，入傅欽之家，蒲傳正取以刻版。其序末舊云重熙二年五月序，蒲公削去之。」云云。今案此本爲影鈔遼刻，卷首智光原序尚存。其紀年實作「統和」，不作「重熙」，與晁公武所説相合，知沈括誤記。又文獻通考載此書三卷，而此本實作四卷，智光原序亦稱四卷，則通考所載，顯然誤「四」爲「三」。殆皆隔越封疆，傳聞紀載，故不免失實歟？其書凡部首之字以平、上、去、入爲序，各部之字復用四聲列之。後南宋李燾作説文五音韻譜，實用其例而小變之。每字之下必詳列正、俗、今、古及或作諸體，則又行均因唐顔元孫干禄字書之例而小變之者也。所録凡二萬六千四百三十餘字，注一十六萬三千一百七十餘字，并注總一十八萬九千六百一十餘字。於説文、玉篇之外多所搜輯。雖行均尊其本教，每引中阿含經、賢愚經中諸字以補六書所未備，然不專以釋典爲主。沈括謂其「集佛書中字爲切韻、訓詁」，殊屬不然，不知括何以云爾也。括又謂：「契丹書禁至嚴，傳入别國者法皆死。」故有遼一代之遺編，諸家著録者頗罕。此書雖頗參俗體，亦間有舛譌。然吉光片羽，幸而得存，固小學家所宜寶貴也。

六書統二十卷　浙江汪啓淑家藏本

元楊桓撰。桓字武子，號辛泉，兖州人。中統四年以郡諸生補濟州教授，累官太史院校書，監察御史，終國子監司業。事蹟具元史本傳。是書至大丙申其子守義進於朝，詔下江浙鏤版。前有翰林直學士倪堅序，又有國子博士劉泰後序，而桓自序爲尤詳。大旨以六書統諸字，故名曰「統」。凡象形之例十，會意之例十有六，指事之例九，轉注之例十有八，形聲之例十有八，案：周禮注作「諧聲」，此作「形聲」，蓋從許慎說文。假借之例十有四。其象形、會意、轉注、形聲四例，大致因戴侗六書故門目而衍之。指事、假借二例則桓以意鉤稽，自生分別。所列先古文、大篆，次鐘鼎文，次小篆。其說謂：「文簡意足，莫善於古文、大篆。惜其數少，不足於用。文字備用者莫過小篆，而譌謬於後人之傳寫者，亦所不免。今以古文證之，悉復其舊。」蓋桓之自命在是，然桓之紕繆亦即在於是。故其說至於不可通，則變一例，所變之例復不通，則不得不又變一例。數變之後，紛如亂絲。於是一指事也，有直指其事，有以形指形，有以意指意，有以形指意，有以意指形，有以注指形，有以注指意，有以聲指形，有以聲指意。一假借也，有聲義兼借，有借聲不借意，有借意不借聲，有借諧聲兼義，有借諧聲，有借近聲兼義，有借近聲，有借諧近聲，有因借而借，有因省而借，有借同形，有借同體，有非借而借。輾轉迷瞀，幾於不可究詰。蓋許慎說文爲六書之祖，如作分隸、行草，必以篆法繩之，則字各有體，勢必格閡而難行；如作篆書，則九千字者爲高曾之矩矱矣。桓必欲偭而改錯，其支離破碎，不足怪也。以六書論之，其書本不足取。惟是變亂古文，始於戴侗而成於桓。侗則小有出入，桓乃至於橫決而不顧。後來魏校諸人隨心造字，其弊實濫觴於此。置之不録，則桓穿鑿之失不彰。故於所著三書之中，録此一編，以著變法所自始。朱子所謂「存之正以廢之」者，兹其義矣。

周秦刻石釋音一卷　編修汪如藻家藏本

元吾丘衍撰。衍字子行，錢塘人。初，宋淳熙間有楊文昺者，著周秦刻石釋音一書，載石鼓文、詛楚文、泰山、嶧山碑。至是衍以所取琅邪碑不類秦碑，不應收入，因重加刪定，以成是書。前有至大元年衍自序，謂石鼓以所藏甲秀堂圖譜爲之，而削去鄭樵音訓。又正詛楚文二字，合泰山、嶧山石刻字共爲一卷，而仍其書名。又列諸家音注、書評於後。其敘石鼓次第，與薛尚功、楊慎本合，而與今本異。其曰「文幾行，行幾字，重文、闕文幾字」者，即朱彝尊據以編石鼓攷者也。然其所謂「闕文幾字」者，仍第執一時所見之本而言。即潘迪音訓與衍是書同作於元時，其音釋亦不盡同。蓋金石之文，摹搨有明晦，裝潢有移掇，言人人殊，不足異也。至所正詛楚文二字，「絆」之爲「縫」，其説於古無所據，以文義、字體按之，皆未可信；「還」之爲「遂」，則「還」「遂」二字，詛楚文石本、版本皆無其文，不知衍所據何本。然衍距今四百年，其所見之本或有異同，未可執今本相詰難。録備一説，要亦足廣異聞耳。

字鑑五卷　兩淮馬裕家藏本

元李文仲撰。文仲，長洲人。自署吴郡學生，其始末則無考也。文仲從父世英以六書惟假借難名，因輯類韻二十卷。以字爲本，音爲榦，義訓爲枝葉，自一而二，井然不紊。凡十年始成，而韻内字畫尚有未正者。文仲因續爲是書，依二百六部之韻編次之，辨正點畫，刊除俗謬，於諸家皆有所駁正。中間如「稾」，从禾，高聲，而誤作「稾」；「隙」，从阜、从㡰，而誤作「隟」，則糾干禄字書之失。如「肇」「肈」原有二字，而止收「肈」字，反以「肇」爲俗；「豎」字誤从立作「竪」；「徹」字誤从去作「徹」；「析」字誤从片作「㭊」，則糾五經文字之失。如「屯」本訓難，借爲屯聚字，而郭忠恕以「屯」音迍，別出「屯」爲屯聚字，於假借之義不合，則糾佩觿之失。他若增韻、韻會諸本，則舉正之處尤多。大旨悉本説文，以訂後來沿襲之謬，於小學深爲有裨。至若「芰」字變爲「荢」，「陊」字變爲「墮」，「陸」字變爲「隳」之類，則以爲承譌既久，難於遽改，而但於本字下剖析其所當然。深得變通之宜，亦非泥古駭俗者所可比也。其書久無傳本，康熙中朱彝尊從古林曹氏鈔得，始付長洲張士俊刊行之云。

説文字原一卷六書正譌五卷 大學士于敏中家藏本

元周伯琦撰。伯琦字伯温，饒州人，官至兵部侍郎。明郎瑛七修類稾載其降於張士誠，士誠破後，爲明太祖所誅，謂元史稱其後歸鄱陽病卒爲誤。考徐禎卿翦勝野聞先有此説。然宋濂修史在太祖時，使伯琦果與士誠之黨同誅，濂等不容不知。至翦勝野聞本出依託，不足爲據。瑛所言殆傳聞失實也。是二書前有至正乙未國子監丞宇文公諒總序。説文字原之首有伯琦自序，題「至正己丑」，而六書正譌則無序，意其佚脱也。明嘉靖元年，滁陽于器之重刊於浙中，瓊州黄芳爲序。崇禎甲戌，胡正言又重刊之。正言字曰從，海陽人，官中書舍人。工於鐫篆，有十竹齋印譜兩集。此二書篆文，即所手書也。昔許慎説文凡分五百四十部，其先後之序，或有義或無義，不盡可考。徐鍇作説文繫傳，仿周易序卦之例，一一明其次第連屬之故，未免失之牽合。伯琦是書又以慎之部分增廿、戼、㠯、亍、𠂇、𦬾、爿、㕯、𡗜、𦍌、𦍒、𡴂、丶、亾、母、九、ㄗ一十七部。又改「皕」爲「百」，改「箕」爲「其」，改「危」爲「户」，改「雲」爲「云」，變其字者四部。删其飛、儿、𡨄、凶、鹵、矛、辛、豈、鼓、臼、有、丂、㪔、㓞、酋、𠫓、亣十七部。移其原第，使以類相從，以明輾轉孳生之義，分爲一十二部。如「禿」字説文「从人，在禾中」，伯琦則謂从木諧聲，从禾爲謬；「尸」字小篆一筆三折，屈曲相連，伯琦則謂爲傳寫之誤，當从臥人之形，作二筆書之，與慎亦頗有異同。至於以側山爲「𠂤」、倒「㞢」爲「帀」之類，訓爲轉注，則仍與會意無分，未免自我作古耳。其六書正譌以禮部韻略部分分隸諸字。列小篆爲主，先注制字之義，而以「隸作某某，俗作某某」辨别於下，略如張有復古編之意。其間如「芙蓉」之「蓉」必書爲「頌」、「枝幹」之「幹」必書爲「干」，多牽强而不可行。且全書皆用今韻，而「宜」字則以篆文從多諧聲，移於歌韻。全書皆用小篆，而「香」字仍從古文作「皀」，别注小篆作「𪏽」。如斯之類，尤未免爲例不純。大抵伯琦此二書，推衍説文者半，參以己見者亦半。瑕瑜互見，通蔽相仿，不及張有復古編之精密，而亦不至如楊桓六書統之糅雜。采葑采菲，無以下體，姑存以備一解，亦兼收竝蓄之意云爾。

漢隸分韻七卷 江蘇巡撫採進本

不著撰人名氏，亦無時代。考其分韻，以一東、二冬、三江等標目，是元韻，非宋韻矣。其書取洪适等所集漢隸，依次編纂。又以各碑字迹異同，縷列辨析。考吾丘衍學古編有合用文集品目一門，其第七條「隸書品」中列有隸韻兩册，「麻沙本，與隸韻爲一副刊，案：此隸韻爲劉球碑本隸韻十卷。字體不好，以其册數少，乃可常用之，故列目於此」云云，疑即此本。顧藹吉隸辨序稱：「別有漢隸分韻，字既乖離，迹復醜惡。」其詆諆此書，與吾丘衍略同。然二人第以書迹筆法論耳。要其比校點畫，訂正舛互，亦有足資考證者。前人舊本，寸有所長，要未可竟從屏斥也。

六書本義十二卷 江蘇巡撫採進本

明趙撝謙撰。撝謙原名古則，餘姚人，宋秦悼惠王之後。明初徵修洪武正韻，持議不協，出爲中都國子監典簿，罷歸。尋以薦爲瓊山縣教諭。事蹟具明史文苑傳。焦竑筆乘稱其字學最精，行世者惟六書本義及學範六篇。學範蕪雜，殊無可取。是編六書論及六書相生諸圖，大抵祖述鄭樵之說。其凡例有曰：「説文原作五百四十部，今定爲三百六十部，不能生者附各類後。」今以其説考之，若説文「畕」字爲一部，以「畺」字爲子，而撝謙則併入「田」部；説文「包」字爲一部，以「胞、匏」字爲子，而撝謙則併入「勹」部；説文「丝」字爲一部，以「幾、幽」字爲子，而撝謙則併入

「幺」部。凡若此類，以母生子，雖不過一二，而未嘗無所生之子，與凡例所云「不能生者」不同，乃一概併之，似爲未當。又若説文「儿」部「儿」讀若「人」，「充、兊」諸字從之，與「人」字異體，而撝謙則併入「人」部；説文「夲」部「皋」字從「夲」從「白」，而撝謙誤以從「白」爲從「自」，附入「自」部，則於字體尤舛。第於各部之下辨別六書之體頗爲詳晰，其研索亦具有苦心，故録而存之，以不没所長焉。

奇字韻五卷　浙江巡撫採進本

明楊慎撰。慎有檀弓叢訓，已著録。是編標字體之稍異者，類以四聲，故曰「奇字」。考六書以説文所載小篆爲正，若衛宏、揚雄所學則別有古文奇字，以非六書偏旁所可推也。此書以「奇字」標名，而若説文引經，「𡨋其屋」，「豐」作「𡨋」；「克岐克嶷」，「嶷」作「㠜」；「静女其姝」，「姝」作「㛈」；「庶草繁廡」，「廡」作「無」；「天地絪縕」，作「壹壺」；「營營青蠅，止于樊」，「樊」作「棥」；「故源源而來」，「源源」作「謜謜」；「泣血漣如」，「漣」作「㦁」之類，雖與今經文異，而皆有六書偏旁可求，則正體而非奇字。且此類甚多，不勝載。如説文引尚書「嵎夷」作「堣夷」；引論語「友便佞」，「便」作「諞」；引詩「赫兮喧兮」，「喧」作「愃」；引周禮「膳膏臊」，「臊」作「鱢」，「孤乘夏篆」，「篆」作「軗」；引易「包荒用馮河」，「荒」作「巟」；引詩「在河之洲」，「洲」作「州」；引易「服牛乘馬」，「服」作「犕」；引書「濬畎澮距川」，「畎澮」作「く巜」；引春秋傳「翫歲而愒日」，「翫」作「忨」、「愒」作「潵」；引易「夫乾確然」，「確」作「隺」；引春秋傳「執玉惰」，「惰」作「憜」；引詩「納于凌陰」，「凌」作「滕」；又引詩「白圭之玷」，「玷」作「刮」；引書「闢四門」，「闢」作「闢」。異同之處，不可殫數。此書所載，殊不及十之二、三。至於「岷」之作「汶」、「禱」之作「禂」，皆假借字，而亦概列爲奇字，尤屬不倫。又如「薔」字下但注一「災」字，而不云本鹽鐵論「罕被寇薔」，「薔」音「災」；「廧」字下但注一「牆」字，而不云本管子地員篇「行廧落」，房玄齡注爲「行廧及籬落」；「閭」字下但注一「開」字，而不云本漢書匈奴傳「乃遣閭陵侯將兵別圍車師」及「今欲與漢閭大關」，顏師古注「閭，與開同」；「茬」字下但注一「槎」字，而不云本漢書貨殖傳「然猶云山不茬蘖」，師古注「茬，古槎字」；「闉」字下但注一「誾」字，而不云本漢書揚雄傳「東鄰昆崙，西馳闉闉」，師古注「闉與誾同」，則全迷其所出。「萁」字下注「音該」，但引曹植詩，而不知淮南子「爨萁燧火」，高誘注「萁，音該」；「沠」字下注「音流」，但引賈誼傳「朝廷之視端沠平衡」，而不知考荀子榮辱篇「其沠長矣」，楊倞注「沠，古流字」，則不溯其所始。又如「冬」韻載「窠」字，引說文而不知漢書地理志「蒼柗」，師古曰：「柗，古松字」，與「窠」同一古今字；「賁」字下注云「古文斑」，而不知荀子彊國篇曰「如此下比周，賁潰以離上矣」，楊倞注「賁讀如墳」，漢書翟方進傳「賁麗善爲星」，師古曰「賁音肥」；「蝯」字下注「與猨同」，而不知漢書李廣傳又作「爰臂」，如淳曰「臂如猿臂」，其闕佚又不可枚舉。蓋慎充於腹笥，特就所記憶者録之，故於諸書不暇詳考。然於秦漢載籍，亦已十得三、四。講六書者去其疵而録其醇，或亦不無所助焉。

古音駢字一卷續編五卷　江蘇巡撫採進本

古音駢字一卷，明楊慎撰。續編五卷，國朝莊履豐、莊鼎鉉仝撰。古人字少而韻寬，故用字往往假借。是書取古字通用者以韻分之，各注引用書名於其下。由字體之通求字音之通，於秦、漢以前古音，頗有考證。但遺闕過多，牽合亦復時有。即以開卷東、冬韻論之。如荀子議兵篇云：「案角鹿埵隴種東籠而退耳。」注曰：「隴種，新序作龍鍾。」禮論篇曰：「彌龍。」注曰：「彌如字，又讀爲弭。」楚辭九章曰：「蓀詳聾而不聞。」補注云：「詳與佯同。」九歎云：「登逢龍而下隕兮，違故都之漫漫。」注云：「逢一作逄，古本作蓬。」吴越春秋越王無餘外傳曰：「大夫曳庸。」注曰：「左傳作后庸，國語舌庸。」史記五帝本紀曰：「其後有劉累擾龍。」應劭曰：「擾音柔。」故五帝本紀又曰：「擾而毅。」徐廣曰：「擾，一作柔。」則擾、柔字通。倉公列傳曰：「臣意胗其脈曰迥風。」注曰：「迥音洞，言洞入四肢。」漢書地理志曰：「都龐。」應劭曰：「龐音龍。」師古曰：「音龔。」揚雄傳曰：「奮六經以攄頌。」師古曰：「頌，讀若容。」大戴禮衛將軍文子篇曰：「詩云：『受小共大共，爲下國恂蒙。』」注曰：「今詩爲駿厖。」五帝德篇曰：「鳥獸昆虫。」考説文以「虫」爲「虺」，然漢代碑刻即用「虫」爲「蟲」，則虫、蟲通。此書原本、續本均未舉及，則採摭之未備也。又如原本於「虋門」二字注出荀子，而史記龜策列傳亦作「虋門」，乃不注。續本於虋冬、滿冬、門冬引爾雅注，而山海經曰：「其草多芍藥、虋冬。」乃不注。又引廣雅「脣㽘」二字，謂㽘、㫖通，而管子内政篇曰：「平正擅㽘。」注曰：「和氣獨擅㽘中，亦古『㫖』字。」乃亦不注。則訓釋之未詳也。他如圜鍾、函鍾是黄鍾、林鍾别名，非「黄」通爲「圜」，「林」通爲「函」。其「浸盧維」讀作「盧灉」，恐亦鄭玄之改字，未可盡槩以古音，乃一例定爲通用，未免附會。然大勢徵引賅洽，足資考證。古字之見於載籍者十已得其四五，亦可云小學之善本矣。

俗書刊誤十二卷　江蘇巡撫採進本

明焦竑撰。竑有易筌，已著録。是書第一卷至第四卷類分四聲，刊正譌字，若「丰」之非「丯」、「容」不從「谷」是也。第五卷考字義，若「赤」之通「尺」、「鼬」之同「猶」是也。第六卷考駢字，若「句婁」之不當作「岣嶁」、「辟歷」之不當作「霹靂」是也。第七卷考字始，若「對」之改「口」從「士」本於漢文，「疊」之改「晶」從「畾」本於新莽是也。第八、第九卷考音同字異，若「庖犧」之爲「炮羲」、「神農」之爲「神由」是也。第十卷考字同音異，若「敦」有九音、「苴」凡兩讀是也。第十一卷考俗用雜字，若「山岐曰岔，水岐曰汊」是也。第十二卷考字形疑似，若「禾」之與「禾」、「支」之與「攴」是也。其辨最詳，而又非不可施用之僻論，愈於拘泥篆文，不分字體者多矣。

字孿四卷

江蘇巡撫採進本

明葉秉敬撰。秉敬字敬君，衢州西安人。萬曆辛丑進士，官至荆西道布政司參議。尋移南瑞，未行而卒。秉敬學頗淹通，著書四十餘種。是編取字形似而義殊者，分類詁之，與郭忠恕佩觿大旨略同。每字綴以四言歌訣，則秉敬自創之體。凡例謂：「孿子眉目髮膚雖無别，而伯仲先後弗淆，當察乎子母相生之微，引伸觸類。」故其説悉根柢説文，毫釐辨析。於偏傍點畫，分别了然。又該以韻語，便於記誦，亦小學之津筏也。其書爲杭人潘之淙所刻。前有篆體辨訣一篇，乃以七言歌括辨篆文偏傍之同異，不知何人所撰，由來已久。之淙以其與此書可互相參究，故附刊以行。其區别形體，亦頗有資於六書。惟其末比舊本增多一百二十四句，則紕繆杜撰，不一而足。如謂「抽」字不當從「由」、「咽」字不當從「因」，已顯與説文相背。甚且臆造篆文，如「琴」上加「一」、「對」内從「干」，均極譌誤。至「勇」本從「甬」，而云角力爲勇；「稷」古文省作「畟」，而云與槐柳同，此類尤爲乖舛。蓋無識者所竄入，不足依據。今姑從原本録之，而糾正其失於此，庶不疑誤後學焉。

康熙字典四十二卷

康熙五十五年聖祖仁皇帝御定。古小學存於今者，惟説文、玉篇爲最舊。説文體皆篆籀，不便施行，玉篇字無次序，亦難檢閲。類篇以下諸書，則惟好古者藏弆之，世弗通用。所通用者，率梅膺祚之字彙、張自烈之正字通。然字彙疎舛，正字通尤爲蕪雜，均不足依據。康熙四十九年，乃諭大學士陳廷敬等删繁補漏，辨疑訂譌，勒爲此書。仍兩家舊目，以十二辰紀十二集，而每集分三子卷，凡一百一十九部。冠以總目、檢字、辨似、等韻各一卷，殿以補遺、備考各一卷。部首之字，以畫之多寡爲序，部中之字亦然。每字之下，則先列唐韻、廣韻、集韻、韻會、正韻之音。唐韻久佚，今能一一徵引者，徐鉉校説文所用即唐韻之翻切也。次訓釋其義，次列别音、别義，次列古音。均引證舊典，詳其始末，不使一語無稽。有所考辨，即附於注末。又每字必載古體，用説文例；改從隸書，用集韻例；兼載重文、别體、俗書、譌字，用干禄字書例；皆綴於注後，用復古編例；仍從其字之偏旁，别出於諸部，用廣韻互見例；至於增入之字，各依字畫多寡，列於其數之末，則説文之「新附」、禮部韻略之「續降」例也。其補遺一卷，收稍僻之字。備考一卷，收不可施用之字。凡古籍所載，務使包括無遺。蓋拘泥古義者，自説文九千字外，皆斥爲僞體，遂至「音韻」必作「音均」，「衣裳」必作「衣常」，「韓愈」書爲「韓瘉」，「諸葛亮」書爲「諸葛諒」，動生滯礙，於事理難通，固爲不可。若夫孫休之所自造，王起之所未識，傅奕之稱「遝人」，段成式之作「毴」字，皆攷之古而無徵，用之今而多駭。存而竝列，則通儒病其荒唐；削之不登，則淺儒疑其挂漏。别爲附録，等諸外篇，尤所謂去取得中，權衡盡善者矣。御製序文謂：「古今形體之辨，方言聲氣之殊，部分班列，開卷了然。無一義之不詳，無一音之不備。」信乎六書之淵海，七音之準繩也。

御定清文鑑三十二卷補編四卷總綱八卷補總綱二卷

乾隆三十六年奉敕撰。我國家發祥長白，實金源之舊疆。金史章宗本紀載：「明昌五年，以葉魯谷神始製國字，詔依倉頡立廟例，祀於上京。」又選舉志稱：「進士科以策論試國人，用國字爲程文。」陶宗儀書史會要則稱金太祖命完顏希尹撰國字，其後熙宗亦製字竝行。希尹所製謂之大字，熙宗所製謂之小字，其字體波磔繁密，頗類籀文。當時必有字書，今已無攷。惟趙崡石墨鐫華所載天會十二年都統經略郎君行記一篇，僅存其形製而已。蓋有元一統之後，其法漸不傳也。我太祖高皇帝肇建丕基，命巴克什額爾德尼以蒙古字聯綴國語成句，尚未別爲書體。太宗文皇帝始命巴克什庫爾纏刱造國書。以十二字頭貫一切音，因音而立字，合字而成語。今內閣所貯舊籍，今謂之老檔。即其初體。厥後增加圈點，音義益詳。亦如籀變小篆，隸變八分，踵事而增，以日趨於精密。我聖祖仁皇帝廣口傳筆授，或有異同，乃命別類分門，一一排纂，勒爲清文鑑一書，以昭法守，惟未及音譯其文。皇上復指授館臣，詳加增定，爲部三十有五，子目二百九十有二。每條皆左爲國書，右爲漢語。國書之左，譯以漢音，用三合切韻。漢書之右，譯以國書，惟取對音。以國書之聲，多漢字所無，故三合以取之。漢字之聲，則國書所具，故惟用直音也。至於欽定新語，一一載入，尤爲詳備。蓋字者孳也，許慎說文九千餘字，李登聲類已增至一萬一千五百二十字，案：聲類今無其書，此據封演聞見記。陸法言切韻一萬二千五十六字，陳彭年等重修廣韻已增至二萬六千一百九十四字。

呂忱字林、丁度集韻以下，更莫能殫記。是由名物日繁，記載遂不能不備。聖人制作，亦因乎勢之自然，爲事之當然而已。伏而讀之，因漢文可以通國書，因國書可以通漢文。形聲訓詁，無所不具，亦可云包羅巨細、辯別精微者矣。書中體例，兼列字體、字音，宜入訓詁類中。然譯語得音，駢音爲字，與訓詁之但解音義者不同，故仍列諸字書類焉。

御定滿洲蒙古漢字三合切音清文鑑三十三卷

乾隆四十四年奉敕撰。初，聖祖仁皇帝敕撰清文鑑。皇上既命補注漢字，各具翻切釋文，嗣以蒙古字尚未備列，因再命詳加攷校，續定是編。以國書爲主，而貫通於蒙古書、漢書。每國語一句，必兼列蒙古語一句、漢語一句，以明其義。又以蒙古字、漢字各對國語之音以定其聲。漢字之音不具，則三合以取之。蒙古字之音不具，則分各種讀法、寫法、收法以取之。經緯貫穿，至精密而至明顯。循文伏讀，無不一覽了然。攷遼史太祖本紀，稱神册五年「始製契丹大字」，天贊三年「詔礲闢遏可汗故碑，以契丹、突厥、漢字紀其功」云云。然則三體互通，使彼此共喻，實本古義。許慎作説文，小篆之下兼列籀文、古文，以互證其字；揚雄作方言，每一語一物，亦具載某地謂之某，以互證其語。則三體彙爲一編，使彼此相釋，亦因古例，用達書名於四方。雖成周大同之盛，亦無以逾於斯矣。

欽定西域同文志二十四卷

乾隆二十八年奉敕撰。先是，乾隆二十年，威弧遥指，戡定伊犁，續又削平諸回部。崑崙月窟，咸隸黄圖。琛賮旅來，狄鞮重譯。乃命玫校諸番文字，定著是編。其部族之别，曰天山北路，曰天山南路，曰青海，曰西番。其門目之别，曰地，曰山，曰水，曰人。其文字之别，首列國書以爲樞紐，次以漢書詳注其名義，次以三合切音曲取其音聲，次列蒙古字、西番字、托忒字、回字，排比連綴。各注其譯語、對音，使綱舉目張，絲連珠貫。玫譯語之法，其來已久。然國語謂之舌人，特通其音聲而已，不能究其文字。左傳稱楚人謂「乳」爲「穀」，謂「虎」爲「於菟」；穀梁傳稱吴人謂「善」爲「伊」，謂「稻」爲「緩」，亦於附近中國者通其聲音之異，非於遐荒絶域識其書體，辨其音讀也。惟隋志載有蕃爾雅，其書不傳。度其所載，亦不過「天」曰「撐犁」、「子」曰「孤塗」之類，未必能知旁行右引之文。且書止一卷，疏略尤可想見。又輟耕録載元杜本編五聲韻，自大小篆、分隸、真、草以至外蕃書、蒙古新字，靡不收録，題曰華夷同音。然統以五聲，則但能載其單字，不能聯貫以成文。且外國之音多中國所不具，而本以中國之字領韻，乖舛必多。蓋前代帝王，聲教未能遠播。山川緜邈，輾轉傳聞，自不免於譌漏。有元雖混一輿圖，而未遑考正其文字。杜本以山林之士區區掇拾，亦未能通其語言。我國家重熙累洽，含識知歸。我皇上又神武奮揚，濛汜以東，皆爲屬國，雁臣星使，來往駢闐。既一一諳其字形，悉其文義，迨編摩奏進，又一一親御丹毫，指示改正，故能同條共貫，和會諸方，一展卷而異俗殊音皆如面語。非惟功烈之盛爲千古帝王所未有，即此一編，亦千古帝王所不能作矣。

篆隸攷異二卷

兩淮鹽政採進本

國朝周靖撰。靖字敉寧，吴縣人。明吏部文選司郎中周順昌之曾孫也。是書辨别篆、隸同異，用意與張有復古編相類。其小異者，有書以篆文爲綱，而附列隸字之正俗。此則以隸字爲綱，於合六書者注曰「隸」，不合六書者注曰「俗」，於隸相通而篆則不相假借者注曰「别」，如隸字「好醜」之「好」與「好惡」之「好」爲一字，篆則分「好」「玐」二字之類。而各列篆文於其下。又説文分部五百四十，此則以隸字點畫多少爲次，分部二百五十有七。俾讀者以所共知，通其所未知，較易於尋檢。大旨斟酌於古今之間，盡斥鄙俚杜撰之文，而亦不爲怪僻難行之論。其凡例有曰：「庖犧畫卦，已開書契之宗。降至小篆，無慮幾變。然許叔重以前，雖有周鼓、秦碑，究無成書可據。故鄭樵曰：『六書無傳，惟藉説文。』此考以説文爲主。鐘鼎款識，一槩不録。」又曰：「如『犅』『苖』等字，止載説文，而『剛』『曲』見於經史，反覺簡易。此考寧取其簡，不取其繁，故去『牛』與『艸』，是非悖謬説文，實欲羽翼經史，閲者可舉一以例百。」云云。汪琬作是書序，亦以泥古、變古二者交譏，而稱是書「上引六經，旁及子史，究其本末，析其是非，至詳至悉，而未嘗有詭異之説」，其論允矣。其書未有刊版，此本爲康熙丙辰長洲文倉所手録。篆文頗爲工整，迥非鈔胥所能。驗其私印有「小停雲」字，蓋文徵明之裔，故筆法猶有家傳歟？今録存其書，以著顔元孫「去泰去甚」之義。俾從俗而戾古與從古而不可行於今者，均知所別擇焉。

隸辨八卷　内府藏本

國朝顧藹吉撰。藹吉號南原，長洲人。是書鉤摹漢隸之文，以宋禮部韻編次，每字下分注碑名，并引碑語。其自序云：「鋭志精思，採摭漢碑所有字，以爲解經之助。有不備者求之漢隸字源。」又云：「字源多錯謬。『舩、船』『爯、再』，體或不分；『血、皿』『朋、多』，形常莫別。悉從隸釋、隸續，詳碑定字，指摘無餘。」今考此書，字形廣狹與世所刻婁機漢隸字源相同，是陰以機書爲槀本。且漢碑之出於機後者，僅魯孝王刻石，太室、少室、開母諸石闕及尹宙、孔褒、曹全、張遷、韓仁數種。視機書所列，不過百分之一、二。機所見三百九種，其存於今者不過景君、孔和、史晨、韓勑、孔謙、孔宏、魯峻、鄭固、孔宙、蒼頡、衡方、張壽、孔彪、潘乾、武榮、王渙、鄭季宣、白石神君、西狹頌、郙閣頌二十餘種。較其碑目所列，已不及十分之一。此二十餘種之外，縱舊拓流傳，亦斷璧零璣，偶然一遇，決不能如是之多。藹吉何由得見原碑，一一手摹其字？則所云不備之字始求之字源，殆不足憑。又每字下所引碑語，亦多舛錯。如「忠」字下引孔宙碑「躬忠恕以及人」，誤去「躬」字；「宿」字下引孔彪碑「諾則不宿」，誤連上文「如毛」二字爲句；「奎」字下引史晨前碑「得在奎婁」句，誤以爲後碑；「秦」字下引華山碑「改秦淫祀」句，誤以爲韓勑碑，此或讀碑時偶不及檢。至「通」字下引唐扶頌「通天之祜」，而唐扶頌實無此語，蓋以隸釋所載「受天之祜」句與前行「通天三統」句適相齊而誤寫之。是尤僅據隸釋，未見原碑之一證。洪适之書具在，安得諱所自來乎？即以原碑尚存者而論，如韓敕造孔廟禮器碑并碑陰、碑兩側，字數較多，文義尚大概可考。碑云：「莫不驩思，歎卬師鏡。」而「師」字下引之，誤截「師鏡」二字連下文「顏氏」二字爲句；碑云：「更作二輿，朝車威熹。」而「車」字下引之，誤以作「二輿朝車」爲句；碑云：「仁聞君風，燿敬咏其德。」而「聞」字下引之，誤以「聞君風燿」爲句，其「君」字下所引亦然；碑云：「長期蕩蕩於盛。」而「長」字下引之，誤截去「於盛」二字；碑云：「於是四方士。」而「方」字下引之，誤連下文「仁」字爲句；碑陰有「陳國苦虞崇」之文，「苦」者縣名，「虞崇」者人姓名也，而「虞」字下引之，誤作「陳國苦虞」；碑陰有「雒陽李申伯」之文，而「申」字下引之，誤截去「伯」字；又有「蕃加進子高」之文，而「進」字下引之，誤截去「蕃」字。碑側有「河南匽師度徵漢賢」之文，其旁別有「河南匽師骨鄰通國」一人，顯然可證。乃「匽」字泐痕似「厚」字，遂誤以爲「厚」，又不知匽、偃通用，復贅辨河南有偃師無厚師。至於「鄉」字下引碑側題名「金鄉師耀」，不知此乃碑陰小字，後人所加，非漢字，亦非碑側；又於「率」字下引碑陰「魯孔方廣率」，不知碑文明是「廣平」，惟明王雲鷺刊隸釋，始誤爲「廣率」。是併現存之碑亦僅沿襲舊刻，未及詳考。乃云「採摭漢碑」，其亦誣矣。惟其於婁機以後續出之碑，盡爲摹入，脩短肥瘠，不失本真，則實足補字源之闕。所纂偏旁一卷，五百四十部能依說文次第，辨證精核。又附碑考二卷，碑之存者注今在某處，亡者引某書云在某處，具有引證。以年代先後爲次，條理頗爲秩然，則較字源碑目爲詳核。後附隸八分考、筆法二篇，採輯舊說，亦均有裨後學。與婁氏書相輔而行，固亦不必盡以重儓譏也。

右小學類字書之屬。三十六部，四百八十卷。皆文淵閣著録。

案字體與世爲變遷，古文、籀文不可以繩小篆，小篆不可以繩八分，八分不可以繩隸，隸即今之楷書。然其相承而變，則源流一也。故古今字書，統入此門。至急就章之類，但有文字而不講六書，然漢志列之小學家。觀陸羽茶經所引司馬相如凡將篇，亦以韻語成句，知古小學之書其體如是，說文解字猶其後起者也。故仍與字書竝列焉。

欽定四庫全書總目卷四十二

經部四十二

小學類三

廣韻五卷 内府藏本

不著撰人名氏。考世行廣韻凡二本，一爲宋陳彭年、丘雍等所重修，一爲此本。前有孫愐唐韻序，注文比重修本頗簡。朱彝尊作重修本序，謂明代内府刊版，中涓欲均其字數，取而删之。然永樂大典引此本，皆曰「陸法言廣韻」；引重修本，皆曰「宋重修廣韻」。世尚有麻沙小字一本，與明内府版同，題曰「乙未歲明德堂刊」。内「匡」字紐下十三字皆闕一筆，避太祖諱，其他宋諱則不避。邵長蘅古今韻略指爲宋槧，雖未必然。而平聲「東」字注中引東不訾事，重修本作「舜七友」，此本譌作「舜之後」。熊忠韻會舉要已引此本，則當爲元刻矣，非明中涓所删也。又宋人諱「殷」，故重修本改「二十一殷」爲「欣」。此尚作「殷」，知非作於宋代。且唐人諸集以「殷」韻字少，難於成詩，間或附入真、諄、臻韻。如杜甫東山草堂詩、李商隱五松驛詩，不一而足。説文所載唐韻翻切，「殷」字作「於身切」，「欣」字作「許巾切」，亦借「真」韻中字取音，竝無一字通「文」。此本注「殷」獨用，重修本始注「欣與文通」，尤確非宋韻之一徵。考唐志、宋志皆載陸法言廣韻五卷，則法言切韻亦兼廣韻之名。又孫愐以後，陳彭年等以前，修廣韻者尚有嚴寶文、裴務齊、陳道固三家，重修本中皆列其名氏。郭忠恕佩觿上篇尚引裴務齊切韻序，辨其「老」「考」二字左回右轉之譌。知三家之書，宋初尚存，此本蓋即三家之一。故彭年等所定之本，不曰「新修」而曰「重修」，明先有此廣韻。又景德四年敕牒稱「舊本注解未備」，明先有此注文簡約之廣韻也。彝尊精於考證，乃以此本爲在後，不免千慮之一失矣。惟新、舊廣韻皆在集韻之前，而上、去二聲乃皆用集韻移併之部分，平、入二聲又不從集韻移併。疑賈昌朝奏併十三部以後，校刻廣韻者以豏、檻、儼、陷、鑑、釅六部字數太窄，改從集韻以便用，咸、銜、嚴、洽、狎、業六部字數稍寬，則仍其舊而未改。觀徐鍇説文韻譜，上聲以湛、檻、儼相次，去聲以陷、鑑、醶相次，則唐人舊第可知也。此於四聲次序，前後乖違，殊非體例。以宋槧如是，今姑仍舊本録之，而訂其誤如右。

重修廣韻五卷

兩淮馬裕家藏本

宋陳彭年、丘雍等奉勅撰。初，隋陸法言以吕靜等六家韻書各有乖互，因與劉臻、顔之推、魏淵、盧思道、李若、蕭該、辛德源、薛道衡八人撰爲切韻五卷，書成於仁壽元年。唐儀鳳二年，長孫訥言爲之注。後郭知玄、關亮、薛峋、王仁煦、祝尚丘遞有增加。天寶十載，陳州司法孫愐重爲刊定，改名唐韻。後嚴寶文、裴務齊、陳道固又各有添字。宋景德四年，以舊本偏旁差譌，傳寫漏落，又注解未備，乃命重修。大中祥符四年書成，賜名大宋重修廣韻，即是書也。舊本不題撰人。以丁度集韻考之，知爲彭年、雍等爾。其書二百六韻，仍陸氏之舊，所收凡二萬六千一百九十四字。

考唐封演聞見記載陸法言韻凡一萬二千一百五十八字，則所增凡一萬四千三十六字矣。此本爲蘇州張士俊從宋槧翻雕，中間已闕欽宗諱，蓋建炎以後重刊。朱彝尊序之，力斥劉淵韻合殷於文、合隱於吻、合焮於問之非。然此本實合殷、隱、焮於文、吻、問，彝尊未及檢也。注文凡一十九萬一千六百九十二字，較舊本爲詳，而冗漫頗甚。如「公」字之下載姓氏至千餘言，殊乏翦裁。「東」字之下稱東宫得臣爲齊大夫，亦多紕繆。考孫愐唐韻序稱：「異聞、奇怪、傳説、姓氏、原由、土地、物産、山河、草木、禽獸、蟲魚備載其間。」已極蔓引。彭年等又從而益之，宜爲丁度之所譏。潘耒序乃以注文繁複爲可貴，是將以韻書爲類書也。著書各有體例，豈可以便於剽剟，遂推爲善本哉？流傳既久，存以備韻書之源流可矣。

集韻十卷　兩淮馬裕家藏本

舊本題宋丁度等奉敕撰。前有韻例，稱：「景祐四年，太常博士直史館宋祁、太常丞直史館鄭戩等建言：『陳彭年、丘雍等所定廣韻，多用舊文，繁略失當。』因詔祁、戩與國子監直講賈昌朝、王洙同加修定。刑部郎中知制誥丁度、禮部員外郎知制誥李淑爲之典領。」晁公武讀書志亦同。然考司馬光切韻指掌圖序稱「仁宗皇帝詔翰林學士丁公度、李公淑增崇韻學，自許叔重而降，凡數十家，總爲集韻，而以賈公昌朝、王公洙爲之屬。治平四年，余得旨繼纂其職。書成上之，有詔頒焉。嘗因討究之暇，科別清濁爲二十圖」云云。則此書奏於英宗時，非仁宗時，成於司馬光之手，非盡出丁度等也。其書凡平聲四卷，上聲、去聲、入聲各二卷，共五萬三千五百二十五字，視廣韻增二萬七千三百三十一字。案：廣韻凡二萬六千一百九十四字，應增二萬七千三百三十一字，於數乃合。原本誤以「二萬」爲「一萬」，今改正。熊忠韻會舉要稱：「舊韻但作平聲一、二、三、四，集韻乃改爲上、下平。」今檢其篇目，乃舊韻作上、下平，此書改爲平聲一、二、三、四。忠之所言，殊爲倒置。惟廣韻所注「通用」「獨用」，封演聞見記稱爲唐許敬宗定者，改併移易其舊部，則實自此書始。東齋記事稱：「景祐初，以崇政殿説書賈昌朝言，詔度等改定韻窄者十三處，許令附近通用。」是其事也。今以廣韻互校，平聲併殷於文，併嚴於鹽、添，併凡於咸、銜；上聲併隱於吻；去聲併廢於隊、代，併焮於問；入聲併迄於物，併業於葉、帖，併乏於洽、狎。凡得九韻，不足十三。然廣韻平聲鹽、添、咸、銜、嚴、凡與入聲葉、帖、洽、狎、業、乏，皆與本書部分相應，而與集韻互異。惟上聲併儼於琰、忝，併范於豏、檻，去聲併釅於豔、㮇，併梵於陷、鑑，皆與本書部分不應，而乃與集韻相同。知此四韻亦集韻所併，而重刊廣韻者誤據集韻以校之，遂移其舊第耳。其駁廣韻注「凡姓望之出，廣陳名系，既乖字訓，復類譜牒」，誠爲允協。至謂「兼載他切，徒釀細文」，因併删其字下之互注，則音義俱别與義同音異之字難以遽明，殊爲省所不當省；又韻主審音，不主辨體，乃篆籀兼登，雅俗竝列，重文複見，有類字書，亦爲繁所不當繁。其於廣韻，蓋亦互有得失。故至今二書竝行，莫能偏廢焉。

切韻指掌圖二卷附檢例一卷 永樂大典本

宋司馬光撰。其檢例一卷，則邵光祖所補正。光有温公易説，已著録。光祖字弘道，自稱洛邑人，其始末未詳。考江南通志儒林傳載元邵光祖字弘道，吴人。研精經傳，講習垂三十年，通三經。所著有尚書集義，當即其人。洛邑或其祖籍歟？據王行後序作於洪武二十三年，稱其殁已數年，則元之遺民，入明尚在者也。光書以三十六字母科别清濁，爲二十圖。首獨韻，次開合韻。每類之中，又以四等字多寡爲次，故高爲獨韻之首，干、官爲開合韻之首。舊有檢例一卷，光祖以爲全背圖旨，斷非光作，因自撰爲檢圖之例，附於其後。考光自序，實因集韻而成是圖。光祖乃云：「廣韻凡二萬五千三百字，其中有切韻者三千八百九十文。止取其三千一百三十定爲二十圖，餘七百六十字應檢而不在圖者，則以在圖同母同音之字備用而求其音。」則是據廣韻也。然光祖據光之圖以作例，則其例仍與圖合。所注七百六十字之代字及字母，亦足補原圖所未備。光例既佚，即代以光祖之例，亦無不可矣。光書反切之法，據景定癸亥董南一序云，「遞用則名音和，傍求則名類隔；同歸一母則爲雙聲，同出一韻則爲疊韻；同韻而分兩切者謂之憑切，同音而分兩韻者謂之憑韻；無字則點窠以足之，謂之寄聲；韻闕則引鄰以寓之，謂之寄韻。」所謂雙聲、疊韻諸法，與今世所傳劉鑑指南諸門法竝同。惟音和、類隔二門，則大相懸絶。檢例云：「取同音、同母、同韻、同等，四者皆同，謂之音和。取脣重脣輕、舌頭舌上、齒頭正齒三音中清濁同者，謂之類隔。」是音和統三十六母，類隔統脣、舌、齒等二十六母也。劉鑑法則音和專以見、溪、羣、疑爲説，而又別立爲一四音和、四一音和兩門。類隔專以端、知八母爲説，又別出輕重、重輕交互，照精、精照互用四門，似乎推而益密。然以兩法互校，實不如原法之簡該也。其「廣韻類隔今更音和」一條，皆直以本母字出切，同等字取韻。取字於音和之理，至爲明了。獨其辨來、日二母云：「日字與泥、孃二字母下字相通。」辨匣、喻二字母云：「匣闕三四喻中覓，喻虧一二匣中窮。」即透切之法，一名「野馬跳澗」者。其法殊爲牽强。又其法兼疑、泥、娘、明等十母，此獨舉日、泥、娘、匣、喻五母，亦爲不備。是則原法之疎，不可以立制者矣。等韻之説，自後漢與佛經俱來。然隋書僅有十四音之説，而不明其例。華嚴四十二字母，亦自爲梵音，不隸以中國之字。玉篇後載神珙二圖，廣韻後列一圖，不著名氏，均粗舉大綱，不及縷舉節目。其有成書傳世者，惟光此書爲最古。孫奕示兒編辨「不」字作「逋骨切」，惟據光説，知宋人用爲定韻之祖矣。第光傳家集中，下至投壺新格之類，無不具載，惟不載此書，故傳本久絶。今惟永樂大典尚有完本，謹詳爲校正，俾復見於世。以著等韻之舊譜，其例不過如此。且以見立法之初，實因集韻而有是書，非因是書而有集韻。凡後來紛紜轇轕，均好異者之所爲焉。

韻補五卷　兩淮鹽政採進本

宋吳棫撰。棫字才老。武夷徐蕆爲是書序，稱與蕆本同里，而其祖後家同安。王明清揮麈三録則以爲舒州人，疑明清誤也。宣和六年第進士，召試館職，不就。紹興中爲太常丞，以爲孟仁仲草表忤秦檜，出爲泉州通判以終。藏序稱所著有書裨傳、詩補音、論語指掌考異續解、楚辭釋音、韻補凡五種。陳振孫書録解題詩類載棫毛詩補音十卷，注曰：「棫又別有韻補一書，不專爲詩作。」「小學類」載棫韻補五卷，注曰：「棫又有毛詩補音一書，別見詩類。」今補音已亡，惟此書存。自振孫謂朱子注詩用棫之説，朱彝尊作經義考未究此書僅五卷，於補音十卷條下誤注「存」字，世遂謂朱子所據即此書，莫敢異議。考詩集傳如行露篇二「家」字，一音「谷」，一音「各空反」；騶虞篇二「虞」字，一音「牙」，一音「五紅反」；漢廣篇「廣」音「古曠反」，「泳」音「于誑反」；緑衣篇「風」音「孚愔反」之類，爲此書所無者，不可殫舉。兔罝篇「仇」音「渠之反」，以與「逵」叶。此書乃據韓詩「逵」作「馗」，音「渠尤反」，以與「仇」叶，顯相背者亦不一。又朱子語録稱棫音「務」爲「蒙」，音「嚴」爲「莊」，此書有「務」而無「嚴」；周密齊東野語稱朱子用棫之説，以「艱」音「巾」，「替」音「天」。此書有「艱」而無「替」，則朱子所據，非此書明甚。蓋棫音詩、音楚辭，皆據其本文，推求古讀，尚能互相比較，粗得大凡，故朱子有取焉。此書則泛取旁搜，無所持擇，所引書五十種中，下逮歐陽脩、蘇軾、蘇轍諸作，與張商英之僞三墳，旁及黄庭經、道藏諸歌，故參錯冗雜，漫無體例。至於韻部之上平注文、殷、元、魂、痕通真，寒、桓、刪、山通先。下平忽注侵通真，覃、談、咸、銜通删，鹽、沾、嚴、凡通先。上聲又注梗、耿、靜、迥、拯等六韻通軫，寢亦通軫；感、敢、琰、忝、豏、檻、儼、范通銑。去聲又注問、焮通震，而願、慁、恨自爲一部；諫、襇通霰，而翰、換自爲一部；勘、闞通翰，豔、㮇、釅通霰，陷、鑑、梵通諫，割爲三部。入聲又注勿、迄、職、德、緝通質，爲一部；曷、末、黠、戛、屑、薛、葉、帖、業、乏通月，爲一部。顛倒錯亂，皆亘古所無之臆說。世儒不察，乃執此書以誣朱子，其僨殊甚。然自宋以來，著一書以明古音者，實自棫始，而程迥之音式繼之。迥書以三聲通用、雙聲互轉爲說，所見較棫差的，今已不傳。棫書雖牴牾百端，而後來言古音者皆從此而推闡加密，故闢其謬而仍存之，以不没篳路藍縷之功焉。

附釋文互注禮部韻略五卷附貢舉條式一卷

兵部侍郎紀昀家藏本

禮部韻略，舊本不題撰人。晁公武讀書志云丁度撰。今考所併舊韻十三部，與度所作集韻合，當出度手。其上平聲「三十六桓」作「歡」，則南宋重刊所改。觀卷首載郭守正重修條例，稱紹興本尚作「桓」，是其證也。考曾慥類説引古今詞話曰：「真宗朝試天德清明賦，有閩士破題云：『天道如何，仰之彌高。』會試官亦閩人，遂中選。」是宋初程試用韻尚漫無章程。自景祐以後，敕撰此書，始著爲令式，迄南宋之末不改。然收字頗狹，如歡韻漏「判」字、添韻漏「尖」字之類，嘗爲俞文豹吹劍録所議。故元祐中博士孫諤，紹興中朝散大夫黄積厚、福州進士黄啓宗，淳熙中吴縣主簿張貴謨，嘉定中嘉定府教授吴桂皆屢請增收，而楊伯嵒亦作九經補韻以拾其遺。然每有陳奏，必下國子監看詳，再三審定，而後附刊韻末。其間或有未允者，如黄啓宗所增「躋，一作齊」，「鰥，一作矜」之類，趙彦衞雲麓漫鈔尚駁詰之。蓋既經廷評，又經公論，故較他韻書特爲謹嚴。然當時官本已不可見，其傳於今者題曰附釋文互注禮部韻略。每字之下皆列官注於前，其所附「互注」則題一「釋」字别之。凡有二本。一本爲康熙丙戌曹寅所刻，冠以余文焴所作歐陽德隆押韻釋疑序一篇、郭守正重修序一篇、重修條例十則、淳熙文書式一道。考守正所重修者名紫雲韻，今尚有傳本，已别著録，則此本非守正書。又守正條例稱德隆「注疴僂、其栩之辨，似失之拘」，今此本無此注，則亦非德隆書。觀守正序稱：「書肆版行，漫者凡幾。一漫則一新，必增數注釋，易一標題。」然則當日韻略非一本。此不知誰氏所刻，而仍冠以舊序及條例。其條例與書不相應，而淳熙文書式中乃有理宗御名，是則移掇添補之明證也。一本爲常熟錢孫保家影鈔宋刻。前五卷與曹本同，但首無序文、條例，而末附貢舉條式一卷，凡五十三頁。所載上起元祐五年，下至紹熙五年，凡一切增删韻字、廟諱、祧諱，書寫試卷格式以及考校章程，無不具載，多史志之所未備，猶可考見一代典制，視曹本特爲精善。惟每卷之末，各以當時避諱不收之字附録一頁，據跋乃孫保所加，非原書所有。今削去不載，以存其舊。至曹寅所刻不完之本則附見於此，不别著録焉。

增修互注禮部韻略五卷

江蘇巡撫採進本

宋毛晃增注，其子居正校勘重增。諸家所稱增韻，即此書也。晃嘗作禹貢指南，居正嘗作六經正誤，皆別著録。是書因禮部韻略收字太狹，乃蒐採典籍，依韻增附。又韻略之例，凡字有別體、別音者，皆以墨闌圈其四圍，亦往往舛漏。晃併爲釐定，於音義、字畫之誤，皆一一辨證。凡增二千六百五十五字，增圈一千六百九十一字，訂正四百八十五字。居正續拾所遺，復增一千四百二字，各標總數於每卷之末，而每字之下又皆分注。其曰「增入」、曰「今圈」、曰「今正」者，皆晃所加；曰「重增」者，皆居正所加。其辨論考證之語，則各署名以別之。父子相繼以成一書，用力頗爲勤摯。其每字疊收重文，用集韻之例；每字別出重音，用廣韻之例。然不知古今文字之別，又不知古今聲韻之殊。如東部「通」字紐下據漢樂府增一「桐」字，是以假借爲本文；「同」字紐下據豳風增一「重」字，是以省文爲正體；又如先部「先」字紐下據漢樂府增一「西」字，是以古音入律詩；「煙」字紐下據杜預左傳注增一「殷」字，是以借聲爲本讀。皆所謂引漢律斷唐獄者，不古不今，殊難依據。較歐陽德隆互注之本，殆不止上、下牀之別。特其辨正訓詁，考正點畫，亦頗有資於小學。故後來字書、韻書多所徵引，而洪武正韻之注據是書者尤多焉。録而存之，亦足以備簡擇也。明代刊版，頗多譌舛。此本凡宋代年號皆空一格，猶存舊式。末題「太歲丙辰仲夏秀巖山堂重刊」，蓋理宗寶祐四年蜀中所刻，視近本特爲精善云。

增修校正押韻釋疑五卷　江蘇巡撫採進本

押韻釋疑，宋紹定庚寅廬陵進士歐陽德隆撰，景定甲子郭守正增修。守正字正己，自號紫雲山民。

永樂大典所引紫雲韻，即此書也。初，德隆以禮部韻略有字同義異、義同字異者，與其友易有開因監本各爲互注，以便程試之用。辰陽袁文焴爲之序。後書肆屢爲刊刻，多所竄亂。守正因取德隆之書，參以諸本，爲删削增益各十餘條，以成此書。前載文焴序，次守正自序，次重修條例，次紹興新制，次韻字沿革，次前代名姓有無音釋之疑，次韻略音釋與經史子音釋異同之疑，次韻略字義與經史子字義異同之疑，次經史子訓釋音義異同之疑，次本韻字異義異經史子合而一之之疑，次兩韻字同義異而無通押明文者，次出處連文兩音之疑，次押韻經前史後之疑，次經史用古字今字之疑，次有司去取之疑，次世俗相傳之誤，次賦家用韻之疑，次疑字，次字同義異，次正誤，次俗字，皆列卷首。其每字之下，先列監注，次列補釋，次列他韻他紐互見之字，詳其音義點畫之同異，而辨其可以重押通用與否，多引當時程試詩賦某年某人某篇曾押用某字，考官看詳故事以證之。每韻之末，列紹興中黄啓宗、淳熙中張貴謨等奏添之字。或常用之字而官韻不收者，如「帡幪」之「幪」諸字，則注曰「官韻不收，宜知」。考證頗爲詳密。但孰爲德隆原注，孰爲守正之所加，不復分別，未免體例混淆耳。別本禮部韻略注文甚簡，與此不同，而亦載文焴、守正二序及重修條例十則。然其書與條例絶不相應，疑本佚其原序，而後人移掇此書以補之也。別本首載淳熙文書式數條，列當時避諱之例甚詳，此本無之。然如「慶元中議『弘』字、『殷』字已祧不諱，可押韻，不可命題」，「紹興中指揮以『威』字代『桓』字，如齊威、魯威之類可用，不可押」，「丁丑福州補試士人押『齊威』字見黜」諸條，又較淳熙諸式爲詳備。名曰「釋疑」，可謂不忝其名矣。其書久無刊版，此本猶從宋槧鈔出。曹寅所刻別本，序中闕六字，條例中闕二字，此本皆完，知寅未見此本也。

九經補韻一卷　兩江總督採進本

宋楊伯嵒撰。伯嵒字彦思，號泳齋，自稱代郡人。然南宋時代郡已屬金，蓋署郡望也。淳祐間，以工部郎守衢州。周密雲烟過眼録載伯嵒家所見古器，列高克恭、胡泳之後，似入元尚在矣。宋禮部韻略自景祐中丁度修定頒行，與九經同列學官，莫敢出入。其有增加之字，必奏請詳定而後入。然所載續降六十三字、補遺六十一字，猶各於字下注明。其音義弗順及喪制所出者，仍不得奏請入韻。故校以廣韻、集韻，所遺之字頗多。伯嵒是書蓋因官韻漏略，擬摭九經之字以補之。周易、尚書各一字，毛詩六字，周禮、禮記各三十一字，左傳五字，公羊傳、孟子各二字，凡七十九字。各注合添入某韻内或某字下，又附載音義弗順、喪制所出者八十八字。蓋當時於喪制一條，拘忌過甚。如檀弓「何居」之「居」本爲語詞，亦以爲涉於凶事，不敢入韻，故附載之。然自序稱「非敢上於官以求增補」，則并所列應補之字亦未行用也。其書考據經義，精確者頗多。惟其中如周禮司尊彝「修爵」之「修」音「滌」，禮記聘義「孚尹」之「孚」音「浮」之類，乃古字假借，不可施於今韻。又如詩泮水之「䵘」字、周禮占人之「簭」字、公羊傳成五年之「沶」字，乃重文別體，與韻無關。一概擬補，未免少失斷限耳。

五音集韻十五卷 内府藏本

金韓道昭撰。道昭字伯暉，真定松水人。世稱以等韻顛倒字紐始於元熊忠韻會舉要，然是書以三十六母各分四等，排比諸字之先後，已在其前。所收之字，大抵以廣韻爲藍本，而增入之字則以集韻爲藍本。考廣韻卷首云：「凡二萬六千一百九十四言。」集韻條例云：「凡五萬三千五百二十五言，新增二萬七千三百三十一言。」是書亦云：「凡五萬三千五百二十五言，新增二萬七千三百三十言。」合計其數，較集韻僅少一字，殆傳寫偶脱。廣韻注十九萬一千六百九十二字，是書云：「注三十三萬五千八百四十言，新增十四萬四千一百四十八言。」其增多之數，則適相符合。是其依據二書，足爲明證。又廣韻注獨用、同用，實仍唐人之舊，封演聞見記言許敬宗奏定者是也。終唐之世，下迄宋景祐四年，功令之所遵用，未嘗或改。及丁度編定集韻，始因賈昌朝請，改併窄韻十有三處。今廣韻各本，儼移鹻、檻之前，釅移陷、鑑之前，獨用、同用之注，如通殷於文、通隱於吻，皆因集韻頒行後竄改致舛。是書改二百六韻爲百六十，而併忝於琰、併檻於鹻、併儼於范、併㮇於豏、併鑑於陷、併釅於梵，足證廣韻原本上、去聲末六韻之通爲二，與平聲、入聲不殊。其餘如廢不與隊、代通，殷、隱、焮、迄不與文、吻、問、物通，尚仍唐韻之舊，未嘗與集韻錯互。故十三處犂然可考，尤足訂重刊廣韻之謁。其等韻之學亦深究要渺，雖用以顛倒音紐，有乖古例，然較諸不知而妄作者，則尚有間矣。

古今韻會舉要三十卷　浙江巡撫採進本

元熊忠撰。忠字子中，昭武人。案楊慎丹鉛録謂蜀孟昶有書林韻會，元黄公紹舉其大要而成書，故以爲名。然此書以禮部韻略爲主，而佐以毛晃、劉淵所增併，與孟昶書實不相關。舊本凡例首題「黄公紹編緝，熊忠舉要」，而第一條即云：「今以韻會補收闕遺，增添注釋。」是韻會别爲一書明矣。其前載劉辰翁韻會序，正如廣韻之首載陸法言、孫愐序耳，亦不得指舉要爲公紹作也。自金韓道昭五音集韻始以七音、四等、三十六母顛倒唐、宋之字紐，而韻書一變；南宋劉淵淳祐壬子新刊禮部韻略始合併通用之部分，而韻書又一變；忠此書字紐遵韓氏法，部分從劉氏例，兼二家所變而用之，而韻書舊第至是盡變無遺。其字母通考之首拾李涪之餘論，力排江左吴音，洪武正韻之鹵莽，此已胚其兆矣。又其中今韻、古韻漫無分别，如東韻收「窗」字、先韻收「西」字之類，雖舊典有徵，而施行頗駭。子注文繁例雜，亦病榛蕪。惟其援引浩博，足資考證。而一字一句，必舉所本，無臆斷僞撰之處。較後來明人韻譜，則尚有典型焉。

四聲等子一卷　浙江范懋柱家天一閣藏本

不著撰人名氏。錢曾讀書敏求記謂即劉鑑所作之切韻指南，曾一經翻刻，特易其名。今以二書校之，若辨音和、類隔、廣通偈狹、内外轉攝、振救、正音憑切、寄韻憑切、喻下憑切、日寄憑切及雙聲疊韻之例，雖全具於指南門法玉鑰匙内，然詞義詳略顯晦，迥然不侔。至内攝之通、止、遇、果、宕、曾、流、深，外攝之江、蟹、臻、山、效、假、梗、咸十六攝圖，雖亦與指南同，然此書曾攝作内八，而指南作内六；流攝此書作内六，而指南作内七；深攝此書作内七，指南作内八，皆小有不同。至以「江攝外一」附「宕攝内五」下、「梗攝外七」附「曾攝内六」下，與指南之各自爲圖，則爲例迥殊。雖指南「假攝外六」附「果攝内四」之下，亦間併二攝，然假攝統歌、麻二韻，歌、麻本通，故假得附果。若此書之以江附宕，則不知江諧東、冬，不通陽、唐；以梗附曾，則又誤通庚、蒸爲一韻，似不出於一手矣。又此書七音綱目以幫、滂、竝、明、非、敷、奉、微之脣音爲宮，影、曉、匣、喻之喉音爲羽，頗變玉篇五音之舊。指南五音訣具在，未嘗以脣爲宮，以喉爲羽，亦不得混爲一書。切韻指南卷首有後至元丙子熊澤民序，稱：「古有四聲等子，爲傳流之正宗。然而中間分析，尚有未明。關西劉士明著書曰經史正音切韻指南。」則劉鑑之指南十六攝圖，乃因此書而革其宕攝附江、曾攝附梗之誤，此書實非鑑作也。以字學中論等韻者，司馬光指掌圖外，惟此書頗古，故竝録存之，以備一家之學焉。

經史正音切韻指南一卷

浙江汪啓淑家藏本

元劉鑑撰。鑑字士明，自署關中人。關中地廣，不知隸籍何郡縣也。切韻必宗等子，司馬光作指掌圖，等韻之法於是始詳。鑑作是書，即以指掌圖爲粉本，而參用四聲等子，增以格子門法，於出切、行韻、取字，乃始分明。故學者便之。至於開合二十四攝、内外八轉及通廣偪狹之異，則鑑皆略而不言。殆立法之初，已多挂礙糾紛，故姑置之耶？然言等韻者，至今多稱切韻指南，今姑録之，用備彼法沿革之由。原本末附明釋真空直指玉鑰匙一卷，驗之即真空編韻貫珠集中之第一門、第二門。不知何人割裂其文，綴於此書之後。又附若愚直指法門一卷，詞指拙澀，與貫珠集相等，亦無可采。今竝删不録焉。

洪武正韻十六卷

江蘇周厚堉家藏本

明洪武中奉敕撰。時預纂修者爲翰林侍講學士樂韶鳳、宋濂，待制王僎，修撰李淑允，編修朱右、趙壎、朱廉，典簿瞿莊、鄒孟達，典籍孫蕡、答禄與權，預評定者爲左御史大夫汪廣洋、右御史大夫陳寧、御史中丞劉基、湖廣行省參知政事陶凱。書成於洪武八年，濂奉敕爲之序。大旨斥沈約爲吴音，一以中原之韻更正其失。併平、上、去三聲各爲二十二部，入聲爲十部。於是古來相傳之二百六部，併爲七十有六。其注釋一以毛晃增韻爲稾本，而稍以他書損益之。蓋歷代韻書，自是而一大變。考隋志載沈約四聲一卷，新、舊唐書皆不著録，是其書至唐已佚。陸法言切韻序作於隋文帝仁壽元年，而其著書則在開皇初。所述韻書，惟有吕靜、夏侯該、陽休之、周思言、李季節、杜臺卿六家，絶不及約，是其書隋時已不行於北方。今以約集詩賦考之，上、下平五十七部之中，以東、冬、鍾三部通，魚、虞、模三部通，庚、耕、清、青四部通，蒸部、登部各獨用，與今韻分合皆殊。此十二部之仄韻，亦皆相應。他如八詠詩押「葦」字入微韻，與經典釋文陳謝嶠讀合；梁大壯舞歌押「震」字入真韻，與漢書敘傳合；早發定山詩押「山」字入先韻，君子有所思行押「軒」字入先韻，與梁武帝、江淹詩合；冠子祝文押「化」字入麻韻，與後漢書馮衍傳合，與今韻收字亦頗異。濂序乃以陸法言以來之韻指爲沈約，其謬殊甚。法言切韻序又曰：「昔開皇初，有儀同劉臻等八人，同詣法言門宿，論及音韻。以今聲調既自有别，諸家取捨亦復不同。吴、楚則時傷輕淺，燕、趙則多傷重濁，秦、隴則去聲爲入，梁、益則平聲似去。江東取韻，與河北復殊。因論南北是非，古今通塞，欲更捃選精切，除削疏緩，蕭、顔多所決定。魏著作謂法言曰：『向來論難，疑處悉盡，我輩數人，定則定矣。』法言即燭下握筆略記綱紀。」今廣韻之首，列同定八人姓名，曰劉臻、顔之推、魏淵、盧思道、李若、蕭該、辛德源、薛道衡，則非惟韻不定於吴人，且序中「江左取韻」諸語，已深斥吴音之失，安得復指爲吴音？至唐李涪，不加深考，所作刊誤，横肆譏評，其誣實甚。濂在明初，號爲宿學，不應沿譌踵謬至此。蓋明太祖既欲重造此書，以更古法，如不誣古人以罪，則改之無名。濂亦曲學阿世，强爲舞文耳。然源流本末，古籍昭然，天下後世何可盡掩其目乎？觀廣韻平聲三鍾部「恭」字下注曰：「陸以恭、蜙、縱等入冬韻，非也。」蓋一紐之失，古人業已改定。又上聲二腫部「湩」字下注曰：「冬字上聲。」蓋冬部上聲惟此一字，不能立部，附入腫部之中，亦必注明，不使相亂。古人分析不苟，至於如此。濂乃以私臆妄改，悍然不顧，不亦傎乎！李東陽懷麓堂詩話曰：「國初顧禄爲宫詞，有以爲言者，朝廷欲治之。及觀其詩集，乃用洪武正韻，遂釋之。此書初出，亟欲行之故也。」然終明之世，竟不能行於天下，則是非之心，終有所不可奪也。又周賓所識小編曰：「洪武二十三年，正韻頒行已久，上以字義音切尚多未當，命詞臣再校之。學士劉三吾言：『前後韻書惟元國子監生孫吾與所纂韻會定正，音韻歸一，應可流傳。』遂以其書進。上覽而善之，更名洪武通韻，命刊行焉。今其書不傳。」云云，是太祖亦心知其未善矣。其書本不足録，以其爲有明一代同文之治，削而不載，則韻學之沿革不備。猶之記前代典制者，雖其法極爲不善，亦必録諸史册。固不能泯滅其迹，使後世無考耳。

古音叢目五卷古音獵要五卷古音餘五卷古音附録一卷　浙江巡撫採進本

明楊慎撰。慎有檀弓叢訓，已著録。是四書雖各爲卷帙，而核其體例，實本一書。特以陸續而成，不及待其完備，每得數卷，即出問世，故標目各别耳。觀其古音獵要東、冬二韻，共標鞠、朋、衆、務、調、夢、窗、誦、雙、明、萌、用、江十三字，與古音叢目東、冬二韻所標者全複，與古音餘東、冬二韻所標亦複五字。是即隨所記憶，觸手成編，參差互出，未歸畫一之明證矣。其書皆仿吳棫韻補之例，以今韻分部，而以古音之相協者分隸之。然條理多不精密。如周易渙六四「渙有丘，匪夷所思」，「丘」與「思」爲韻；无妄六三「无妄之災，或繫之牛，行人之得，邑人之災」，「災」古音「菑」，「牛」古音「尼」，與「災」爲韻；繫辭「乾以易知，坤以簡能」，「能」古音「奴來反」，與「知」爲韻。慎於古音叢目支韻内「丘」字下但注云「詩」；「牛」字下但注云「楚詞」；

「能」字下則竝不注出典。又繫辭：「神而化之，使民宜之。」愼於古音叢目五歌韻内知「宜」字之爲「牛何切」，下注云：「易：神而化之。」爲「毁禾切」，則但注云：「見楚詞。」又易象傳「父父，子子，兄兄，弟弟，夫夫，婦婦」，「婦」與「子」及「弟」字爲韻。愼於古音叢目四紙韻内「婦」字下，但引西京賦作「房詭切」。豐六二：「豐其蔀，日中見斗。」「蔀」古音「蒲五切」，「斗」古音「滴主切」，故九四「蔀」「斗」二字與「主」爲韻。又繫辭傳：「無有師保，如臨父母。」「母」字與上度、懼、故爲韻。愼於古音叢目語、麌韻内「斗」字下但注云「毛詩」，「母」字下但注云「易林」。凡此皆不求其本，隨意捃摭。又古音皆其本讀，非可隨意諧聲，輾轉分隸。如江韻之江、窗、雙、椌四字，古音獵要皆收入冬韻是也。而古音叢目又以東韻之「紅」、冬韻之「封」「龍」三字收入江韻。考易説卦傳：「震爲雷、爲龍。」虞翻、干寶竝作「駹」。周禮巾車：「革路龍勒」，注：「駹也。」駹車，故書作龍車。犬人：「凡幾珥沈辜，用駹可也。」注：「故書作龍。」則「駹」本音「龍」。以在東韻爲本音，不容改「龍」以叶「駹」。「封」與「邦」通，「邦」之古音諧「丰」聲，「紅」與「江」通，「江」之古音諧「工」聲，亦以東、冬爲本韻，不得改封、紅以入江也。蓋愼博洽過陳第，而洞曉古音之根柢則不及之。故蒐輯秦漢古書，頗爲該備，而置之不得其所，遂往往舛漏牴牾。以其援據繁富，究非明人空疎者所及，故仍録其書，以備節取焉。

古音略例一卷　兩江總督採進本

明楊慎撰。是書取易、詩、禮記、楚詞、老、莊、荀、管諸子有韻之詞，標爲略例。若易例「日昃之離」，「離」音「羅」，與歌、嗟爲韻；「三歲不覿」，「覿」音「徒谷切」，與木、谷爲韻；「竝受其福」，「福」音「偪」，與食、汲爲韻；「吾與爾靡之」，「靡」音「磨」，與和爲韻，頗與古音相合。他如「嘒彼小星，維參與昴」，舊叶「力求切」，慎據史記天官書徐邈音「昴」爲「旄」，下文「抱衾與裯」之「裯」音「調」，「寔命不猶」之「猶」音「摇」。今考郭璞注方言：「裯，丁牢反。」檀弓：「咏斯猶。」鄭注：「猶當作摇。」則二音實有所據。慎又謂：「吴棫於詩『棘心夭夭，母氏劬勞』，『勞』必叶音『僚』；『我思肥泉，兹之永嘆』，『歎』必叶『他涓切』；『出自北門，憂心殷殷』，『門』必叶『眉貧切』；『四牡有驕，朱幩鑣鑣』，『驕』必叶音『高』。不思古韻寬緩，如字讀自可叶，何必勞脣齒，費簡册。」其論亦頗爲得要。至如老子：「朝甚除，田甚蕪，倉甚虚。服文彩，帶利劍，厭飲食，資財有餘。是謂盜夸。」慎據韓非解老篇改「夸」爲「竽」，謂「竽」方與「餘」字叶，柳子厚詩仍押「盜夸」均誤。今考説文，「夸，从大，于聲」，則「夸」之本音不作「枯瓜切」明矣。故楚詞大招：「朱脣皓齒，嫭以姱只；比德好閑，習以都只。」集韻：「姱，或作夸。」又吴都賦：「列寺七里，俠棟楊路；屯營櫛比，廨署棊布。横塘查下，邑屋隆夸；長干延屬，飛甍舛互。」是「夸」與「餘」爲韻，正得古音，而慎反斥之，殊爲失考。又易：「晉，晝也。明夷，誅也。」慎謂古「誅」字亦有「之由切」，與「晝」爲韻，孫奕改「誅」爲「昧」，「昧」叶音「暮」，殊誤。今考周禮甸祝「禂牲禂馬」亦如之，鄭讀「禂」爲「誅」，則慎說似有所據。但「晝」字古音讀如「注」。張衡西京賦：「徼道外周，千廬内附。衛尉八屯，警夜巡晝。」又易林井之復「晝」與「據」爲韻，井之渙「晝」與「故」爲韻，渙之蠱「晝」與「懼」爲韻，則古韻「晝」不作「陟救切」可知，何得舍其本音而反取「誅」之別音爲叶？他若莊子「竊鉤者誅，竊國者爲諸侯」，慎讀「誅」爲「之由切」，而不知「侯」之古音「胡」，正與「誅」爲韻。又易林：「蜘蛛之務，不如蠶之緰。」慎讀「務」爲「蝥」、「緰」爲「鉤」，不知「緰」古音「俞」，正與「務」爲韻。蓋其文由掇拾而成，故其說或離或合，不及後來顧炎武、江永諸人能本末融貫也。

轉注古音略五卷　江蘇巡撫採進本

明楊慎撰。是書前有自序，大旨謂：「毛詩、楚詞有叶韻，其實不越保氏轉注之法。易經疏云『賁有七音』，始發其例；宋吳才老作韻補，始有成編。學者知叶韻自叶韻，轉注自轉注，是猶知二五而不知十也。」考叶韻之說始於沈重毛詩音義，見經典釋文。後顔師古注漢書，李善注文選，竝襲用之。後人之稱叶韻，自此而誤，然與六書之轉注則渺不相涉。慎書仍用叶韻之說，而移易其名於轉注，是朝三暮四改爲朝四暮三也。如四江之「釭」字，說文云：「从金，工聲。」「窻」字，說文云：「从穴，悤聲。」則「釭」讀「工」，「窻」讀「悤」，皆其本音，無所謂轉，亦安所用其注乎？姑即就慎書論之，所注轉音，亦多舛誤。如二冬之「龍」字，引周禮「龍勒雜色」，謂當轉入三江。不知玉人「上公用龍」，鄭司農云「龍當爲尨」，而左傳「狐裘尨茸」，即詩之「狐裘蒙戎」。則「尨」當從「龍」轉，「龍」不當作「莫江反」也。又如蒸韻之「朋」字，慎引逸詩「翹翹車乘，招我以弓。豈不欲往，畏我友朋」，謂當轉入一東。不知「弓」古音「肱」，有小戎、采緑、閟宫及楚詞九歌諸條可證。則「弓」當從「朋」轉，「朋」不當讀爲「蓬」也。如此之類，皆昧於古音之本。以其引證頗博，亦有足供考證者，故顧炎武作唐韻正猶有取焉。

毛詩古音考四卷

福建巡撫採進本

明陳第撰。第有伏羲圖贊，已著録。言古韻者自吴棫，然韻補一書，庬雜割裂，謬種流傳，古韻乃以益亂。國朝顧炎武作詩本音，江永作古韻標準，以經證經，始廓清妄論。而開除先路，則此書實爲首功。大旨以爲古人之音，原與今異。凡今所稱叶韻，皆即古人之本音，非隨意改讀，輾轉牽就。如「母」必讀「米」、「馬」必讀「姥」、「京」必讀「疆」、「福」必讀「偪」之類，歷考諸篇，悉截然不紊。又左、國、易象、離騷、楚詞、秦碑、漢賦以至上古歌謡、箴銘、頌贊，往往多與詩合，可以互證。於是排比經文，參以羣籍，定爲本證、旁證二條。本證者，詩自相證，以探古音之源。旁證者，他經所載以及秦漢以下去風、雅未遠者，以竟古音之委。鉤稽參驗，本末秩然，其用力可謂篤至。雖其中如「素」音爲「蘇」之類，不知古無四聲，不必又分平仄；「家」又音「歌」，「華」又音「和」之類，不知爲漢魏以下之轉韻，不可以通三百篇，皆爲未密。然所列四百四十四字，言必有徵，典必探本。視他家執今韻部分，妄以通轉古音者，相去蓋萬萬矣。初，第作此書，自焦竑以外，無人能通其説，故刊版旋佚。此本及屈宋古音義皆建寧徐時作購得舊刻，復爲刊傳。雖卷帙無多，然欲求古韻之津梁，舍是無由也。

屈宋古音義三卷

福建巡撫採進本

明陳第撰。第既撰毛詩古音考，復以楚詞去風人未遠，亦古音之遺。乃取屈原所著離騷等二十五篇，除其天問一篇，得二十四篇。又取宋玉九辯九篇、招魂一篇，益以文選所載高唐賦、神女賦、風賦、登徒子好色賦四篇，得十四篇。共三十八篇。其中韻與今殊者二百三十四字，各推其本音，與毛詩古音考互相發明。惟每字列本證，其旁證則間附字下，不另爲條，體例小異，以前書已明故也。書本一卷。其後二卷則舉三十八篇各爲箋注，而音仍分見諸句下。蓋以參考古音，因及訓詁，遂附録其後，兼以「音義」爲名。實則卷帙相連，非别爲一書，故不析置集部，仍與毛詩古音考同入小學類焉。

欽定音韻闡微十八卷

康熙五十四年奉敕撰，雍正四年告成。世宗憲皇帝御製序文，具述聖祖仁皇帝指授編纂之旨，刊刻頒行。自漢明帝時西域切韻之學與佛經同入中國，所謂「以十四音貫一切字」是也，然其書不行於世。至漢魏之間，孫炎𠜾爲翻切；齊梁之際，王融乃賦雙聲。等韻漸萌，實闇合其遺法。迨神珙以後，其學大行，傳於今者有司馬光指掌圖、鄭樵七音略、無名氏四聲等子、劉鑑切韻指南。條例日密，而格礙亦日多。惟我國書十二字頭，用合聲相切，緩讀則爲二字，急讀則爲一音，悉本乎人聲之自然。證以左傳之「丁寧」爲「鉦」、「句瀆」爲「穀」，國語之「勃鞮」爲「披」，戰國策之「勃蘇」爲「胥」，於三代古法，亦復相協。是以特詔儒臣，以斯立準。首列韻譜，定四等之輕重。每部皆從今韻之目，而附載廣韻之子部，以存舊制，因以考其當合當分。其字以三十六母爲次，用韓道昭五音集韻、熊忠韻會舉要之例。字下之音則備載諸家之異同，協者從之，不有心以立異；不協者改用合聲，亦不遷就以求同。大抵以上字定母，皆取於支、微、魚、虞、歌、麻數韻，以此數韻能生諸音，即國書之第一部也。以下字定韻，清聲皆取於影母，濁聲皆取於喻母，以此二母乃本韻之喉音，凡音皆出於喉而收於喉也。其或有音無字者，則借他韻、他母之字相近者代之。惟辨有今用、協用、借用三例，使宛轉互求，委曲旁證，亦即漢儒訓詁某讀如某、某音近某之意。惟辨別毫芒，巧於比擬，非古人所及耳。自有韻書以來，無更捷徑於此法者，亦更無精密於此書者矣。

欽定同文韻統六卷

乾隆十五年奉敕撰。以西番字母參考天竺字母，貫合其異同，而各以漢字譯其音。首爲天竺字母譜，凡音韻十六字，翻切三十四字，；次爲天竺音韻翻切配合十二譜，以字母、音韻十六字，翻切三十四字，錯綜相配，成一千二百一十二字，；次爲西番字母配合十四譜，其字母凡三十，天竺所有者二十四，天竺所無、西番所有者六。除與天竺同者所生之字亦同外，其六母所生之字凡四百三十有四。蓋佛經諸咒皆天竺之音，惟佛號、地名多用西番之語，故別出以備用也，；次爲天竺西番陰陽字二譜，各分陰字、陽字、可陰可陽字、可陽可陰字四例，；次大藏字母同異譜，以欽定天竺字母爲經，而以僧伽波羅等十二家所譯字母爲緯，以互證其分合增減，；次爲華梵字母合璧譜，則中西諸音、新舊諸法，一一條貫，集厥大成焉。其西域有是音，中國無是字者，悉以合聲之法取之。二合者即以二字並書，三合者即以三字並書。前有發聲、後有餘聲者，即以其字疊書。其中音有輕重者，則重者大書，輕者細書，併詳注翻切及喉、牙、齒、脣、舌諸音於下。皆辯別分寸，窮極毫芒。考聲韻之學，實肇於西域。自漢明帝時與佛書同入中國，以文字互異，故中國不行。其緣起僅見諸隋書經籍志。所謂「十四聲貫一切字」者，其法已不可詳。晉太始初，沙門竺曇摩羅察譯光讚般若經，始傳四十一字母。其後諸僧所譯，互有異同，然皆自行於彼教。唐貞觀中，吐蕃宰相阿努始以西番字譯天竺五十字母，亦自行於彼土。自沙門神珙作四聲五音九弄反紐圖，收於大廣益會玉篇之末，始流入儒書。自鄭樵得西域僧七音韻鑑，始大行於中國。然西域之音無窮，而中國之字有數，其有音而無字者十之六、七。等韻諸圖或記以虚圈，或竟爲空格，使人自其上下左右連類排比而求之，非心悟者弗能得也。

故鄭樵六書略謂「華有二合之音，無二合之字。梵有二合、三合、四合之音，亦有其字。」因舉「娑縛」之二合、「囉馱曩」之三合、「悉底哩野」之四合爲證。沈括夢溪筆談亦謂梵語「薩嚩訶」三字，合言之即楚詞之「些」字。然括無成書，樵所作七音略，於無字之音仍爲空格，豈非知其法而不充其類哉？我皇上天聲遐播，紺園龍象，慕德東來；梵筴唄音，得諸親譯。既能不失其真。至編校此書，又以國書十二字頭之法補所未備。而發凡起例，更屢經聖裁改定而後成。故古所重譯而不通者，今一展卷而心契。聲聞韻通，歌頌同文之盛，真亘古之所無矣。

欽定叶韻彙輯五十八卷

乾隆十五年奉敕撰。字數、部分皆仍佩文詩韻。惟以今韻之離合，别古韻之異同。如江韻獨用則一韻爲一部，東、冬兩韻同用則兩韻爲一部，支、微、齊三韻同用則三韻爲一部是也。每部皆附叶韻，略如吳棫韻補。惟韻補於今韻每部各載叶韻，此則一部獨用者附本部末，諸部同用者即總附諸部末。如「蒙」字叶「莫邦切」，則獨附江部後；「江」字叶「户公切」，則總附東、冬二部後；「魚」字叶「魚羈切」，則總附支、微、齊三部後是也。夫古今聲音之遞變，亦如大、小篆，隸、八分之遞變，或相因，或迴不相近。以迴不相近之音施於歌詠，於古雖有徵，而於今不能悉協。唐人古詩，大抵皆相近之音。故東、冬、江古音雖同，而此書東、冬自爲部，江自爲部；支、微、齊、佳、灰古音雖同，而此書支、微、齊自爲部，佳、灰自爲部。皆取不戾於古而可行於今也。至於叶韻之説，宋以來糾紛彌甚。謂庚收穿鼻，真收舐齶，兩不相叶，然「嘉名」「靈均」，乃見於屈原之騷；謂江本通東、陽本通庚，兩不相叶，然「成雙」「鴛鴦」，乃見於徐陵之賦。此異而彼同，此通而彼礙，各執一理，勝負互形，所謂愈治而愈棼也。此書所録，惟據古書注有是音者，使以類相從。明前有所承，即後有所本，不復旁牽博辨，致枝蔓橫生。解結釋紛，尤爲得要。於數百年講古韻者，誠爲獨酌其中矣。

欽定音韻述微三十卷

乾隆三十八年奉敕撰。其合聲切字，一本欽定音韻闡微。其稍變者，闡微以三十六母爲字紐之次序，故東韻首「公」字之類，與部首標目或相應，或不相應，在所不拘。今則部首一字屬何母，即以其母爲首，其下諸母所領字，以次相從，使歸於畫一。其部分仍從御定佩文詩韻。其稍變者，從音韻闡微分文、殷爲兩部，而以殷部附真部，不附文部。其字數自佩文詩韻所收一萬二百五十二字外，凡所續收每紐之下，以據音韻闡微增者在前，據廣韻增者次之，據集韻增者又次之。或有點畫小異，音訓微殊，舊韻兩收而實不可複押者，則删不録。至於舊韻所無而今所恒用者，如「阿」字舊惟作「陵阿」之義，收入歌韻，今爲國書十二字頭之首，則收入麻韻。「鎗」字舊訓爲酒器，收入庚韻，今則酒器無此名，而軍器有此字，則增入陽韻。又如「查」本浮木，而今訓察核；「參」本稽考，而今訓糾彈；「礮」本飛石，而今訓火器；「埽」本汜除，而今訓楗茭。既已萬口同音，即屬勢不可廢。此如麻韻之字古音皆與魚、虞相從，自字母入中國，始有麻韻一呼，遂不能不增此一韻。姬本周姓，自戰國以後始以爲妾御之名，亦遂不能不增此一解。蓋從宜從俗，義各有當，又不可以古法拘也。其互注之例，凡一字兩部皆收，義同者注曰「又某韻」，義異者注曰「與某韻義異」，體例與禮部韻略同。其與他韻一同一異者，注曰「又某韻，與某韻音異」，或字有數訓而僅一解可通者，則注曰「惟某義與某韻同，餘異」，則較韻略爲加密。其詮釋之例，凡説文、玉篇、廣韻、集韻所有者，書非稀覯，無庸贅著篇名。其他則一字一句，必著所出，以明有據，亦諸韻書之所無。蓋音韻闡微所重在字音，故訓詁不欲求詳。此書所重在字義，故考據務期核實。兩書相輔而並行，小學之藴奥真毫髮無遺憾矣。

音論三卷　安徽巡撫採進本

國朝顧炎武撰。炎武有左傳杜解補正，已著録。自陳第作毛詩古音考、屈宋古音義，而古音之門徑始明。然創闢榛蕪，猶未及研求邃密。至炎武乃探討本原，推尋經傳，作音學五書以正之。此其五書之一也。上卷分三篇：一古曰音今曰韻，二韻書之始，三唐宋韻譜異同。中卷分六篇：一古人韻緩不煩改字，二古詩無叶音，三四聲之始，四古人四聲一貫，五入爲閏聲、六近代入聲之誤。下卷分六篇：一六書轉注之解，二先儒兩聲各義之説不盡然，三反切之始，四南北朝反語，五反切之名，六讀若某。共十五篇，皆引據古人之説以相證驗。中惟所論入聲變亂舊法，未爲甚確。餘皆元元本本，足以訂俗學之譌。蓋五書之綱領也。書成於崇禎癸未。其時舊本集韻與別本廣韻皆尚未出，故不知唐、宋部分之異同由於陳彭年、丁度。又唐封演聞見記其時亦未刊行，故亦不知唐人官韻定自許敬宗。然全書持論精博。百餘年來，言韻學者雖愈闡愈密，或出於炎武所論之外，而發明古義，則陳第之後，炎武屹爲正宗。陳萬策近道齋集有李光地小傳，稱光地音學受之炎武。又萬策作李光地詩集後序，稱光地推炎武音學妙契古先。故所注古音不用吴棫韻補，而用炎武詩本音。則是書之爲善本，可概見矣。

詩本音十卷　安徽巡撫採進本

國朝顧炎武撰。音學五書之二也。其書主陳第詩無叶韻之説，不與吴棫補音爭，而亦全不用棫之例。但即本經所用之音互相參考，證以他書，明古音原作是讀，非由遷就，故曰「本音」。每詩皆全列經文，而注其音於句下。與今韻合者注曰「廣韻某部」，與今韻異者即注曰「古音某」。大抵密於陳第而疎於江永。故永作古韻標準，駁正此書者頗多。然合者十九，不合者十一。南宋以來隨意叶讀之謬論，至此始一一廓清，厥功甚鉅。當以永書輔此書，不能以永書廢此書也。若毛奇齡之逞博爭勝，務與炎武相詰難，則文人相輕之習，益不足爲定論矣。

易音三卷　安徽巡撫採進本

國朝顧炎武撰。音學五書之三也。其書即周易以求古音。上卷爲彖辭、爻辭，中卷爲彖傳、象傳，下卷爲繫辭、文言、説卦、雜卦。其音往往與詩不同，又或往往不韻。故炎武所注，凡與詩音不同者，皆以爲偶用方音，而不韻者則闕焉。考春秋傳所載繇詞，無不有韻，説者以爲連山、歸藏之文。然漢儒所傳，不過周易。而史記載大横之兆，其繇亦然。意卜筮家別有其書，如焦贛易林之類，非易之本書。而易之本書則如周、秦諸子之書，或韻或不韻，本無定體。其韻或雜方音，亦不能盡求其讀。故彖辭、爻辭不韻者多，韻者亦間有。十翼則韻者固多，而不韻者亦錯出其間。非如詩三百篇協詠歌，被管弦，非韻不可以成章也。炎武於不可韻者，如乾之九二、九四中隔一爻，謂義相承則韻亦相承之類，未免穿鑿。又如六十四卦彖辭惟四卦有韻，殆出偶合，標以爲例，亦未免附會。然其考核精確者，則於古音亦多有裨，固可存爲旁證焉。

唐韻正二十卷　安徽巡撫採進本

國朝顧炎武撰。音學五書之四也。其書以古音正唐韻之譌。書首有凡例曰：「凡韻中之字，今音與古音同者，即不注。其不同者，乃韻譜相傳之誤，則注云古音某，竝引經傳之文以證之。其一韻皆同而中有數字之誤，則止就數字注之，一東是也；一韻皆誤，則每字注之，四江是也；同者半則同者注其略，不同者注其詳，且明其本二韻而誤併爲一，五支是也；一韻皆同無誤則不注，二冬、三鍾是也。」蓋逐字以求古音，當移出者移而出，當移入者移而入，視他家謬執今韻言古音，但知有字之當入，而不知有字之當出，以至今古糾牽，不可究詰者，其體例特爲明晰。與所作韻補正皆爲善本。然韻補誤叶古音，可謂之「正」。至唐韻則本爲四聲而設，非言古韻之書。聲隨世移，是變非誤，概名曰「正」，於義未協。是則炎武泥古之過，其偏亦不可不知也。

古音表二卷 安徽巡撫採進本

國朝顧炎武撰。音學五書之五也。凡分十部。以東、冬、鍾、江爲第一，支、脂、之、微、齊、佳、皆、灰、咍爲第二，魚、虞、模、侯爲第三，真、諄、臻、文、殷、元、魂、痕、寒、桓、删、山、先、仙爲第四，蕭、宵、肴、豪、幽爲第五，歌、戈、麻爲第六，陽、唐爲第七，耕、清、青爲第八，蒸、登爲第九，侵、覃、談、鹽、添、咸、銜、嚴、凡爲第十。皆以平聲爲部首，而三聲隨之。其移入之字與割併之部，即附見其中。考以古法，多相脗合。惟入聲割裂分配，其説甚辨。然變亂舊部，論者多有異同。其門人潘耒作類音八卷，深爲李光地榕村語録所詬厲，其濫觴即從此書也。以與所著五書共爲卷帙，當並存以具一家之言。且其配隸古音，實有足糾吴棫以來之謬者，故仍録備參考焉。

韻補正一卷 安徽巡撫採進本

國朝顧炎武撰。案宋志，吴棫有毛詩叶韻補音十卷，又韻補五卷。自朱子作詩集傳，用其毛詩叶韻補音，儒者因朱子而不敢議棫，又因毛詩叶韻補音併不敢議其韻補。炎武此書於棫雖亦委曲迴護，有「安得如才老者與之論韻」之言，然所作詩本音已不從棫説。至於此書，則更一一糾彈，不少假借。蓋攻韻補者其本旨，推棫者其巽詞也。案朱子語録稱：「吴才老補音甚詳，然亦有推不去者。」則朱子於棫之書原不謂盡無遺議。馬端臨經籍考特録朱子此條於毛詩叶韻補音之下，亦具有深心。炎武此書絶不爲叫囂攻擊之詞，但於古音叶讀之舛誤，今韻通用之乖方，各爲别白注之，而得失自見。可謂不悖是非之正，亦不涉門户之爭者矣。

古今通韻十二卷　江蘇巡撫採進本

國朝毛奇齡撰。奇齡有仲氏易，已著録。是書爲排斥顧炎武音學五書而作。創爲五部、三聲、兩界、兩合之説。五部者，東、冬、江、陽、庚、青、蒸爲一部，支、微、齊、佳、灰爲一部，魚、虞、歌、麻、蕭、肴、豪、尤爲一部，真、文、元、寒、删、先爲一部，侵、覃、鹽、咸爲一部。三聲者，平、上、去三聲相通，而不與入通，其與入通者謂之「叶」。兩界者，以有入聲之東、冬、江、陽、庚、青、蒸、真、文、元、寒、删、先、侵、覃、鹽、咸十七韻爲一部，無入聲之支、微、齊、佳、灰、魚、虞、歌、麻、蕭、肴、豪、尤十三韻爲一部，兩不相通，其相通者謂之「叶」。兩合者，以無入十三韻之去聲與有入十七韻之入聲通用，而不與平、上通，其與平、上通者謂之「叶」。案奇齡論例，既云所列五部，分配五音，雖欲增一減一而有所不可。乃又分爲兩界，則五音之例亂矣。既分兩界，又以無入十三韻之去聲與有入十七韻之入聲同用，則兩界之例又亂矣。至三聲之例本云平、上、去通而不與入通，而兩合之例又云去入通而不與平、上通，則三聲、兩合不又自相亂乎？蓋其病在不以古音求古音，而執今韻部分以求古音，又不知古人之音亦隨世變，而一概比而合之。故徵引愈博，異同愈出，不得不多設條例以該之。迨至條例彌多，矛盾彌甚，遂不得不遁辭自解，而「叶」之一説生矣。皆逞博好勝之念，牽率以至於是也。然其援據浩博，頗有足資考證者，存備一家之學亦無不可，故已黜而終存之焉。

易韻四卷

浙江巡撫採進本

國朝毛奇齡撰。古人繇詞，多諧音韻。周易爻象，亦大抵有韻，而往往不拘。故吴棫作韻補，引易絕少。至明張獻翼始作讀易韻攷七卷。然獻翼不知古音，或隨口取讀，或牽引附會，殊龐雜無緒。奇齡此書與顧炎武易本音皆置其無韻之文，而論其有韻之文，故所言皆有條理。兩家所撰韻書，互有出入，故其論易韻亦時有異同。大抵引證之博，辨析之詳，則奇齡過於炎武；至於通其可通，而闕其所不可通，則奇齡之書又不及炎武之詳慎。如乾卦上九、用九爲一節，本奇齡臆説，而此併牽古韻以實之，則尤爲穿鑿。且所謂兩界、兩合、蟚韻者，其中皆自申其古今通韻之例，亦不及炎武偶雜方言之説爲通達而無弊。然炎武書太簡略，而奇齡則徵引賅洽，亦頗足互證。以韻讀易者，以炎武書爲主，而參之是書以通其變，略短取長，未始不可相輔而行也。

唐韻考五卷

兵部侍郎紀昀家藏本

國朝紀容舒撰。容舒字遲叟，號竹厓，獻縣人。康熙癸巳舉人，官至姚安府知府。初，隋陸法言作切韻，唐禮部用以試士。天寶中，孫愐增定其書，名曰唐韻。後宋陳彭年等重修廣韻，丁度等又作禮部韻略，爲一代場屋程式。而孫氏之書漸佚，唐代舊韻遂無復完帙。惟雍熙三年徐鉉校定許慎説文，在大中祥符重修廣韻以前，所用翻切，一從唐韻，見於鉉等進書表。容舒以爲翻切之法，其上字必同母，其下字必同部，謂之「音和」。間有用類隔法者，亦僅假借其上字而不假借其下字。因其翻切下一字，參互鉤稽，輾轉相證，猶可以得其部分。乃取説文所載唐韻翻切，排比分析，各歸其類，以成此書。始知廣韻部分仍如唐韻，但所收之字不同。有唐韻收而廣韻不收者，如東部「詷」字、「晛」字、「烘」字之類是也。有唐韻在此部而廣韻在彼部者，如「賨」字廣韻作「藏宗切」，在冬部，唐韻作「徂紅切」，則在東部；「瓏」字廣韻作「盧紅切」，在東部，唐韻作「力鍾切」，則在鍾部之類是也。有唐韻兩部兼收，而廣韻止存其一者，如虞部「疷」字，廣韻注「又子余切」，與唐韻合，而魚部「子余切」乃不收「疷」字之類是也。有廣韻移其部分，而失於改其翻切，如諄部麏、菌、囷、頵四字移入真部，而仍用唐韻諄部翻切；刪部「鱞」字移入山部，仍用刪部翻切之類是也。有唐韻本有重音而徐鉉衹取其一者，如「規」字作「居追切」，宜在脂部，而證以「隓」字作「許規切」、「闚」字作「去隓切」，知「規」字當有「居隨」一切，兼入支韻之類是也。其推尋考校，具有條理。唐韻分合之例與宋韻改併之迹，均可由是得其大凡。亦小學家所當參證者矣。

古韻標準四卷　桂林府同知李文藻刊本

國朝江永撰。永有周禮疑義舉要，已著録。自昔論古音者不一家，惟宋吴棫，明楊慎、陳第，國朝顧炎武、柴紹炳、毛奇齡之書最行於世。其學各有所得，而或失於以今韻部分求古韻，或失於以漢、魏以下，隋、陳以前隨時遞變之音均謂之古韻。故拘者至格閡而不通，泛者至叢脞而無緒。永是書惟以詩三百篇爲主，謂之「詩韻」，而以周、秦以下音之近古者附之，謂之「補韻」，視諸家界限較明。其韻分平、上、去聲各十三部，入聲八部。每部之首先列韻目。其一韻歧分兩部者，曰「分某韻」；韻本不通而有字當入此部者，曰「别收某韻」；四聲異者，曰「别收某聲某韻」，較諸家體例亦最善。每字下各爲之注，而每部末又爲之總論。書首復冠以例言及詩韻舉例一卷。大旨於明取陳第，於國朝取顧炎武，而復補正其譌闕。吴棫、楊慎、毛奇齡之書，間有駁詰。柴紹炳以下，則自鄶無譏焉。古韻之有條理者，當以是編爲最，未可以晚出而輕之也。

右小學類韻書之屬。三十三部，三百十三卷。皆文淵閣著録。

案韻書爲小學之一類，而一類之中又自分三類。曰今韻、曰古韻、曰等韻也。本各自一家之學，至金而等韻合於今韻，韓道昭五音集韻始以等韻顛倒今韻之字紐。至南宋而古韻亦合於今韻。吴棫韻補始以古韻分隸今韻，又注今韻某部古通某部之類。至國朝而等韻又合於古韻，如劉凝、熊士伯諸書。三類遂相牽而不能分。今但通以時代次之。其篆韻之類，本不爲韻而作者，則仍歸之於字書。

附録

六藝綱目二卷　兵部侍郎紀昀家藏本

元舒天民撰。天民字執風，鄞縣人。是書取周禮保氏「六藝」之文，因鄭玄之注，標爲條目，各以四字韻語括之。其子恭爲之注，同郡趙宜中爲之附注，均能考證精核，於小學頗有發明。惟其中論六書「轉注」一門，以爲轉注者，乃轉形互用，有倒有側，有反有背。今求其説，若云倒「𠤎」爲「𡿨」，反「正」爲「乏」，雖本傳記，然究屬會意字。至謂「尸」爲側「人」，「匚」爲側「凵」，則誤從周伯琦説文字原之論，於制字之意反乖耳。至其「九數」一門，以密術推鄭注，頗爲詳至。以之補正賈疏，亦攷禮之一助也。恭字自謙，號説齋。宜中字彦夫。其書刊於至正甲辰，前有張翥、胡世佐、揭汯、劉仁本四序，皆未言及宜中附注事。末有舒睿後序，題戊申歲，已爲洪武元年，亦不及宜中。則宜中疑爲明人，其始末則不可考矣。

案六藝皆古之小學。而自漢志以後，小學一類惟收聲音訓詁之文，此書轉無類可歸。今附録於小學之末，存古義也。

欽定四庫全書總目卷四十三

經部四十三

小學類存目一

爾雅補注六卷 江蘇巡撫採進本

國朝姜兆錫撰。兆錫有周易本義述藴，已著録。是注多以後世文義推測古人之訓詁，如釋詁：「在，終也。」則注曰：「凡物有定在，亦有終竟之意。今人云不知所在，亦云不知所終。」又好以意斷制，如釋訓「子子孫孫」三十二句，則注曰：「每語皆以三字約舉其義，與經書小序略相似，而又皆以韻叶之。此等文疑先賢卜氏受詩於聖人而因爲之也。」云云，蓋因詩序首句之文而推求及於子夏。然考周易象傳全爲此體，王逸注楚辭抽思諸篇亦用此體，是又安足爲出自子夏之證乎？

小爾雅一卷 通行本

案漢書藝文志有小爾雅一篇，無撰人名氏。隋書經籍志、唐書藝文志竝載李軌注小爾雅一卷，其書久佚。今所傳本則孔叢子第十一篇鈔出別行者也。分廣詁、廣言、廣訓、廣義、廣名、廣服、廣器、廣物、廣鳥、廣獸十章，而益以度、量、衡爲十三章，頗可以資考據，然亦時有舛迕。如廣量云：「豆四謂之區，區四謂之釜。」本諸春秋傳「四升爲豆，各自其四以登於釜」之文。下云：「釜二有半謂之藪。」與儀禮「十六斗曰藪」合。其下又云：「藪二有半謂之缶，缶二謂之鍾。」則實八斛，乃春秋傳所謂陳氏新量，非齊舊量六斛四斗之鍾。是豆、釜、區用舊量，鍾則用新量也。廣衡曰：「兩有半曰捷，倍捷曰舉，倍舉曰鋝。」公羊傳疏引賈逵稱「俗儒以鋝重六兩」者，蓋即指此。使漢代小學遺書果有此語，逵必不以俗儒目之矣。他如謂「鵠中者謂之正」，則併正、鵠之名不辨；謂「四尺謂之仞」，則考工記「澮深二仞」與「洫深八尺」無異矣。漢儒説經，皆不援及。迨杜預注左傳，始稍見徵引。明是書漢末晚出，至晉始行，非漢志所稱之舊本。晁公武讀書志以爲孔子古文，殆循名而失之。相傳已久，姑存其目。若其文則已見孔叢子，不複録焉。

崔氏小爾雅一卷　户部尚書王際華家藏本

舊本題明崔銑撰。銑有讀易餘言，已著録。此書凡分十篇。核檢其文，實即孔叢子中之小爾雅也。閔元衢歐餘漫録曰：「小爾雅，漢孔鮒撰。汝郡袁氏金聲玉振集誤爲崔仲鳧撰，收入撰述部。以漢爲本朝，以崔易孔，豈其不詳考耶？抑以世可欺也？」則是僞題姓名，明人已言之矣。

彙雅二十卷續編二十八卷　兩淮馬裕家藏本

明張萱撰。萱字孟奇，博羅人。萬曆壬午舉人，由中書舍人官至户部郎中。此書每篇皆列爾雅，次以小爾雅、廣雅、方言之屬。下載注疏，附以萱所自釋，亦頗有發明。然如釋詁：「肅、延、誘、薦、餤、晉、寅、藎，進也。」郭注：「寅，未詳。」萱於他注義未詳者無所證據，而「晉」之爲「進」，人皆解者，乃反詳之，殊失體要。又若釋詁：「祪，祖也。」萱釋之曰：「祪，遠祖也。

親在高、曾之上，危矣。」此義尤爲未安。蓋明人不尚確據而好作新論，其流弊往往如此也。續編二十八卷，則皆割裂陸佃埤雅、羅願爾雅翼，合爲一集，每條以佃、願之名别之。惟第一卷說「鳳」一門有一條題「張萱曰」，爲所自釋耳。蓋未成之本，後人不察而誤刊之。陸氏、羅氏原書具在，亦安用此鈔胥爲哉？是尤畫蛇之足矣。

方言據二卷 福建巡撫採進本

明魏濬撰。濬有易象古義通，已著録。是書乃紀四方言語之異而求其可據者，凡二百餘條，多見考據。然其中亦有字出經史，本非方言。如張口笑曰「哆」、頤下曰「頞」、足背曰「跗」、毛多曰「毾」之類，小學諸書義訓甚明，毋煩更爲索解。又如「畔牢」之與「畔愁」、「兒良」之爲「郎」，皆聲音之轉，亦非因方域而殊。乃一概闌入於「輶軒絶代語」，體例頗不類也。

方言類聚四卷 浙江巡撫採進本

明陳與郊撰。與郊有檀弓集注，已著録。是編取揚雄原本，依爾雅篇目分爲釋詁、釋言等十六門，别爲編次，使以類相聚。如原本第三卷「氓，民也」至「棖，隨也」數語，移入卷首爲釋詁。其原本卷首「黨，曉也」兩節則列爲釋言，反載於「敦、豐、龐、夰」一節之後。郭璞原注則總附每節後，低一格以别之。間有雙行夾注，爲與郊所考訂者，僅略及音切、字畫之異同而已。

越語肎綮録一卷　浙江巡撫採進本

國朝毛奇齡撰。奇齡有仲氏易，已著録。是篇皆記其鄉之方言，而證以古音、古訓，以爲與陸法言韻多相合。因宋趙叔向有肎綮録，故襲其名。然叔向書多述朝制，此則但一隅之里諺耳。昔揚雄方言多關訓詁，歷代史志及諸家書目均入之經部小學類中。是編皆里巷常談，似未可遽廁六經之末。然舊唐書經籍志載李少通俗語難字、新唐書藝文志載張推證俗音、顏愍楚證俗音略、李虔續通俗文，皆在小學類中。以類相從，古有此例，故今仍列之小學焉。

連文釋義一卷　通行本

國朝王言撰。言字慎旃，仁和人。是編凡二字連文，及一名而兼兩義與兩字各爲一義者，均分别訓釋，釐爲十門。詞頗淺近，蓋爲課蒙而作。視方以智通雅所載，相去遠矣。

右小學類訓詁之屬。八部，六十四卷。皆附存目。

别本干禄字書二卷　直隸總督採進本

唐顏元孫撰。其原本已著録。此本乃柏鄉魏裔介所刊，卷端加以考證。其題「炎武案」者，當爲顧炎武語。亦有不標姓名者，不知出於誰手，或即裔介所加歟？元孫是書本依韻編次，而不標韻部之目，石本可據。此依廣韻加之。然原本與廣韻次序實不相同，如覃、談列陽、唐之前，蒸列鹽之後，仄聲亦竝相應。考夏竦古文四聲韻稱用唐韻部分者，其次序亦與此同，知非謬誤。蓋當時韻書非一本，炎武議其顛倒，亦非通論也。

説文解字五音韻譜十卷 通行本

宋李燾撰。燾字仁父，桯史云「一字子真」，號巽巖，丹稜人。紹興八年進士，官至敷文閣學士。贈光禄大夫，謚文簡。按文獻通考作「謚文定」。事蹟具宋史本傳。初，徐鍇作説文韻譜十卷，音訓簡略，粗便檢閲而已，非改許慎本書也。燾乃取説文而顛倒之。其初稟以類篇次序，於每部之中易其字數之先後，而部分未移。後復改從集韻，移自一至亥之部爲自東至甲。説文舊第遂蕩然無遺。考徐鍇説文繫傳仿易序卦傳例，作部敘二篇，述五百四十部以次相承之故。雖不免有所牽合，而古人學有淵源，要必有説，未可以臆見紛更。又徐鉉新附之字，本非許慎原文，一概混淆，亦乖體例。後人援引，往往以鉉説爲慎説，實燾之由。其中惟手部「撝」字徐鉉作「許歸切」一條，能糾本書之謬。其餘如「㚘」字本作「似醉切」，乃改爲「房九切」；「苜」字本「模結切」，乃改爲「徒結切」；又「臤」字本「苦閑切」，乃改爲「丘耕切」，則多所竄亂。説文酉部有「酓」字，音「咽嗛切」，而燾删去不載，則有所遺漏。甚至「犛」字本「里之切」，而誤作「莫交切」；「氂」字本「莫交切」，而誤作「里之切」，顛倒錯亂，全乖其本義、本音，尤爲踈舛。顧其書易於省覽，故流俗盛行。明人刊文獻通考，又偶佚此書標題，而連綴其前後序文於徐鍇繫傳條下，世遂不知燾有此書。明陳大科作序，竟誤以爲許慎舊本。茅溱作韻譜本義，遂推闡許慎説文所以始於「東」字之意，殊爲附會。顧炎武博極羣書，而所作日知録亦曰：「説文原本次第不可見。今以四聲列者，徐鉉等所定也。」是雖知非許慎書，而又以燾之所編誤歸徐鉉。信乎考古之難矣！

續千文一卷　通行本

宋侍其良器撰。良器里貫未詳，官左朝散大夫，知池州軍事。是編皆摭周興嗣千字文所遺之字，仍仿其體製，編爲四言韻語，詞采亦頗可觀。其孫嘗刻石浯溪，後有乾道乙酉鄉貢進士謝褒跋。

四聲篇海十五卷　通行本

金韓孝彦撰。孝彦字允中，真定松水人。是編以玉篇五百四十二部依三十六字母次之，更取類篇及龍龕手鏡等書增雜部三十有七，共五百七十九部。凡同母之部，各辨其四聲爲先後。每部之内，又計其字畫之多寡爲先後，以便於檢尋。其書成於明昌、承安間。迨泰和戊辰，孝彦之子道昭改併爲四百四十四部，韓道昇爲之序。殊體僻字，靡不悉載。然舛謬實多，徒增繁碎。道昇序稱：「泰和八年，歲在强圉單閼。」考泰和八年乃戊辰，而曰「强圉單閼」，則丁卯矣。刻是書者又記其後云：「崇慶己丑，新集雜部。至今成化辛卯，删補重編。」考崇慶元年壬申，明年即改元至寧，曰「己丑」者亦誤。道昭又因廣韻改其編次爲五音集韻十五卷。明成化丁亥僧文儒等校刊二書，合稱篇韻類聚。「篇」謂孝彦所編，以玉篇爲本；「韻」謂道昭所編，以廣韻爲本。二書共三十卷。較之他本，多五音類聚徑指目録，餘無所增損云。

六書溯源十二卷 江蘇巡撫採進本

元楊桓撰。桓有六書統，已著録。六書統備列古文篆籀，此書則專取説文所無，或附見於重文者録之。六書統所載古文，自憑胸臆，增損改易，其字已多不足信。至於此書，皆説文不載之字，本無篆體，乃因後世增益之譌文，爲之推原作篆。卷一以會意起，僅一十一字。次指事，僅十四字。合轉注爲兩卷。其卷三至十二皆諧聲字。獨闕「象形」一門。名曰六書，實止五也。桓好講六書而不能深通其意，所説皆妄生穿鑿，不足爲憑。其論指事、轉注，尤爲乖異，大抵從會意、形聲之内以己見强爲分别。故其指事有以形指形、以注指形、以聲指形、以意指形、以聲指意之屬，其轉注有從二文、三文、四文及從一文一字、從二文一字、從一文二字之屬。蓋字學至元、明諸人，多改漢以來所傳篆書，使就己見，幾於人人可以造字。戴侗導其流，周伯琦揚其波，猶間有可採，未爲太甚。至桓與魏校而横溢旁決，矯誣尤甚。是固宜宣諸戒律，以杜變亂之源者矣。

增修復古編四卷 浙江汪啓淑家藏本

舊本題吴均撰。但自署其字曰仲平，不著爵里，亦不著時代。其凡例稱注釋用黄氏韻會，而書中分部全從周德清中原音韻，則元以後人也。初，張有作復古編，辨别篆隸之譌異，持論甚平。又惟主辨正字畫，而不復泛引訓詁，其説亦頗簡要。均乃病其太略，補輯是編。所分諸部，皆以俗音變古法。而所載諸字，又皆以古文繩今體。其拘者，如「童子」必從「人」作「僮」之類，率滯礙而不可行。其濫者，如「仐」字之類引及道書，又蕪雜而不盡確。所分六書尤多舛誤，如「艘」字爲國名，「孫」字爲人姓，「階」字訓等差，「賓」字訓客，「環」字訓繞之類，皆謂之假借，則天下幾無正字矣。其書自平聲至入聲，首尾完具，而每韻皆題曰「上卷」，殆尚有下卷而佚之，然其佚亦無足惜也。

蒙古譯語一卷　永樂大典本

不著撰人名氏。前有自序，稱：「言語不通，非譯者無以達其志。今詳定譯語一卷，好事者熟之，則問答之間，隨叩隨應，而無鯁喉之患。」云云。似乎元代南人所記。然其書分類編輯簡略殊甚，對音尤似是而非，殊無足取。

華夷譯語一卷　永樂大典本

明洪武二十二年翰林侍講火源潔奉敕撰。錢曾讀書敏求記作「史源潔」，字之譌也。前有劉三吾序，稱：「元初未制文字，借高昌之書。後命番僧造蒙古字，反復紐切，然後成文，繁複爲甚。翰林侍講火源潔乃朔漠之族，遂命以華文譯之。聲音諧和，隨用各足。」云云。其分類編輯與蒙古譯語略同，而差爲詳備。然粗具梗概，譌漏孔多。欽定元國語解已有成書，源潔此編直付之覆瓿可矣。讀書敏求記又别載華夷譯語二卷，云爲回回館所增定。今雖未見其本，然明人於翻譯之學，依稀影響，十不得一，其書亦可想像而知也。

篇海類編二十卷 江蘇周厚堉家藏本

舊本題明宋濂撰，屠隆訂正。濂字景濂，浦江人。元至正末召爲國史院編修官，不就。洪武中官至翰林學士承旨。事蹟具明史本傳。隆字長卿，鄞縣人。萬曆丁丑進士，官至禮部主事。明史文苑傳附見徐渭傳中。其書取韓道昭五音篇海以部首之字分類編次，舛陋萬狀。無論宋濂本無此書，即以所引之書而論，如田汝耔、都俞、李登、湯顯祖、趙銘、章黼、楊時喬、劉孔當、趙宧光，皆明正德至萬曆時人，濂何從見之？至於以趙撝謙列林罕、李陽冰間；既有一鄭樵，注曰：「著六書略。」又有一鄭漁，注曰：「字仲明，夾漈人。」他如以玉篇爲陳新作，以韻會箋爲黃紹作，以高似孫爲高衍孫，以洪武正韻爲毛晃作，以古文字號爲馬融作、鄭玄注，以五聲韻爲張有作，以別字十三篇爲孫强作，以六書精蘊爲孫愐作，殆於醉夢顛倒，病狂譫語。屠隆雖不甚讀書，亦不至此，殆謬妄坊賈所託名也。

童蒙習句一卷 通行本

明趙撝謙撰。撝謙有六書本義，已著録。焦竑筆乘載撝謙著書十種，此書居第八。惟六書本義及學範行世，餘書則丘濬、李東陽、謝遷先後訪於嶺南不獲，則此書爲明人所未見，亦僅存之本矣。其例凡列一字，必載篆、隸、真、草四體。然小篆及真書各有定格，而隸、草變體至多，不能賅備，姑見崖略而已。撝謙本以小學名，此則鄉塾訓課之作，非其精義之所在也。

從古正文五卷　禮部尚書曹秀先家藏本

明黄諫撰。諫字世臣，蘭州人。天順壬戌進士，官至翰林院侍講學士。後坐與石亨交，謫廣州府通判。其書考正字畫之譌，以洪武正韻隸字。每字大書正文，而分疏訓詁，注「作某某非」於其下。所推論六書之義，未嘗不確。而篆變八分，八分變楷，相沿既久，勢不能同。故楷之不可繩以小篆，猶小篆之不可繩以籀文。諫乃一一以小篆作楷，奇形怪態，重譯乃通。而究其底藴，實止人人習見之説文九千字，非僻書也。無裨義理，而有妨施用。所謂其言成理而其事必不可行者，此類是矣。

六書精藴六卷音釋一卷　兩淮馬裕家藏本

明魏校撰。校有周禮沿革傳，已著録。是書自序謂：「因古文正小篆之譌，擇小篆補古文之闕。」又謂：「惟祖頡而參諸籀、斯篆，可者取之，其不可者釐正之。」云云。然字者滋也，輾轉滋生如子孫之於祖父，血脈相通而面目各别。校必以古文正小篆，是子孫之貌有不似祖父者，即謂非其子孫也；又擇小篆以補古文，是子孫之貌有偶似其祖父者，即躋之於祖父之列，以補其世系之闕也。元以來好異之流，以篆入隸，如熊忠韻會舉要所譏者，已爲駭俗。校更層累而高，求出其上，以籀改小篆之文，而所用籀書都無依據。名曰復古，實則師心，其説恐不可訓也。末附音釋一卷，乃其門人徐官所作，以釋注中奇字者。書有難解，假注以明，而其注先需重譯，則乖僻無用可知矣。

集古隸韻五卷　兩淮馬裕家藏本

明方仕撰。案是時有二方仕。一爲固始人，正德戊辰進士。一即此方仕，字伯行，寧波人也。其書以漢碑隸書分四聲編次，全襲宋婁機漢隸字源而變其一、二、三、四等目，以千字文「天地玄黄」諸字編之，體例甚陋。又摹刻拙謬，多失本形。前有嘉靖丙戌市舶太監賴恩序。蓋仕爲恩題射廳榜，恩因爲損貲刻之。又有浙江進士章滔序，亦頌恩之功，蓋均不足道云。

石鼓文音釋三卷附録一卷　浙江范懋柱家天一閣藏本

明楊慎撰。慎有檀弓叢訓，已著録。是編第一卷爲石鼓古文，第二卷爲音釋，第三卷爲今文，附録則自唐韋應物至明李東陽所作石鼓詩，凡五篇。前有正德辛巳慎自序，稱東陽嘗語慎及見東坡之本，篆籀特全，將爲手書上石，未竟而卒，慎因以東陽舊本録而藏之。金石古文亦言升菴得唐人拓本，凡七百二字，乃其全文。馮惟訥詩紀亦據以載入古逸詩中。當時蓋頗有信之者。後陸深作金臺紀聞，始疑其以補綴爲奇。至朱彝尊日下舊聞考，證古本以「六轡」下「沃若」二字、「靈雨」上「我來自東」四字，皆慎所强增。第六鼓、第七鼓多所附益，咸與小雅同文。又鼓有「𠬝」文，郭氏云：「恐是『臭』字，白澤也。」慎遂以「惡獸白澤」入正文中，尤爲欺人明證。且東陽石鼓歌云：「拾殘補闕能幾何？」若本有七百餘字，東陽不應爲是言云云。其辨託名東陽之僞，更無疑義。今考蘇軾石鼓歌自注，稱可辨者僅「維鱮貫柳」數句，則稱全本出於軾者妄；又韓愈石鼓歌有「年深闕畫」之語，則稱全本出唐人者亦妄。即真出東陽之家，亦不足據，況東陽亦僞託歟？

六書索隱五卷 江蘇巡撫採進本

明楊慎撰。自序謂：「取説文所遺，彙萃成編，以古文籀書爲主。若小篆則舊籍已著，予得而略。」云云。蓋專爲古文篆字之學者。然其中所載古文籀書，實多略而未備。即以首卷而論，如東韻「工」字，考之鐘鼎釋文，若乙酉父丁彝、穆公鼎、龙敦、九工鑑之類，各體不同，而是書均未載及。又如「共」字止載汾陰鼎，而好畤鼎、上林鼎、綏和鼎之類亦均不取。且古文罕見者，必著所自來乃可傳信，而是書不注所出者十之四五，使考古者將何所據依乎？

經子難字二卷 浙江吴玉墀家藏本

明楊慎撰。上卷乃讀諸經義疏所記，凡易、詩、書、三傳、三禮、爾雅十書。下卷乃讀諸子所記，凡老子、莊子、列子、荀子、法言、中説、管子、十洲記、戰國策、太玄經、逸周書、楚詞、文選十三書。或摘其字音，或摘其文句，絶無異聞。蓋隨手雜録之文，本非著書。其孫宗吾過珍手澤，編輯成帙，而王尚修序刻之，均失慎本意也。

石鼓文正誤二卷 兩淮馬裕家藏本

明陶滋撰。滋字時雨，絳州人，正德甲戌進士。是編以薛尚功、鄭樵、施宿等石鼓訓釋不免舛謬，因親至太學石鼓旁，抉剔刻文，一一校定。然年深闕畫，仍多影響揣摩。其後序踵楊慎之説，謂曾見蘇軾摹本六百一十一字，亦失考也。

金石遺文五卷 兩淮鹽政採進本

明豐道生撰。道生即豐坊所更名也。所著古易世學，已著録。坊頗能篆籀書，其諸經僞本多以古文書之，至今爲世所詬厲。此書雜采奇字，分韻編次。但以真書一字，直音於下，無所考證，亦不注所出，體例略近李登摭古遺文。雖未必全出依託，然以道生好撰僞書，凡所論撰，遂無不可疑，故世無遵而用之者。此本又傳寫失真，益不足據矣。

同文備考八卷附聲韻會通韻要粗釋二卷 浙江范懋柱家天一閣藏本

明王應電撰。應電有周禮傳，已著録。是編考辨文字聲音，其學出於魏校，而乖僻又過其師。前有自序，謂洪武正韻間以小篆正楷書之譌，而未嘗以古文正小篆之謬。於是著爲是書，取古文篆書而修定之，竝欲以定正許慎説文之失。襲戴侗之遺法，分爲八類：曰天文，曰地理，曰人容，曰人道，曰人體，曰動物，曰植物，曰用物。舉是八綱，以領其目。又舉諸目以附綴偏傍，系屬諸字。攷書有古文，有大篆，有小篆。三代以下，得以考見六書大略者，惟賴小篆之存。得以考見小篆本旨者，惟賴説文始一終亥之目。州居部次，不相凌亂。是以上通古籀，下貫隸楷，猶可知其異同因革之由。若大篆則見於説文者不及二百字，即岐陽石鼓傳爲籀書，尚不能盡目爲大篆，況古文見於説文與出於鐘鼎者已自不同，必欲併合論之，名爲復古，實則鑿空。遂至杜撰字體，臆造偏傍，竟於千百世後，重出一製字之倉頡，不亦異乎？且既不信説文矣，而於説文引述諸經文句互異者，乃反據以駁正經文。不知漢代經師多由口授，被諸竹帛，往往異文。馬、鄭以來諸儒，商榷折衷，乃定爲今本。慎書所據，如易用孟喜之類，其序本有明文，不過當時一家之學。應雹乃執爲古經，拘泥殊甚。至所附聲韻會通韻要粗釋二卷，改字母爲二十八，改韻類爲四十五，爲横圖以推衍之。其於古今異宜，南北異讀，皆所不考。合其所不當合，分其所不當分。又每字合以篆體，端緒叢雜，如治亂絲，亦可云勞而鮮功矣。

古俗字略七卷　兩江總督採進本

明陳士元撰。士元有易象鉤解，已著録。是編標題之下題曰「歸雲别集」，與所著周易同，蓋亦其别集之一種也。其例仿顔元孫干禄字書而小增損之，亦以韻分字。所列首一字即元孫所謂「正」也，所列古體及漢碑借用字即元孫所謂「通」也，所列俗用雜字即元孫所謂「俗」也。古字多以鐘鼎之文改爲隸體，已失其真。又不注所出，彌爲難據。他如「窗」之爲「牎」、「訔」之爲「㖞」，則周伯琦之謬文；「儭」之爲「天」、「卍」之爲「萬」，則釋典之謬體。一概濫收，殊乏考正。其有已見經典者，如左傳「民生敦厖」、毛詩「民之方殿屎」等字，皆斥爲俗字，而徐鉉校正説文所云俗書，如「亹」「个」等二十八字，反未刊正，棄取亦殊失倫。士元撰述之富，幾與楊慎、朱謀㙔相埒，而是編疎舛不一而足，亦貪奇愛博之過歟？

字考啓蒙十六卷 浙江巡撫採進本

明周宇撰。宇字必大，自署關中人。前有萬曆十一年自序。考太學進士題名碑，萬曆癸丑科有周宇，崇禎初所定逆案中亦有其名。然碑稱四川成都人，與自題關中不合。序作於萬曆十一年，已自稱老且疾，則不應尚及媚魏忠賢。惟咸寧縣志載「周宇，西安左衛人。嘉靖己酉舉人，官户部主事。精識古文奇字」云云，當即其人也。是編辨字學之譌，分爲四考：曰正形，曰殊音，曰辨似，曰通用。前三門俱以洪武正韻分部編次，惟通用一門分實名、虚聲、疊字三篇，别爲一例。其正形多以篆繩隸，如「東」字、「同」字皆以起鉤爲譌體字。如其所説，必八法全廢，殊拘礙難通。殊音即韻書之互注，然辨古音、今音及雙聲轉讀，均不甚精核。辨似一門尤爲瑣屑。如「壺」之與「壼」，「傅」之與「傳」，稍把筆者皆知之，何必縷縷乎？通用一門雜取假借之字，既多挂漏，又頗泛濫。均不足以言小學也。

六書賦音義三卷 兩江總督採進本

明張士佩撰。士佩號濾濱，韓城人。嘉靖丙辰進士，官至南京户部尚書。明史鄒元標傳載其與禮部尚書徐學謨俱爲元標劾罷。其事蹟始末，則史未詳也。是書取洪武正韻所收諸字，依偏旁分爲八十五部。每部之字皆仿周興嗣千字文體，以四言韻語聯貫之，文義或屬或不屬，取便誦讀而已。每字皆粗具訓詁，疏明大義。凡字有數體者，惟載一體，而各體皆附於後，有數音者亦然。蓋專爲初學而設。然其所分諸部，不遵説文、玉篇之舊。如「月」字入肉部，「户」字入户部，「支」字入攴部之類，皆與六書不合。又如「源」字音「于權切」、「江」字音「居良切」、「沂」字音「延知切」之類，亦皆沿正韻之誤，於聲音多乖。其注釋亦多譌舛，無足觀也。

古器銘釋十卷　浙江巡撫採進本

明卞蓑撰。蓑，揚州人。是書成於嘉靖中，皆鈔襲博古圖及薛尚功鐘鼎款識之文。前後失次，摹刻舛譌，殊不足依據。

字義總略四卷　浙江巡撫採進本

明顧充撰。充字回瀾，上虞人。隆慶丁卯舉人，官至南京工部都水司郎中。是書辨諸字音義、點畫，分四十四門，體例最爲冗碎。又不明六書本旨與古字假借之例。如字始門注「景」字云：「即影字，葛洪字苑始加『彡』。」是誤採顔氏家訓之説，不知漢高誘注淮南子已云「景，古影字」也。注「爾朱」字云：「『百、千家姓皆無，始見唐神仙爾朱洞。』」是併魏書亦未考矣。避忌門注「齒」字云：「『張萬歲牧馬，衆以『張』諱，因以『馬歲』爲『齒』。』」是併公羊傳、禮記亦未考矣。甚至字始門注「回文」字云：「始於温嶠。」注「雲土」字云：「『雲土夢作乂』，舊誤作『雲夢土』。宋太宗得古本，始詔改正。」已與字義無涉。至避忌門注「海棠」字云：「杜子美母名海棠，故集中無詩。」注「道」字云：「師道淵避蕭道成諱，稱師淵。」注「崇」字云：「姚元之避開元年號，改名祟。」是與字義不更風馬牛乎？半字通用門中如「庋、庪」「彌、弥」「滩、灘」「污、汙」「幬、幭」之類，本一字而體分今古，乃區別爲二，强指曰通。各音門中如「庚桑」作「亢倉」、「裂繻」作「履綸」，本音之轉，非「庚桑」即音「亢倉」，「裂繻」即音「履綸」。「俠累」作「韓傀」，本名之譌，更非「俠累」即音「韓傀」。乃又混合爲一，謂上字即讀下音。凡斯之類，不可縷數。他若二字分書門既收「旱、旴」「星、晆」諸字，而別卷又以「愈、愉」「怠、怡」等字立心忄各開一門，則互相重複矣。正音門「積」字注既云「音恣非」，動靜門中「積」字注又云：「凡指所聚之物，音恣；取物而積聚之，音迹。」字始門「車」字注云：「尺遮切。自漢以來，始有『居』音。」正音門「下」字注又云：「古音虎。魏了翁云：『六經凡下皆音户，故下皆音虎。』」則自相矛盾。其餘如「俎豆」當作「俎斗」；周人避文王諱，讀「昌」爲去聲者，更不知其何據矣。

問奇集一卷

兩江總督採進本

明張位撰。位字明成，新建人。隆慶戊辰進士，官至吏部尚書，武英殿大學士。事蹟具明史本傳。是書考論諸字形聲訓詁，分十九門：一六書大義，一三十六字母，一早梅詩切字例，一好雨詩切字例，一辨聲音要訣，一辨五音訣，一四聲三聲例，一分毫字辨，一誤讀諸字，一奇字考，一假借圈發字音，一畫同音異舊不旁發諸字，一音義同而書畫異諸字，一音義異而可通用諸字，一一字數音例，一誤習已久難改字音併正韻不載諸字，一相近字音，一各地鄉音。辨論頗詳，而不免弇陋。如合併字母，已非古法。所用直音，如「龜」音「圭」、「冰」音「兵」之類，併部分不辨。又如「倒景」之「景」即「影」本字，而誤云音「影」。「虹」即「虹」之別體，而誤云音「虹」。李陽冰之名出木華海賦，而泥於所篆之碑自書爲「𠒇」，誤云音「佞」。甚至「臺駘」誤音「胡苔」，而注曰：「左傳人名。」考左傳子產稱「臺駘，汾神」，注無「胡苔」之音。又「臧之狐裘，敗我于狐駘」，注云：「駘，音詒。」亦無「苔」音。惟檀弓引之，作「敗于臺駘」，雖注云「臺音壺」，又非左傳人名，殊爲刺謬。如此之類，不可毛舉，不足以言小學也。

大明同文集五十卷　浙江巡撫採進本

明田藝蘅撰。藝蘅字子藝，錢塘人。以歲貢生官休寧縣學訓導。明史文苑傳附見其父汝成傳中。是編割裂説文部分，而以其諧聲之字爲部母。如「東」字爲部母，即以棟、涷之屬從之。顛倒本末，務與古人相反。又自造篆文，詭形怪態，更在魏校六書精蘊之上。考沈括夢溪筆談曰：「王聖美治字學，演其義以爲右文。如水類，其左皆從水。所謂右文者，如『戔』，小也。水之小者曰淺，金之小者曰錢，貝之小者曰賤。如斯之類，皆以戔爲義也。」云云。夢溪筆談非僻書，藝蘅不應不見，殆剿襲其説而諱所自來。不知王聖美之説，先不可通也。

正韻彙編四卷　浙江巡撫採進本

明周嘉棟撰。嘉棟字隆之，黄州人。萬曆己丑進士，官至監察御史。其書取洪武正韻，以偏傍分八十部。

所分之部與部中所列之字，皆以字畫多少爲序，每字之下仍各注曰「某韻」。特因韻書之本文編爲字書，以便檢尋，無所損益。其分部頗多乖迕，至於「乃」字、「丹」字之類，以爲無偏旁之可歸，編爲「雜部」附於末，尤不考古義矣。

六書指南二卷 浙江巡撫採進本

明李登撰。登字士龍，自號如真生，上元人，官新野縣縣丞。是書成於萬曆壬辰。用千字文體，以四字爲句，辨俗傳譌體之字，以誨童蒙，亦顏氏干禄字書之類。然俗字頗多，書中不能該載。又不爲剖析其義，於初學仍無所啓發也。

摭古遺文二卷補遺一卷 浙江巡撫採進本

明李登撰。是書本夏竦篆韻之體，取鐘鼎古文以韻分編。其韻併東於冬，併江於陽，併侵於真，併肴於蕭，分齊、微二韻之字於支、灰，分覃、咸、鹽三韻之字於寒、先，分蒸韻之字於青、庚，而從廣韻分真諄、桓寒各爲二，大抵皆以意杜撰。所列古文，亦皆不著所出，未可執爲依據，又出金石韻府之下矣。

諸書字考二卷 江蘇周厚堉家藏本

明林茂槐撰。茂槐字穉虛，福清人。萬曆乙未進士，官至吏部郎中。是編辨別字音，分四十四類。其例有八：一字有異音而讀譌者，如「格澤」音「鶴鐸」之類；一偏旁譌者，如「沴」音「戾」之類；一假借通用者，如「霸」本音「魄」之類；一音同可通用者，如「辟歷」爲「霹靂」之類；一以譌書而讀譌者，如「颶」音「貝」之類；一字有動、靜二音，如「解」音「蟹」、「壞」音「怪」之類；一二音通用，如「孛」有「佩」音之類；一古今音異，如「鴻臚」音「廬」、「太守」音「狩」之類。然於古字、古音皆未明其根柢，故捃摭成編，頗傷疎略。如詩「南」音「尼心反」、「風」音「孚金反」、「天」音「汀因反」，此自古今韻異，非關字有重音。若斯之類，浩如煙海，何爲僅收三五字？又如「擁篲」之「擁」音「湧」、「北邙」之「邙」音「茫」，此自人人能曉，何必作音？至於謂張翰之名當作平聲，是未見李商隱詩「越桂留烹張翰膾」也；謂「寧馨」之「寧」當音「甯」，是未見劉禹錫詩「幾人雄猛得寧馨」也。觀其訓「哉」爲「始」，不引爾雅而引韻會；讀「煙熅」曰「氤氳」，不引班固賦而引周易注，知其爲飣餖之學，未能悉考源流矣。

五侯鯖字海二十卷　安徽巡撫採進本

不著撰人名氏，題曰「湯海若訂正」。考湯顯祖號曰若士，亦曰海若，臨川人。萬曆辛丑進士，官至禮部主事，終於遂昌縣知縣，明史有傳，則當爲顯祖所作矣。前有陳繼儒序云：「取海、篇原本，遵依洪武正韻，參合成書。」然其注釋極爲簡略，體例亦頗蕪雜。每字皆用直音，尤多譌謬。至卷首以四書五經難字別爲一篇，則弇陋彌甚。顯祖猶當日勝流，何至於此？蓋明末坊賈所依託也。

字學指南十卷

浙江巡撫採進本

明朱光家撰。光家字謙甫，上海人。是書成於萬曆辛丑。首二卷，一曰辨體辨音，次曰同音異義，三曰古今變體，四曰同音互體，五曰駢奇解義，六曰同體異義，七曰正誤舉例，八曰假借從譯。自三卷以下則以韻隸字，併爲二十二部。每一部以一字調四聲。如東、董、凍、篤之類，各標一字爲綱，而同音之字列於其下。如蝀從東，懂從董，棟從凍，督從篤之類，蓋本諸章黼韻學集成。惟黼聚四聲於一韻，仍各自爲部。此則四聲參差聯貫併爲一部，爲小變其例耳。其前二卷所列，大抵漫無考證。如斷断、燈灯、來来，皆上正下俗，而此書斷音短、断音段，「燈」爲燈籠、「灯」爲灯火，「來」爲往來、「来」爲来牟，均以臆自爲分別，非有根據也。

字學訂譌二卷

浙江巡撫採進本

明李當泰撰。當泰字元祉，泗州人。是書乃萬曆丁未殷城黄吉士督學江南，命當泰合張位問奇集、焦竑字學二書纂爲一編。首六書大畧，而終以俗用雜字，共二十四門，義例殊爲錯雜。至分門訂譌内所載，若甘露名天酒、酒名紅友之類，直是類書，豈復小學訓詁乎？

合并字學集篇集韻二十三卷

内府藏本

明徐孝編，張元善校。孝，順天布衣。元善，永城人，彭城伯騏之後，襲封惠安伯。是書凡集篇十卷，分二百部，附拾遺一卷。皆不究説文、玉篇之旨，偏旁多誤。若稘、秫二字從禾，禾讀若稽，木曲頭也，與「禾稼」之「禾」迥異，而乃并稘、㰻入禾部，則於六書本義茫無考據可知。又集韻十卷，分一百部，附四聲類率譜一卷、等韻一卷。亦不究陸法言、孫愐舊法，如并扃、登等字於東韻，合箴、簪與真、臻同入根韻之類，皆乖舛殊甚。又删十六攝爲十四攝，改三十六母爲二十一母，且改濁平、濁入爲如聲，事事皆出刱造。較篇海、正韻等書，變亂又加甚焉。

字考二卷　浙江汪啓淑家藏本

明夏宏撰。宏字用德，號銘乾，海陽人。是書上卷凡三類：曰誤寫字，曰疑似字，曰誤讀字。下卷凡二類：曰通用古字，曰通用聯字。意在訂六書之譌，而不能深研古義，但裨販於近代韻書、字書之間。如説「雞」字必從「隹」，不知古文實從「鳥」，見於説文；謂「豸」字連「獬」則稱「豸」，不知本字實作「廌」，其「豸」乃「蟲豸」字，亦見於説文，頗爲失考。「呰」字於「誤寫字」條下注「音梭，楚歌聲」，於「通用聯字」條下以「楚呰」標目，而注曰「梭去聲」，亦自相矛盾。又不通翻切，多用直音。如「欃槍」之「槍」云音「當」、「臨邛」之「邛」云音「穹」者，尤不一而足。其去佩觿、字鑑諸書，蓋不可以道里計矣。

類纂古文字考五卷　安徽巡撫採進本

明都俞撰。俞字仲良，錢塘人。仕履未詳。考其序跋，蓋萬曆間人也。是書以「古文」爲名，而實則取洪武正韻之字，以偏旁分類編之，凡爲部三百一十有四。冠以辨疑一篇、切字一篇，而末附以雜字。其字皆用直音，直音不得，則用四聲，四聲不得，乃用翻切。如鈞音君、銘音明，全乖沈、陸之舊。又分部別月於舟、别灬於火，揆之六書，亦多失許、顧之本義。惟其每部之中，以字畫多少分前後，較說文、玉篇、類篇頗易檢尋。故後來字書皆用其體例云。

六書正義十二卷 江蘇巡撫採進本

明吴元滿撰。元滿字敬甫，歙縣人，萬曆中布衣。焦竑筆乘曰：「新安吴敬甫，博雅士也。精意字學，所著有六書正義十二卷。」今觀是書，大抵指摘許慎而推崇戴侗、楊桓，根本先已顛倒。又體例冗瑣，既略仿六書故，分數位、天文、地理、人倫、身體、飲食、衣服、宫室、器用、鳥獸、蟲魚、草木十二門，分隸五百三十四部；又畧仿六書統而蔓延之，象形、指事、會意、諧聲廣爲二十九體，轉注、假借敷衍爲一十四門，殆於紛若亂絲。其附會、存疑、闕疑、備考、楷書、備用、俗借、俗轉諸條，亦多舛漏。所論轉注，以「曲逆」讀「去遇」之類當之；所論假借，以「一」本數名，借爲太一貴神，「九」本數名，借爲陽九，「真」本「僞」之對，借爲真州、真姓之類當之，尤爲不確。至於以帀爲帝、以卍爲萬、昂字上加三圍、火字直排四畫，或誤採梵書，或造作僞體，乃動輒云說文篆譌，尤可異矣。

六書總要五卷 江蘇巡撫採進本

明吴元滿撰。是書亦分數位、天文、地理、人倫、身體、飲食、衣服、宫室、器用、鳥獸、蟲魚、草木十二部，蓋承戴侗、楊桓之緒論，而變本加厲。所分部首，皆以象形爲主，謂之正生。而指事、會意以下，則有正生、變生、兼生之別。不取許慎説文概爲諧聲之説。其字皆以柳葉篆寫之，謂其「有鳥跡遺意，足排斥小篆方整妍媚之態」。然所謂古文，大抵出於杜撰，又往往自相矛盾。如於「三」字下注云：「俗作叁、弎。」是以説文之「弎」爲俗字矣。於「一」字下云：「或加弋作弌。」又用説文之説。豈「三」從「弋」則俗，「一」從「弋」則不俗乎？至所引經傳諸文，率以意改。如「二」字下引詩「衣服不二」、論語「不二過」，「采」字下引左傳「不采菽麥」之類，尤爲疎舛矣。

六書泝原直音二卷　江蘇周厚堉家藏本

明吴元滿撰。是書主於辨别字體。所分十二門，亦與六書正義同，其龐雜瞀亂亦同。所用直音尤多舛誤。如凡音煩、千音籤、必音碧、禎音真，皆參雜方言，有乖舊讀。至於士、是本皆上聲，既注「士」音「是」矣，又注「叶上聲」，尤自相牴牾也。

諧聲指南一卷　浙江汪啓淑家藏本

明吴元滿撰。其説六書，以諧聲爲多，而古有數字同從一字諧聲，而數字之讀乃迥異者，於是爲之説曰諧本聲、諧叶聲、諧本音、諧叶音、諧轉聲、諧轉叶聲、諧轉音、諧轉叶音，有是八者之别。夫古字本止一聲，所從諧聲之字，其讀要不相遠。後人讀字，自與古殊，乃謂古作字時有所謂諧叶、諧轉之聲，祇憑臆説，故設多岐，實非六書之本旨也。

説文長箋一百四卷　安徽巡撫採進本

明趙宧光撰。宧光字凡夫，吴縣人。是書前列解題一卷，載其平生所著字學之書七十餘種。其虚實存佚，皆不可考。次列凡例一卷。次列説文原序、宋初官牒，附以自撰通誤釋文及徐鍇部敘二篇。合爲卷首上。次列其少時所撰子母原一篇，泛論字學大意。又取説文五百四十部原目竄亂易置，區分門類，撰説文表一卷。合爲卷首下。其書用李燾五音韻譜之本，而凡例乃稱爲徐鍇、徐鉉奉南唐敕定，殊爲昧於源流。所列諸字，於原書多所增删。增者加方圍於字外，删者加圓圍於字外。其字下之注，謂之「長語」，所附論辨，謂之「箋文」，故以「長箋」爲名。然所增之字，往往失畫方圍，與原書淆亂。所注所論，亦踈舛百出。顧炎武日知録摘其以論語「虎兕出於柙」誤稱孟子，爲四書亦未嘗覩，雖詆之太甚，然炎武所指摘者，如詩「錦衾爛兮」本有「衾」字，乃以爲「青青子衿」之「衿」即「衾」字；「瓜分」字見史記虞卿傳及漢書賈誼傳，乃以爲「瓜」當作「爪」；「竈突」字見漢書霍光傳，乃以爲「突」當作「宊」；「民愁則墊隘」見左傳，「鶻，鵃鷗，其飛也翪」「驌，馬白州也」，竝見爾雅，而以爲未詳；顧野王陳人也，而以爲晉之虎頭，陸龜蒙唐人也，而以爲宋之象山，王筠梁人也，而以爲晉，王禹偁宋人也，而以爲南朝；防風氏「身横九畝」本穀梁傳之文，而引於「野」字注下，誤以爲「身横九野」，又誤以爲左傳；後漢書劉虞傳「故吏尾敦於路刼虞首，歸葬之」，而以爲後漢尾敦路刼劉虞首歸之葬；晉書虞嘯父傳「爲孝武帝所親愛，侍飲大醉，拜不能起。帝顧曰：『扶虞侍中。』」而以爲晉獻帝醉，虞侍中命扶之；漢宣帝諱「詢」，乃以爲諱「恂」，漢平帝諱「衎」，乃以爲諱「衍」；以至「簿正祭器」見孟子，而以爲唐中、晚詩文始見「簿」字，前此無之；夏州至唐始置，而以爲中國稱「華夏」從此起；叩地在京兆藍田，而以爲地近京口，故從「口」；禰衡漁陽三撾，本音「七紺反」，而以爲當作「操」。凡十餘條，皆深中其失。然則炎武以宧光爲「好行小慧，不學牆面」，不爲太過矣。

六書長箋七卷　安徽巡撫採進本

明趙宧光撰。此書與説文長箋合刻，本一書也。以許氏敘内釋六書之義者，分爲前六卷之首。又備列班固、衛恒、賈公彦、徐鍇、張有、鄭樵、戴侗、楊桓、劉泰、余謙、周伯琦、趙古則、王應電、王鏊、僧真空、朱謀㙔、張位、熊朋來、吴元滿十九家之説，逐條辨論，更以己説列於後。其中「轉注」一條，許氏引「考」「老」二字證之，裴務齊切韻謬言「考」字左迴、「老」字右轉，本非許氏之旨。宧光乃誤以左迴右轉爲許氏之説，譏其自相矛盾，殊爲疎舛。末又列六書餘論一卷，亦支離敷衍，於制字之精意皆無當也。

集鐘鼎古文韻選五卷　通行本

明釋道泰撰。黄虞稷千頃堂書目載此名，注曰：「字來峯，泰州人。」其書分韻集鐘鼎古文，然所收頗雜。秦權、漢鑑與三代之文竝載之，殊乖條貫。他如滕公石槨銘本屬僞迹，收之已失別裁，又鉤摹全非其本狀，則傳寫失真者多矣。其分韻改咍爲開，改添爲凡，上平有元、魂而無痕，下平多三宣一部，皆與廣韻不同。蓋從徐鍇篆韻譜也。

正字通十二卷 通行本

舊本或題明張自烈撰，或題國朝廖文英撰，或題自烈、文英仝撰。考鈕琇觚賸粵觚下篇載此書本自烈作，文英以金購得之，因掩爲己有。敘其始末甚詳。然其前列國書十二字母，則自烈之時所未有，殆文英續加也。裘君弘妙貫堂餘談又稱文英殁後，其子售版於連帥劉炳。有海幢寺僧阿字知本爲自烈書，爲炳言之，炳乃改刻自烈之名。諸本互異，蓋以此也。其書視梅膺祚字彙考據稍博，然徵引繁蕪，頗多舛駁。又喜排斥許慎説文，尤不免穿鑿附會，非善本也。自烈字爾公，南昌人。文英字百子，連州人，康熙中官南康府知府，故得鬻自烈之書云。

篆韻五十卷 江蘇巡撫採進本

不著撰人名氏。其書每頁右側印「欽賜商河王勉學書樓之記」十一篆字，上下與朱絲闌齊。考明史諸王表，衡王祐楎之孫載堪於嘉靖三十五年襲封商河王。萬曆二十五年，其長子翊鏝襲封。至四十四年薨，無子，國除。書無序跋，不知爲載堪所鈔、翊鏝所鈔也。首題「篆書正韻」四字，而考其部分乃用壬子新刊禮部韻，與洪武正韻截然不同。書中別無考證，惟據周伯琦六書正譌注「俗作某某，非」而已。蓋藩邸偶録，以備檢閲，非著書也。

字韻合璧二十卷　内府藏本

不著撰人名氏。但題「明鄱東朱孔陽訂正刊行」。篇中分上、下二層，上辨音韻，下别偏旁，而謬悠舛誤，不可枚舉。如「天」音「添」，則以兩韻爲一聲；「吳」作「吴」，則以俗字爲正體。分韻則從洪武併合之本，分部則紊許慎説文之例。蓋於六書之義，茫乎未窺者也。

廣金石韻府五卷　浙江汪啓淑家藏本

國朝林尚葵、李根同撰。尚葵字朱臣，莆田人。根字阿靈，一字雲根，晉江人。是書用朱、墨二色校，以四聲部次，朱書古文籀篆之字，墨書楷字領之，亦各注其所出。乃因明朱時望金石韻府而作，故名曰「廣」。然所引諸書，今已什九不著録，尚葵等何自得觀？今核之所列之目，實即夏竦四聲韻而稍摭郭忠恕、薛尚功之書以附益之。觀其備陳羣籍，而獨遺竦書之名，則諱所自來，故滅其迹可知矣。

他山字學二卷　安徽巡撫採進本

國朝錢邦芑撰。邦芑字開少，丹徒人。晚爲僧，號大錯。其書辨正字畫及音讀之誤，凡四十三目。大抵本於郭忠恕佩觿及李文仲字鑑諸書，而蒐輯未廣。如一字數音考内「苴」字載至十五音，爲書中極多之數，而韻會小補載此字實有十八音。他若廣韻、集韻所載重音開卷可見者，亦百不得其一二。

六書準四卷 内府藏本

國朝馮調鼎撰。調鼎字雪鷗，華亭人。其書分象形、指事、會意、諧聲四類，每類分平上去入，而假借、轉注即見於四類之中。然其書雖力闡古義，而於六書本旨多所未明。如「社」之一字，説文繫傳：「从示，土聲。」此書不見繫傳，乃以「社」爲會意字；又如「風」之一字，説文：「从虫，凡聲。」此書不知「風」之古音，而以爲「从蟲省聲」。則其他概可知矣。

六書通十卷 江蘇巡撫採進本

國朝閔齊伋撰。齊伋字寓五，烏程人。世所傳朱墨字版、五色字版謂之「閔本」者，多其所刻。是書成於順治辛丑，齊伋年八十二矣。大致仿金石韻府之例，以洪武正韻部分編次説文，而以篆文、別體之字類從於下。其但有小篆而無別體者，則謂之「附通」，亦併列之。不收鐘鼎文，而兼采印譜。自稱通許慎之執，不知所病正在以許慎爲執也。

韻原表一卷 兩淮馬裕家藏本

國朝劉凝撰。凝有稽禮辨論，已著録。凝初作文字韻原一編，謂説文以形相次，韻原以聲相從。又以韻原限於篇幅，其層次排列未免間斷，而生生之序不見。乃倣史記諸表之例，從各字偏旁，序其世系，分其支派，以濟韻原之窮。然篆隸屢更，變化不定，必一一謂某生於某，終未免失於穿鑿也。

石鼓文定本二卷　兩江總督採進本

國朝劉凝撰。是書上卷爲石鼓音訓釋文，下卷爲附録古今人辨説及詩歌石鼓刻文。且以殘闕搨本漸不可辨，惟以摹本及釋文相傳。釋文之中，潘迪最著。摹本之中，薛尚功、楊慎最著。案宋、金以前爭石鼓之時代，斷斷不休。元以來真僞論定矣，而爭文字者又鬨而聚訟。凝作此書，既不以今日所存之三百二十餘字以考定其真，又不詳列諸家之本以糾其異，徒以楊慎僞本猶屬全文，而據以爲主，根本先謬。又加以意爲增減，彌起糾紛。如第四鼓「其寫」上之「吾」字、第五鼓「霝雨」下之「𨽍」字，爲各本所無，莫知何以增入。至於後卷辨説第一條，即載薛尚功云云，而薛尚功跋語内亦無其文，皆不可解。又以石鼓之文强合於説文之籀體。案趙師尹石鼓文考注所摭説文與石鼓相同之字，員、辭、皮、樹、西、則、旁、中、囿九字而已。然「旁」字石鼓無之，乃楊慎以壬鼓「𨽍」其用導」，「用」字妄改爲「旁」，其餘諸字亦均有同異。凝必欲附會其文，亦鄭樵以秦權一二字之合定爲秦鼓之類矣。

黄公説字無卷數　湖北巡撫採進本

國朝顧景星撰。景星字黄公，蘄州人。康熙己未，薦舉博學鴻詞。其説自稱推本許慎，而大抵以梅膺祚字彙、廖文英正字通爲藁本，仍以楷字分編。如「丑」字从ㄋ从丨，象手有所執也，而列之一部。於六書之義，未免有乖。至於西域梵文，尤自别爲一體。儒書所載，已改爲楷畫，非其本真。

一概收載，亦爲泛濫。其注皆雜採諸書，不由根柢。所列各書，唐説文，蜀説文，葛洪字苑，何承天纂文，吕靜韻集，李啓聲韻，吕忱字林，陽休之、夏侯該韻略，孟昶書林韻會，林罕字源等目，不知何從見之？又以李燾説文五音譜爲徐鉉，以楊桓六書溯源爲吴元滿，以趙明誠金石録爲歐陽脩，以張守節史記正義爲六書正義，以司馬貞史記索隱爲六書索隱，舛誤不一而足。至於司馬光集韻解，諸家目録未著斯名；米芾大宋五音正韻，僅名見所著畫史中。蓋欲爲之而未成，亦非真有其書也。

讀書正音四卷

浙江巡撫採進本

國朝吴震方撰。震方字青壇，石門人。康熙己未進士，官至監察御史。是書卷一以一音異讀者分門編輯，其無類可歸者附以「通用」一門。卷二別爲六類，曰字音清濁辨，曰同音借義，曰借同音不借義，曰因義借音，曰音借而借，曰語詞之借。卷三以四聲編録僻字。卷四則各依部分編習見字様，以正時師誤讀。前有毛奇齡序，頗稱其精審。然實於六書、音韻源流多所舛漏。其謂本字不讀本音者，如「隨」，隋時去「辵」爲「隋」，本文帝之臆造。在説文「隋，裂肉也」，徐鉉音「徒果切」，乃其本音。他如在支韻者，作「旬爲切，順裂肉也」。又「翾規切」，周禮大祝「隋釁」，通作「綏」是也。在歌韻者，作「土禾切」，集韻「中高四下」是也。在寘韻者，作「呼恚切」，周禮守祧「既祭則藏其隋」是也。此所謂「本字不讀本音」者也。今震方誤以隋、隨爲一音，反以音妥者爲非本音，而在支、歌、寘三韻者乃不見録，未免失考。又如厓之爲僅、仌之爲鄰、豖之爲攀，俱列在「本字不讀本音」卷内。考漢書賈誼傳曰：「其次廛得舍人。」注曰：「廛與僅同。」揚雄傳曰：「纍既㐺夫傅説兮，奚不信而遂行。」注曰：「㐺，古『攀』字。」敘傳曰：「東厶虐而殲仁兮，王合位乎三五。」注：「厶，古鄰字。」震方槩附諸同字異讀，亦未悉今字、古字之殊。至於「景」爲「影」之本字，「暒」爲「晴」之本字，「丣丣」爲「卯酉」之本字，顯著説文。震方亦與本字不讀本音者一例列之，益乖迕矣。若此類者，不一而足。其餘耳目之前，亦多遺失。漢地理志曰：「屯留。」師古：「屯，音純。」「朁亭」，師古：「朁，音潛。」「脩亭」，應劭：「脩，音條。」「計斤」，師古：「音介根。」「旬氏道」，李奇：「旬，音賸。」「卑水」，孟康：「卑，音班。」「樸劖」，孟康：「音蒲環。」「澤索」，師古：「澤，音鐸。」「驪靬」，李奇：「音遲虔。」「祖厲」，師古：「音宜賴。」「莫黖」，師古：「音忉怛。」「遼隊」，師古：「隊，音遂。」「黏蟬」，服虔：「蟬，音提。」「麊泠」，孟康：「音螟蛉」，師古：「音麋零。」「芍陂」，師古：「芍，音鵲。」凡此皆字同音異之顯然者，震方俱弗收輯，則僻書概可知也。蓋以正塾師之謬讀，則所得爲多，以言古人之小學，則又當別論耳。

篆文纂要四卷　浙江汪啓淑家藏本

國朝陳策撰。策字嘉謀，錢塘人。其書亦依韻分編。每字下首列説文，次大篆，次鐘鼎文。然不載所引書名，注亦率略，於字體無所辨證，殆僅爲鐫刻印章之用也。

字辨七卷 安徽巡撫採進本

國朝熊文登撰。文登字于岸，南昌人。是書詳辨字音、字義、字形，分爲十門：一曰誤寫辨，二曰誤讀辨，三曰一字數音數義辨，四曰宜寫古文奇字辨，五曰宜讀經史真字辨，六曰形相類字辨，七曰聲相類字辨，八曰形聲相類字辨，九曰從今從古辨，十曰楷篆異體辨。皆從梅膺祚字彙分部。大意在糾俗學之誤，反之於古。然不知古文，亦不知古音，遂至不古不今，進退無據。如謂「回」本作「回」，不知篆文作「囘」，本一筆旋轉，若變而五筆，已非本義。謂「册」本作「冊」，不知篆文作「𠕋」，本象以韋貫簡，僅縮其一畫，彌失真形。又如謂「洚」音降，又音紅，不知東、江古本一音也；謂「彭」音朋，又音滂，不知庚、陽古亦一音也。至謂「逍遥」必當作「消摇」、「伏羲」必當作「虙戲」、「渤海」必當作「勃澥」、「躊躇」必當作「箸著」，皆見一古字之省文，遂謂凡書是字者無不當省；見一古字之假借，遂謂凡用是字者無不當借。所謂知其一不知其二者也，殆愈辨而愈遠矣。

六書分類十二卷 兩江總督採進本

國朝傅世垚撰。世垚字賓石，歸德人。其書分部一依梅膺祚字彙之例，每字以小篆、古文次於楷書之後。古文之學，漢、魏後久已失傳。後人所譯鐘鼎之文，什九出於臆度，確然可信者無幾。況古器或出剥爛之餘，或出僞作，尤不足爲依據。謂之好古則可，謂有當於古義則未然也。

説文廣義十二卷　浙江巡撫採進本

國朝程德洽撰。德洽字學瀾，長洲人。是書本許氏説文而旁採諸家篆文並列於下，然不著出處。蓋李登摭古遺文之流，又不及金石韻府尚云某字本某書矣。

篆字彙十二卷　通行本

國朝佟世男編。世男，滿洲鑲黄旗人。康熙中官知縣。其書本梅膺祚字彙，各繫以篆文。篆文所無之字，則依楷書字畫以意造之，不可以爲典據也。

鐘鼎字源五卷　河南巡撫採進本

國朝汪立名編。立名號西亭，婺源人，官工部主事。是編成於康熙丙申。自序稱金石雖皆傳自三代，而銘器與篆碑之文不容强同。乃專採鐘鼎文，依今韻編次爲五卷。其石刻之類於銘款者，惟附録石鼓文，其他碑篆則皆不收。然立名知鑄金、刻石古文體制有殊，而不知鐘鼎之中又有時代之分、音釋之異與真僞之别。三代固均爲古文矣，至秦權、秦斤，如斯字、諸字、皆字、爲字之類，已頗近小篆；漢鐙、漢壺，如綏和壺之「供」字，汾陰宫鼎之「共」字、「汾」字，首山宫鐙之「年」字，併時參隷體。一槩目爲鐘鼎之文，混淆殊甚。又如歐陽脩集古録所載晉姜、毛伯諸鼎，楊南仲、劉敞訓釋互異者，不一而足，既莫能考定是非；嘯堂集古録所載比干銅槃銘，宋人顯斥其僞託，亦不免併載。且卷末列二合、三合、四合之字，並不注出典，尤無根據。蓋僅以金石韻府爲主，而取博古、考古諸圖參校之，故不免瑕纇耳。

天然窮源字韻九卷 兩江總督採進本

國朝姜日章撰。日章字旦童，如皐人。是編成於康熙丁酉。分日、月、水、火、木、金、土七部，又冠以首部曰字説，綴以末部曰韻説詩易二叶。日、月二部爲字書。不以偏旁分部，而以筆畫多寡分部，自一畫至四十八畫止。水、火、木、金四部爲韻書，併爲天、星、風、山、官、上、地、支、郊、階、州、波、夫、下十四韻，每韻分爲中、平、上、去、入五音。土部則古文奇字也。自明以來，字書莫陋於字彙、正字通，而日章遵以講字畫；韻書莫乖於洪武正韻，而日章執以分韻等；收字之妄濫無稽莫甚於篇海，而日章據以談奇字。其餘偶有援引，不過從此四書採出而已，宜其不合於古義也。

六書辨通五卷 浙江巡撫採進本

國朝楊錫觀撰。錫觀字顒若，無錫人。是書大旨謂六書假借，於義可通，爲變而不失其正。其不可通者，即不得不著辨以明之。因分韻編次，於每字之下，各標出處，并著本字之義，而於其誤通者則一一辨正。然古人假借，多取音同，不求義合。若是書所載漢孟郁碑借「舟」爲「周」，堯廟碑云：「委曲舟帀。」亦借「舟」爲「周」，是其例也。而錫觀謂「周」借「舟」於義不通，漢碑「舟」字當「匊」字之誤，「匊音周，帀偏也。」不知經典釋文「鵰鵃」之「鵃」與「雕」字通，類篇「五月鳴蜩」之「蜩」一作「蚼」，則「周」「舟」二字本通，是其顯證。「鵃」「蚼」非有「周市」之義，豈亦得指爲從「匋」耶？又如家語「望羊」，左傳注作「望陽」；漢書「歐陽」，漢碑則作「歐羊」之類，近在耳目之前，乃多失載，亦未爲賅備也。

六書例解一卷附六書雜説一卷八分書辨一卷

浙江巡撫採進本

國朝楊錫觀撰。是書首冠黄之雋篆學三書序，蓋錫觀嘗作秦篆韻編、正字啓蒙短箋二書，與此書爲三也。書凡六篇，分論六書。以鄭玄注周禮「六書」以象形爲首，失制字之序，改從許慎説文之次，首以指事。其論指事，謂有籠統言之者，有指其一點一畫言之者。其論象形，謂小篆「日月」作日月，已不知古文之作⊙☽。又謂凡字之从「舟」旁者，皆當改爲「月」旁，以象倉限。其論形聲，謂爲因形而附聲，不取周禮注諧聲之説，併謂三百篇之韻皆不足據。其論會意，列字至三百之多。至謂「冥」下从「六」，乃取六爲老陰；「名」上从「夕」，爲陰晦之義。其論轉注，則從許慎之説而廣之。一爲意可相通，「老」字轉爲耆壽之類；一爲兩字相反，如「可」轉爲「叵」、「正」轉爲「乏」，與半木爲「片」、連水爲「川」之類；一爲展轉注釋而後可通，如「元」轉爲「仁」、「仄」轉爲「丸」之類。其論假借，極論隸書之非，併經典通用之字如「恭」作「共」、「齋」作「齊」、「而」作「如」者，皆斥爲乖謬。大抵陽尊許慎説文，而陰以魏校六書精藴爲藍本，故於制字之義多所未明。其六書雜記論六書分界，亦多强生辨别。至八分書説一卷，申歐陽脩、洪适之説，以八分爲隸，而謂今之楷書爲八分。引據牽合，亦失於考證也。

五經字學攷五卷 山西巡撫採進本

國朝成端人撰。端人字友端，陽城人。此書分五經各一卷，每字先以訓詁，竝及形聲，兼辨俗寫之譌。然引據未能淹博，考證亦未能精密。如春秋隱公之「彄」字，此爲公子彄名訓也，而注曰：「從弓，區聲，音摳。又人名，公子彄。」文公之「頵」字，此爲楚成王名訓也，而注曰：「從頁，君聲。徐曰：『頭大也。』又楚成王名。」此反以本義爲旁義也。又如易坤卦「馴」字注曰：「音同旬。字彙引徐邈讀作『訓』，蛇足。」案徐邈之説出陸德明經典釋文，以爲出自字彙，已不求其本。至經師異讀，自古竝存，乃以爲蛇足，更不確矣。

六經字便無卷數 江蘇巡撫採進本

國朝劉臣敬撰。臣敬字恭邵，江陰人。是書載六經字體，自一畫至二十九畫，頗能辨正偏旁點畫。又於諸字之轉音、不轉音者分類釐訂，亦易於省覽。特所見古籍無多，故舛誤時復不免。如謂易「亢龍」之「亢」音「剛」，非「康去聲」。不知説文「人頸」之「亢」及角亢、龍亢、亢父固均音「剛」，而「亢龍」之「亢」見於經典釋文者止「苦浪切」一讀。又謂易觀卦之「觀」，正韻附去聲爲非；解卦之「解」，正韻讀「音蟹」爲非。然經典釋文載「觀，官喚反，示也。」「解，音蟹，緩也。」先儒授受，於二卦各止一讀，迄今未改。正韻收之附音，猶爲近古，臣敬皆以爲非，是未考古之失也。至謂「陰疑於陽」，「疑」字不當轉「擬」。考禮記「前疑後丞」，或作「擬」。周官司服云：「大夫疑衰。」鄭玄注云：「疑之言擬也。」又漢書食貨志：「遠方之能疑者。」顏師古注云：「疑讀爲擬。」則「疑」之轉爲「擬」，顯有義例。又謂「社」字不當有「杜」音。考史記秦本紀「蕩社」明作「蕩杜」，「社」「杜」字通，其爲一音可知，而以爲「社」無「杜」音，尤誤。蓋自漢以後，經史各有專家，即各分音讀。遞稟師傳，不能偏廢。臣敬以啓迪蒙穉，難於博引繁徵，固不妨止取一音。其所不取，則置之不論可矣，概斥爲誤，豈通方之論乎？

字學正本五卷　江蘇巡撫採進本

國朝李京撰。京字元伯，高陽人。是書凡例謂以小篆爲本，而正偏旁之不正者，故名「正本」。凡所根據，多得之周伯琦六書正譌、張有復古編。如復古編「祟」字下注云：「別作密，俗。」不知漢郊祀志曰：「封密山。」又曰：「莽遂密淫鬼神祀。」又漢隸字源載韓良碑亦有「密」字，未可云俗。是書能引郊祀志以證其誤，頗爲近古。又於周伯琦杜撰之説時爲駁正，亦間有可採。然如東韻「戎」字，復古編謂「隸作戎」，而此書乃謂「俗作戎」。不知泰山都尉孔宙碑「戎」已作「戎」，與復古編所云「隸作戎」合。京謂之俗字，則考之不審矣。又於周氏書採摭頗備，而張氏書反多挂漏。即以東之一韻考之，復古編載「豅」誤作「谾」、「𢖺」誤作「鞴」、「𨢿」誤作「豵」、「堫」誤作「稯」、「濛」誤作「靀」、「襛」誤作「穠」、「功」誤作「切」，此書均逸不載，亦殊疎略。且誤依中原音韻分部，全乖唐、宋之舊法，既有變古之嫌，而以説文篆體盡改隸字，或窒礙而不可行，又不免泥古之過，均不可以爲訓者也。

字學同文四卷 江蘇巡撫採進本

國朝衛執穀撰。執穀字子覲，韓城人。是書凡分十三目：曰上類、下類、上下中類、上下左右類、上下左類、上下右類、上左類、下左類、上右類、下右類、左類、右類、左右類。類各統部，皆從古未有之例。其中又多所謬誤，如「元」在一部，从一，兀聲，今入兀部；「敻」在目部，从目攴，在穴上，今入文部；「南」字本在宋部，从宋，羊聲，今入十部；「壼」字本爲部首，从壺从吉，今入士部；「今」字本在亼部，从亼从乛，今入人部；「吳」字本在夨部，从夨从口，今入口部。知於六書偏旁未之深講也。

文字審一卷 浙江巡撫採進本

不著撰人名氏。亦無序跋，中間頗有塗乙。相其紙墨，蓋近人手稾也。其書取李燾説文五音譜，鈔其大略，仍以燾之部分爲序，而不標部分之名。篆文筆意頗圓潤。字下隸書，字字皆從古體。蓋亦留心六書者，特偶然鈔録，自備檢核，非欲著書問世，故漫無體例耳。

右小學類字書之屬。六十八部，六百六卷。內二部無卷數。**皆附存目。**

欽定四庫全書總目卷四十四

經部四十四

小學類存目二

韻經五卷 安徽巡撫採進本

舊本題梁吴興沈約撰類，宋會稽夏竦集古，明弘農楊慎轉注，江夏郭正域校。前有正域自序曰：「近體詩惟宗沈韻。今所傳韻非沈也，唐禮部韻也，故唐詩宗之。沈韻上平有九咍、十八痕，下平有二十二凡，上有十六混、十九豏，去有八祭、十代、十七烣，入有十六昔。而今韻無之。」其凡例又稱家藏有四聲韻，乃約故本。案梁書、南史沈約傳竝載約撰四聲譜。隋志載其書一卷，而唐志已不著録。觀陸法言切韻序，歷述吕靜、夏侯該、陽休之、周思言、李季節、杜臺卿六家之韻，獨不及約書，是隋開皇時其書已不顯。唐李涪作刊誤，但詆陸韻而不及沈書，則僖宗時已佚矣。正域何由於數百年後得其故本？且沈韻雖不可見，而其集猶存。今以所用之韻一一排比鉤稽之，惟東、冬、鐘三韻同用，魚、虞、模三韻同用，庚、耕、清、青四韻同用，而蒸、登兩韻各獨用，與廣韻異，餘則四聲竝同。又安得如正域所云「九咍」之類？其爲贋託，殆不足辨。至夏竦古文四聲五卷，本採鐘鼎奇字，分韻編次，以便檢尋。乃字書，非韻書；乃古文，非今文。正域乃稱「夏竦集古」，尤爲乖迕。觀其首列徐蒧所作吴棫韻補序、楊慎轉注古音略自序，而不及竦序，知竝未見其書，而但以名剿説也。王弘撰山志乃指此爲沈約真本，譏屠隆未見韻經，誤指平水韻爲約書，不亦傎乎？又朱彝尊重刊廣韻序曰：「近有嶺外妄男子，僞撰沈約之書，信而不疑者有焉。」考王士禛居易録記康熙庚午，「廣東香山縣監生楊錫震自言，得沈約四聲譜古本於廬山僧今帾。因合吴棫韻補而詳考音義，博徵載籍，爲古今詩韻注凡二百六十一卷，赴通政司疏上之。奉旨付内閣，與毛奇齡所進古今通韻訂其同異。」彝尊所指，當即其人。今内府書目但有奇齡之書，而錫震之書不録，未知其門目何如，疑其所據，即正域此本也。

書學正韻三十六卷　安徽巡撫採進本

元楊桓撰。桓既著六書統、六書泝原，又依韻編次是書。兼以字母等韻各分標一、二、三、四，以辨其聲之高下，然或有或闕，體例不一。所列之字，兼存篆、隸二體。逐字之下注云統指、統形、統聲、統意、統注者，見於六書統者也；注云原指、原形、原聲、原意、原注者，見於六書泝原者也。指即指事，形即象形，聲即諧聲，意即會意，注即轉注，省其文耳。其所分韻目，大槩因集韻之舊而稍有訂改。如真韻三等合口呼「麕、囷、箘、筠」等字，移入於諄；諄韻四等開口呼「逡」字，移入於真。則真與諄一爲開口呼，一爲合口呼，兩不相雜。陸法言以魂、痕次元後，許敬宗等遂注三韻同用。是書移魂、痕於前，與真、諄、文、欣爲一類，移元於後，與寒、桓、删、山、先、僊爲一類。於古音以侈斂分二部者，亦各從其類。然一以今讀移舊部，一以古音移今韻，雖言之有故，執之成理，究不免變亂之嫌。至於平聲併臻於真，少一韻目，而入聲不併櫛於質。且隱韻、焮韻內二等開口呼櫬、齔等字，不知其即臻、櫛之上、去聲。是四聲一貫之故猶未盡知，其亦好爲解事矣。

蒙古字韻二卷 兩淮鹽政採進本

元朱宗文撰。宗文字彦章，信安人。前有劉更序，又稱爲朱巴顔。蓋宗文嘗充蒙古字學弟子，故別以蒙古語命名也。案元史釋老傳，元初本用威烏爾字，案：「威烏爾」，原作「畏吾兒」，今改正。以達國言。至世祖中統元年，始命帝師製蒙古新字。「其字僅千餘，其母凡四十有一。其相關紐而成字者則有韻關之法，其以二合、三合、四合而成字者則有語韻之法，而大要以諧聲爲宗。」字成，詔頒行天下。又於州縣各設蒙古字學教授，以教習之，故當時頗有知其義者。宗文以蒙古字韻字與聲合，而諸家漢韻率多譌誤，莫知取舍，因重爲校正。首列各本誤字及重入漢字，次列總括變化之圖，次字母三十六字，次篆字母九十八字。次則以各蒙古字分韻排列，始一東，迄十五麻，皆上冠蒙古文，下注漢文對音。先平聲而附以上、去、入聲。每一蒙古字，以漢字音注，自四、五字至二、三十字。末附迴避字樣一百六十餘字。蓋文移案牘通行備檢之本也。元代國書、國語，音譯久已傳譌。宗文生於至正間，雖自謂能通音譯，而以南人隔膜之見，比附推尋，實多不能脗合。即如陶宗儀輟耕録載元國字以「可、侯」字爲首，而是書又依韻會以「見、經、堅、訇」字爲首，其字母已不相合。而元史既稱首有二合、三合、四合之法，而此書乃用直對，而不用切音，甚至累數字以釋一音。清濁重輕，毫無分別。又字皆對音，而不能翻譯成語。觀元史及諸書所載蒙古字詔旨行移，皆能以國語聯屬成文。是當日必別有翻譯之法，而是書槩未之及，遂致湮没而不可復考。蓋其時朝廷既無頒行定式，官司胥吏，輾轉傳習，舛謬相仍。觀於國姓之「却特而」譌作「奇渥温」，載之史册，則其他錯互，大槩可知。且刊本久佚，今所存者惟寫本。其點畫既非鈔胥所能知，其舛誤亦非文士所能校。不過彷佛鉤摹，依稀形似，尤不可據爲典要。我國家同文盛治，邁越古今。欽定元史蒙古國語解考訂精確，凡相沿之踳謬，盡已闡剔無遺。傳譌之本，竟付覆瓿可矣。

正韻牋四卷　江西巡撫採進本

明楊時偉撰。時偉有春秋編年舉要，已著録。是書前有崇禎辛未自序，大旨以洪武正韻不行於當代，故因其原本，增注於下，謂之「補牋」。又取吴棫韻補、陳第古音考諸書所據古書之音，附於各韻之後，謂之「古音」。又取熊忠韻會舉要、楊慎丹鉛録諸書所收字，增附於韻後，謂之「逸字」。其用意頗勤。然洪武正韻分合舛誤，窒礙難通。雖以天子之尊，傳國十餘世，懸是書爲令甲，而終不能使行於天下。二百六七十年之中，若存若亡，無人置議。時偉乃於舉世不用之中，出奇立異，冀以匹夫之力顛倒千古之是非，抑亦難矣。且所注古音，雜取吴棫、陳第二家，不知其體例各別。所收逸字，不能究廣韻、集韻之源，僅據楊慎等之書，尤爲疎略。所補牋亦皆輾轉裨販，如日在木中爲「東」，此許慎所引官溥説，明載於説文，而乃引鄭樵通志，足知非根本之學矣。

聲音文字通三十二卷 浙江范懋柱家天一閣藏本

明趙撝謙撰。撝謙有六書本義，已著録。是書乃所定韻譜也。考皇極經世聲音唱和圖，日、月、星、辰凡一百六十聲爲體數，去太陰、少陰、太柔、少柔之體數四十八，得一百一十二爲日、月、星、辰之用數。水、火、土、石凡一百九十二音爲體數，去太陽、少陽、太剛、少剛之體數四十，得一百五十二爲水、火、土、石之用數。撝謙此書則取音爲字母，聲爲切韻，各自相配，而注所切之字於上。凡有一音，和以十聲，蓋因邵子之圖而錯綜引伸之。然以一卦配一音，又以一卦配十聲，使音與聲爲唱和，卦與卦爲唱和，欲於邵子經世圖之外增成新義，而不知於聲音之道，彌滋穿鑿，殊無足取。焦竑筆乘載撝謙歿後，其門人柴廣敬以是書進於朝，未及版行。明史藝文志載是書爲一百卷，此本尚存三十二卷，蓋别本之流傳者。然卷首起自一之四，亦殘闕之書，不足取證，以敗楮視之可矣。

韻學集成十三卷 浙江鮑士恭家藏本

明章黼撰。黼字道常，嘉定人。是書分部，一準洪武正韻。每部之中，以平仄相從。四聲具者九部，三聲無入者十一部。其隷字先後則從韻會舉要之例，以字母爲序。其分配五音，以影、曉二母從玉篇舊圖屬宫，不從韻會屬羽；匣、喻二母從韻會屬羽，不從玉篇圖屬宫；帮、滂、竝、明四母從玉篇屬宫，不從韻會屬羽；非、敷二母則以舊譜均誤屬宫，而改爲屬徵。其字多收篇海、龍龕手鑑之怪體。其音兼載中原音韻之北聲。凡四萬三千餘字。自記稱始於宣德壬子，成於天順庚辰。計其用力凡二十九年，可謂專精於是。然以正韻爲主，根本先謬，其他不足言矣。

韻略易通二卷　兩淮馬裕家藏本

明蘭廷秀撰。廷秀字止菴，正統中人。爵里未詳。其書併平聲爲二十部，三聲隨而隸之。以東洪、江陽、真文、山寒、端桓、先全、庚晴、侵尋、緘咸、廉纖有入聲者十部爲上卷，以支辭、西微、居魚、呼模、皆來、蕭豪、戈何、家麻、遮蛇、幽樓無入聲者十部爲下卷。又併字母爲二十攝，以「東風破早梅，向暖一枝開。冰雪無人見，春從天上來」二十字，盡變古法以就方音。其凡例稱：「惟以應用便俗字樣收入，讀經史者當取正於本文音釋，不可泥此。」則亦自知其陋矣。

韻學大成四卷　江蘇巡撫採進本

明濮陽淶撰。淶字貞菴，廣德人。嘉靖丁酉舉人，官南昌府通判。是書大抵本之中原音韻，而不取其入聲隸三聲之説。又廣其十九部爲二十，如魚模之分爲須魚、蘇模，江陽之分爲江黄、姜陽是也。其字母則專以新鮮、仁然等立法，稍增益之爲三十母，而不用見、溪、羣、疑四等門法，意在簡捷。然新鮮等母仍即字母之變，不識字母，又烏從而識之？其所分各部，亦無義例。既云弘萌不宜入東鐘，又不附之庚青，且分京青爲庚生、京青二部，真所謂進退失據者也。

讀易韻考七卷

浙江吴玉墀家藏本

明張獻翼撰。獻翼有讀易紀聞，已著録。此書專考易中之韻。案易象傳實有韻，至於彖詞、繫詞之類則無常格，亦如淮南子諸書偶然叶讀耳。獻翼一舉而韻之，非惟漢、魏以下之音雜然竝陳，甚至釋氏之偈言、道家之章咒，亦泛引以證聖經，殊傷蕪雜。即如爻詞「潛龍」「龍」字，忽以爲「勿用」之「用」，音「庸」，是從本音也。文言傳則謂「龍」當音「性」，與「遯世無悶」叶，又曰「龍」當音「龐」，與「不成乎名」叶。顛倒瞀亂，豈復有體例乎？此真不知而作也。

古今韻分注撮要五卷

江蘇巡撫採進本

明甘雨撰，陳士元注。雨字子開，永新人。萬曆丁丑進士，由翰林院檢討謫德安府推官，遷南京刑部郎中。士元有易象鉤解，已著録。是書首列今韻，而以古韻附後。今韻誤稱沈約，足見其茫無根據。古韻又誤執通轉之説。既云東通冬，轉江、陽，則四韻爲一部矣。而東韻後所列之古韻與冬韻、江韻、陽韻後所列之古韻乃各有其字，是其隨叶取讀，知有通而不知所以通。徵引愈繁愈亂，似治絲而棼之矣。

書文音義便考私編五卷附難字直音一卷

浙江巡撫採進本

明李登撰。登有六書指南，已著録。此書刻於萬曆丁亥，前有姚汝循、焦竑、王兆雲序并登自序及例論。其部分既不合於古法，又不盡合於洪武正韻。如灰、皆既分，支、微、齊反不分；庚、青既分，江、陽反不分。而且真之兼侵，寒之兼覃、咸，先之兼鹽，尤錯亂無緒矣。至於三十六母中，知、徹、澄、孃、非五母之複出，前人亦有疑之者。然竟去之，而又改竝母爲平母，定母爲廷母，則未免勇於師心。若如其説，則敷、奉二母，端、定、穿、牀四母，心、邪二母，亦皆歸併矣，而何以仍不併乎？又字之平仄雖分，而紐之從來無二，入聲部分雖少，而上、去轉軸則同。今謂平則三十一母，仄則二十一母，以臆改創，誰其信之？其謂仄聲純用清母，似爲直截。然清濁相配，猶陰陽律吕之義，六律可該六吕，而不容盡删六吕之名。如平聲之清濁既分，則四聲依轉，自可從流溯源，如葉從枝，枝從榦，不可以平聲而廢仄也，所論殊爲偏枯。又其每韻所收古字，多沿篆籀之體。雖其例刱自集韻，然亦不怪僻至此。登嘗作摭古遺文，捃摭龐雜，加以杜撰。以爲字書尚不可，以爲韻書，益以傎矣。其難字直音，尤爲舛漏。如「佟」音「同」、「偵」音「稱」之類，皆參雜方言，豈可以注韻書乎？

併音連聲字學集要四卷

浙江巡撫採進本

不著撰人名氏。明萬曆二年會稽陶承學得此書於吴中，屬其同邑毛曾删除繁冗，以成是編。承學自爲之序。其書併上、下平爲二十二部，以上、去、入三聲分隸平聲之下，併略爲箋釋字義。前列切字要法，删去羣、疑、透、牀、禪、知、徹、孃、邪、非、微、匣十二母，又增入勤、逸、歎三母。蓋以勤當羣，以逸當疑，以歎當透，而省併其九母，又無説以申明之，殊爲師心自用。承學序乃擬爲徐鍇說文韻譜與李燾說文五音譜。作者、刪者與刻者，均可謂漫無考證矣。

交泰韻一卷　左都御史張若溎家藏本

明呂坤撰。坤有四禮疑，已著録。是編乃所立切韻簡要之法，僅有序文、凡例、總目，而未及成書，然書之體要則已具括於是。其法於平聲之字各以陰陽相切。如「同」字舊用「徒紅切」，「通」字舊用「他紅切」。坤則以爲「他紅」二字仍切「同」字，不切「通」字，改「通」字爲「他翁切」。又上、去二聲各以本聲爲母，如「寵」字用「楚隴切」、「送」字用「素瓮切」之類。平、入二聲則互相爲母，如「空」字用「酷翁切」、「酷」字用「空屋切」之類。其交泰韻之名，即以平入互爲終始之義也。蓋因古來合聲之法，更加以辨別。故不用字母攝法，而於字母攝法相輔而不相礙。其論「定首領」一條，謂：「東、董、涷、篤何等明白。乃舊譜相沿，領韻則以東、董、送、屋，領聲則以公、孔、貢、穀，殊爲淆亂。」其說亦極有理。惟其分部純用河南土音，併鹽於先，併侵於真、併覃於山，支、微、齊、佳、灰五部俱割裂分隸，則太趨簡易。於無入之部强配入聲，復以强配之入聲轉而離合平聲之字，則太涉糾纏。未免變亂古法，不足立訓矣。

音聲紀元六卷　通行本

明吴繼仕撰。繼仕有六經圖，已著録。是書大旨以沈約以來諸韻書但論四聲、七音而不以律呂風氣爲本，未爲盡善。惟邵子皇極經世書、李文利律呂元聲爲能窮天地之原而正律呂之誤，於是根據二家，作爲此書。綜以五音，合以八風，加以十二律，應以二十四氣。有圖有表，有論有述，而以風雅十二詩附焉。然所見未精，得失參半。如八風之配八卦，本之服虔左傳注；十二律之配十二支，八風之分爲十二風，以及十二支、十二律之配二十四氣，本之鄭康成周禮注，其説尚有根據。至於黄鍾律長九寸，歷代相傳，初無異説。惟李文利獨據呂氏春秋謂黄鐘之長三寸九分，而以司馬遷九寸之説爲誤。又即其三寸九分之説推之，以爲黄鐘極清，而以宫聲極濁之説爲誤。單文孤證，乖謬難憑。而此書獨以之爲本，遂致宫羽舛錯，清濁逆施。以是審音，未睹其可。又論與表自相矛盾，亦爲例不純。他如以風雅十二詩譜爲傳自漢儒，以禮部韻爲毛晃作，以平水韻爲韻會，以禮部韻略爲唐韻，又云是今所傳詩韻，失於考據之處，不一而足，更不必論矣。

字學元元十卷　內府藏本

明袁子讓撰。子讓字仔肩，郴州人。萬曆辛丑進士，官至眉州知州。是編因劉鑑切韻指南所載音和類隔二十門，出切行韻，參差不一。其取字有憑切者，有憑韻者，學者多所轇轕。因爲疏明，使有條理。又廣等子門法爲四十八類，較玉鑰匙、貫珠集諸書頗爲分明。名曰「元元」，蓋取班固「元元本本」語也。然惟憑脣吻，未見古書。至謂禮部韻略爲陸德明作，故分元、魂爲二，而合東冬、清青爲一。又忽論七音，忽論六書，體例糅雜，茫無端緒。所論六書，亦純以臆測，不考許、顧以來之舊義。所謂聰明過於學問者，其子讓之謂乎？

韻表無卷數　浙江鮑士恭家藏本

明葉秉敬撰。秉敬有字孿，已著録。是編凡韻表三十，又聲表三十。其韻表用劉淵舊部，而以東、冬、江、陽、魚、虞、佳、灰、支、微、齊、寒、删、先、蕭、肴、豪、歌、麻、尤二十部爲居中開口音，謂之中韻；以庚、青、蒸三部爲向内開口音，謂之内韻；以真、文、元三部爲向外開口音，謂之外韻；以侵、覃、鹽、咸四部爲向外合口音，謂之合韻。故顛倒其次序，不與舊同。其聲表於三十六字母中删除知、徹、澄、孃、敷、疑六母，僅存三十。其法以輕清爲陰，重濁爲陽，以齶、舌、脣、齒、喉、半舌、半齒七音爲經，以納口、出口、半出口三陰聲，半出口、出口、半納口三陽聲爲緯。改舊譜四等爲二等，而以麤大、細尖、圓滿、圓尖分庚干、經堅、觥官、扃涓四紐爲四派祖宗，以筦攝之。又以真、文、元諸部向外之韻非四祖宗所能統，又於庚干派中附以根干一派，經堅派中附以巾堅一派，觥官派中附以昆官一派，扃涓派中附以君涓一派。其用法不爲不密，然亦自爲葉氏之法而已。乃自云：「聖人復起，不易吾言。」談何容易乎？舊稱無入十三部分配入聲自章黼始。然考黼韻學集成皆仍舊譜，其以意分配實始自秉敬此書，説者誤以爲黼也。

音韻日月燈七十卷　河南巡撫採進本

明吕維祺撰。維祺有四禮約言，已著録。是書凡韻母五卷，同文鐸三十卷，韻鑰三十五卷。其説議沈約知縱有四聲而不知衡有七音，司馬光知衡有七音而不知縱有四等，故作此三書以正其謬。總名音韻日月燈，象三光也。亦名正韻通，以遵用洪武正韻及續刊洪武通韻二書也。其韻母以一百六韻爲經，以三十六母四等爲緯，而以開口、合口標於部上，獨音、衆音注於字旁。其同文鐸舉一百六部之字，以三十六母易其先後。大致本之韻會，而注則稍減。蓋通韻即孫吾與韻會定正之改名也。所注古韻通轉，則吴棫韻補之緒餘耳。其韻鑰則仍以同文鐸所收之字，删其細注，但互注其字共幾音幾叶，以便檢尋，故名曰「鑰」。自序稱同文鐸如編年，此如紀傳是也。維祺於等韻之學頗有所見，而今韻、古韻之源流未能深考。觀其稱古韻二百六部，沈約併爲一百六部，則其他可知矣。

律古詞曲賦叶韻十二卷　江蘇周厚堉家藏本

明程元初撰。元初字全之，歙縣人。是編成於萬曆甲寅，前有自序及凡例。大旨以古韻、律韻、詞韻、曲韻、賦韻、叶韻合爲一書。其例每部以四聲相從而緯以三十六母，諸通轉之法則冠於各部之首。體例冗雜，持論亦無根據。其凡例稱「沈休文因律詩分四聲，作詩韻」。夫齊、梁時安有律詩，又安有詩韻乎？

韻譜本義十卷　江蘇巡撫採進本

明茅溱撰。溱字平甫，丹徒人。其書成於萬曆間。就世所通行韻書每字下作一篆文，略採説文原注列於其下，故云「本義」。然説文所有之篆文，此書或取或否，皆無義例。又每韻後附以通叶，不標出典，亦茫無根據也。

韻總持三卷　浙江汪啓淑家藏本

明朱簡撰。簡字修能，萬曆中人。其書一卷爲古韻。以干、葛、該等十四字標全韻，使各歸其類。又取安、干、丁等三十八字爲陰、陽平之準，分注於各類中。與陳第、顧炎武所考古韻未嘗有一字之合，不知其何以稱古韻也。二卷爲唐韻，乃世傳平水韻本，以爲唐韻，尤誤。三卷爲元韻，即周德清中原音韻也。其前例謂古人有上平、入、下平三聲，而無上、去，舉詩、離騷上、去之讀爲平者作證。不知此乃四聲通用，非必無上、去二音也。釋文一字數讀，多兼四聲，類篇、集韻說同，簡未之詳考耳。

韻會小補三十卷　江蘇巡撫採進本

明方日升撰。日升字子謙，永嘉人。萬曆間館於京山李維楨家，成此書。維楨門人周士顯令建陽時刻之。韻會原收一萬二千六百五十二字，是書一從其舊，無所增減。惟每字考其某音爲本音，某義爲本義。其餘音義，次第附後。注文多所增益。凡一字有數音者列於前，如止有一音者則云「獨音」，列於後。若字在他韻而可讀入此韻者則云「古讀」，可叶入此韻者則云「古叶」，亦竝附於後。其搜討頗勤，於原書之外多有援引辯正，然亦時有譌誤。如一東「瞳」字、「橦」字、「曨」字之類皆引說文，不知爲徐鉉新附字，實說文本書所無。又如韻會「稯」字注，引周禮注「四秉曰筥，十筥曰稯，十稯曰秅」，不知此儀禮聘禮之文。「鍐」字注引後漢輿服志「金鍐」，不知輿服志本作「鋄」，音「亡范切」。凡此之類，多未能駁正。其他古音古讀，舛謬尤多。顧炎武音論詆其「勞脣吻，費簡册，有甚於前人」者，亦非無故云然矣。

篇韻貫珠集一卷　兩淮馬裕家藏本

明釋真空撰。真空號清泉，萬曆中京師慈仁寺僧也。是書分爲八門，編成歌訣。一曰五音篇首歌訣，二曰五音借部免疑海底金，三曰檢五音篇海捷法總目，四曰貼五音類聚四聲篇海捷法、五曰訂四聲集韻卷數竝韻頭總例，六曰貼五音四聲集韻捷法總目，七曰創安玉鑰匙捷徑門法歌訣，八曰類聚雜法歌訣。大旨以五音集韻、篇海爲本。二書卷帙稍繁，門目亦碎，故立捷法檢尋之，無所發明考證。又俗僧不知文義，而强作韻語，讀之十九不可曉。注中語助之詞亦多誤用，其難通更甚於篇、韻也。

西儒耳目資無卷數　兩江總督採進本

明金尼閣撰。金尼閣字四表，西洋人。其書作於天啓乙丑，成於丙寅。以西洋之音通中國之音。中分三譜：一曰譯引首譜，二曰列音韻譜，皆因聲以隸形。三曰列邊正譜，則因形以求聲。其説謂元音有二十九，自鳴者五，曰丫、額、依、阿、午，同鳴者二十，曰則、測、者、撦、格、克、百、魄、德、忒、日、物、弗、額、勒、麥、搦、色、石、黑，無字者四。自鳴者爲萬音之始，無字者爲中國所不用也。故惟以則、測至石、黑二十字爲「字父」。其列音分一丫，二額，三衣，四阿，五午，六愛，七澳，八盎，九安，十歐，十一硬，十二恩，十三鴉，十四葉，十五藥，十六魚，十七應，十八音，十九阿答切，二十阿德切，二十一瓦，二十二五石切，二十三尾，二十四屋，二十五而，二十六翁，二十七至二十九非中國所有之聲，皆標西字而無切，三十隘，三十一堯，三十二陽，三十三有，三十四烟，三十五月，三十六用，三十七雲，三十八阿蓋切，三十九無切，四十阿剛切，四十一阿干切，四十二阿根切，四十三歪，四十四威，四十五王，四十六彎，四十七五庚切，四十八温，四十九碗，五十遠，皆謂之「字母」。其輾轉切出之字則曰子，曰孫，曰曾孫，皆分清、濁、上、去、入五聲，而五聲又各有甚、次，與本聲爲三。大抵所謂「字父」，即中國之字母，所謂「字母」，即中國之韻部。所謂「清濁」，即中國之陰平、陽平。所謂「甚次」，即中國之輕重等子。其三合、四合、五合成音者，則西域之法，非中國韻書所有矣。考句瀆爲穀、丁寧爲鉦，見左氏傳；彌牟爲木，見於檀弓。相切成音，蓋聲氣自然之理。故華嚴字母出自梵經，而其法普行於中國。後來雖小有增損，而大端終不可易。由文字異而聲氣同也。鄭樵七音略稱：「七音之韻出自西域，雖重百譯之遠，一字不通之處，而音義可傳。所以瞿曇之書能入諸夏，而宣尼之書不能至跋提河，聲音之道有障礙耳。」是或一説歟？歐邏巴地接西荒，故亦講於聲音之學。其國俗好語精微，凡事皆刻意研求，故體例頗涉繁碎，然亦自成其一家之學。我皇上耆定成功，拓地葱嶺，欽定西域同文志兼括諸體，巨細兼收。歐邏巴驗海占風，久修職貢，固應存録是書，以備象胥之掌。惟此本殘闕頗多，列音韻譜惟存第一攝至十七攝，自十八攝至五十攝皆佚，已非完書，故附存其目焉。

元韻譜五十四卷　浙江巡撫採進本

明喬中和撰。中和有説易，已著録。是書以上平爲陽，下平爲陰，上聲爲陰，去聲爲陽，入聲則陰極而陽生。删三十六母爲十有九，四重之爲七十六。去蒙音四，得七十有二。而七十二母之中又析之爲柔律、柔吕、剛律、剛吕。又據律法十二宫分十有二佸，以佸統母，以母統各韻之字。凡始「英」終「穀」五十有四韻，條分縷析，似乎窮極要眇，而實則純用俗音。沈、陸以來之舊法，蕩然俱盡。如以東、冬併入英韻，岑、林併入寅韻之類，雖洪武正韻之乖謬，尚未至是也。

皇極圖韻一卷　江西巡撫採進本

明陳藎謨撰。藎謨字獻可，嘉興人。黄道周之門人也。是書本邵子皇極經世聲音倡和之説而推衍之，專以經緯子母爲説，實即邵子之言陰陽剛柔也。其説以爲天數九，地數十二。平、上、去、入爲四聲，每聲各有闢闢闢、翕翕翕、闢之翕、翕之闢四等，每等九聲，得三十六聲，則四天九也。開、發、收、閉爲四音，每音有純清、次清、純濁、次濁四等，每等十二音，共得四十八音，則四地十二也。又推其數合於九宫、八卦、九疇，雖理有相通，然聲氣之原實不在於是也。

元音統韻二十八卷　浙江巡撫採進本

明陳藎謨撰，其門人胡邵瑛增修。凡通釋二卷，類音六卷，統韻十卷，古韻疏二卷，唐韻疏二卷，共二十二卷。其後六卷爲字彙補，則國朝吴任臣所撰，范廷瑚補入者也。其通釋詳論七音三十六母，本邵子皇極經世天聲地音之法推爲四聲經緯圖，以標舉條貫。其類音取梅膺祚字彙諸部，删其訓釋而各注以韻部音紐，以便檢核。其統韻平、上、去三聲各分三十六部，入聲分二十部，每部之字各以三十六母爲序。其部母改用一弓、二㭉、三乩、四居之屬，分合易置，全改廣韻以來之舊。其古韻疏用吴棫叶音之説，實非古韻。唐韻疏用近韻一東、二冬、三江之部，而以字母顛倒之，亦非唐韻。蓋於辨別等韻或偶有所得，而於音學源流則未之有考也。其字彙補六卷，多收俗字，未爲精核。既附此書以見，今亦不別著録焉。

青郊雜著一卷文韻考衷六聲會編十二卷

湖南巡撫採進本

明桑紹良撰。紹良字遂叔，零陵人。是編前列青郊雜著一卷，發凡起例，併舊韻爲東、江、侵、覃、庚、陽、真、元、歌、麻、遮、皆、灰、支、模、魚、尤、蕭十八部。又以重、次重、輕、次輕分爲四科，以喉、舌、齶、齒、脣分爲五位，以啓、承、進、止、衍分爲五品，以浮平、沈平、上仄、去仄、淺入、深入分爲六聲。以「國開王向德，天乃賚禎昌。仁壽增千歲，苞盤民弗忘」分爲二十母，又衍爲三十母、七十二母之説。皆支離破碎，憑臆而談。觀其尊蘭廷秀韻略易通，而詆徐鉉兄弟爲説文之蟊賊，韓道昭父子爲集韻之蟲蠹，既是非顛倒，輕肆譏彈。又稱廣韻每聲分五十餘部，唐韻約爲三十，則於韻書沿革尚未詳考矣。

古叶讀五卷　通行本

明龔黄撰。黄爵里無考。是書考究古韻，自屈原離騷及漢、晉以後詞賦，皆徵引參證，而大抵以吴棫韻補爲指歸。其紕繆在於根柢，其餘不必深詰矣。

詩韻辯略二卷　編修汪如藻家藏本

明楊貞一撰。貞一字孟公，新都人。是書以朱子毛詩叶韻未爲盡善，因取吴棫韻補、熊忠韻會舉要之説，參考成書。其實皆以洪武正韻爲準，於音韻源流固未能博考也。

重訂馬氏等音外集一卷内集一卷　江蘇巡撫採進本

此本爲康熙戊子宣城梅建所刊，内自稱「槃什馬氏自援」。建序惟稱得自雲益州明經張聖功，亦不知自援何許人。今考其書引梅膺祚字彙，則當在明末。又自稱籍本秦而生於滇，則雲南人。「得自雲益」，蓋其鄉里也。又稱所學得自江右楊夫子、嘉興李夫子，不著名字，則莫知爲誰矣。其書自立新意，併三十六母爲見、溪、疑、端、透、泥、邦、滂、明、精、清、心、照、穿、審、曉、影、非、微、來、日二十一母，而緯以光、官、公、裩、□、垂、□、規、戈、國、孤、骨、瓜十三韻。以舊譜四聲爲未備，增爲五聲，曰平、上、去、入、全。又謂舊譜有無入之韻，皆爲錯誤，立借入之法以通之。其删併字母，即蘭廷秀韻略易通括以早梅詩之説也；其四聲外增一全聲，即周德清中原音韻陰平、陽平之説也；其借用入聲，即葉秉敬韻表之説也；其末附傳響射字法，矜爲神妙者，即宋趙與旹賓退録「擊鼓射字法」也，而實皆未見諸書。觀其謂禮部韻爲沈約作，其陋可想。檢所引證，不過據洪武正韻及字彙韻法横直二圖，私心揣測，以成是編。其中惟平分陰陽，稍合古法。米芾畫史嘗明此義，而晉李登聲類以宫、商、角、徵、羽各爲一篇，當即其源。然以全聲列入聲後，如通、桶、痛、突，同，灘、坦、炭、忒、壇，則究非先發後斂之序。總之一知半解，自生妄見而已矣。

古韻通八卷　兩淮馬裕家藏本

國朝柴紹炳撰。紹炳字虎臣，仁和人。其書大旨即今韻部分立三法以求古韻之通。一曰全通，東、冬、江之類是也。二曰半通，元入寒、删、先，魂、痕入真、文之類是也。三曰旁通，則俗所謂叶韻是也。分平、上、去爲十一部，分入聲爲七部。其引據甚繁，其考證亦甚辨。然今韻以今音讀之，則一部之内字字相諧，如以古音讀之，則字字各歸本音，難復齊以今部。如支部之「儀」字古實音「俄」，齊部之「西」字古實音「先」，槩曰支與齊通，是已使「俄」與「先」叶。則紹炳所謂全通、半通者，與古韻皆不免牴牾。又今韻固與古殊，古韻亦自與古別。如東、冬、江自爲部，至漢而東已通陽；魚、虞、尤自爲部，至魏、晉而虞兼通灰。輾轉漸移，各隨時代。紹炳乃上薄風、雅，下迄晉、宋，凡未定四聲以前，總名之曰「古韻」，雜然竝編。此讀甫諧，彼音已礙。條例益廣，蹊徑滋繁。所謂「旁通」者，淆亂古音尤甚。至於以許敬宗之所定指爲沈約，以陳彭年之所音指爲孫愐，又其小節矣。

古韻叶音六卷　陝西巡撫採進本

國朝楊慶撰。慶字憲伯，泰州人。前明諸生。是書首爲類從，注部分之通轉。次爲審音，列每部相叶之字。次爲集引，則雜採古書以證之。其凡例稱類從仿之焦弱侯、陳季立、吴才老、周伯温，不知四家之中，惟焦竑、陳第其論相合，餘則南轅北轍。慶合而一之，自不得不棼如亂絲。又分上平東至山二十三部，下平仙至嚴二十三部，上聲董至范四十四部，去聲送至梵四十八部，入聲屋至乏二十六部，共一百六十四部。與廣韻之二百六部、壬子禮部韻略之一百七部俱不相符，亦不知其所據也。

佐同録五卷　陝西巡撫採進本

國朝楊慶撰。是編據其自序，當有四集，共百餘卷。此本題曰潛齋更删補釋佐同録類要集。冠以五音圖，次爲更删補釋舉要，則皆論六書偏旁，欲改隸從篆。次爲釋略，次爲發例，次爲俚噡，體例龐雜，無自尋其端緒。次乃爲新定等韻。考原等子舊法，自果字至流字十六攝，分開合爲二十四。有通、廣、狹、偈、内、外六門，各有四聲。每等分四層，秩然不紊。慶則統以如、是、觀三字，分爲前後六攝。其字母敷、奉二字改爲凡、弦二字，凡敷母諸字歸之非母，而以奉母諸字收入凡母。弦母下止收弦、威、魂、篕、碗、汪、盎七字。至分韻輯呼合圖共分四十三轉，前二十八轉皆平、上、去三聲，後十五轉皆入聲。未免好事新奇，反滋淆亂。蓋有志於小學，而既無師授，又未多見古書，徒率臆以爲之者也。

聲韻叢說一卷韻問一卷　浙江巡撫採進本

國朝毛先舒撰。先舒字稚黄，一名騤，字馳黄，仁和人。是編雜論三百篇及古來有韻之文凡四十條，所見略與柴紹炳古韻通同。其韻問一卷則設爲問答以自暢其說也。

韻學通指一卷　浙江汪汝瑮家藏本

國朝毛先舒撰。是編與柴紹炳古韻通、沈謙詞韻同時而出。三人本相友善，故兼舉二家之說。其得失離合亦略相等。如謂「風」字可以入侵韻，非東韻之字全可入侵；「舒」字可以入支韻，非魚韻之字全可入支；謂古韻之差等有三，今韻之差等有四。所見皆視前人爲確。惟所稱沈約韻、孫愐韻及唐人韻入聲表、孫愐二百六部、唐人一百七部之說，則多無依據，以意爲之。夫沈約四聲久佚，不必言矣。語詳韻經條下。孫愐唐韻，惟廣韻之首僅存其序，徐鉉校正說文僅存其反切。書則久佚，又安得以宋人韻目爲司法本書。且二百六部之分，據其末則陳彭年等之書，有廣韻可考；原其初則沈約之舊，有約集諸詩賦可考。孫愐但增加其字，補綴其注，竝無分部之說。忽舉而歸之於愐，古無典記也。至其同用、獨用之注，在唐則許敬宗所定，見封演聞見記。在宋則賈昌朝移併窄韻十三部，見東齋記事，亦見玉海。自昌朝以前，無一百七部之說也。又唐人程試則用官韻，自爲詠歌則多用私韻。如東與冬、鍾爲二部，官韻也。其他如孟浩然田家元日詩、杜甫雨晴詩、魏兼恕送張兵曹赴營田詩之類，皆近體律詩，以東、冬、鍾通押，則私韻也。蕭宵、肴、豪爲三部，官韻也。李商隱送從翁赴東川尚書幕詩之類，亦五言長律，以蕭、宵、肴、豪通押，則私韻也。「晝」字在卦部，官韻也，李商隱無題詩與「衩」同押；「婦」字在有部，官韻也，白居易琵琶行與「故」同押，亦皆私韻也。是其時自程試以外，韻原不一，安有所謂偏考唐人無不合於一百七部者哉？尤可異者，上、下平聲五十七部，有入者三十四，無入者二十三，自唐以來，絶無異説。至明葉秉敬作韻表，始以後世方音割裂分配，使部部有入。先舒祖其説而小損益之，乃標曰唐人韻入聲表，則不但考之不詳，併依託古人，如郭正域之沈約韻經矣。

韻白一卷　浙江汪汝瑮家藏本

國朝毛先舒撰。皆雜論古韻、今韻、詞韻、曲韻，蓋其韻學通指之緒餘也。其中「駁古詩三聲相通」一條，最爲失考。古無四聲，聲近者即可諧讀，諸書不一而足。即以習見者而論，古詩上山採蘼蕪一首，素、餘同押；劉琨握中有玄璧一首，璆、叟竝用，豈亦未檢耶？駁蘇軾屈原廟賦，謂東部本不與陽合，此拘於三百篇之例。不知易象傳固「中」諧「當」，老子固「盲」諧「聾」也。又謂宋人填詞韻，始江與陽合，是又泥魏、晉以前之例。不知沈演之嘉禾頌、徐陵鴛鴦賦，江已通陽久矣。大抵審定今韻之功多，而考證古韻之力少，故往往知其一，不知其二焉。

韻統圖説無卷數　兩江總督採進本

國朝耿人龍撰。人龍字書升，號岵雲，江陰人。是書於三十六母删知、徹、澄、娘、敷、微六母，定爲三十位。以呼、呵、嘻、嘘四聲分配宫、商、角、羽。一聲之中，兼攝平、上、去、入，而又分清針、濁針，别爲十二通，析爲四十八韻。又於十二通之中别爲三轉。其圖有横、直二母，以直母統三十位，横母統四十八韻，故名「韻統」。其苦思密審，亦竭一生之功。然千古之音，隨時而異；一時之音，隨地而異；一地之音，隨人而異；一人之音，隨年而異。故周公以聖人之才行天子之事，而周禮保氏以六書教國子、小史掌達書名於四方，皆以同天下之文，而不能同天下之音。三百篇中，今有不能得其韻者，非本無韻，韻不同也。歷代韻書，大抵守其大綱以存古，通其小節以隨時。以漸而變，莫知其然。未有能毅然決裂，盡改前代舊法者。知聲音萬變，不可以一人之私意定也。人龍乃欲以一人之口吻，强天下萬世而從我。其自謂窮極精妙者，以叩他人則扞格矣，豈能行之事乎？其不用見、溪、羣、疑等字爲字母，而以一英軒、二英烟至三十焚煩爲聲母，不過改頭换面，其用實同。其所論反切之法，以爲切密於反，切可通反，而反不可通切。反爲翻讀，其途易泛；切爲疾讀，其用尤的。不知自孫炎以來，但稱某字某反。唐人諱「反」，乃皆稱「切」，唐玄度九經字樣具有明文。其後乃兼稱反切。不必穿鑿字義，横生分别。其謂徵音不立專部，寄之角部轉音唏韻之中，而宫、商各部皆雜入正徵、變徵諸音，此即徵音爲事，散見於君臣民物之理，亦殊爲附會。

至論今韻無入十三部，古皆有入，今韻有入之部，古皆無入，此即囬互通轉之所由生，則又故示顛倒，冀聳俗聽者矣。

韻蕞一卷　江蘇巡撫採進本

國朝徐世溥撰。世溥有夏小正解，已著録。此其所著韻書。前有自序，其所謂「華嚴字母如曲澗泉行，諸韻遞及如九歷重階，四聲順次如司天刻漏，經世交切如機中織錦」，後復爲圖以釋之，所見未嘗不合。至其論韻，則以洪武正韻爲主，而於廣韻似未寓目。第執今所行平水韻以上下古今之韻學，隘矣。又欲於三十六母影、喻之外增以烏、汪等母，與其辨上、下平之説，大抵皆師心自用之學也。

詩韻更定五卷　内府藏本

國朝吴國縉編。國縉字玉林，全椒人。順治壬辰進士。韻書之作，所以辨别聲音，不專爲詩而設。流俗名曰「詩韻」，莫知所本。毛奇齡古今通韻以爲「詩韻」者「試韻」之譌。然唐、宋以來，竝無「試韻」之名，奇齡不免於臆説。考吴澄支言集有張壽翁事韻擷英序曰：「荆國、東坡、山谷，始以用韻奇險爲工。蓋其胸中蟠萬卷書，隨取隨有。儻記覽之博不及前賢，則不能免於檢閲，於是乎有詩韻等書。然其中往往陳腐，用之不能起人意。」云云。然則其始以韻府之類便於作詩押用，遂謂之詩韻。其後但收韻字，不載詞藻者，亦遂沿用其名耳。國縉此本以「詩韻」爲名，已失於不考。又每部之字分一選、二選、三選、汰字四類，大抵以最熟易押者爲上選，稍難用者次之，不常用者則汰除。如一東汰「潼」字、二冬汰「淞」字，是併「臨潼」「吴淞」亦爲僻字禁用也，其詩當作何等語耶？

聲韻源流考無卷數　浙江巡撫採進本

國朝萬斯同撰。斯同有廟制圖考，已著録。其作此編，蓋欲詳考聲韻之沿革。首列歷代韻書之可考者，次列歷代韻書之無考者，而採摭其序文、凡例、目録，以存梗概。上起魏李登聲類，下迄國朝顧炎武、毛奇齡、邵長蘅之書，無不採録。而草創未終，略無端緒，匡廓粗具，挂漏宏多。如首列李登、吕静、周顒、沈約、蕭該、陽休之、陸法言、唐玄宗、孫愐、顔元孫、顔真卿、李舟、李涪、徐鍇、陳彭年、丁度、吴棫、毛晃、劉淵、周德清、韓道昭、黄公紹、陰時夫、宋濂、案：此書以樂韶鳳爲首，其序則濂所撰。專歸之濂，殊誤。孫吾與、楊𪅌、案：韻學集成著者章黼，此楊𪅌亦誤。張之象、潘恩之書，已爲不備。而李涪刊誤不過偶論韻一條，並非韻書，尤爲循名失實。續列歷代韻書總目，自周研至張貴謨，凡三十二家，皆宋以前人，注云：「已見前篇者不録。」然其中有名可考者，如唐僧智猷辨體加字切韻五卷見於唐志、宋志，宋僧鑒聿韻總五篇見於歐陽脩集，皆前篇所遺，竟漏不載。又載李啓聲類十卷，注曰「魏校書令」。隋、唐二志俱無，不知斯同何所本。殆輾轉裨販，誤「左校令」爲「校書令」，誤「李登」爲「李啓」，而未能考正耶？所列諸韻目録，僅廣韻、平水韻、韻會、正韻、韻經五家，其他即姑勿論。廣韻繁、簡二本，有殷、文獨用，欣、文同用之分，集韻與唐韻有改併窄韻十二部之別，乃韻書沿革之大者，亦竟遺之。至於論古韻，則吴棫、陳第、顧炎武、毛奇齡、邵長蘅諸説，南轅北轍，互相攻擊，而竝全録其文，無一字之考訂。知爲雜鈔之本，不過儲著書之材，而尚未能著書。後人以其名重，遂録傳之，故觸處罅漏如是也。

諧聲品字箋無卷數　内府藏本

國朝虞德升撰。德升字聞子，錢塘人。其書以字、韻之學向來每分爲二，不相統攝，因取六書諧聲之義品列字數。其法總五十七聲，分三十九字，合九十六音，共千六百母，而六萬有奇之字畢歸之，使學者可因聲以檢字。蓋本其父咸熙草創之本，而復爲續成之者也。不知諧聲僅六書之一，不能綜括其全，故自來字書、韻書，截然兩途。德升必强合而一之，其破碎支離，固亦宜矣。

類音八卷　編修汪如藻家藏本

國朝潘耒撰。耒字次耕，號稼堂，吴江人。康熙己未召試博學鴻詞，授翰林院檢討。耒受業於顧炎武。炎武之韻學，欲復古人之遺，耒之韻學，則務窮後世之變。其法增三十六母爲五十母，每母之字横播爲開口、齊齒、合口、撮口四呼，四呼之字各縱轉爲平、上、去、入四聲，四聲之中各以四呼分之。惟入聲十類，餘三聲皆二十四類。凡有字之類二十二，有聲無字之類二。以有字者排爲韻譜，平聲得四十九部，上聲得三十四部，去聲得三十八部，入聲得二十六部，共爲一百四十七部。蓋因等韻之法而又推求以己意，於古不必合，於今不必可施用，亦獨成一家之言而已。李光地榕村語録曰：

「潘次耕若肯將其師所著音學五書撮總纂訂，令其精當，豈不大快？却自出意見，欲駕亭林之上，反成破綻。以自己土音，影響意揣，便欲武斷從來相傳之緒言，豈可乎？」是亦此書之定評也。

韻學要指十一卷 浙江巡撫採進本

國朝毛奇齡撰。奇齡有仲氏易，已著録。先是，奇齡撰古今通韻十二卷，進呈御覽，久經刊版單行。因其卷帙繁重，乃檃括其議論之尤要者，以爲此書。李天馥序之。然較通韻特削去各部所收之字，而存其條例及考證耳，意在簡徑易明。而韻字不存，等於有斷而無案。欲究其説，彌費檢閲。編西河合集者，廢通韻而存此書，非其韻學之全矣。

韻雅五卷 兩淮馬裕家藏本

國朝施何牧撰。何牧，蘇州人。康熙戊辰進士。其書仍用劉淵之部分，以收字必從經典，故以「雅」爲名。所載古、通，不甚謬誤，而引據皆非其根柢。其雜論十條，則語多影響。至謂元之取士，不以詩而以曲，無稽實甚。又末附識餘數十條，每韻下雜採古事，挂一漏萬。似乎欲爲韻府而不成者，益無體例矣。

古音正義一卷 江西巡撫採進本

國朝熊士伯撰。士伯字西牧，南昌人，官廣昌縣教諭。是書成於康熙丙子，又重訂於戊寅。版心書首皆題「卷一」，似乎尚有別卷。而核其目録，已首尾完具，且附録三篇亦在焉，則刊版誤也。是書所論，大抵以説文諧聲爲古音之原，以後世方言爲古音之轉，而以等韻經緯於其間。言之似乎成理，而其實不然。夫韻始諧聲，其來古矣。然許慎説文主於解字，不主於辨聲。所謂某字某聲，不過約略近似。如「邾」今音「奴顛切」，而云「讀若寧」，寧、年雙聲之轉也。「虔」今音「渠焉切」，而云「讀若矜」，矜、鰥古字之通也。此本不可據以定韻。且以今韻、古韻互相參考，其間有可解者，有不可解者。如江、杠，工聲，此諧聲之字已變，而所諧之字未變者也。䶭，龜聲，波，皮聲，此諧聲之字未變，而所諧之字已變者也。龜古音邱，皮，古音婆。儀、議，義聲，此諧聲之字與所諧之字俱變者也。義、儀、議，古竝音俄。祖，且聲，姐，亦且聲，此諧聲之字與所諧之字俱半變半不變者也。且字入虞韻，又入馬韻。諸、渚，者聲，奢，亦者聲，此所諧之字全變，而諧聲之字半變半不變者也。者，古音主，今韻諸、渚諧此聲，而奢字則入麻韻。風、鳳，凡聲，汎，亦凡聲，此所諧之字不變，而諧聲之字半變半不變者也。皆與今説古韻者絶不相異。又如梏，咎聲，讀若皓，此蕭、肴、豪、尤之通用也。魔，麻聲，此歌、麻之通用也。哇，圭聲，讀若醫，此支、佳、齊之通用也。魂，云聲，此文、元之通用也。茜，西聲，移，多聲，此古今音別，一字之通用者也。西，古音先，多，古音夷。槐，鬼聲，遺，貴聲，此古無平仄，三聲之通用者也，亦與今説古韻者絶不相異。凡此可以解者，何必待説文諧聲而後知。若夫衮，公聲；輅、賂、路，各聲；訏，干聲；莙，君聲，而云「讀若威」；摯，執聲，而云「讀若晉」，此已難解。至於熊爲炎省聲，訇爲勻省聲，杏爲可省聲，更茫不知其所云。甚至如萆、椑，卑聲，卑又甲聲，則萆、椑皆當讀若甲。䰰，需聲，需又而聲，則䰰當讀若而，䰰，奴豆切，去「而」音絶遠。更輾轉至於不可通。凡此不可解者，或爲傳寫譌誤，或爲漢時方音，均不可知，又豈可據以定古音哉？況經典初皆古文，許慎所說乃小篆，字體轉變，或相同或不相同。如「慎」，真聲，而古文作「昚」；「津」，𦘔聲，而古文作「𦨘」；「續」，賣聲，而古文作「賡」；「虹」，工聲，而古文作「蚺」；「囿」，有聲，而古文作「𨷎」，皆無可諧之聲。即說文所載，已不可枚舉。而欲據小篆偏旁以究三代之音，其亦左矣。至方言則脣吻之間，隨時漸變，亦隨地頓殊。其時同者其地未必同，劉熙釋名所載天坦、天顯之別，五方異呼之證也；其地同者其時又未必同，左傳稱楚謂乳曰穀、謂虎曰於菟，穀梁傳稱吳謂善伊，謂稻曰緩，狄謂賁泉曰失台，今驗諸土俗，皆無一合，是古今異語之證也。偶執其一字、二字援以爲證，則曾慥類說載真宗時閩人作賦，以何、高相叶；嶺南人作詩，以先、添竝押者，亦將曰宋韻如是乎？若夫等韻之辨，尤似是而非。考隋書經籍志曰：「自後漢佛法行於中國，又得西域書，能以十四字貫一切音。文省而義廣，謂之婆羅門書，與八體六文之義殊別。」是等韻久入中國，而審音者弗之用，唐以前無取以定韻者。自宋以後，其說漸行，乃以字母入韻書。實因韻而分等，非因等而定韻。古書所載，源委甚明。以等韻核今韻，已言人人殊。至以等韻定古韻，益本末倒置，全迷端緒矣。乃詆陳第古音考不知等韻，是猶怪斷漢獄者不能引唐律也。大抵三代去今數千年，當日音聲，但可以據經典有韻之文約其大略，猶之考地理者，可以據名山大川知某省當爲古冀州，某省當爲古揚州耳。必以今之州、縣、村、堡犬牙相錯之處定古某州之疆界，則萬無是事矣。故士伯此書引證愈博，辨駁愈巧，而不合於古法乃愈甚。總由於不揣其本故也。至謂經典皆北人所作，即屈、宋亦北學於中國，是以古無入聲，如周德清之中原音韻攤入三聲，則益爲臆斷之談矣。

等切元聲十卷　江西巡撫採進本

國朝熊士伯撰。是編成於康熙癸未，又其講明今韻之書也。案等韻之法，約三十六母爲二十三行，排端、精於一、四，知、照於二、三。是以出切行韻，彼此轇轕。元劉鑑以類隔、交互等二十門法取字，後人咸遵其說。是書於等子門法頗有駁正。至内外八轉，通廣偏狹之類，辨論尤爲詳悉。然等韻之學，唯憑脣吻，雖精究此事者，不能不雜以方音。故彼亦一是非，此亦一是非，左右佩劍，相笑不休。自以爲豪髮無憾，而聽之又未嘗不別有説也。即如此書内外以照二爲限。内門二等，惟照有字，俱切入三等，所謂「内轉切三」也。外門則牙、舌、脣、齒、喉二等俱有字，仍切二等，所謂「外轉切二」也。内三外二門法，不過如此。然臻之開合二攝，二等止照有字，何以謂之外轉耶？通廣偏狹，等子明列四門。而切法以三等切及第四爲「通廣」一門，四等切及第三爲「偏狹」一門，此外又有「小通廣偏狹」門，又有「通廣偏狹不定」門。是門法與等子互異也。又謂知、徹、澄同照、穿、床，泥同孃，敷同非，皆可省。按照、穿、床係齒音，知、徹、澄係舌音。士伯云「莊」之與

「章」，是照與照別，非與知有異。不知章與張自別。惟中原音韻中、鐘，追、錐之類，皆不分別，不可以律等子也。然則泥、孃以上下等爲別，非、敷以清濁之次爲別，又安可廢乎？獨其於雙聲疊韻及五音九弄反紐圖，剖析微至，足證前人之誤，爲不可没耳。

古今韻表新編五卷　兩淮鹽政採進本

國朝仇廷模撰。廷模字季亭，寧波人。康熙辛卯舉人，官知縣。其書每韻分舌、齒、喉、脣、牙聲。至其末卷論古韻，則多遵毛奇齡兩界五通之說。奇齡古今通韻欲以博辨勝顧炎武，已不免汗漫支離。廷模沿其緒論，又造爲經通、緯通、變通、正叶、變叶、外叶諸例，尤爲支蔓。古人用韻之法，軌轍可尋，又安有是紛紛也？

八矢注字圖說一卷　兩江總督採進本

國朝顧陳垿撰。陳垿有鐘律陳數，已著録。是編乃其所定韻書。八矢者，譬字爲的，以八矢注之。一分四聲，二經聲，三定清濁之界，四審五音，五分陰陽，六分正變，七分輕重，八分留送，凡八門也。經聲分先天九聲，後天九聲。凡四聲直下爲先天，其二九竝入圖，枯、苦、庫、酷，伊、倚、意、乙之類是也。四聲旁轉爲後天，空、恐、控、酷，因、引、印、一之類是也。四聲之外又增一下聲，則亘古之所未聞矣。其緯音清濁正變陰陽輕重留送圖，分宮爲濁、商爲清，實皆喉音。角、徵、羽皆分清、濁，而清、濁二徵之外，又增淺、中、深三徵音。其外又有清閏、濁閏二音，實即非、敷二母之輕脣音也。其所謂正變者，正即開口呼，變即合口呼。又分輕重留送爲三成。皆變幻面目，別立名字。而反謂三十六母爲亂道，過矣。

聲韻圖譜無卷數　浙江巡撫採進本

國朝錢人麟撰。人麟字鑄菴，武進人。康熙庚子舉人，官蕭山縣知縣。是書即等韻舊法而變通之。以三十五母定聲，删徵音四、輕脣音二，析齒頭音五母。以十四攝定韻，併江於宕，併曾於梗，剔蟹之三等入正。以四十五韻爲圖譜，併性於光，併黔於兼，併肱於觥，併諸字四等於三等。首列諸母陰陽均變之圖及諸韻正閏内外等第之圖，末爲韻法八條，叢論十八條，附翻切古韻轉音例及詞曲韻通轉例。

類字本意無卷數　浙江巡撫採進本

國朝莫宏勳撰。宏勳字誠齋，錢塘人。前有康熙庚子自序。其書取梅膺祚字彙之字，依其卷末所列韻法橫直二圖，一一分隸。平、上、去三聲爲一類，入聲自爲一類。盡改古來韻部之舊，竝盡乖古來等韻之舊，不足據爲典要也。

韻學臆說一卷　直隸總督採進本

國朝王植撰。植有四書參注，已著録。此書前列唐韻目、吴棫古韻目及所爲臆說十條。次列光、官、公、昆、高、乘、鉤、規、過、皆、孤、基、瓜等十三字首羣字譜。大抵不知韻學因革源流，而惟恃脣吻之間，以等韻辨別，猶之以近日詞曲之工尺而評定夔、曠之樂章。其辨愈精，其説愈密，而愈南轅北轍，畢世不得其所適。其所引據，不過宋吴棫，近時毛奇齡、馬自援之説，而抗詞以攻顧炎武，所見左矣。

韻學五卷 直隸總督採進本

國朝王植撰。音韻之學，自古迄今，變而不常，亦推而愈密。古音數變而爲今韻，歷代各殊，此變而不恒者也。今韻既定，又剖析而爲等韻，此推而益密者也。古韻與今韻音讀各異，部分亦殊。吴棫不知其故，而以音讀之異名爲叶，部分之殊注爲通轉，而古韻遂亂。今韻之定在前，等韻之分在後，實因韻字而分等，非因韻等而分字。韓道昭、熊忠不知其故，於是以字母顛倒韻字，而今韻又亂。自明以來，惟陳第、顧炎武及近日之江永識其源流。他若馬自援之講今韻，愈細而舊法愈失；毛奇齡之講古韻，愈辨而端緒愈淆矣。植作是書，不能從源而分流，而乃執末以議本，攻所必不能攻，而遵所必不可遵。故用力彌勤，而彌於古法未合也。

五方元音二卷 浙江巡撫採進本

國朝樊騰鳳撰。騰鳳字凌虚，堯山人。是書論切字之法，以陰平、陽平析四聲爲五，猶屬舊例。其部分則併爲十二，曰一天、二人、三龍、四羊、五牛、六獒、七虎、八駝、九蛇、十馬、十一豺、十二地。字母則併爲二十，曰梆、匏、木、風、斗、土、鳥、雷、竹、蟲、石、日、剪、鵲、系、雲、金、橋、火、蛙。皆純用方音，不究古義。如覃、鹽、咸之併入天，庚、青、蒸之併入龍，其變亂韻部，又甚於洪武正韻矣。

詩經叶音辨譌八卷　通行本

國朝劉維謙撰。維謙字讓宗，自號雙虹半士，松江人。是書首列等子圖，次爲分隸字母總音，次爲音叶互異彙辨，次爲疊韻雙聲，次爲辨論顧炎武音學五書、毛奇齡古今通韻，次發明康熙字典。其三百五篇之叶音，則一一逐句詳注，考論頗勤。然古音之學，自宋吳棫而晦，自明陳第乃漸明。國朝顧炎武諸家，闡發其旨，久有定論。維謙欲刱爲異說，以駕乎前人之上，反以吳棫爲是，陳第爲非，業已黑白倒置。而又以等韻三十六母牽合古音。夫等韻所別爲今音，而詩三百篇則古音。音隨世變，截然不同。維謙乃執後以繩前，是何異以行艸之偏旁而釋倉頡、史籀之篆文哉？至於雙聲疊韻，乃永明以來之法，古人或偶爾相合，實非有意。維謙之牽合經文，亦多附會。充其量之所至，將「覯閔既多，受侮不少」，亦且謂古詩有對偶乎？

詩傳叶音考三卷　江蘇巡撫採進本

國朝吳起元撰。起元字復一，震澤人。是書專論三百篇叶音，如關雎「服」古音「匐」，引禮記「扶服救之」爲證，亦間有可采。至如「吁嗟乎騶虞」不知爲無韻之句，乃謂「虞」「乎」相叶。然則周南之「吁嗟麟兮」，鄭風之「狂童之狂也且」，又以何法叶之乎？大抵其病由於不知古音自有部分，惟以今韻部分取讀；又不知古無四聲，更以華嚴字母分等，故愈辨而愈遠也。

四聲切韻表一卷 兵部侍郎紀昀家藏本

國朝江永撰。永有周禮疑義舉要，已著録。是書前列凡例六十二條，備論分析考定之意，而列表於後。其論古法七音三十六母不可增減移易，凡更定者皆妄作，最爲有見。其論入聲尤詳，大旨謂顧炎武古音表務反舊説之非。然永亦不遵古法，頗以臆見改變。夫字有數而音無窮，故無無音之字而有無字之音。永既知冬韻無上聲字，臻韻無上、去二聲字，祭、泰、夬、廢四韻無平、上二聲字，而入聲乃必使之備。或一部之字使分入於數部，或數部之字使合入於一部。自謂窮極精微，其用心不爲不至。然如「伐」之一字，公羊自有兩呼；「天」之一字，釋名亦復異讀；陸法言亦云：「吳、楚時患輕浮，燕、趙多傷重濁。」顧炎武至謂孔子傳易亦不免於方音，其説永亦深取之。而乃欲以一人一地之音改古來入聲之部分，豈沈、陸諸人惟能辨三聲，不能辨四聲乎？至其雜引偏旁諧聲以申交互之説，雖有理可通，而牽合亦甚。永作古韻標準，知不以今韻定古韻，獨於此書乃以古韻定今韻，亦可謂不充其類矣。

本韻一得二十卷 浙江巡撫採進本

國朝龍爲霖撰。爲霖字雨蒼，成都人。由拔貢生官至潮州府知府。是書爲所定新韻。卷首載答趙國麟論韻書，有「此道自漢以後，如漆室長夜，千數百年於兹」之語，其自命甚高。故歷代相傳之舊法，無一不遭詆斥，亦無一不遭變亂。大意以十二律分平聲，以七音分入聲。又以四聲不備五音，分陽平、陰平爲二，以合五聲之數。驟而觀之，以樂律定聲音，以聲音定部分，端緒井然，言之成理，似乎得聲氣之自然。其附會不能遽見，亦不能遽攻。然探其本而論之：律之作也，應陰陽之氣而寫之以音，此出乎天者也。至於文字之作，其始用以記載，别而爲形，因而宣諸語言，别而爲聲，其聲由點畫而起，不由律吕而起，此定於人者也。故古人律吕之妙，窮析毫芒，而音則竝無平仄。此韻不與律俱生之明證矣。顔之推家訓音辭篇曰：「鄭玄注六經，高誘解吕覽、淮南，許慎造説文，劉熙製釋名，始有譬況假借以證音字。而古語與今殊别，其間輕重清濁，猶未可曉。孫叔然刱爾雅音義，是漢末人獨知反語。」此韻之始萌，不言配律也。封演聞見記曰：「魏時有李登者，撰聲類十卷，凡一萬一千五百二十字，以五聲命字。」此乃漸配五聲，然每聲之中，尚未析平仄也。南齊書陸厥傳曰：「沈約等文皆用宫商，以平、上、去、入爲四聲，以此制韻。」梁書沈約傳曰：「撰四聲譜，自謂入神之作。」此今韻平仄之始，亦不言叶樂也。自釋神珙始作等韻，其圖今載宋本玉篇之末。相傳爲北魏人，而其自序中乃稱「昔梁沈約刱紐字之圖」。又有南陽釋處忠撰元和韻譜。元和爲唐憲宗年號，則當爲晚唐時人。故唐一代詩人未言字母，至宋而其説乃大行。以韻配律，漸起於是矣。然沈括夢溪筆談曰：「樂家所用，隨律命之，本無定音。常以濁者爲宫，稍清爲商，最清爲角，清濁不常爲徵、羽。切韻家則定脣、齒、牙、舌、喉爲宫、商、角、徵、羽，其間又有半徵、半商者，如來、日二字是也。」是盛談等韻之時，尚以韻與樂律截然分爲兩事。今爲霖乃因字母有七音之例，遂更廣其例，以十二律爲斷，舉隋陸法言以來上、下平聲五十七部併爲十二部。夫樂之有十二律，不猶天之有十二宫乎？古聖人畫地分州，建侯樹國，各因其山川之勢，初不取象於天。迨其後測驗之術興，乃以列宿分野隸十二宫之次。聲韻之始，隨呼吸取讀，亦猶分州建國也。及其配以音律，亦猶列宿分野也。其理不必不相通，而其勢不能以彼改此。今以韻通於律，遂併爲一十二部以應律，亦將以地理通於星野，而合併天下之千百郡縣，割裂天下之疆界，合爲十二州以應天乎？況自漢以來，有韻之書不一，有韻之文亦不一，一旦盡舉而廢之，獨標一爲霖之書爲千古韻學之聖，即其説果通，亦斷斷難行於天下。況倒置本末，併其理亦牽合乎？至於入聲併十二爲七，尤爲乖理。聲生於口，一呼皆備四聲。字生於六書，非有所取義，則無其字。故二百六部之中無入聲者二十七，此二十七部無平、上二聲者又四。非無其聲，無其字也。爲霖必一一配合，使無入者皆有入，亦誤以字生於聲，而不知聲生於字，復倒置其本末也。今撮其大概，略爲駁正如右，庶講韻學者不至以新説改古法焉。

音韻源流五十卷　河南巡撫採進本

國朝潘咸撰。咸有易蓍圖説，已著録。是書分三部。一曰倉沮元韻，凡三十六卷。分翁、鴦、罌、安、阿、丫、衣、埃、烏、隈、謳、爊、諳、屋、垩、搕、遏、匼一十八韻，而以其翕音、闢音謂之諧字，以其本音、轉音謂之分音。一曰詩騷通韻，一曰中都雅韻，各十卷，亦以十八韻分合之。元韻又有卷首二卷，通韻、雅韻亦各有卷首一卷。大抵皆以意杜撰，戾於古而乖於今。其敘述古韻源流，如魏李登聲類、周顒四聲，隋志僅列其名，唐志已不著録，而咸云獨得見之，其書皆分東、陽、耕、真、寒、侵、覃、支、佳、魚、蕭、歌、尤十三類。陸法言之切韻、孫愐之唐韻，今皆不傳，惟愐之音切尚散見徐鉉所校説文中，而咸亦云獨得見之，共二百六部，爲法言所分，其獨用、通用爲愐所定，多與今不同。韓愈著作，班班可考，獨不聞其有何韻書，而咸云獨見韓愈唐韻，其同用、獨用與今廣韻同。又列禮部韻略、毛晃增韻、劉淵平水韻於陳彭年廣韻之前，而謂廣韻比禮部韻略多數部，又謂丁度集韻分七音，東部首「公」不首「東」。核以諸書，亦不相合。蓋鄉曲之士，不知古書之存亡，姑以意説之而已。

韻岐四卷　編修程晉芳家藏本

國朝江昱撰。昱有尚書私學，已著録。是編於官韻之中，擇其一字數音者，各分别字義異同，蓋亦宋人押韻釋疑之類。

音韻清濁鑑三卷　江蘇巡撫採進本

國朝王祚禎撰。祚禎字楚珍，大興人。是書以金韓道昭五音集韻、元劉鑑切字玉鑰匙與周德清中原音韻合爲一書，而以己意竄改之。夫道昭書配三十六母，鑑書配内外十六攝，德清書則北曲之譜，以入聲配入三聲。祚禎既狃於方音，併四聲爲三，混淆古法，而乃屑屑然區分門目，辨别等次。非今非古，非曲譜非等韻，莫喻其意將安取。其序自稱：「博極諸家，如揚雄訓纂、許慎説文、玉篇、唐韻、廣韻、韻會、篇海、集韻、正韻、吕氏同文鐸、日月燈，無不繹其論説，證其異同。」説文、玉篇以下，其書具在。不知揚雄訓纂、孫愐唐韻，祚禎何從見之？又稱：「隱侯四聲、宣城字彙、正字通，户誦家吟。」更不知祚禎何由見沈約書也。

聲音發源圖解一卷 江蘇巡撫採進本

國朝潘遂先撰。遂先，句容人。是書爲遂先草創，其子命世續成之。分四聲爲六聲，曰初平、次平、終平、初仄、次仄、終仄。初平屬少陽，出舌根。次平屬陽明，出舌後。終平屬太陽，出舌中。初仄屬少陰，居舌前。次仄屬太陰，屬舌稍。終仄屬厥陰，出舌尖。謂五音羽出在下之門牙，徵出在上之門牙，角出上下之槽牙，商出上下之盡牙，宫出上下之虎牙，而皆通於舌，以成五音。又分舌根、舌後、舌中、舌前、舌稍、舌尖六舌爲十二舌。以黄鍾、大吕爲一舌、二舌，則舌根之一後一前也，主冬至以後；太簇、夾鍾爲三舌、四舌，則舌後之一後一前也，主雨水以後；以姑洗、仲吕爲五舌、六舌，則舌中之一後一前也，主穀雨以後；以蕤賓、林鍾爲七舌、八舌，則舌前之一後一前也，主夏至以後；以夷則、南吕爲九舌、十舌，則舌稍之一後一前也，主處暑以後；以無射、應鍾爲十一舌、十二舌，則舌尖之一後一前也，主霜降以後。又以宫分五音，音分五位，則二十五位。以韻五乘之，則一百二十五位。位具六聲，則七百五十聲。商分五音，音繞九位，則四十五位。以韻四乘之，則百八十位。位具六聲，則千有八十聲。角分五音，音繞八位。以韻三乘之，則百有二十位。位具六聲，則七百二十聲。徵分五音，音繞七位。以韻七乘之，爲二百四十五位。位具六聲，爲千四百七十聲。羽分五音，音繞六位。以韻六乘之，爲百有八十位。位具六聲，爲千有八十聲。總計五音之韻，共二十有五。分音百二十有五，位凡八百五十，聲凡五千一百，而皆統之於元宗。今考遂先所稱初平，以上聲之濁音當之。不知指南謂濁上當讀如去，實而有徵。即如止攝羣母，「奇」上爲「技」；蟹攝匣母，「孩」上爲「亥」；遇攝旁母，「蒲」上爲「部」；咸攝奉母，「凡」上爲「范」；果攝從母，「矬」上爲「坐」；効攝澄母，「鼂」上爲「肇」。上音皆別作去，今讀之實有此音。而遂先乃指以爲初平，未見其能合也。惟皇極經世多以上爲平，如通攝泥母，「農」上爲「䵜」，邵以「䵜」爲平，入乃母；蟹攝來母，「雷」上爲「磊」，邵以「磊」爲平，入吕母；臻攝微母，「文」上爲「吻」，邵以「吻」爲平，入武母；宕攝來母，「良」上爲「兩」，邵讀「兩」爲平，入吕母。今遂先以舌根爲初平，而上之爲平，不必皆舌根，則亦不得據以爲初平明矣。自六聲之説既誤，而支離穿鑿，盡廢齒、腭、脣、舌，而專以牙之一音定宫、商、角、徵、羽，又盡廢齒、牙、腭、脣，而以十二舌定平仄六聲。至以雨水後立夏前中商音，立夏後大暑前中角音，與月令、管子、逸周書全反，尤無據也。

右小學類韻書之屬。六十一部，五百三十七卷。内七部無卷數。皆附存目。